DEMON SLAYER
KIMETSU NO YAIBA

SCHOOL DAYS!

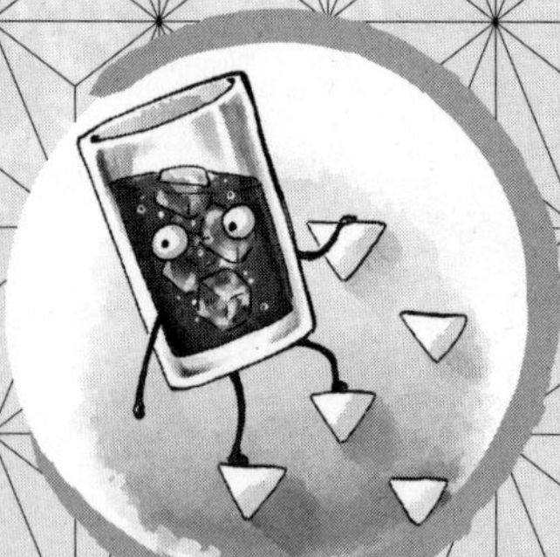

Natsuki Hokami

Beim Zeichnen des Manga fiel mir wieder ein, dass ich diese Geleegetränke ziemlich gerne mag … ihr wisst schon, die, die man vor dem Trinken schüttelt. Ein solches Mango-Getränk gab es im Sommer an meinem Gymnasium im Automaten zu kaufen. Das hab ich damals dauernd getrunken. Heute gibt es das aber wahrscheinlich nicht mehr …

2

NÄCHTLICHER AUSFLUG ZUR DEMON-SLAYER-SCHULE

DEMON SLAYER
KIMETSU NO YAIBA
SCHOOL DAYS!

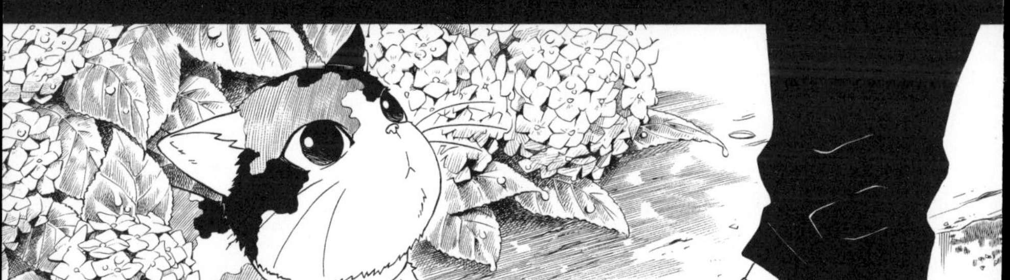

Text und Zeichnungen:
Natsuki Hokami
Vorlage: Koyoharu Gotouge

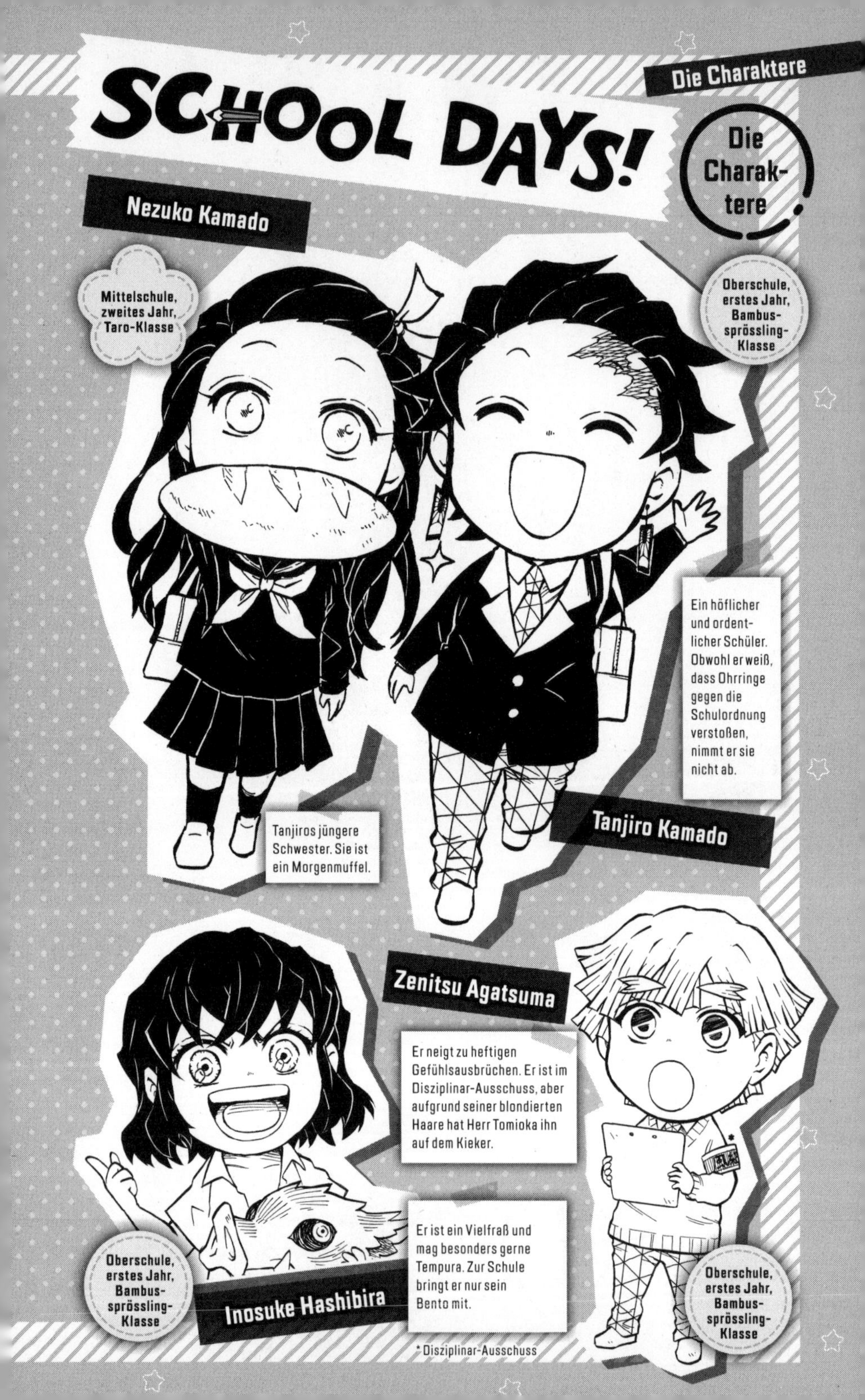
SCHOOL DAYS!
Die Charaktere
Die Charaktere
Nezuko Kamado
Mittelschule, zweites Jahr, Taro-Klasse
Tanjiros jüngere Schwester. Sie ist ein Morgenmuffel.
Tanjiro Kamado
Oberschule, erstes Jahr, Bambussprössling-Klasse
Ein höflicher und ordentlicher Schüler. Obwohl er weiß, dass Ohrringe gegen die Schulordnung verstoßen, nimmt er sie nicht ab.
Zenitsu Agatsuma
Er neigt zu heftigen Gefühlsausbrüchen. Er ist im Disziplinar-Ausschuss, aber aufgrund seiner blondierten Haare hat Herr Tomioka ihn auf dem Kieker.
Oberschule, erstes Jahr, Bambussprössling-Klasse
Inosuke Hashibira
Oberschule, erstes Jahr, Bambussprössling-Klasse
Er ist ein Vielfraß und mag besonders gerne Tempura. Zur Schule bringt er nur sein Bento mit.
* Disziplinar-Ausschuss

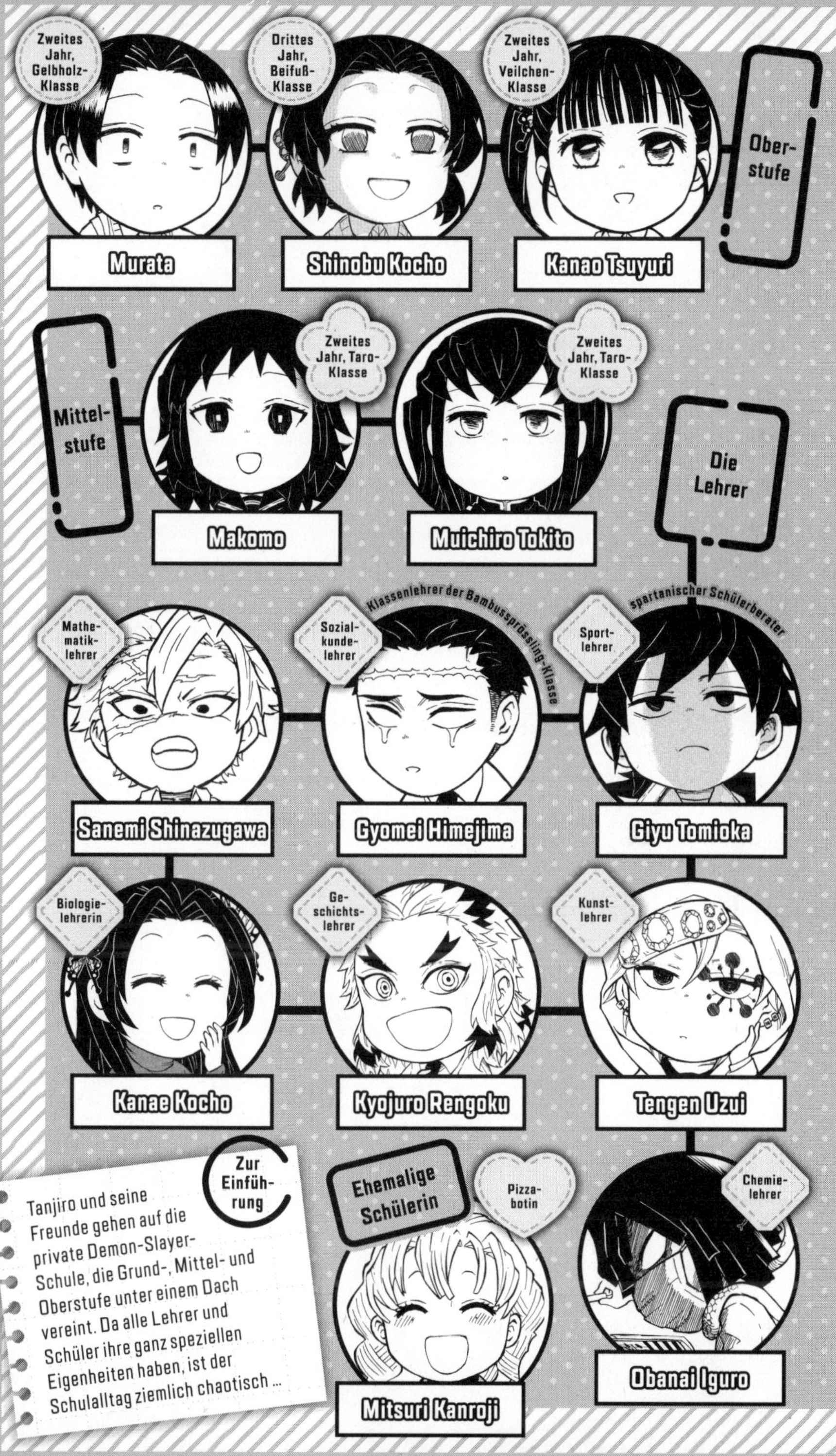
Zweites Jahr, Gelbholz-Klasse
Murata
Drittes Jahr, Beifuß-Klasse
Shinobu Kocho
Zweites Jahr, Veilchen-Klasse
Kanao Tsuyuri
Oberstufe
Mittelstufe
Zweites Jahr, Taro-Klasse
Makomo
Zweites Jahr, Taro-Klasse
Muichiro Tokito
Die Lehrer
Mathematiklehrer
Sanemi Shinazugawa
Klassenlehrer der Bambussprössling-Klasse
Sozialkundelehrer
Gyomei Himejima
spartanischer Schülerberater
Sportlehrer
Giyu Tomioka
Biologielehrerin
Kanae Kocho
Geschichtslehrer
Kyojuro Rengoku
Kunstlehrer
Tengen Uzui
Zur Einführung
Tanjiro und seine Freunde gehen auf die private Demon-Slayer-Schule, die Grund-, Mittel- und Oberstufe unter einem Dach vereint. Da alle Lehrer und Schüler ihre ganz speziellen Eigenheiten haben, ist der Schulalltag ziemlich chaotisch ...
Ehemalige Schülerin
Pizzabotin
Mitsuri Kanroji
Chemielehrer
Obanai Iguro

Inhalt

CONTENTS

2 NÄCHTLICHER AUSFLUG ZUR DEMON-SLAYER-SCHULE

* Gratis-Coupon

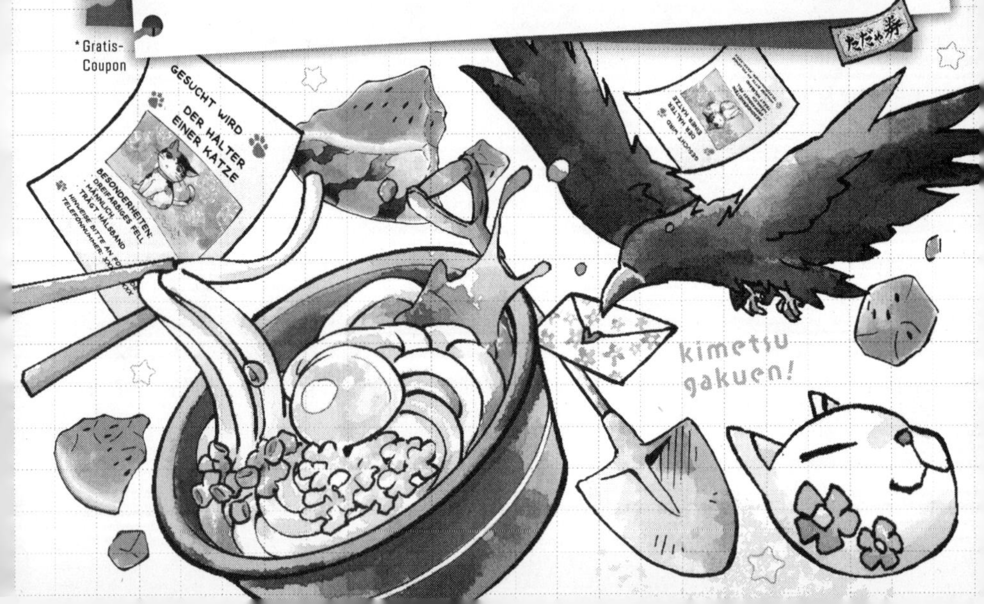

Kapitel 6: Baldrian für die Katze, die Katze für Himejima

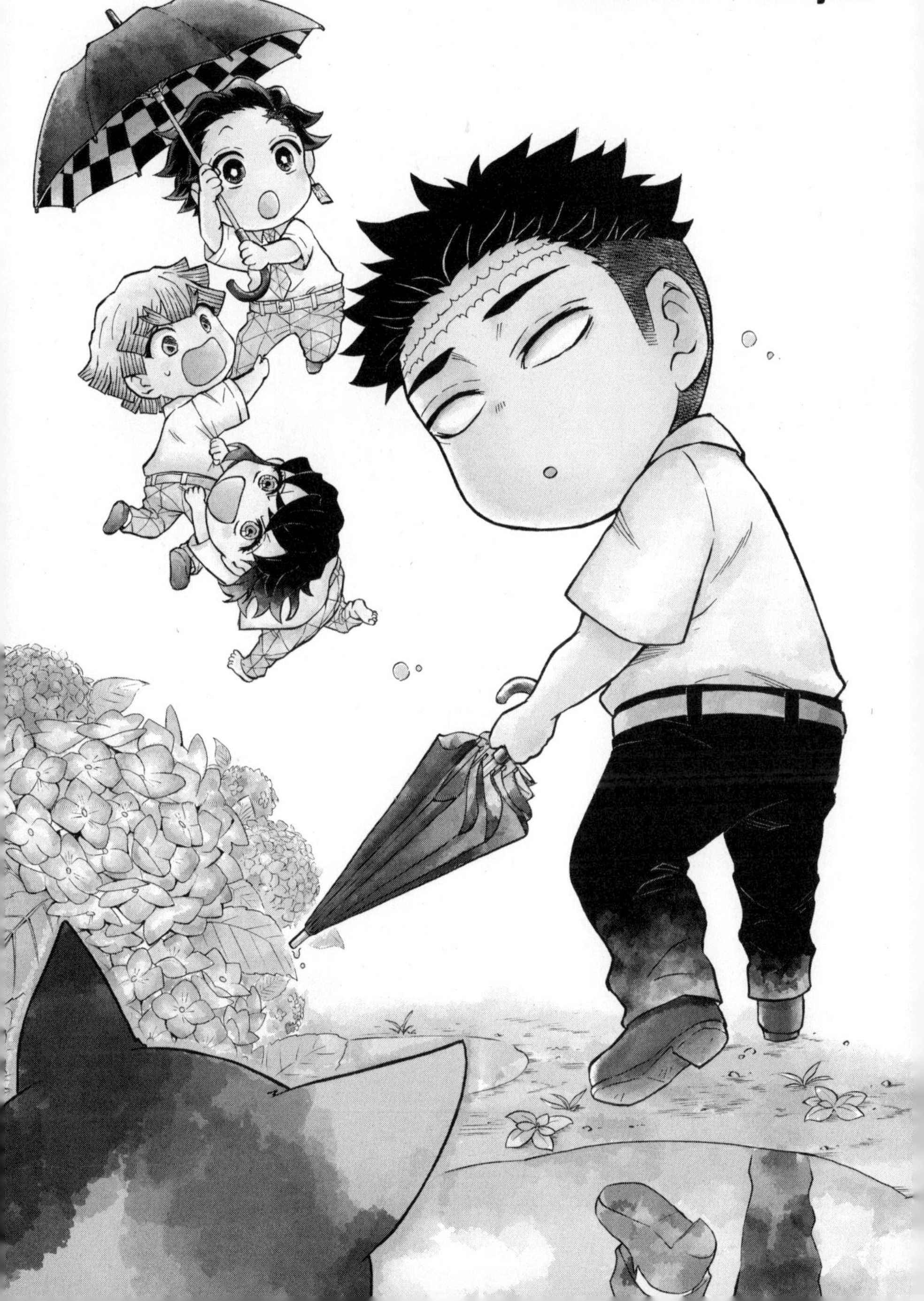

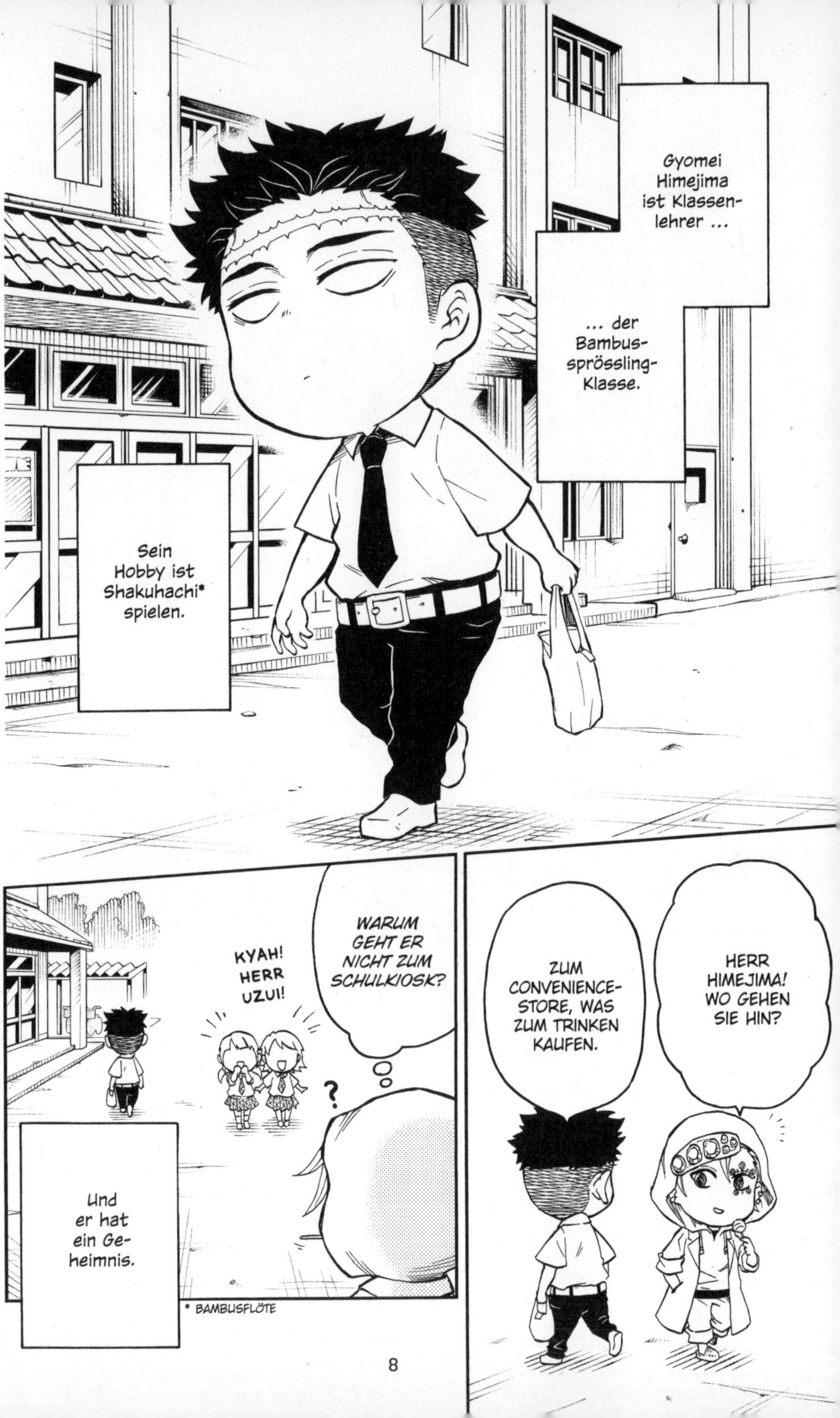

* BAMBUSFLÖTE

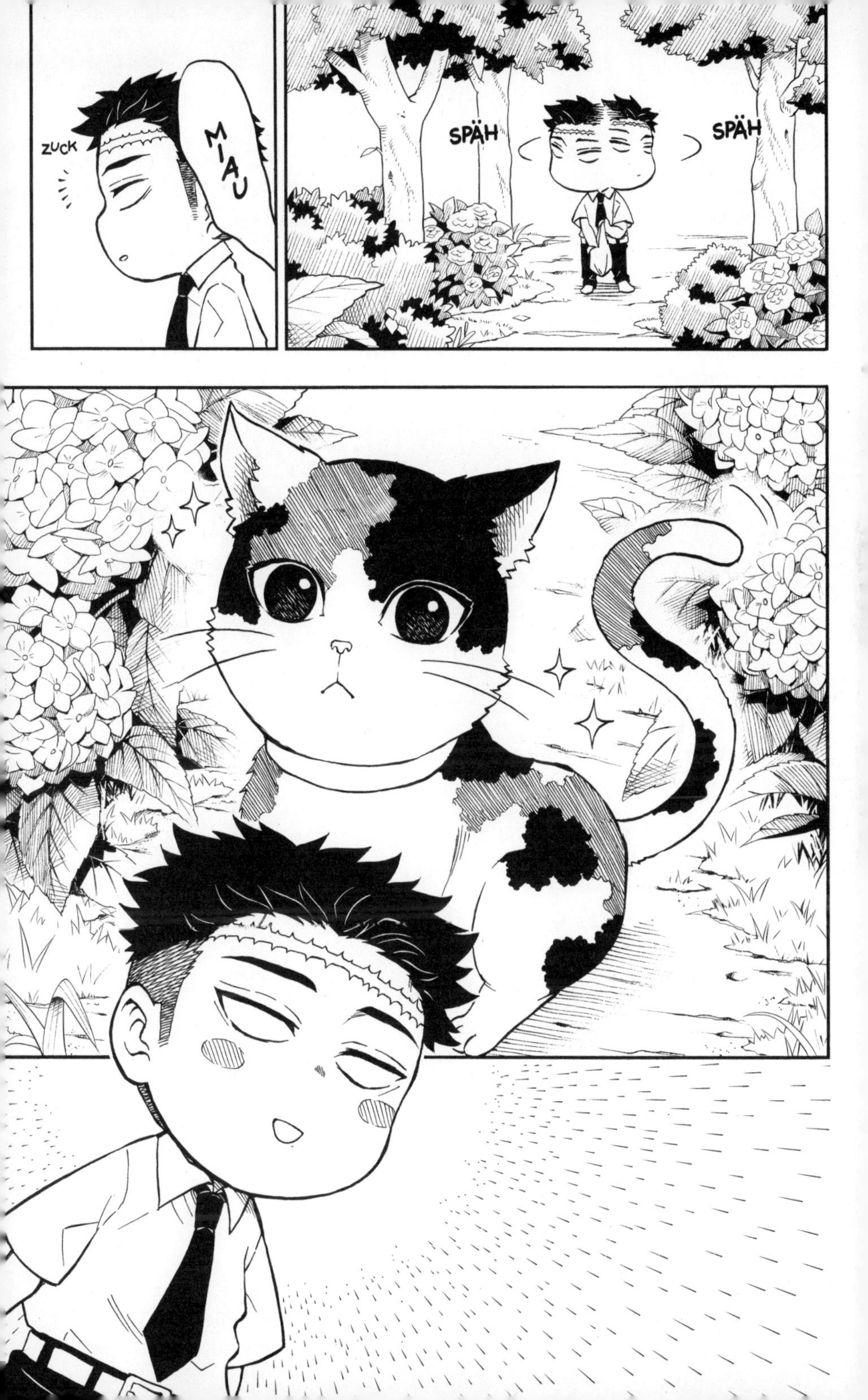
SPÄH
SPÄH
MIAU
ZUCK

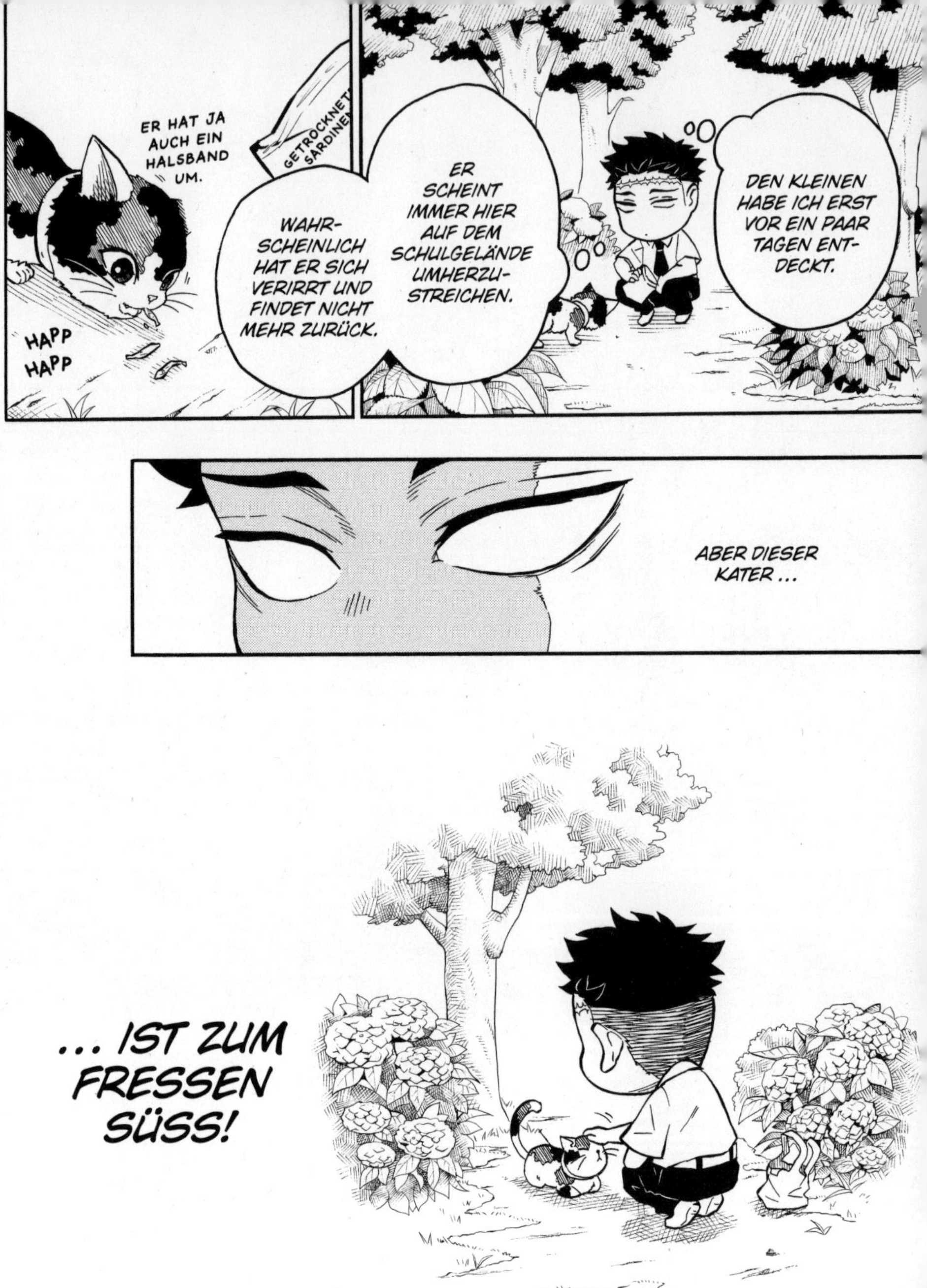
DEN KLEINEN HABE ICH ERST VOR EIN PAAR TAGEN ENT-DECKT.
ER SCHEINT IMMER HIER AUF DEM SCHULGELÄNDE UMHERZU-STREICHEN.
WAHR-SCHEINLICH HAT ER SICH VERIRRT UND FINDET NICHT MEHR ZURÜCK.
GETROCKNETE SARDINEN
ER HAT JA AUCH EIN HALSBAND UM.
HAPP HAPP
ABER DIESER KATER ...
... IST ZUM FRESSEN SÜSS!

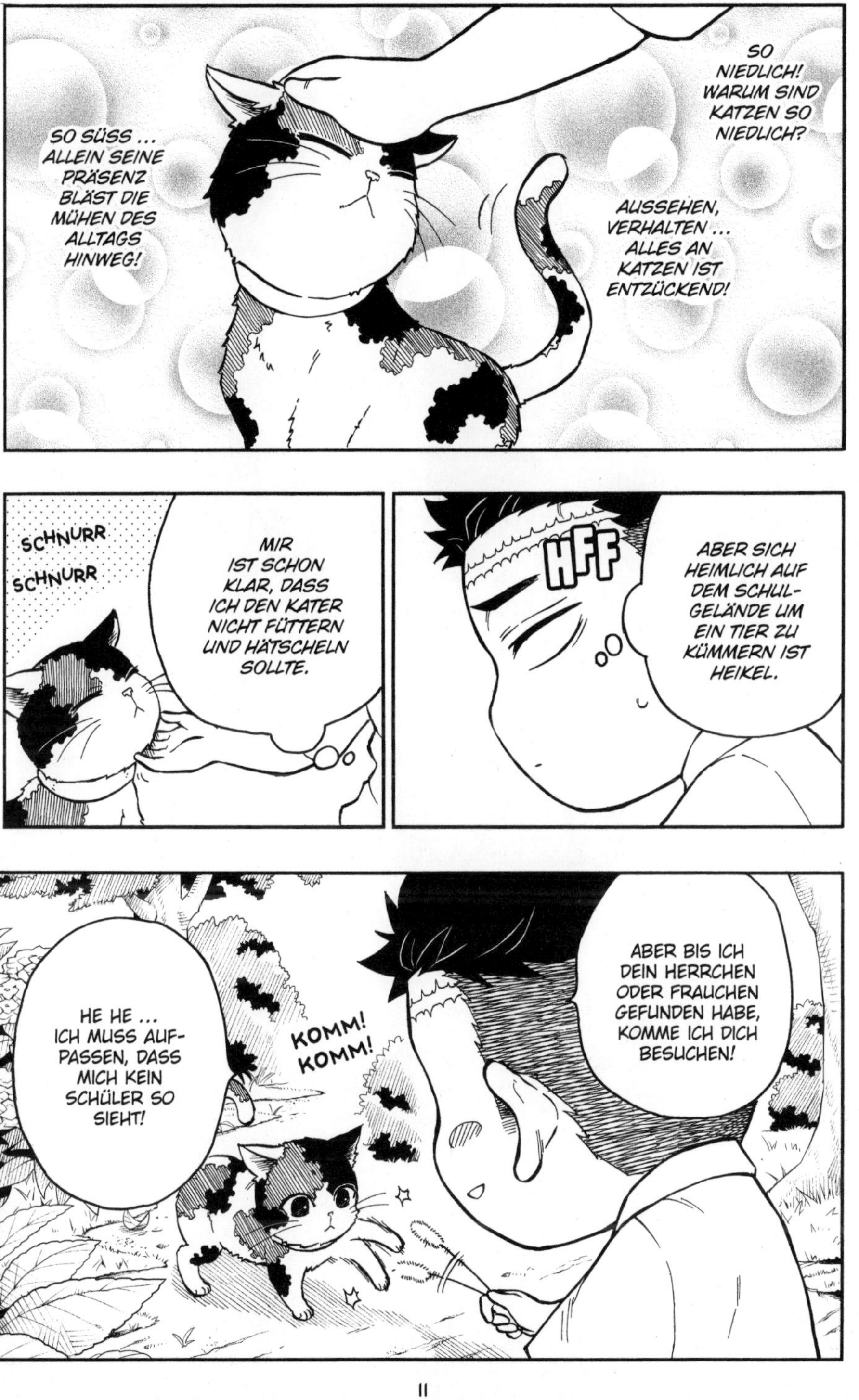
SO NIEDLICH! WARUM SIND KATZEN SO NIEDLICH?
SO SÜSS … ALLEIN SEINE PRÄSENZ BLÄST DIE MÜHEN DES ALLTAGS HINWEG!
AUSSEHEN, VERHALTEN … ALLES AN KATZEN IST ENTZÜCKEND!
SCHNURR
SCHNURR
MIR IST SCHON KLAR, DASS ICH DEN KATER NICHT FÜTTERN UND HÄTSCHELN SOLLTE.
HFF
ABER SICH HEIMLICH AUF DEM SCHUL-GELÄNDE UM EIN TIER ZU KÜMMERN IST HEIKEL.
ABER BIS ICH DEIN HERRCHEN ODER FRAUCHEN GEFUNDEN HABE, KOMME ICH DICH BESUCHEN!
KOMM! KOMM!
HE HE … ICH MUSS AUF-PASSEN, DASS MICH KEIN SCHÜLER SO SIEHT!

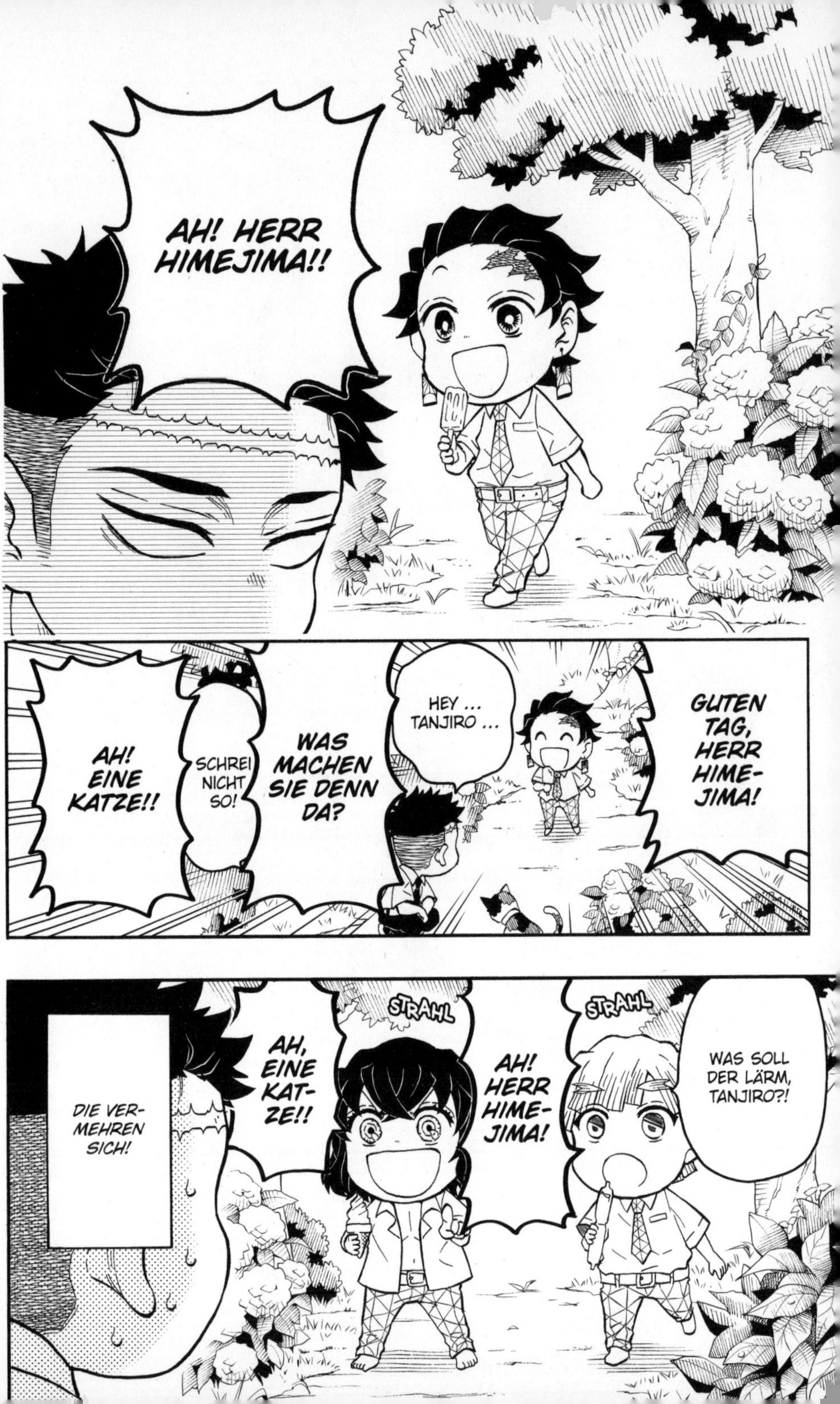
AH! HERR HIMEJIMA!!
GUTEN TAG, HERR HIME-JIMA!
HEY ... TANJIRO ...
WAS MACHEN SIE DENN DA?
SCHREI NICHT SO!
AH! EINE KATZE!!
WAS SOLL DER LÄRM, TANJIRO?!
STRAHL
AH! HERR HIME-JIMA!
STRAHL
AH, EINE KAT-ZE!!
DIE VER-MEHREN SICH!

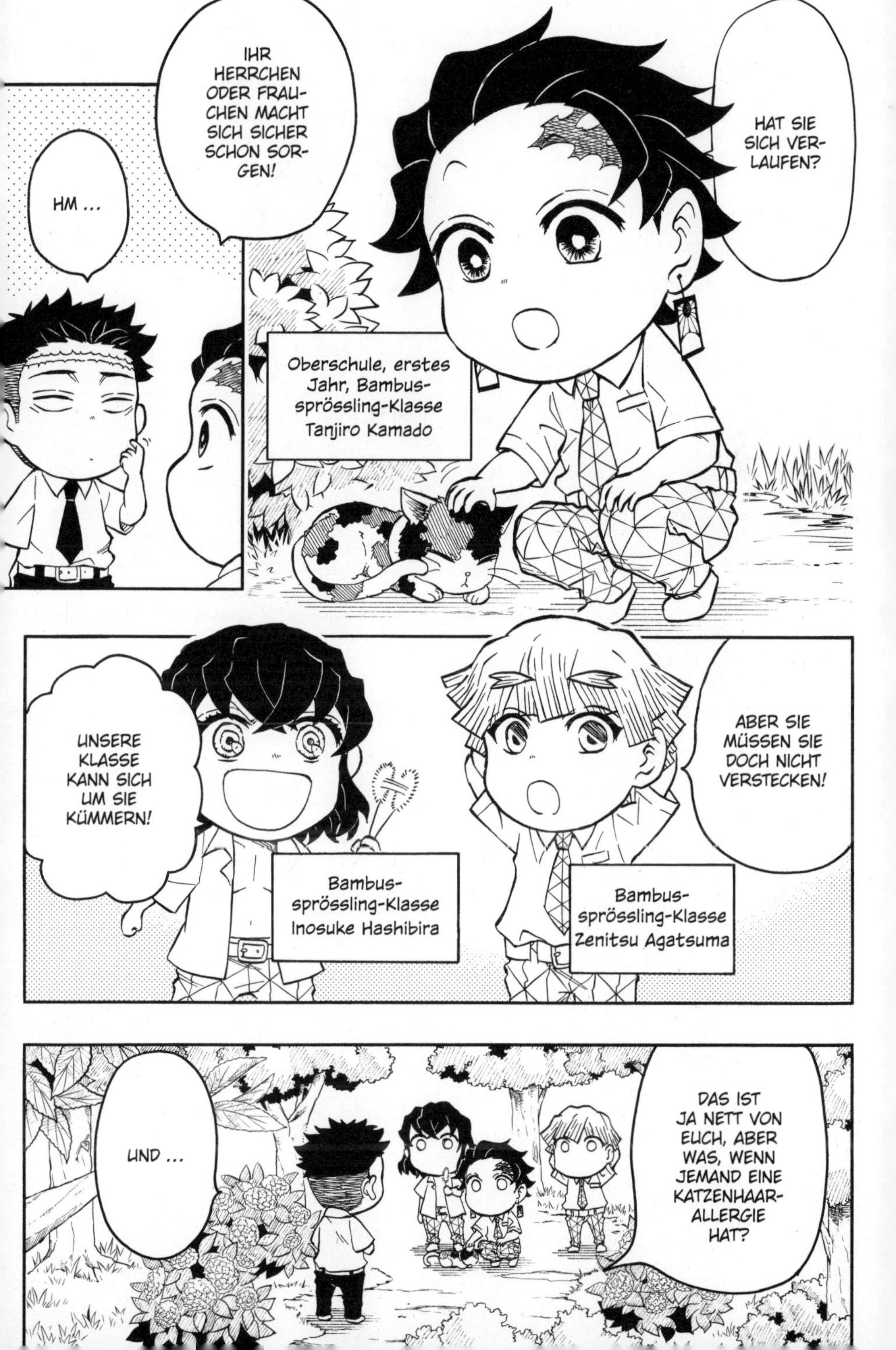
HAT SIE SICH VERLAUFEN?
Oberschule, erstes Jahr, Bambussprössling-Klasse Tanjiro Kamado
IHR HERRCHEN ODER FRAUCHEN MACHT SICH SICHER SCHON SORGEN!
HM ...
ABER SIE MÜSSEN SIE DOCH NICHT VERSTECKEN!
Bambussprössling-Klasse Zenitsu Agatsuma
Bambussprössling-Klasse Inosuke Hashibira
UNSERE KLASSE KANN SICH UM SIE KÜMMERN!
DAS IST JA NETT VON EUCH, ABER WAS, WENN JEMAND EINE KATZENHAARALLERGIE HAT?
UND ...

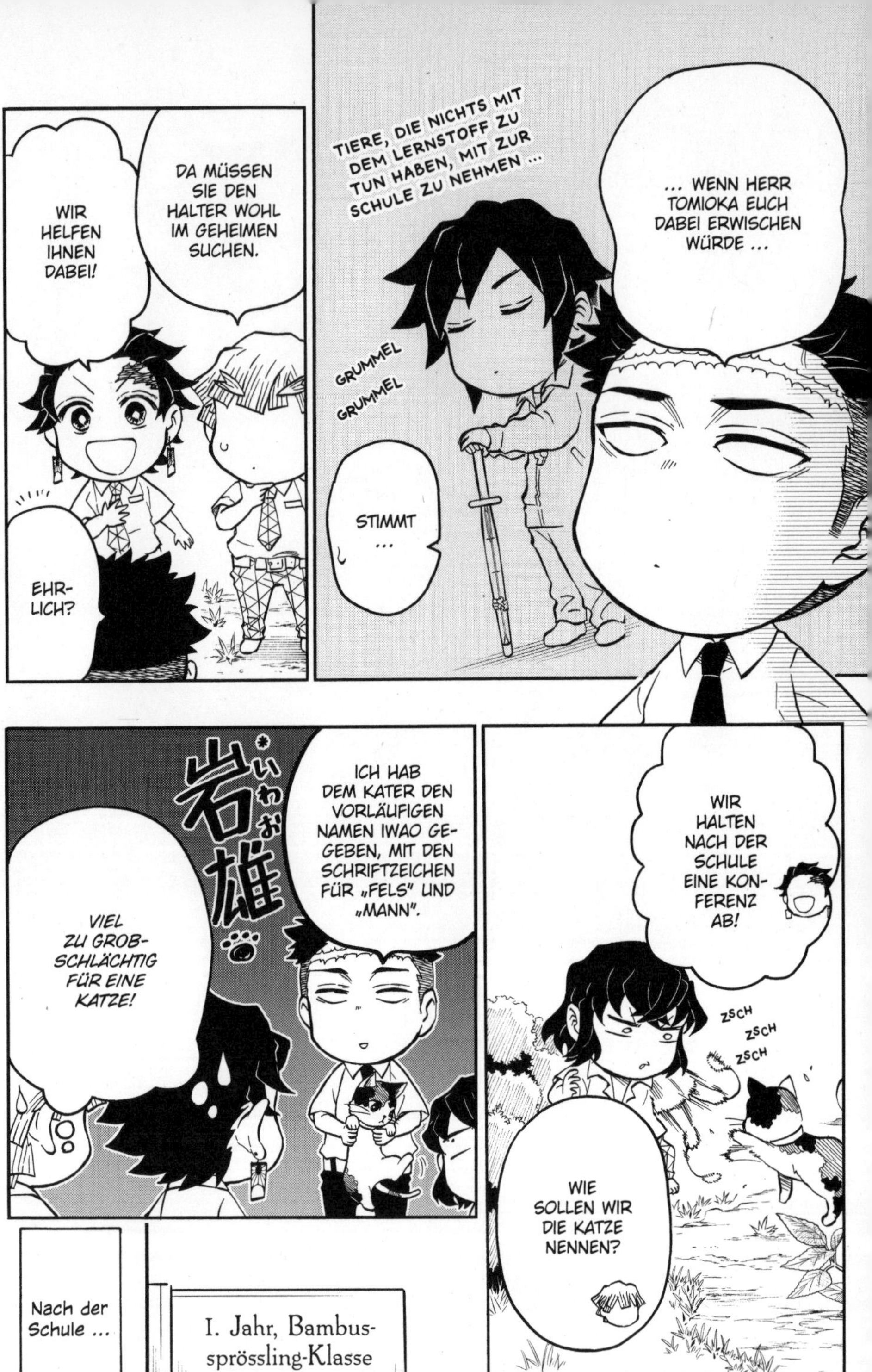

TIERE, DIE NICHTS MIT DEM LERNSTOFF ZU TUN HABEN, MIT ZUR SCHULE ZU NEHMEN ...
... WENN HERR TOMIOKA EUCH DABEI ERWISCHEN WÜRDE ...
GRUMMEL GRUMMEL
STIMMT ...
DA MÜSSEN SIE DEN HALTER WOHL IM GEHEIMEN SUCHEN.
WIR HELFEN IHNEN DABEI!
EHRLICH?
WIR HALTEN NACH DER SCHULE EINE KONFERENZ AB!
ZSCH ZSCH ZSCH
WIE SOLLEN WIR DIE KATZE NENNEN?
ICH HAB DEM KATER DEN VORLÄUFIGEN NAMEN IWAO GEGEBEN, MIT DEN SCHRIFTZEICHEN FÜR „FELS" UND „MANN".
岩雄 いわお*
VIEL ZU GROBSCHLÄCHTIG FÜR EINE KATZE!
Nach der Schule ...
I. Jahr, Bambussprössling-Klasse

* IWAO

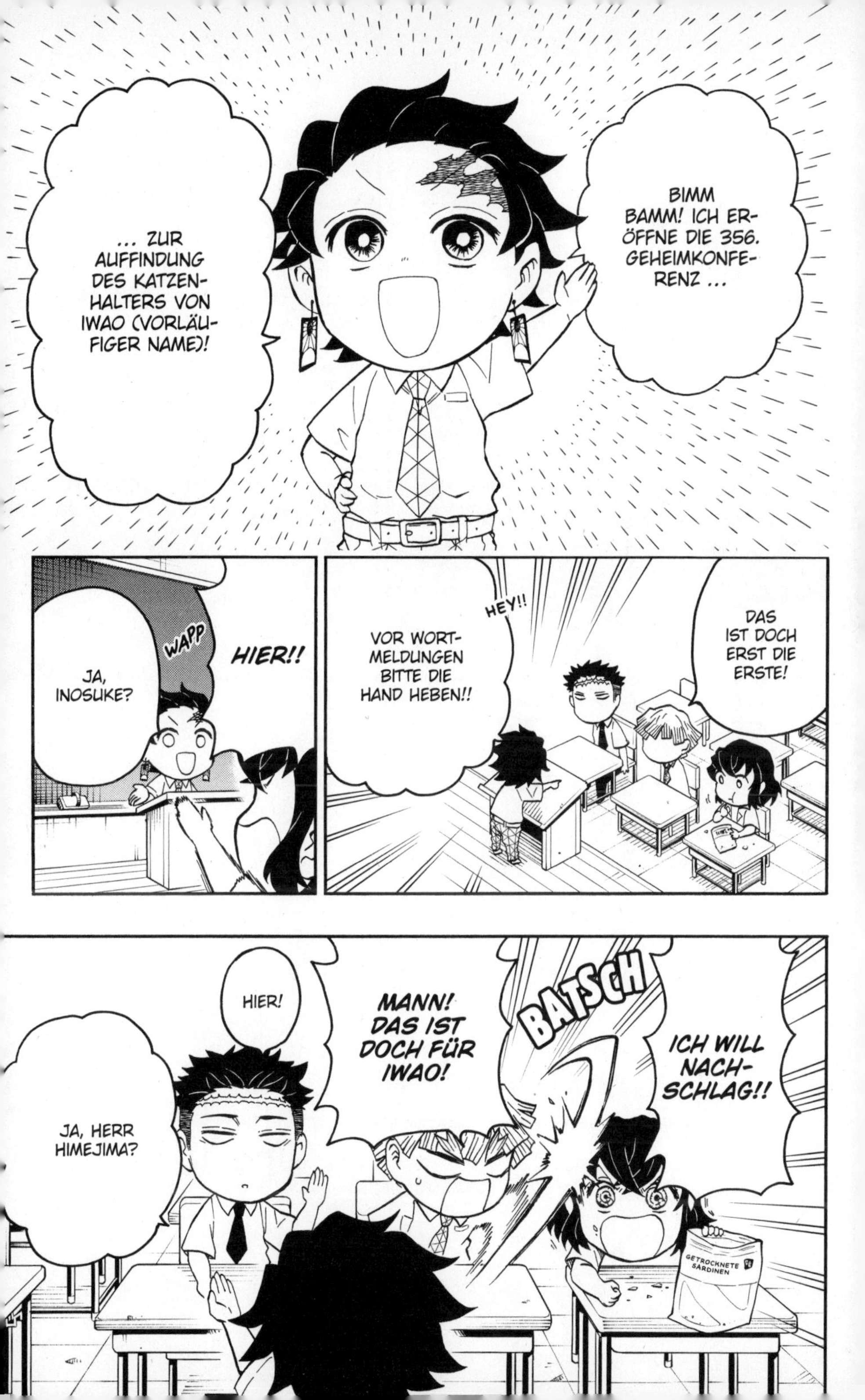
BIMM BAMM! ICH ERÖFFNE DIE 356. GEHEIMKONFERENZ …
… ZUR AUFFINDUNG DES KATZENHALTERS VON IWAO (VORLÄUFIGER NAME)!
DAS IST DOCH ERST DIE ERSTE!
HEY!!
VOR WORTMELDUNGEN BITTE DIE HAND HEBEN!!
HIER!!
WAPP
JA, INOSUKE?
ICH WILL NACHSCHLAG!!
BATSCH
MANN! DAS IST DOCH FÜR IWAO!
HIER!
JA, HERR HIMEJIMA?
GETROCKNETE SARDINEN

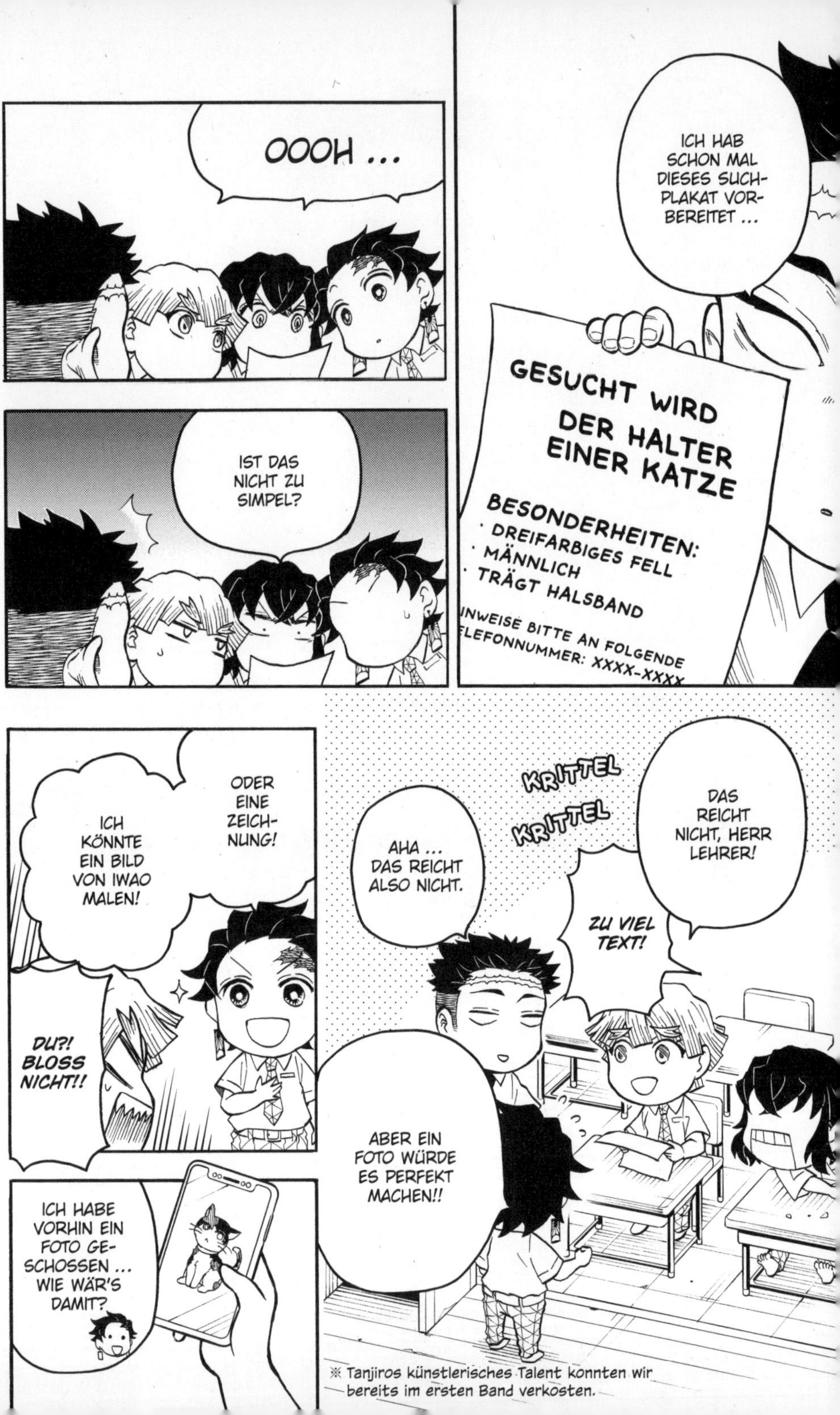

※ Tanjiros künstlerisches Talent konnten wir bereits im ersten Band verkosten.

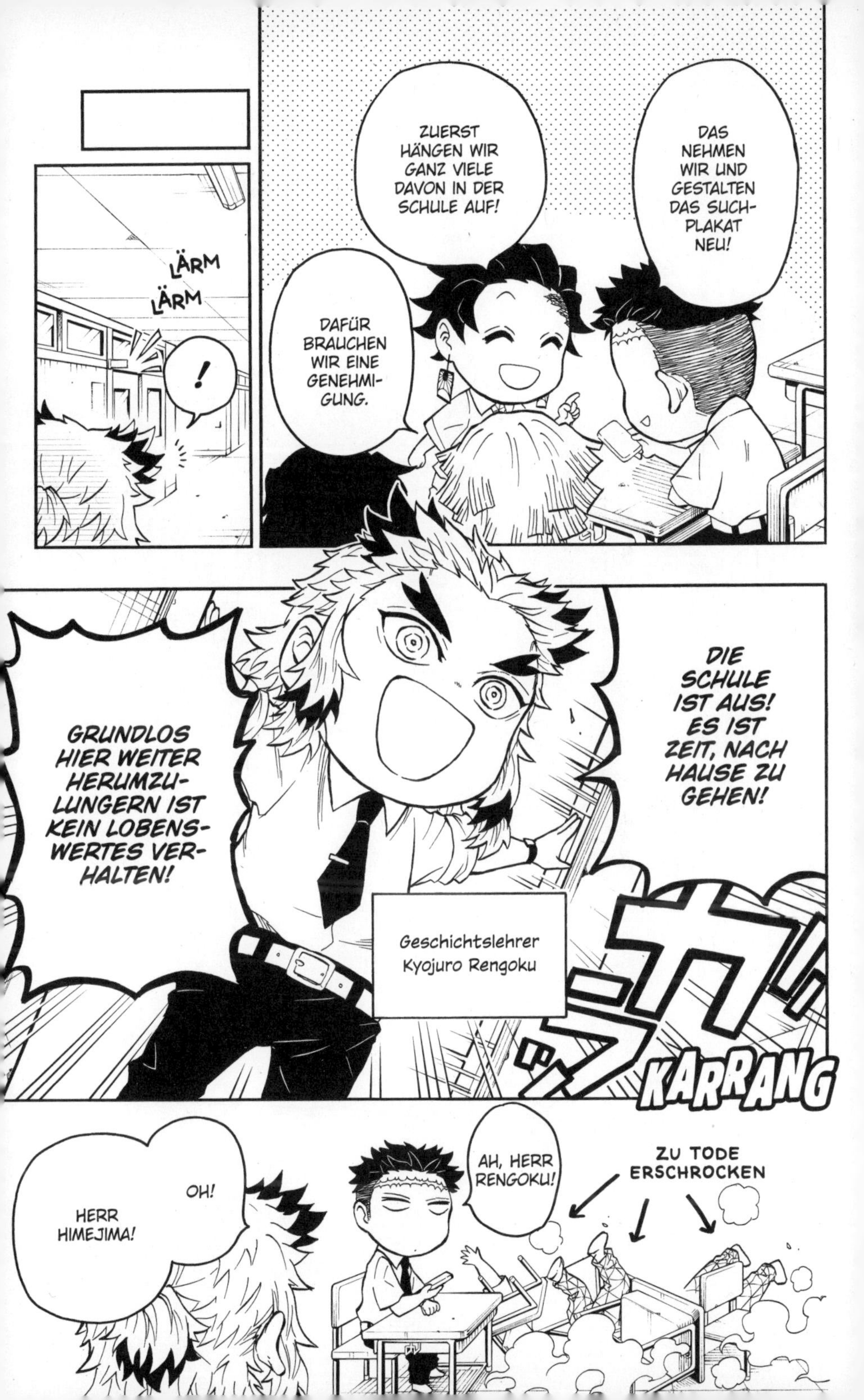
DAS NEHMEN WIR UND GESTALTEN DAS SUCH-PLAKAT NEU!
ZUERST HÄNGEN WIR GANZ VIELE DAVON IN DER SCHULE AUF!
DAFÜR BRAUCHEN WIR EINE GENEHMI-GUNG.
LÄRM
LÄRM
!
DIE SCHULE IST AUS! ES IST ZEIT, NACH HAUSE ZU GEHEN!
GRUNDLOS HIER WEITER HERUMZU-LUNGERN IST KEIN LOBENS-WERTES VER-HALTEN!
Geschichtslehrer Kyojuro Rengoku
KARRANG
ZU TODE ERSCHROCKEN
AH, HERR RENGOKU!
OH!
HERR HIMEJIMA!

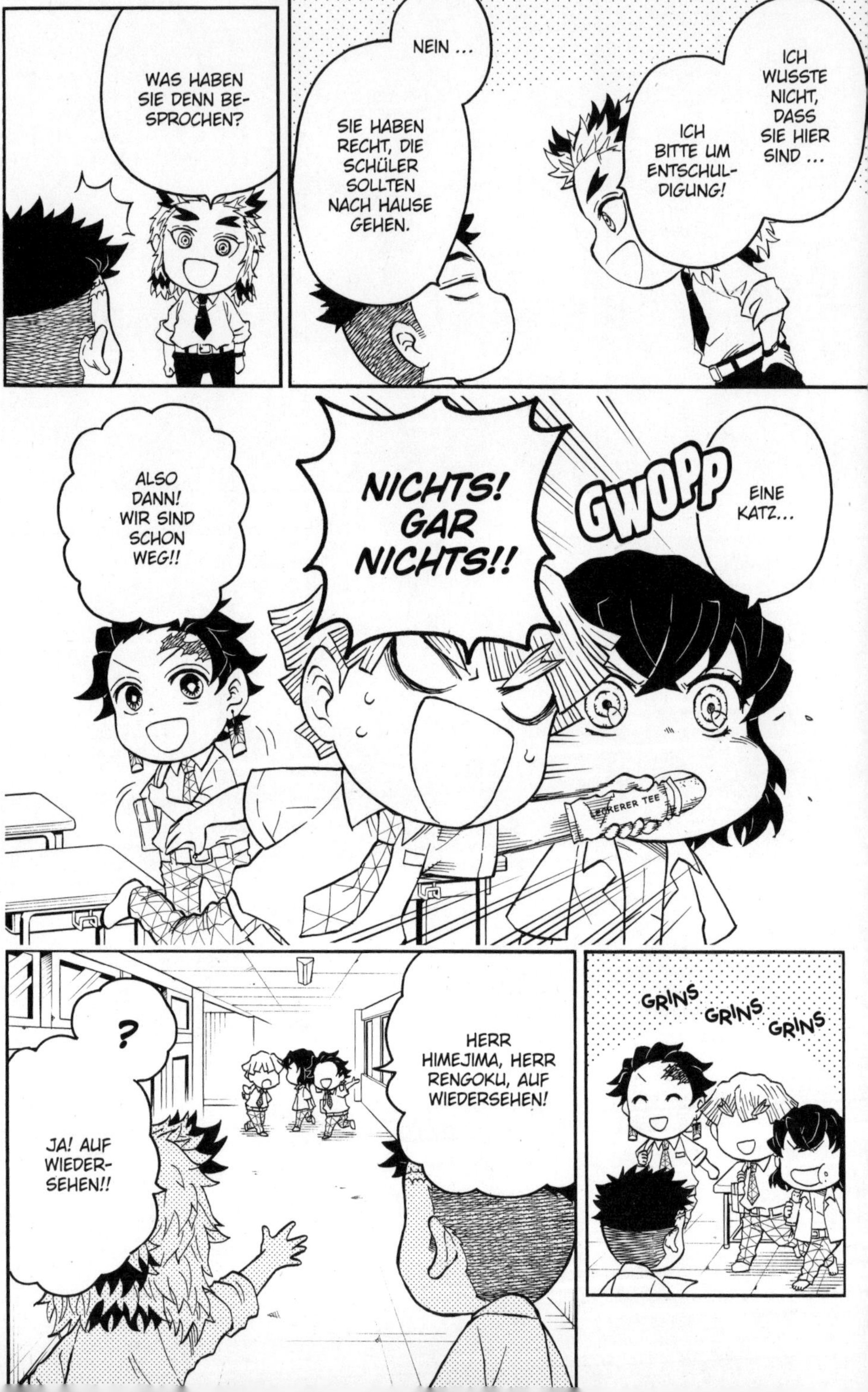

ICH WUSSTE NICHT, DASS SIE HIER SIND …
ICH BITTE UM ENTSCHULDIGUNG!
NEIN …
SIE HABEN RECHT, DIE SCHÜLER SOLLTEN NACH HAUSE GEHEN.
WAS HABEN SIE DENN BESPROCHEN?
EINE KATZ…
GWOPP
NICHTS! GAR NICHTS!!
ALSO DANN! WIR SIND SCHON WEG!!
GRINS GRINS GRINS
HERR HIMEJIMA, HERR RENGOKU, AUF WIEDERSEHEN!
?
JA! AUF WIEDERSEHEN!!

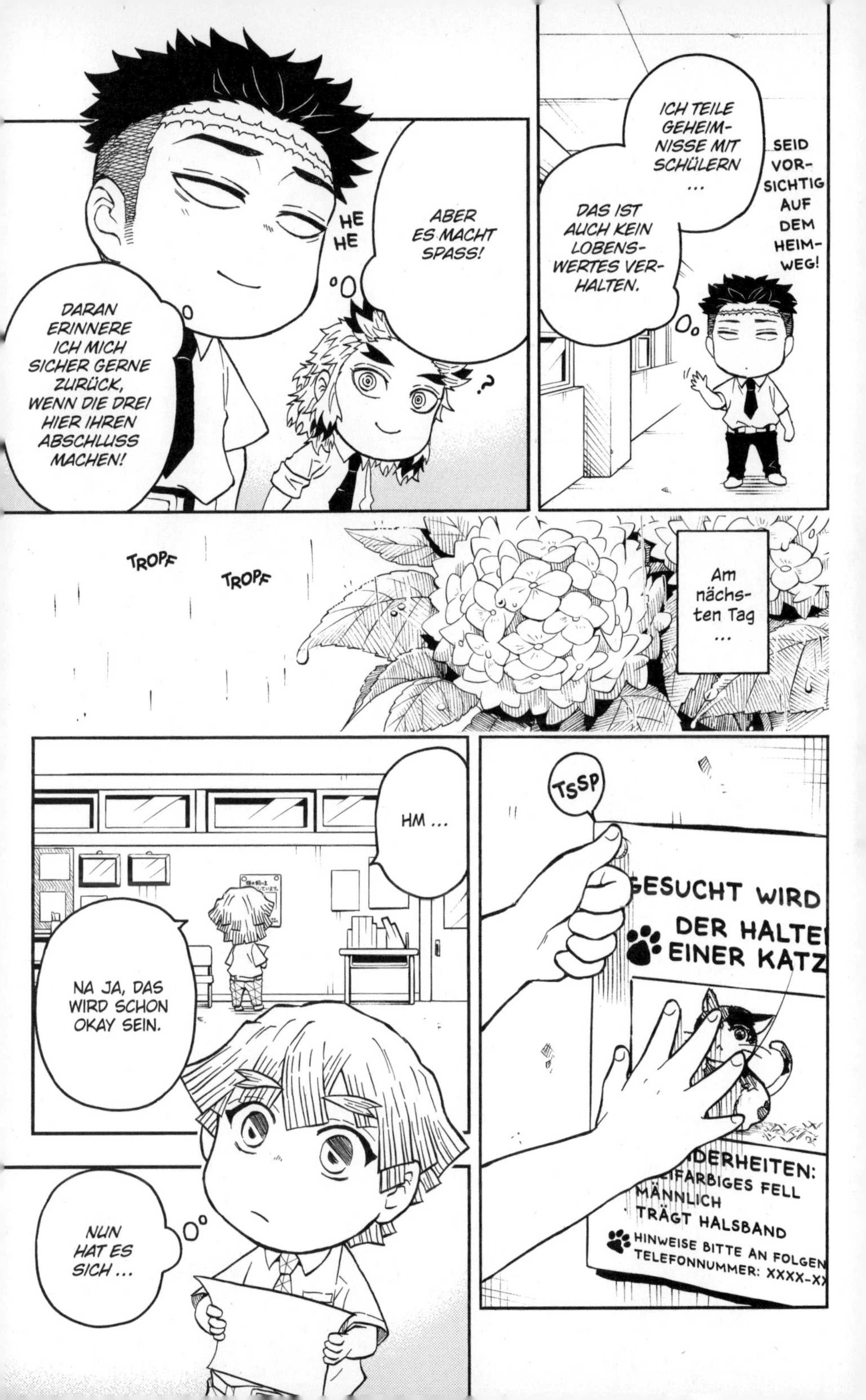
ICH TEILE GEHEIM-NISSE MIT SCHÜLERN …
DAS IST AUCH KEIN LOBENS-WERTES VER-HALTEN.
SEID VOR-SICHTIG AUF DEM HEIM-WEG!
ABER ES MACHT SPASS!
HE HE
DARAN ERINNERE ICH MICH SICHER GERNE ZURÜCK, WENN DIE DREI HIER IHREN ABSCHLUSS MACHEN!
TROPF
TROPF
Am nächs-ten Tag …
TSSP
GESUCHT WIRD
DER HALTE
EINER KATZ
DERHEITEN:
IFARBIGES FELL
MÄNNLICH
TRÄGT HALSBAND
HINWEISE BITTE AN FOLGEN
TELEFONNUMMER: XXXX-XX
HM …
NA JA, DAS WIRD SCHON OKAY SEIN.
NUN HAT ES SICH …

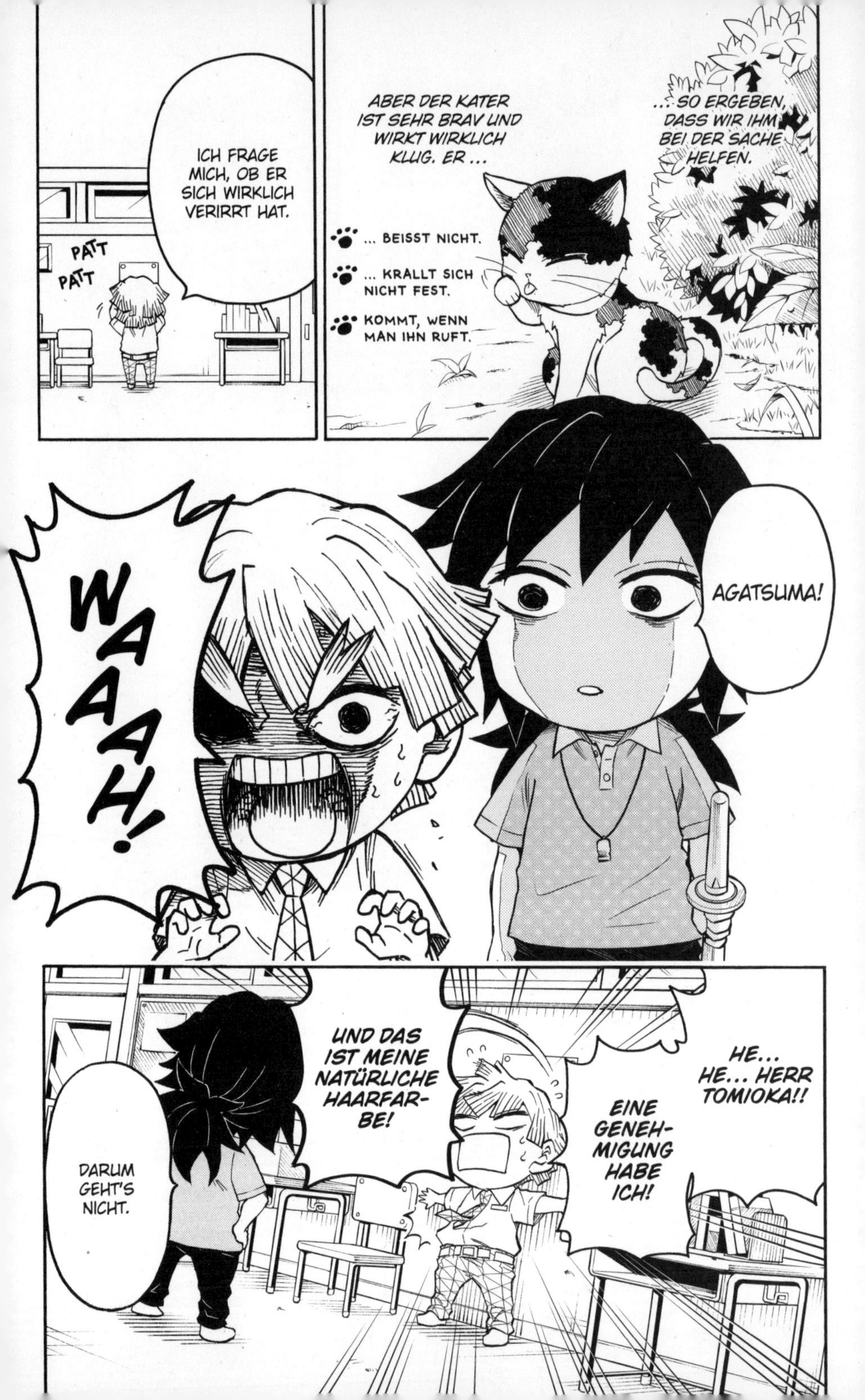

... SO ERGEBEN, DASS WIR IHM BEI DER SACHE HELFEN.
ABER DER KATER IST SEHR BRAV UND WIRKT WIRKLICH KLUG. ER ...
... BEISST NICHT.
... KRALLT SICH NICHT FEST.
KOMMT, WENN MAN IHN RUFT.
ICH FRAGE MICH, OB ER SICH WIRKLICH VERIRRT HAT.
PATT
PATT
AGATSUMA!
WAAAH!
HE... HE... HERR TOMIOKA!!
EINE GENEHMIGUNG HABE ICH!
UND DAS IST MEINE NATÜRLICHE HAARFARBE!
DARUM GEHT'S NICHT.

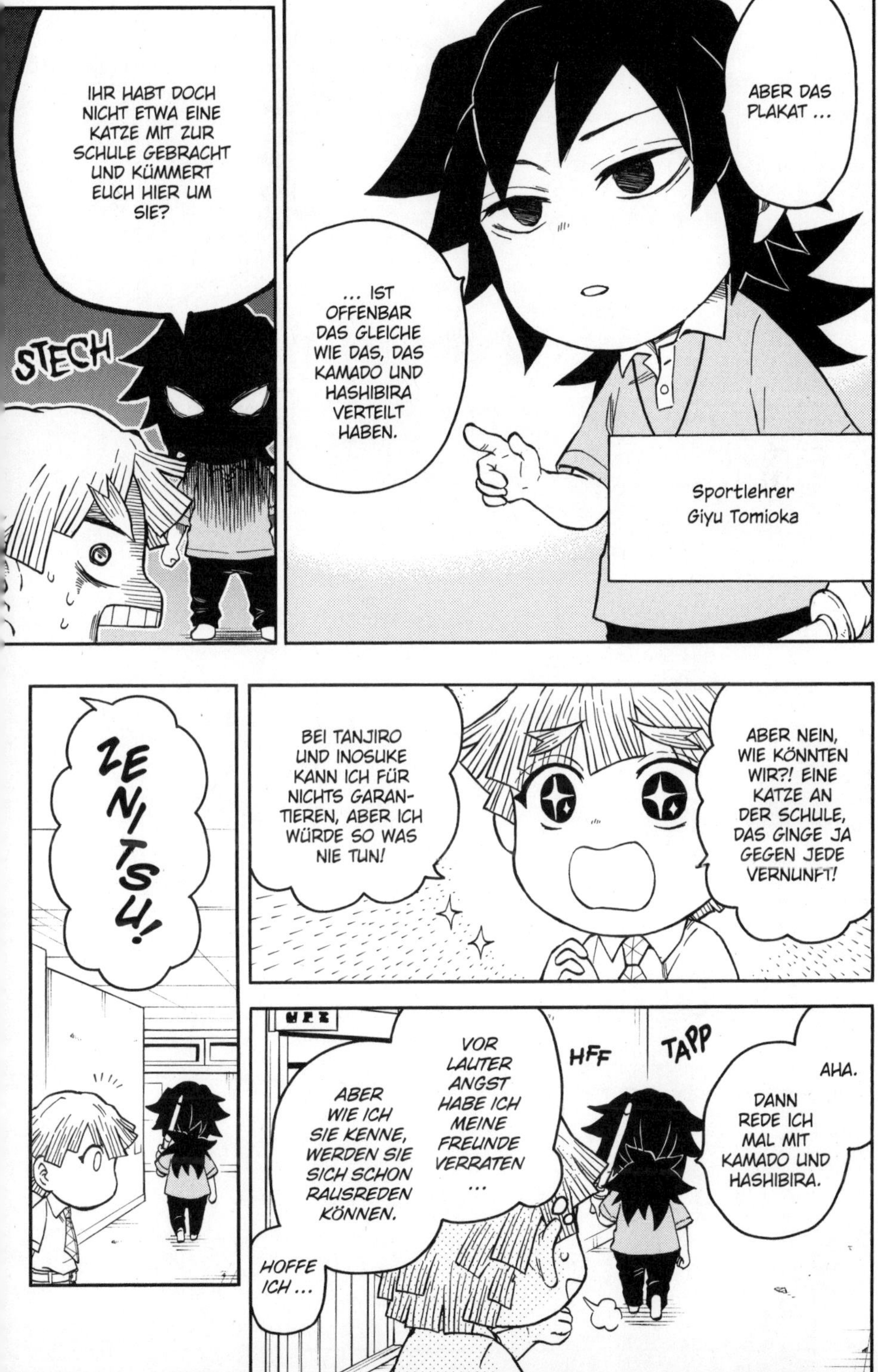
ABER DAS PLAKAT …
… IST OFFENBAR DAS GLEICHE WIE DAS, DAS KAMADO UND HASHIBIRA VERTEILT HABEN.
Sportlehrer Giyu Tomioka
IHR HABT DOCH NICHT ETWA EINE KATZE MIT ZUR SCHULE GEBRACHT UND KÜMMERT EUCH HIER UM SIE?
STECH
ABER NEIN, WIE KÖNNTEN WIR?! EINE KATZE AN DER SCHULE, DAS GINGE JA GEGEN JEDE VERNUNFT!
BEI TANJIRO UND INOSUKE KANN ICH FÜR NICHTS GARANTIEREN, ABER ICH WÜRDE SO WAS NIE TUN!
ZENITSU!
AHA.
DANN REDE ICH MAL MIT KAMADO UND HASHIBIRA.
TAPP
HFF
VOR LAUTER ANGST HABE ICH MEINE FREUNDE VERRATEN …
ABER WIE ICH SIE KENNE, WERDEN SIE SICH SCHON RAUSREDEN KÖNNEN.
HOFFE ICH …

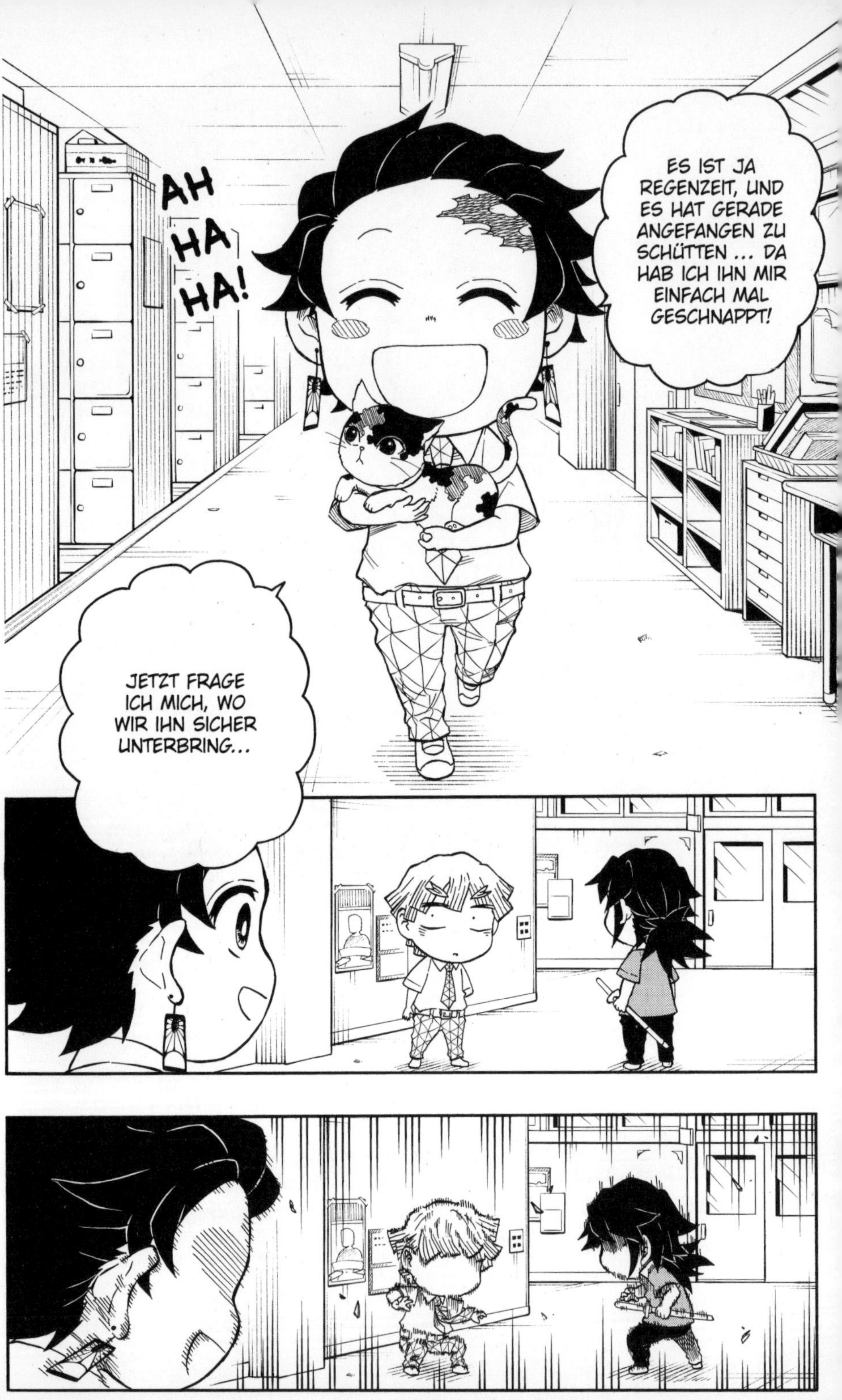
ES IST JA REGENZEIT, UND ES HAT GERADE ANGEFANGEN ZU SCHÜTTEN ... DA HAB ICH IHN MIR EINFACH MAL GESCHNAPPT!
AH HA HA!
JETZT FRAGE ICH MICH, WO WIR IHN SICHER UNTERBRING...

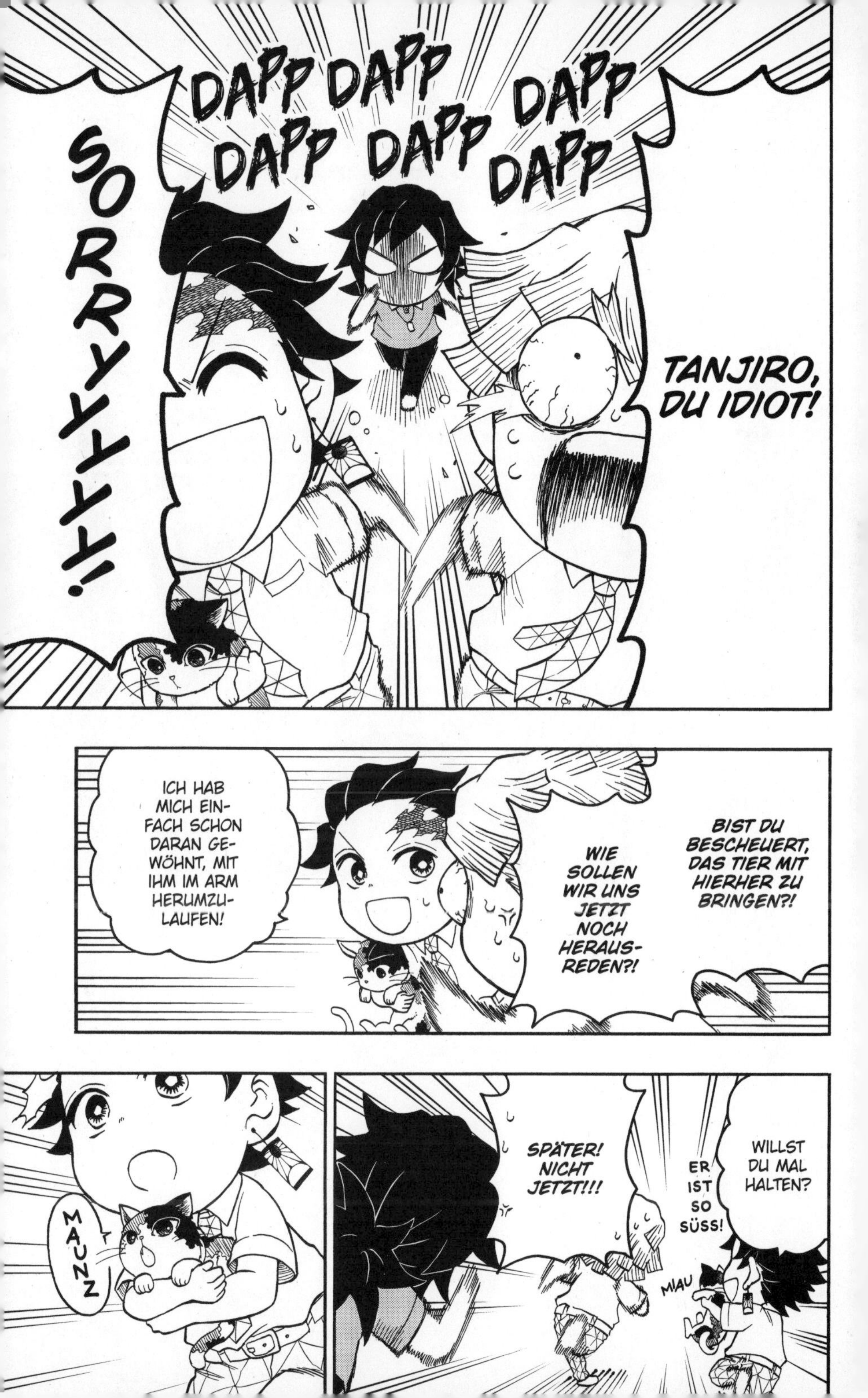
DAPP DAPP DAPP
DAPP DAPP DAPP
TANJIRO, DU IDIOT!
SORRYYYYY!
BIST DU BESCHEUERT, DAS TIER MIT HIERHER ZU BRINGEN?!
WIE SOLLEN WIR UNS JETZT NOCH HERAUSREDEN?!
ICH HAB MICH EINFACH SCHON DARAN GEWÖHNT, MIT IHM IM ARM HERUMZULAUFEN!
WILLST DU MAL HALTEN?
ER IST SO SÜSS!
MIAU
SPÄTER! NICHT JETZT!!!
MAUNZ

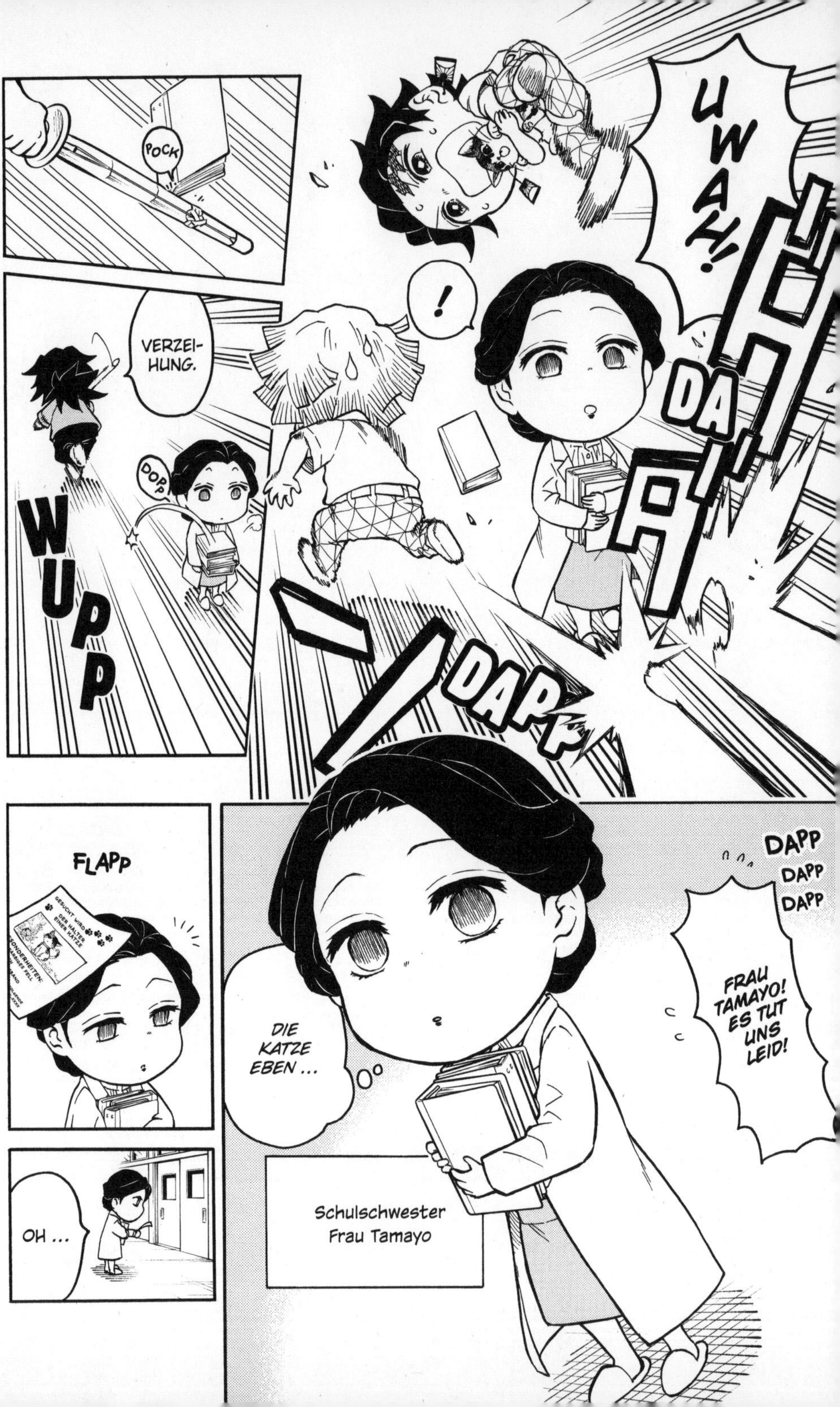
UWAH!!
!
DA
A
POCK
VERZEI-
HUNG.
DOP
WUPP
DAPP
DAPP
DAPP
DAPP
FRAU TAMAYO! ES TUT UNS LEID!
DIE KATZE EBEN …
Schulschwester
Frau Tamayo
FLAPP
GESUCHT WIRD
DER HALTER EINER KATZE
OH …

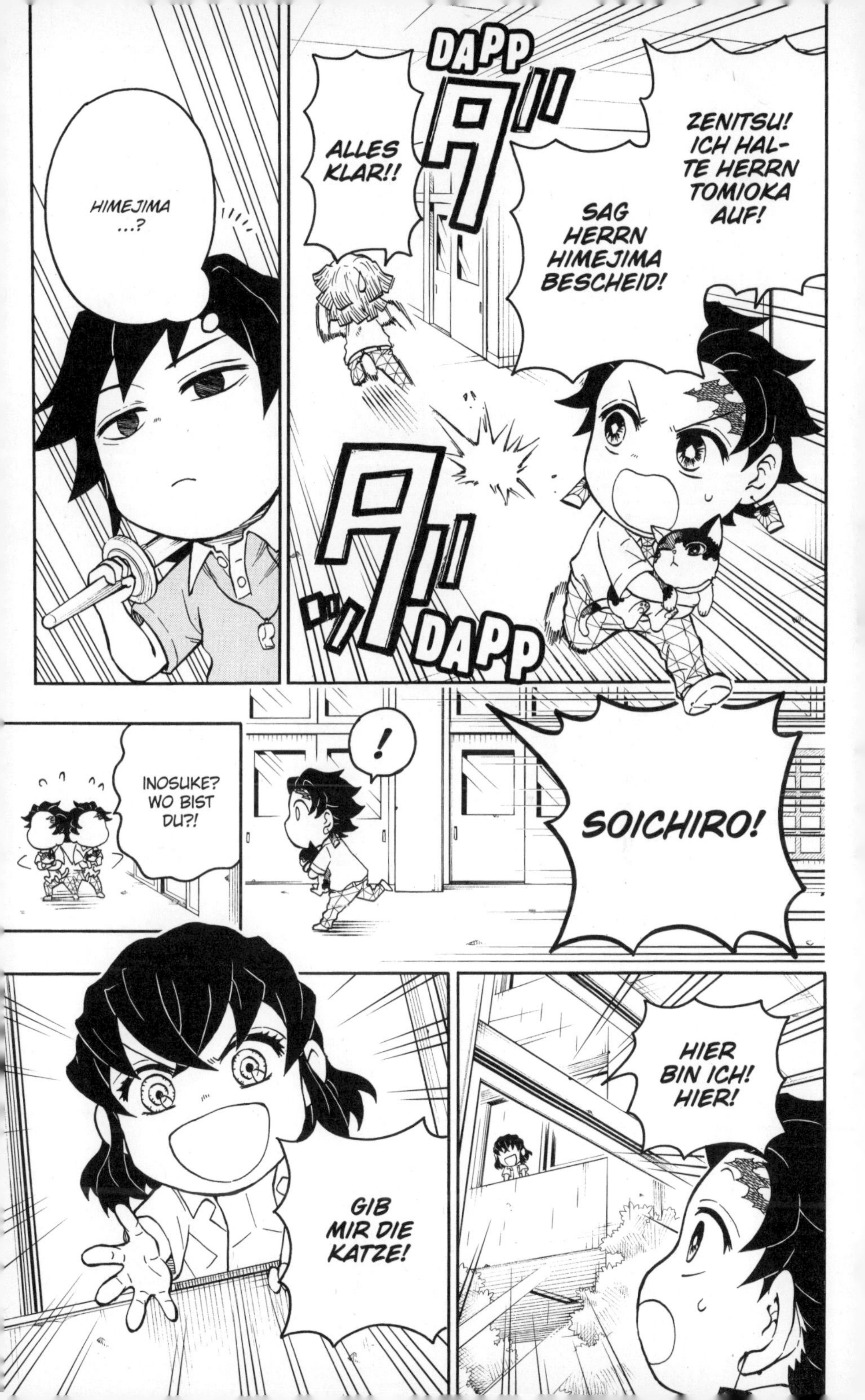
ZENITSU! ICH HAL-
TE HERRN
TOMIOKA
AUF!
SAG
HERRN
HIMEJIMA
BESCHEID!
ALLES
KLAR!!
DAPP
DAPP
HIMEJIMA
...?
SOICHIRO!
!
INOSUKE?
WO BIST
DU?!
HIER
BIN ICH!
HIER!
GIB
MIR DIE
KATZE!

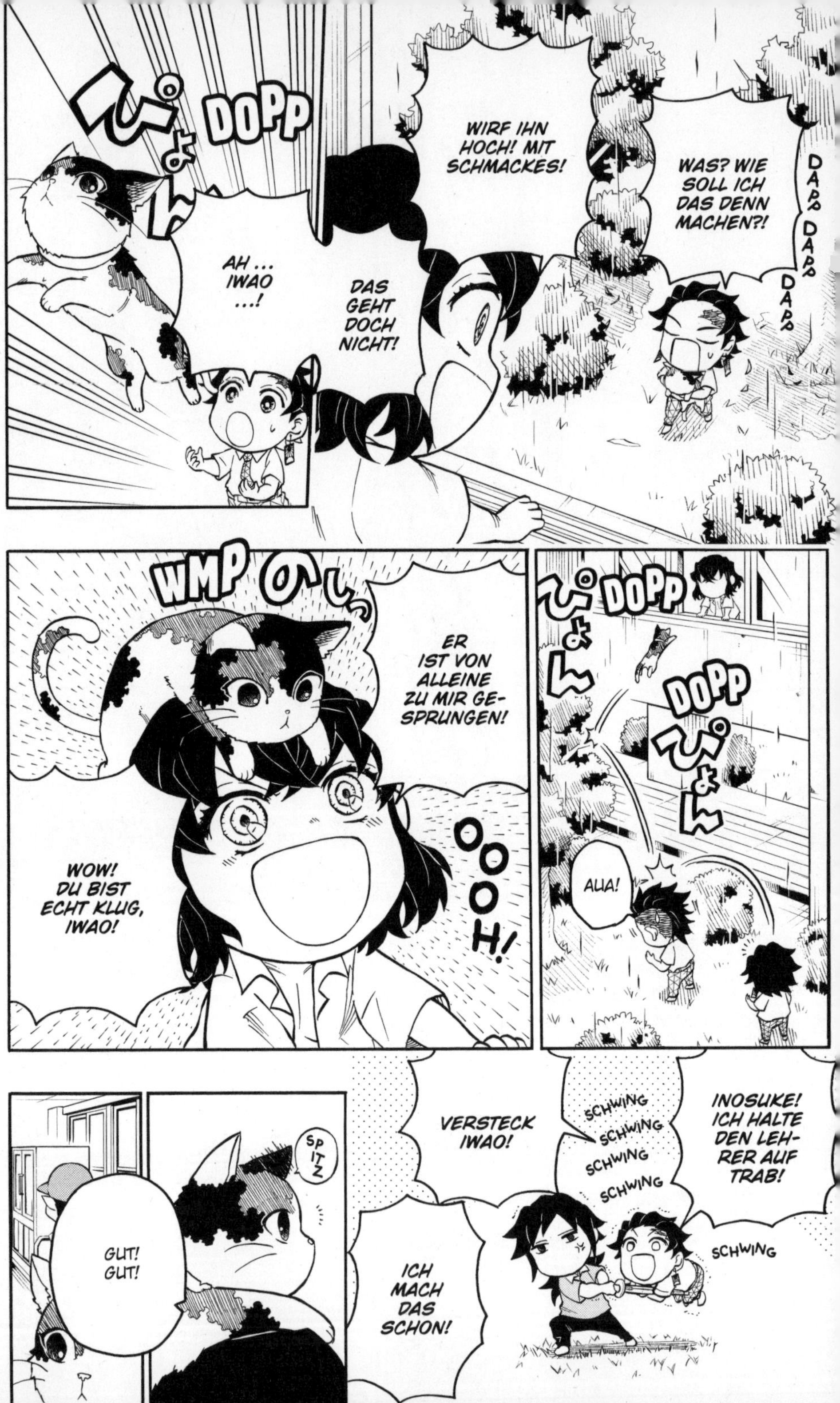
WAS? WIE SOLL ICH DAS DENN MACHEN?!
DAPP DAPP DAPP
WIRF IHN HOCH! MIT SCHMACKES!
DAS GEHT DOCH NICHT!
AH ... IWAO ...!
ぴょん DOPP
ぴょん DOPP
DOPP ぴょん
AUA!
ER IST VON ALLEINE ZU MIR GE-SPRUNGEN!
WMP のしっ
OOOOH!
WOW! DU BIST ECHT KLUG, IWAO!
INOSUKE! ICH HALTE DEN LEH-RER AUF TRAB!
SCHWING SCHWING SCHWING SCHWING
SCHWING
VERSTECK IWAO!
ICH MACH DAS SCHON!
SPITZ
GUT! GUT!

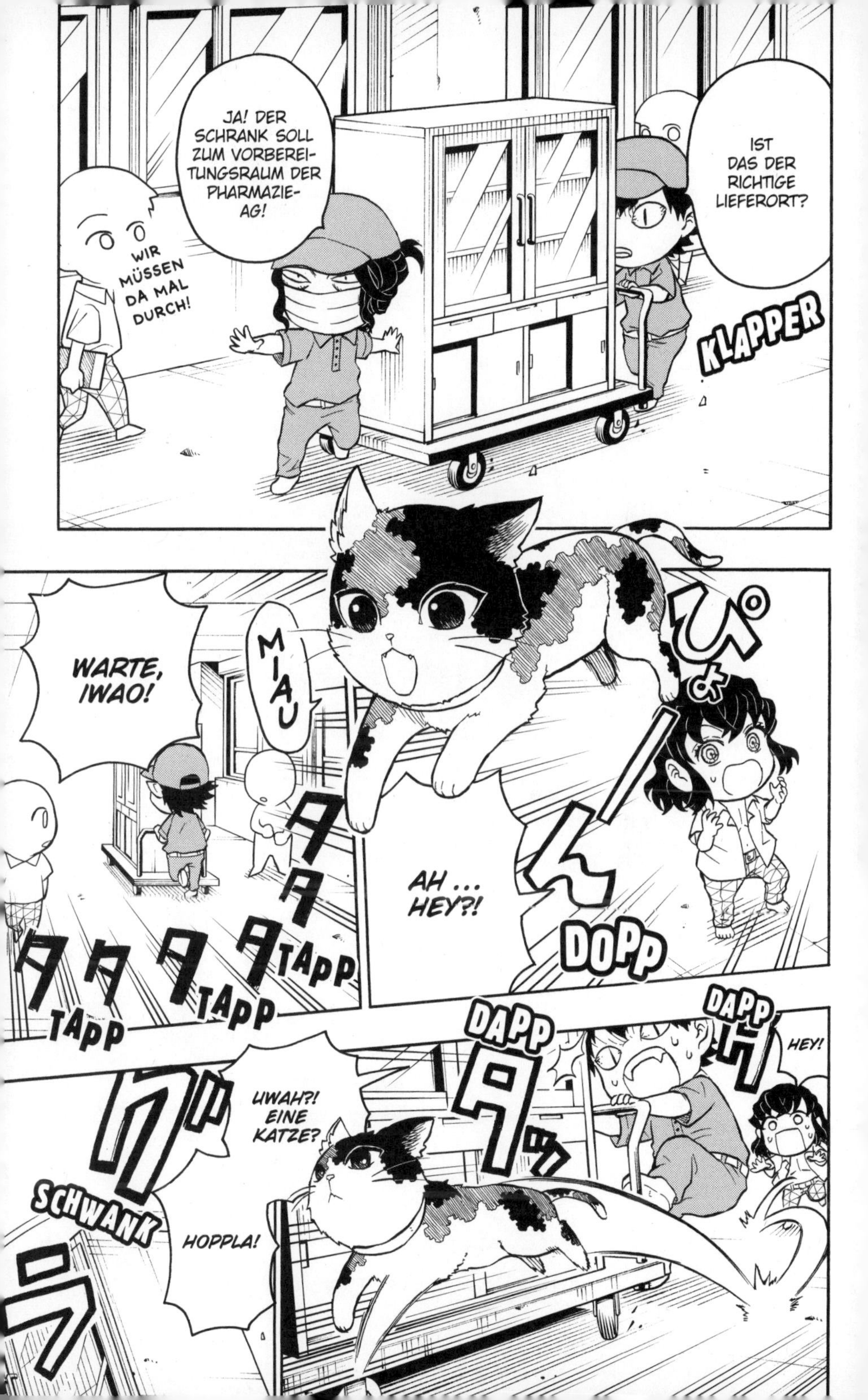
IST DAS DER RICHTIGE LIEFERORT?
JA! DER SCHRANK SOLL ZUM VORBEREITUNGSRAUM DER PHARMAZIE-AG!
WIR MÜSSEN DA MAL DURCH!
KLAPPER
MIAU
AH ... HEY?!
DOPP
WARTE, IWAO!
TAPP
TAPP
TAPP
DAPP
HEY!
DAPP
UWAH?! EINE KATZE?
SCHWANK
HOPPLA!

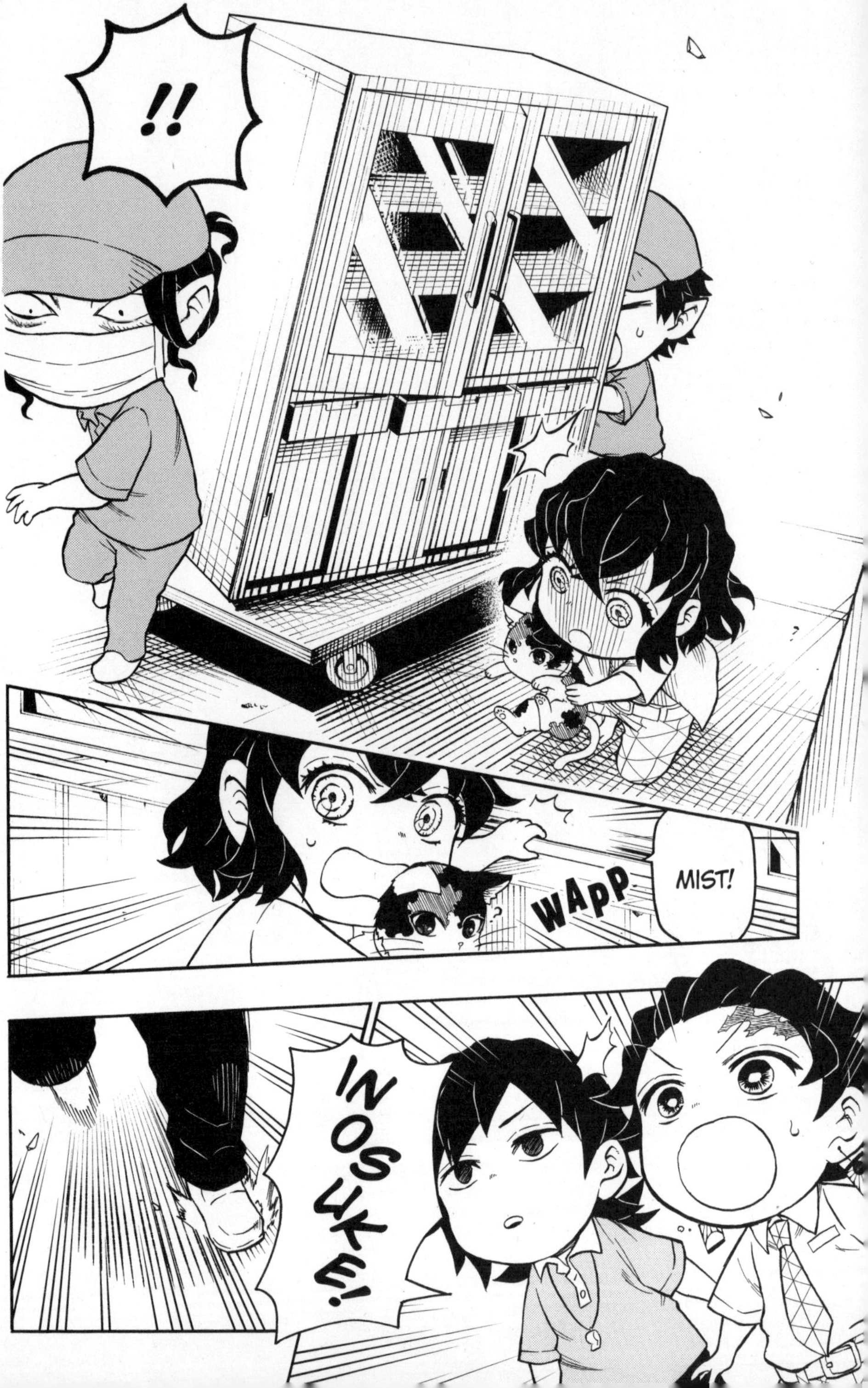

!!
MIST!
WAPP
INOSUKE!

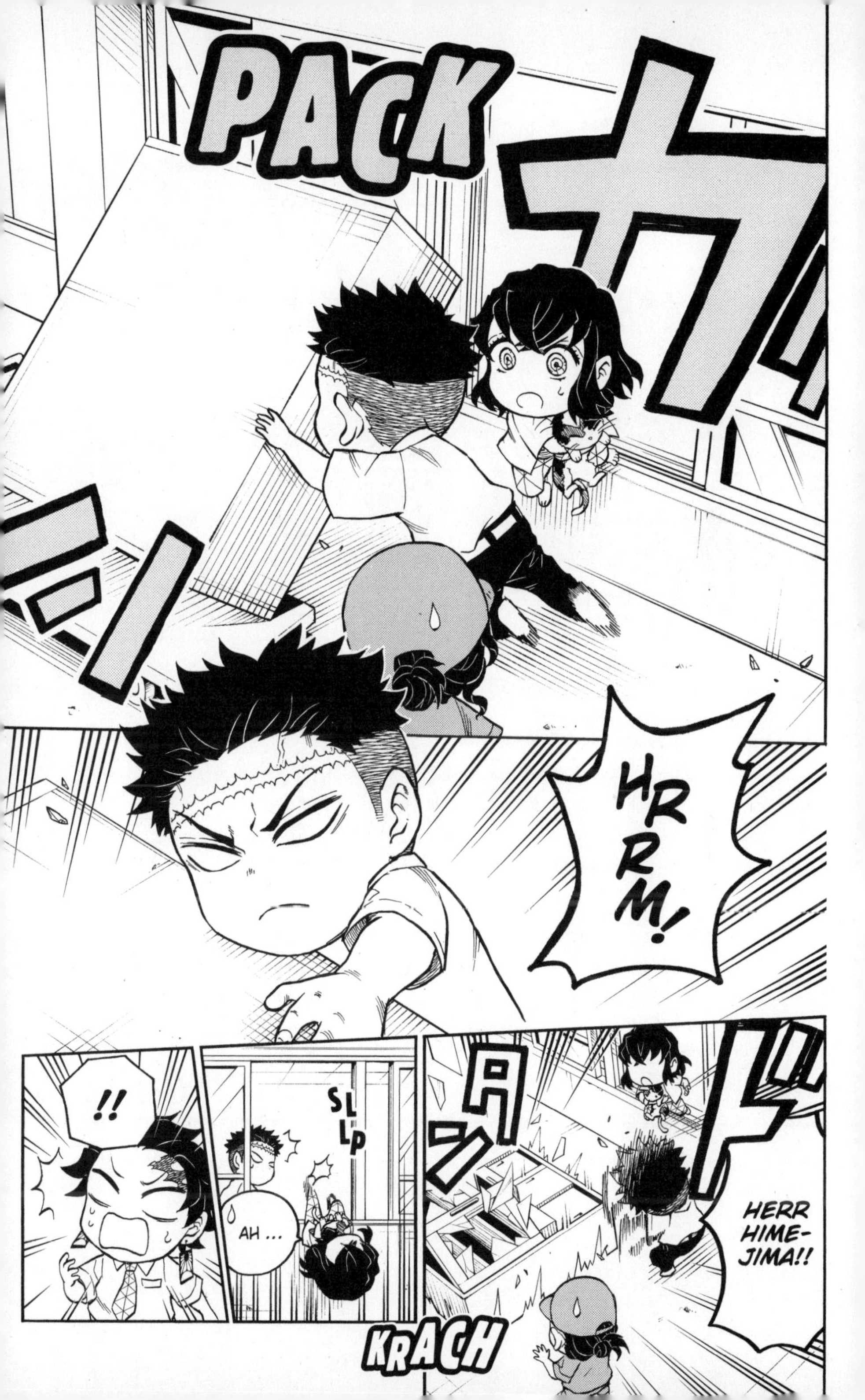
PACK
HRRRM!
!!
SLLP
AH ...
HERR HIME-JIMA!!
KRACH

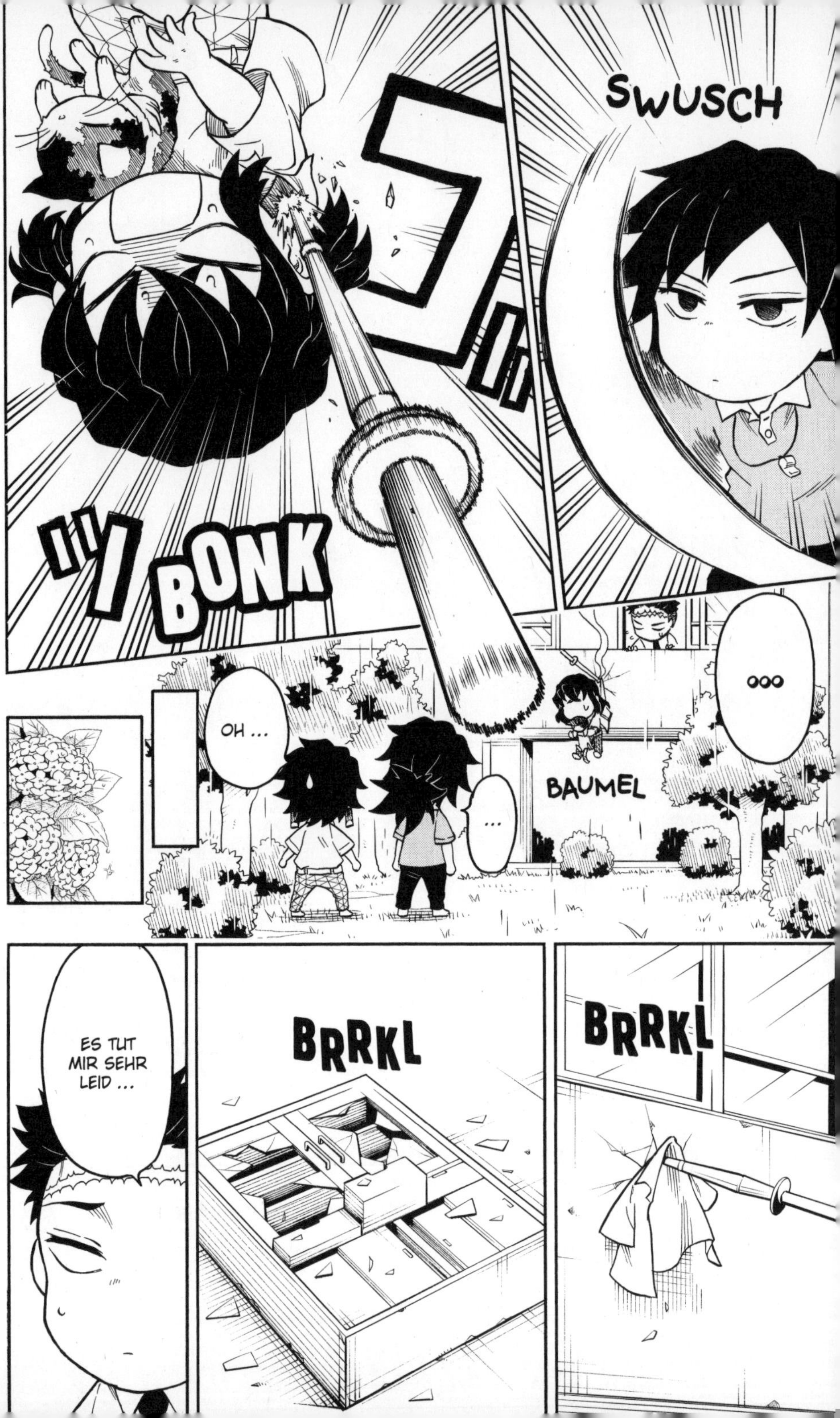
SWUSCH
BONK
...
BAUMEL
...
OH ...
BRRKL
BRRKL
ES TUT MIR SEHR LEID ...

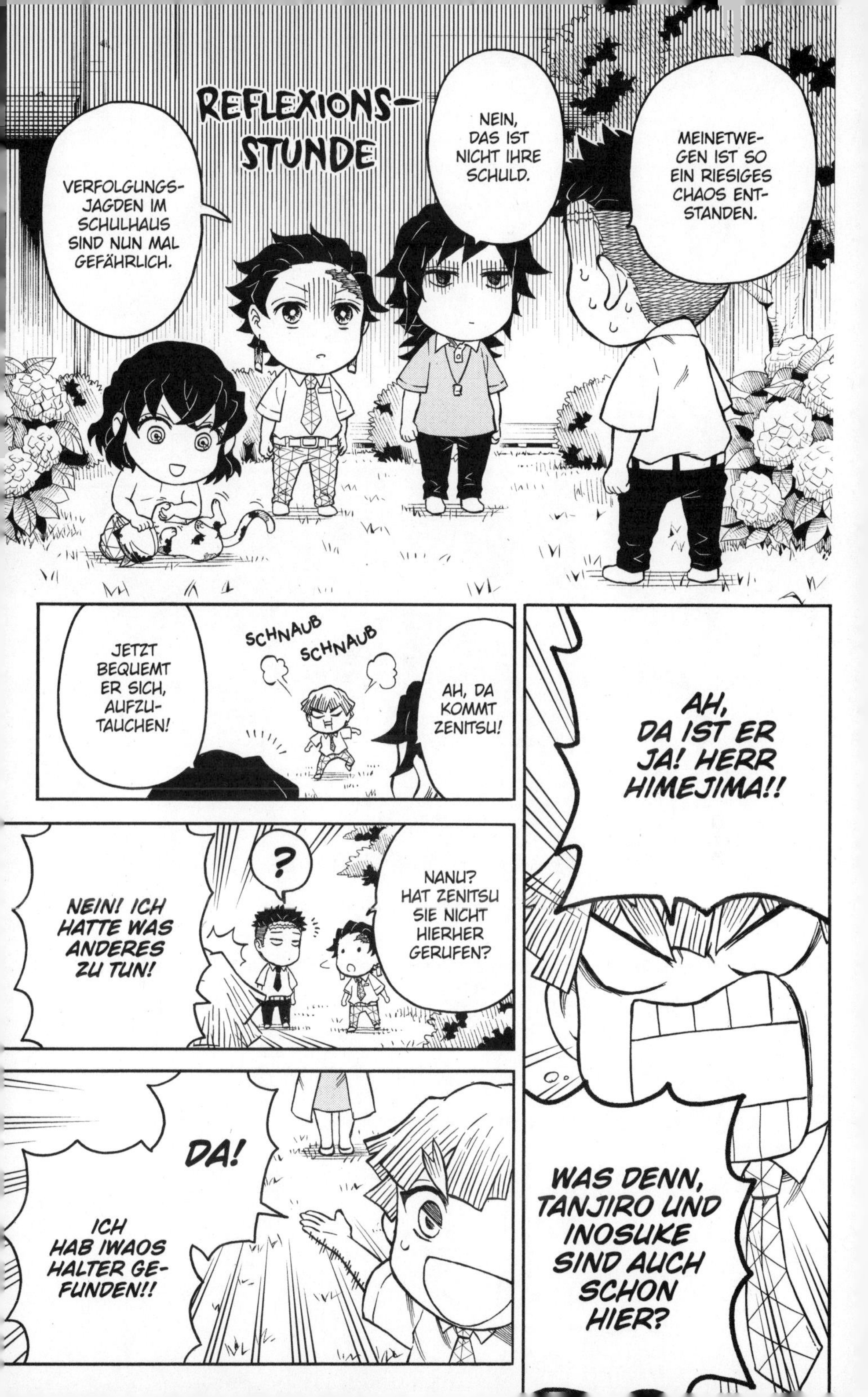
MEINETWEGEN IST SO EIN RIESIGES CHAOS ENTSTANDEN.
NEIN, DAS IST NICHT IHRE SCHULD.
REFLEXIONSSTUNDE
VERFOLGUNGSJAGDEN IM SCHULHAUS SIND NUN MAL GEFÄHRLICH.
AH, DA KOMMT ZENITSU!
SCHNAUB SCHNAUB
JETZT BEQUEMT ER SICH, AUFZUTAUCHEN!
AH, DA IST ER JA! HERR HIMEJIMA!!
NANU? HAT ZENITSU SIE NICHT HIERHER GERUFEN?
?
NEIN! ICH HATTE WAS ANDERES ZU TUN!
WAS DENN, TANJIRO UND INOSUKE SIND AUCH SCHON HIER?
DA!
ICH HAB IWAOS HALTER GEFUNDEN!!

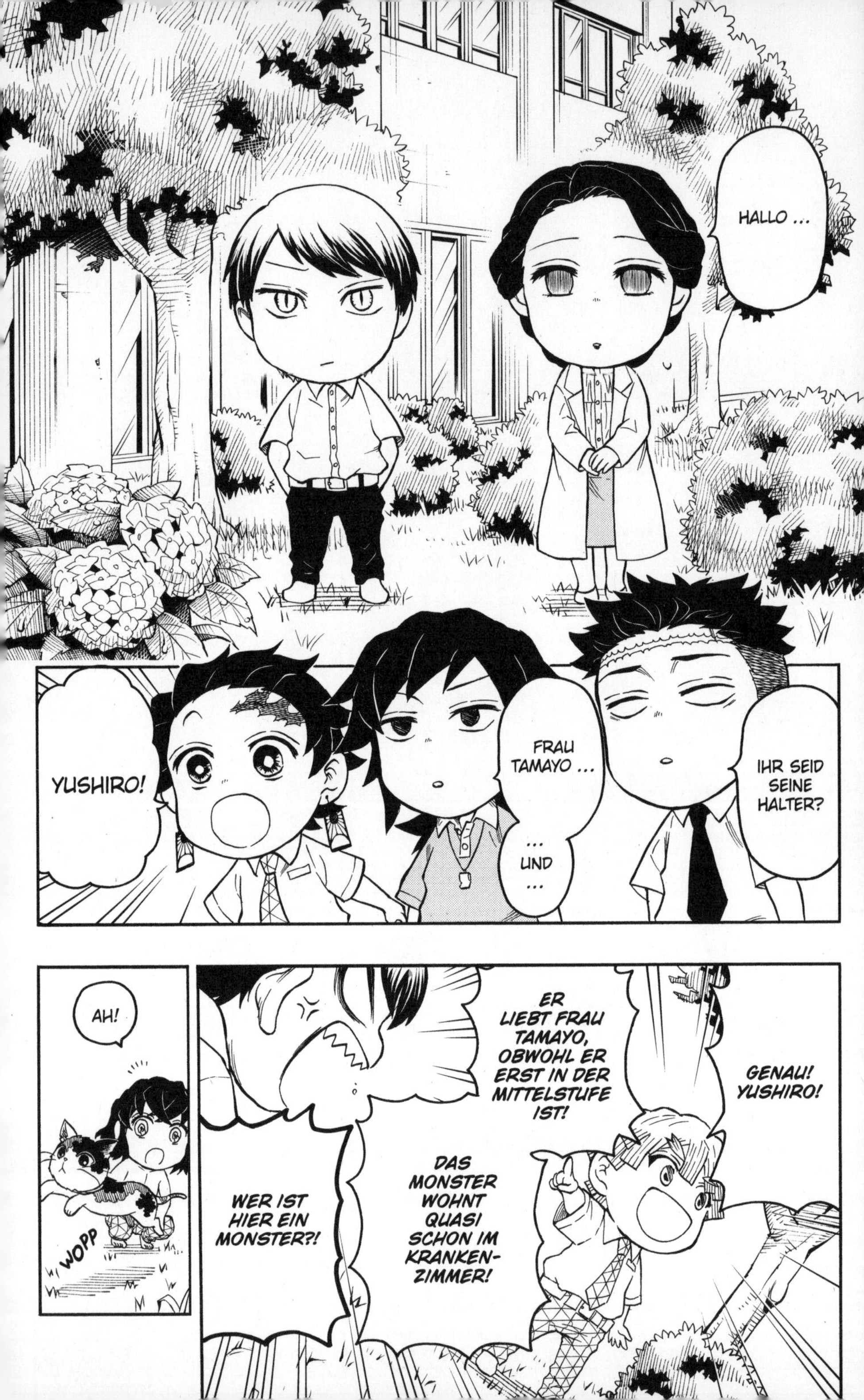
HALLO ...
IHR SEID SEINE HALTER?
FRAU TAMAYO ...
... UND ...
YUSHIRO!
GENAU! YUSHIRO!
ER LIEBT FRAU TAMAYO, OBWOHL ER ERST IN DER MITTELSTUFE IST!
DAS MONSTER WOHNT QUASI SCHON IM KRANKEN-ZIMMER!
WER IST HIER EIN MONSTER?!
AH!
WOPP

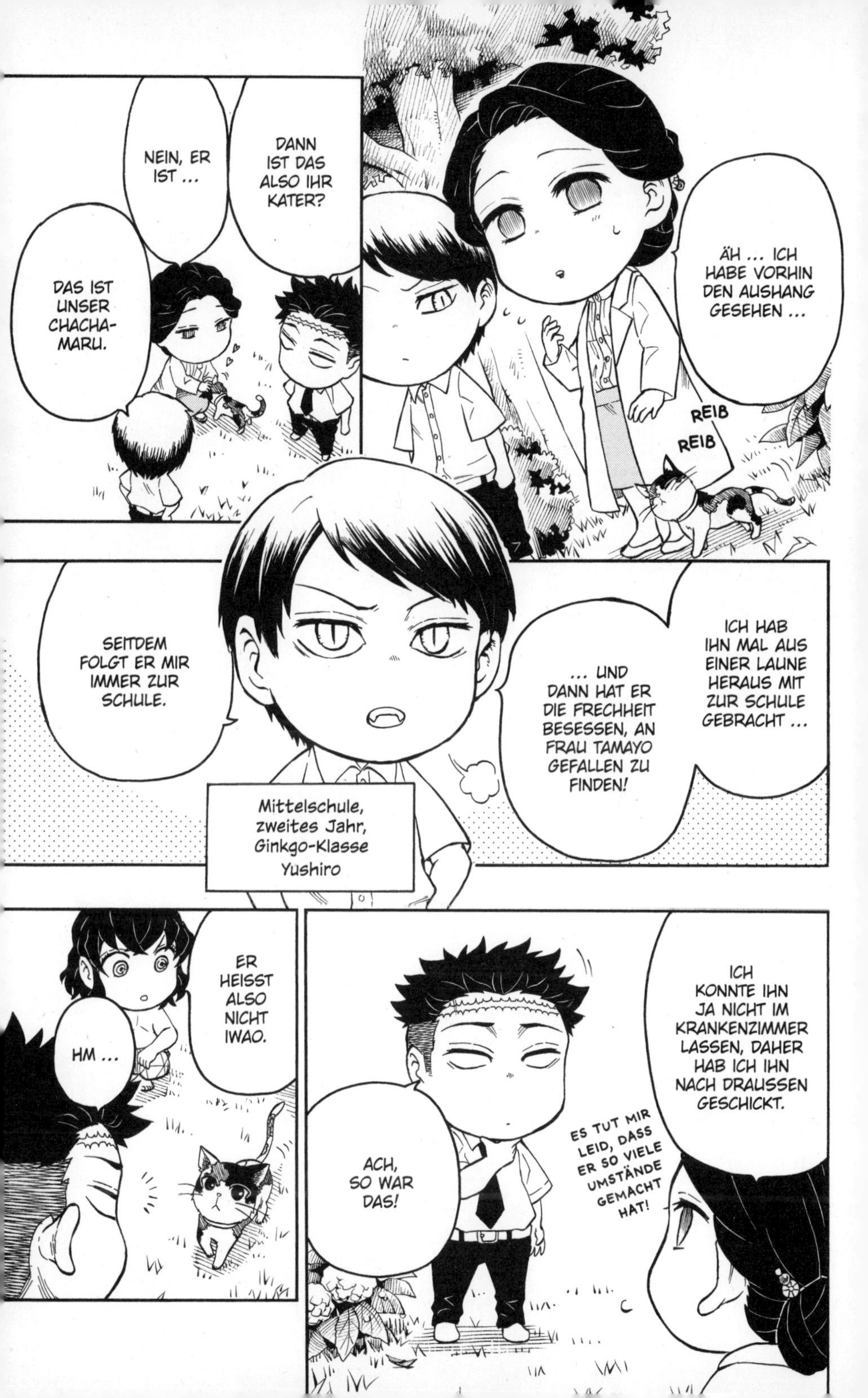
ÄH … ICH HABE VORHIN DEN AUSHANG GESEHEN …
REIB
REIB
DANN IST DAS ALSO IHR KATER?
NEIN, ER IST …
DAS IST UNSER CHACHA-MARU.
ICH HAB IHN MAL AUS EINER LAUNE HERAUS MIT ZUR SCHULE GEBRACHT …
… UND DANN HAT ER DIE FRECHHEIT BESESSEN, AN FRAU TAMAYO GEFALLEN ZU FINDEN!
SEITDEM FOLGT ER MIR IMMER ZUR SCHULE.
Mittelschule, zweites Jahr, Ginkgo-Klasse Yushiro
ICH KONNTE IHN JA NICHT IM KRANKENZIMMER LASSEN, DAHER HAB ICH IHN NACH DRAUSSEN GESCHICKT.
ES TUT MIR LEID, DASS ER SO VIELE UMSTÄNDE GEMACHT HAT!
ACH, SO WAR DAS!
ER HEISST ALSO NICHT IWAO.
HM …

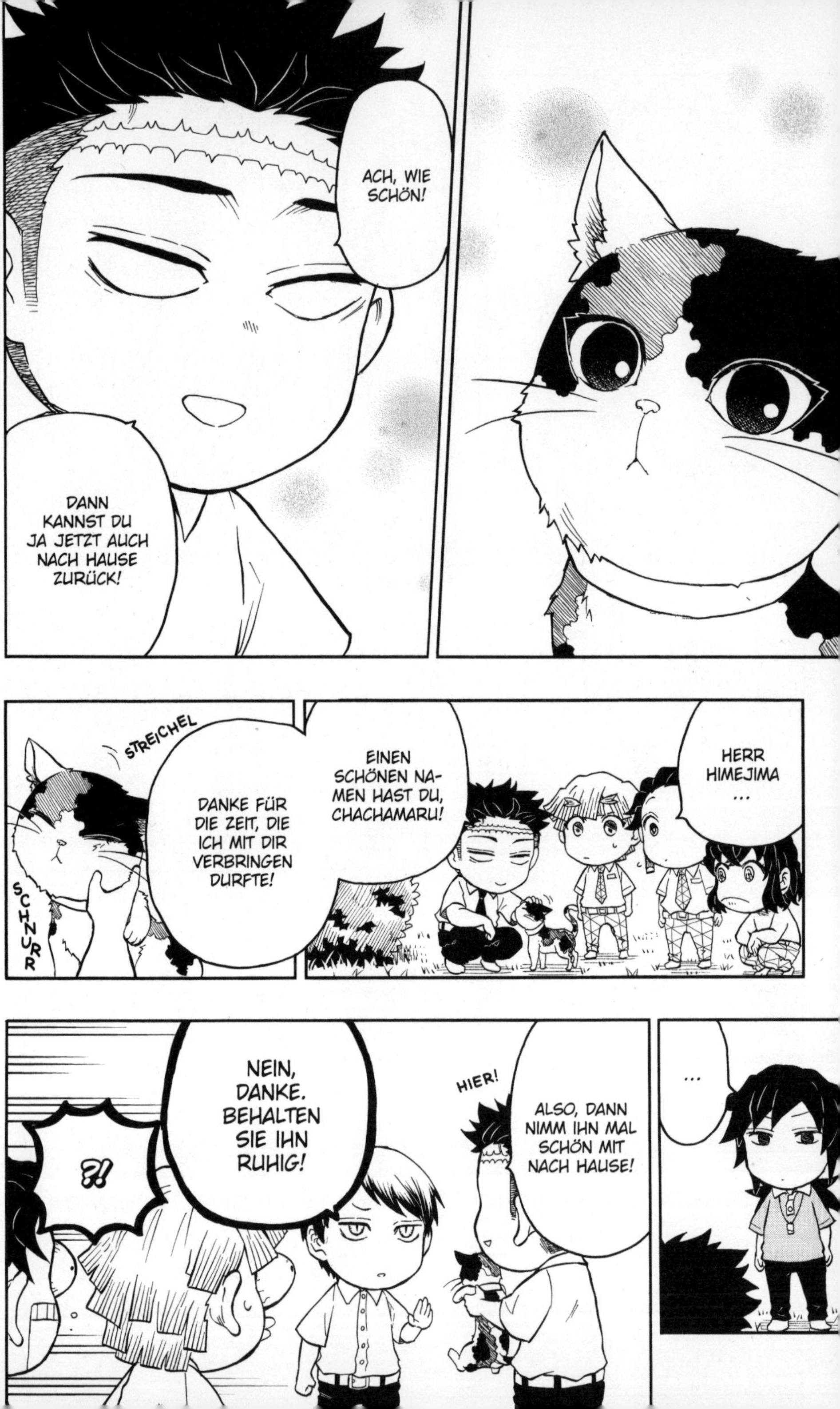
ACH, WIE SCHÖN!
DANN KANNST DU JA JETZT AUCH NACH HAUSE ZURÜCK!
HERR HIMEJIMA ...
EINEN SCHÖNEN NAMEN HAST DU, CHACHAMARU!
DANKE FÜR DIE ZEIT, DIE ICH MIT DIR VERBRINGEN DURFTE!
STREICHEL
SCHNURR
...
ALSO, DANN NIMM IHN MAL SCHÖN MIT NACH HAUSE!
HIER!
NEIN, DANKE. BEHALTEN SIE IHN RUHIG!
?!

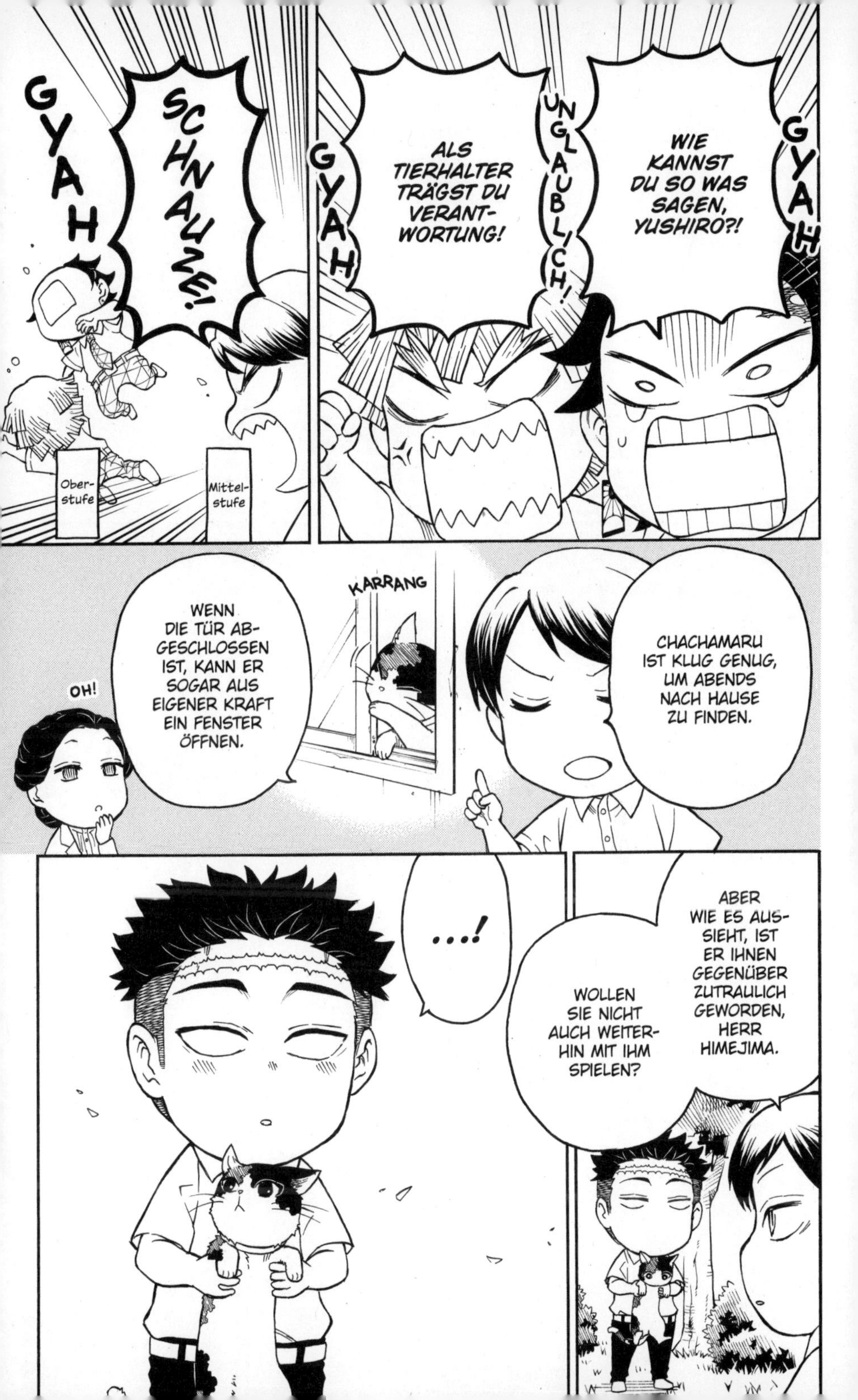
GYAH
WIE KANNST DU SO WAS SAGEN, YUSHIRO?!
UNGLAUBLICH!
ALS TIERHALTER TRÄGST DU VERANT-WORTUNG!
GYAH
SCHNAUZE!
GYAH
Mittel-stufe
Ober-stufe
CHACHAMARU IST KLUG GENUG, UM ABENDS NACH HAUSE ZU FINDEN.
KARRANG
WENN DIE TÜR AB-GESCHLOSSEN IST, KANN ER SOGAR AUS EIGENER KRAFT EIN FENSTER ÖFFNEN.
OH!
ABER WIE ES AUS-SIEHT, IST ER IHNEN GEGENÜBER ZUTRAULICH GEWORDEN, HERR HIMEJIMA.
WOLLEN SIE NICHT AUCH WEITER-HIN MIT IHM SPIELEN?
...!

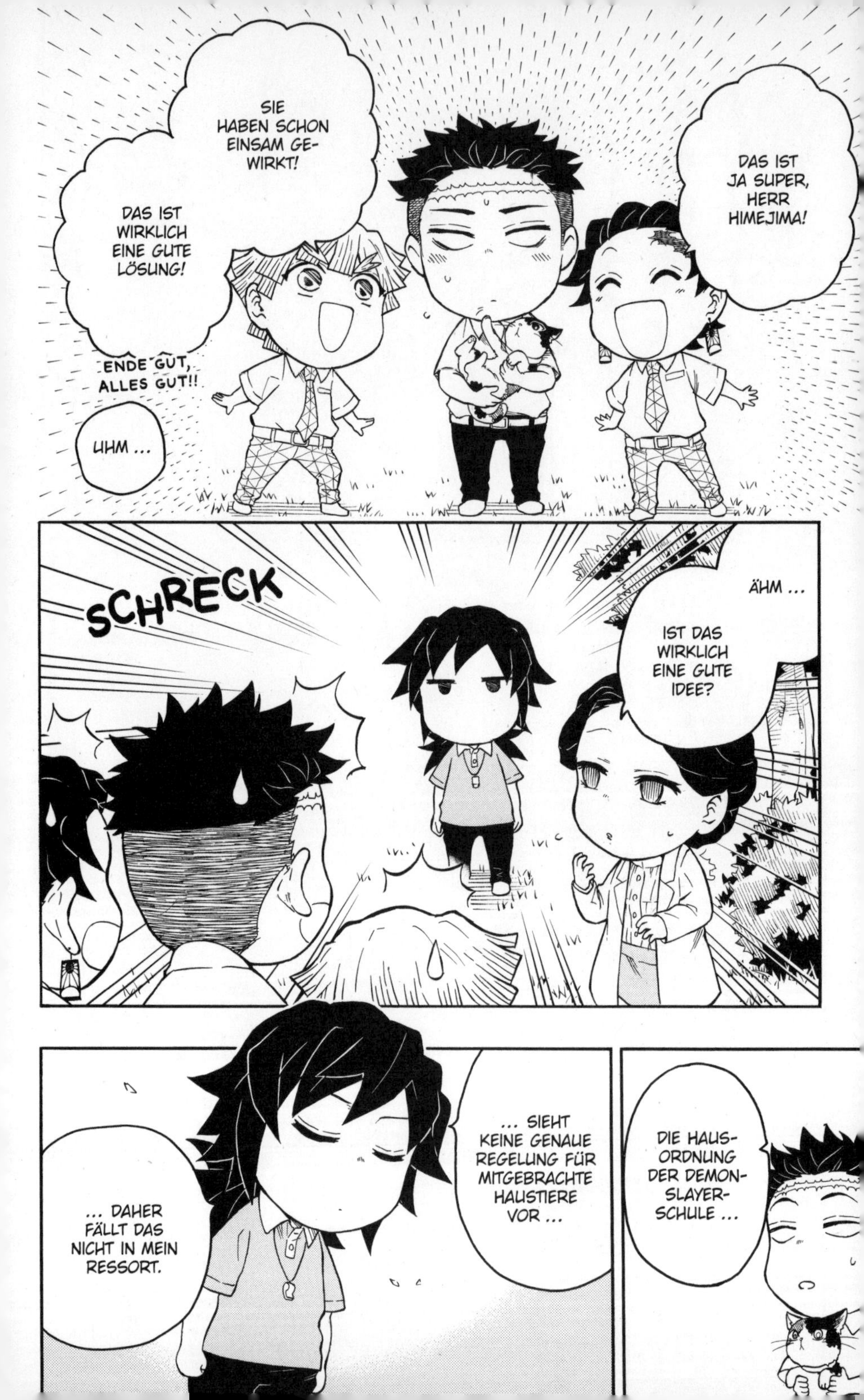
DAS IST JA SUPER, HERR HIMEJIMA!
SIE HABEN SCHON EINSAM GEWIRKT!
DAS IST WIRKLICH EINE GUTE LÖSUNG!
ENDE GUT, ALLES GUT!!
UHM …
ÄHM …
IST DAS WIRKLICH EINE GUTE IDEE?
SCHRECK
DIE HAUSORDNUNG DER DEMON-SLAYER-SCHULE …
… SIEHT KEINE GENAUE REGELUNG FÜR MITGEBRACHTE HAUSTIERE VOR …
… DAHER FÄLLT DAS NICHT IN MEIN RESSORT.

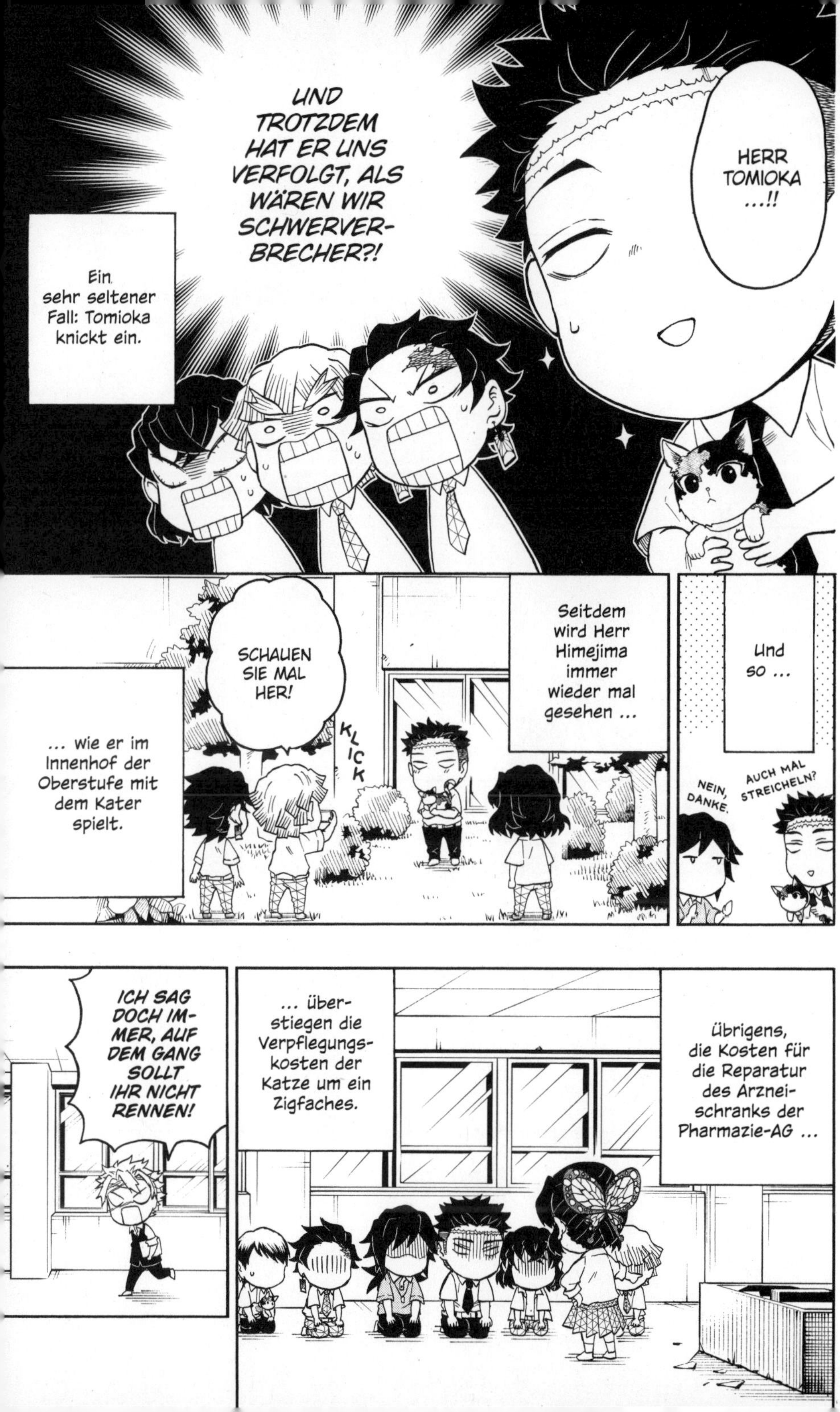
HERR TOMIOKA ...!!
UND TROTZDEM HAT ER UNS VERFOLGT, ALS WÄREN WIR SCHWERVERBRECHER?!
Ein sehr seltener Fall: Tomioka knickt ein.
Und so ...
AUCH MAL STREICHELN?
NEIN, DANKE.
Seitdem wird Herr Himejima immer wieder mal gesehen ...
SCHAUEN SIE MAL HER!
KLICK
... wie er im Innenhof der Oberstufe mit dem Kater spielt.
Übrigens, die Kosten für die Reparatur des Arzneischranks der Pharmazie-AG ...
... überstiegen die Verpflegungskosten der Katze um ein Zigfaches.
ICH SAG DOCH IMMER, AUF DEM GANG SOLLT IHR NICHT RENNEN!

Der Stärkste an der Schule

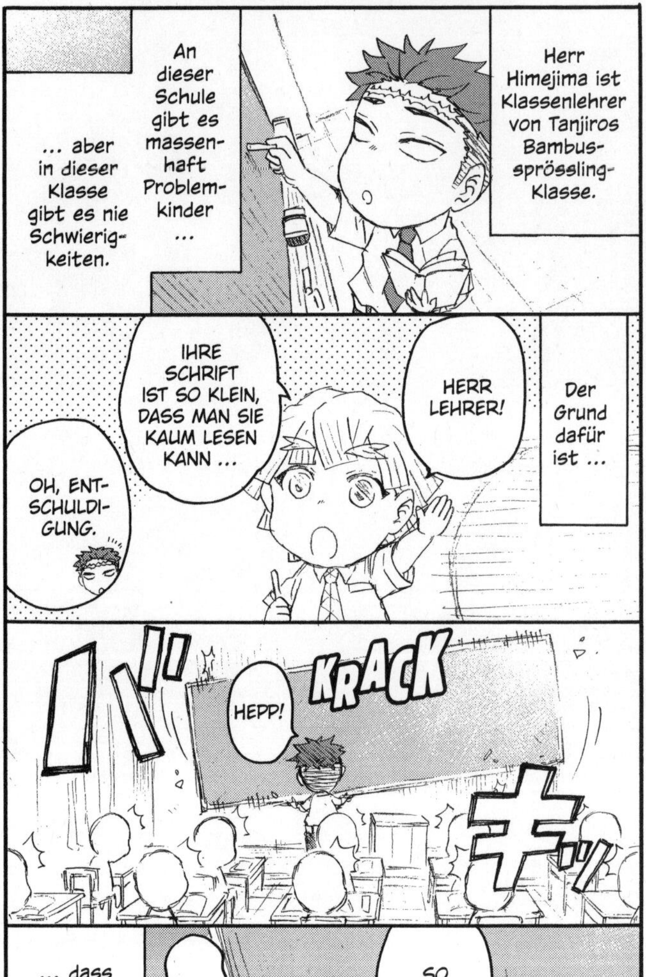

Dabei hat ihn noch nie jemand wütend gesehen.

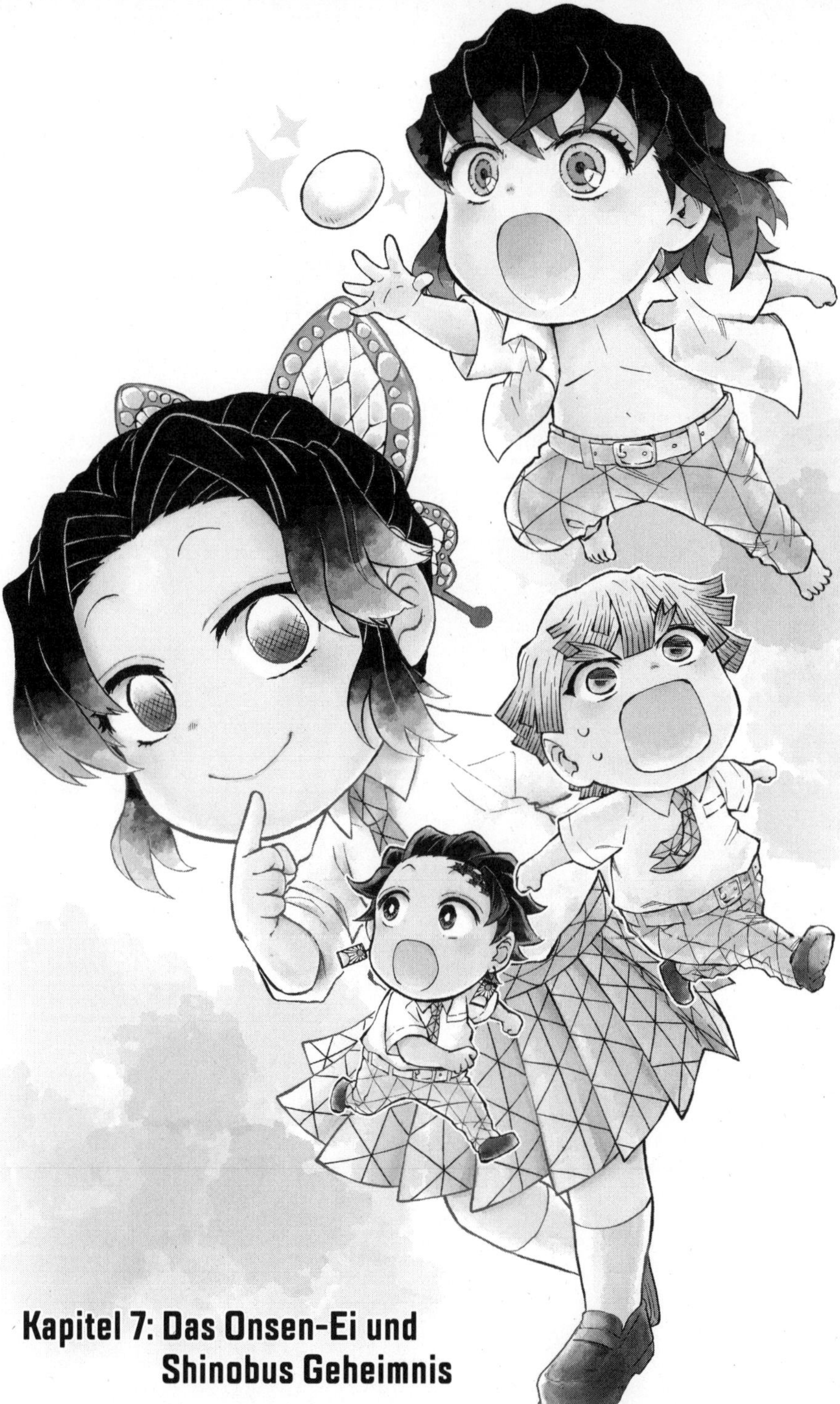

Kapitel 7: Das Onsen-Ei und Shinobus Geheimnis

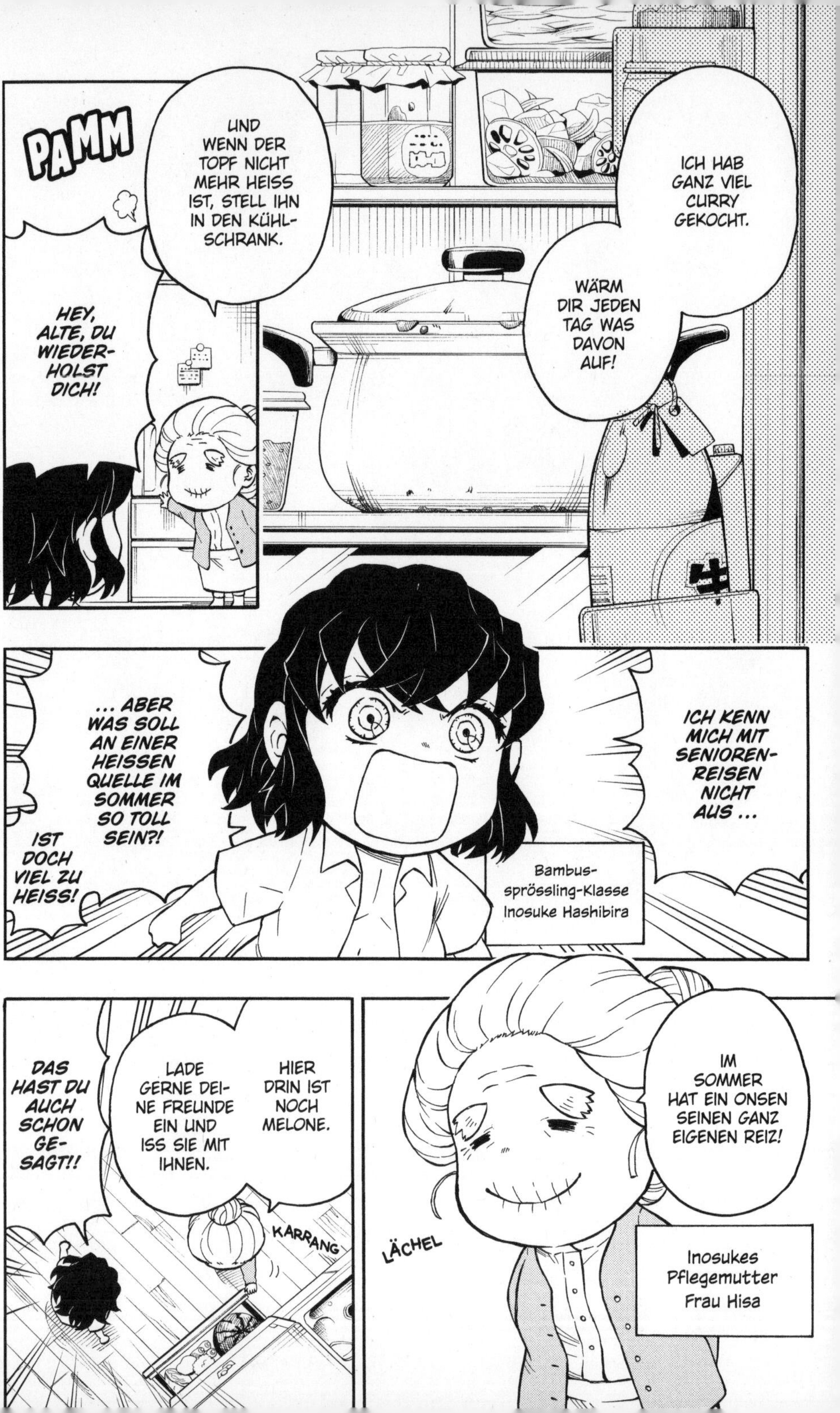
ICH HAB GANZ VIEL CURRY GEKOCHT.
WÄRM DIR JEDEN TAG WAS DAVON AUF!
UND WENN DER TOPF NICHT MEHR HEISS IST, STELL IHN IN DEN KÜHLSCHRANK.
PAMM
HEY, ALTE, DU WIEDERHOLST DICH!
ICH KENN MICH MIT SENIORENREISEN NICHT AUS …
… ABER WAS SOLL AN EINER HEISSEN QUELLE IM SOMMER SO TOLL SEIN?!
IST DOCH VIEL ZU HEISS!
Bambussprössling-Klasse Inosuke Hashibira
IM SOMMER HAT EIN ONSEN SEINEN GANZ EIGENEN REIZ!
LÄCHEL
Inosukes Pflegemutter Frau Hisa
HIER DRIN IST NOCH MELONE.
LADE GERNE DEINE FREUNDE EIN UND ISS SIE MIT IHNEN.
KARRANG
DAS HAST DU AUCH SCHON GESAGT!!

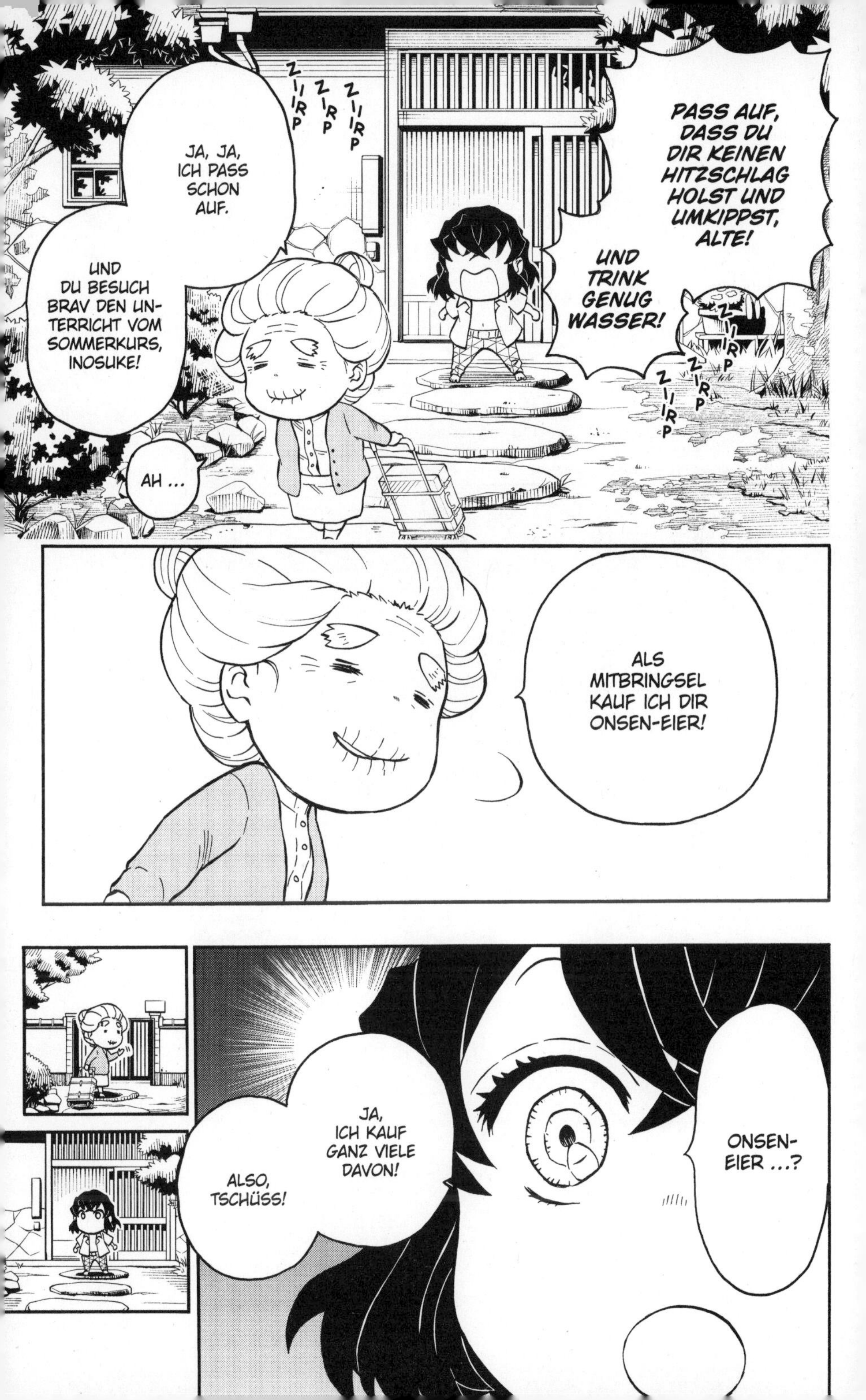
PASS AUF, DASS DU DIR KEINEN HITZSCHLAG HOLST UND UMKIPPST, ALTE!
UND TRINK GENUG WASSER!
ZIIRP ZIIRP ZIIRP
ZIIRP ZIIRP ZIIRP
JA, JA, ICH PASS SCHON AUF.
UND DU BESUCH BRAV DEN UNTERRICHT VOM SOMMERKURS, INOSUKE!
AH …
ALS MITBRINGSEL KAUF ICH DIR ONSEN-EIER!
ONSEN-EIER …?
JA, ICH KAUF GANZ VIELE DAVON!
ALSO, TSCHÜSS!

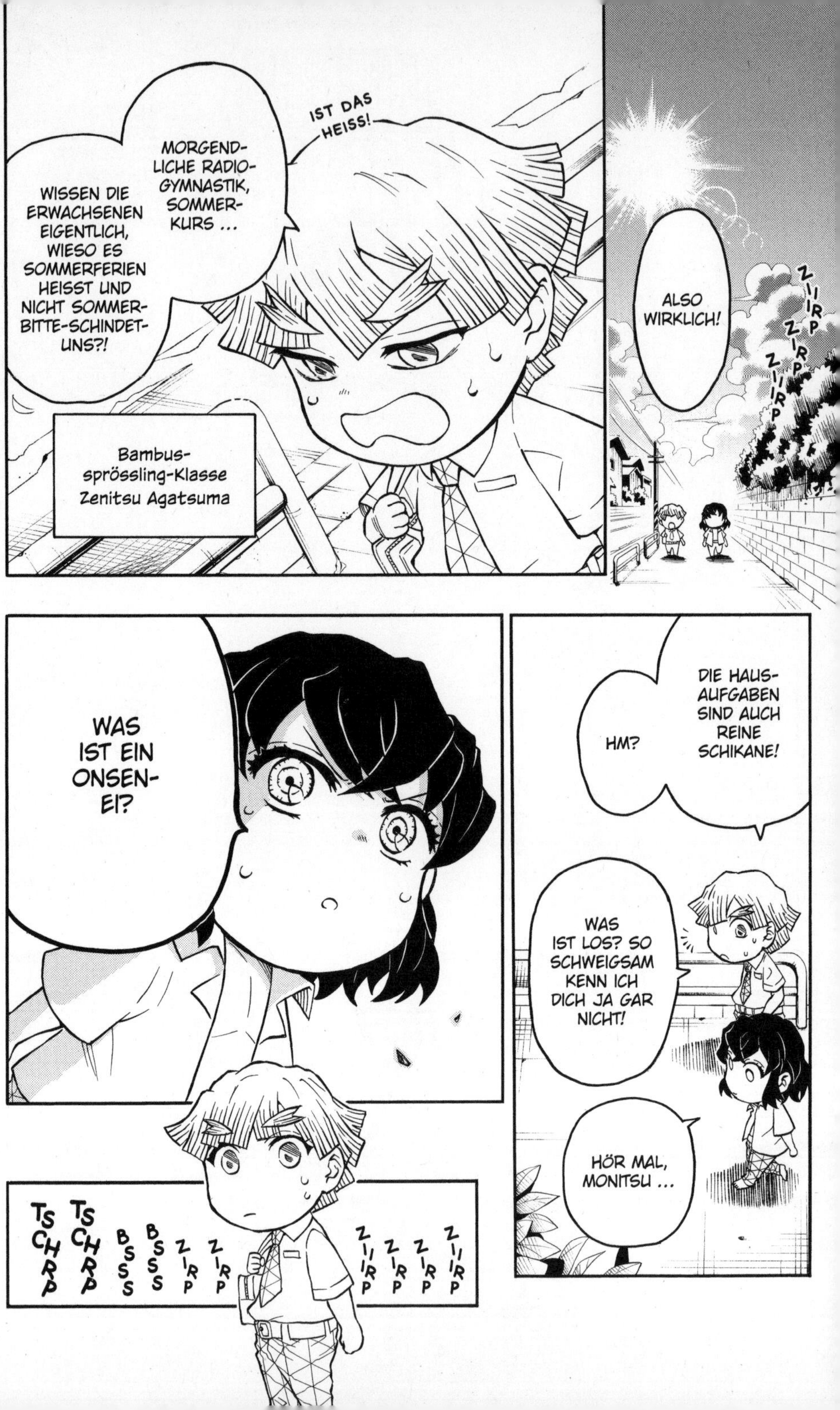
ALSO WIRKLICH!
ZIIRP ZIRP ZIIRP
IST DAS HEISS!
MORGENDLICHE RADIOGYMNASTIK, SOMMERKURS …
WISSEN DIE ERWACHSENEN EIGENTLICH, WIESO ES SOMMERFERIEN HEISST UND NICHT SOMMERBITTE-SCHINDET-UNS?!
Bambussprössling-Klasse Zenitsu Agatsuma
DIE HAUSAUFGABEN SIND AUCH REINE SCHIKANE!
HM?
WAS IST LOS? SO SCHWEIGSAM KENN ICH DICH JA GAR NICHT!
HÖR MAL, MONITSU …
WAS IST EIN ONSEN-EI?
ZIIRP ZIRP ZIRP ZIIRP
ZIRP ZIRP BSSS BSSS TSCHRP TSCHRP

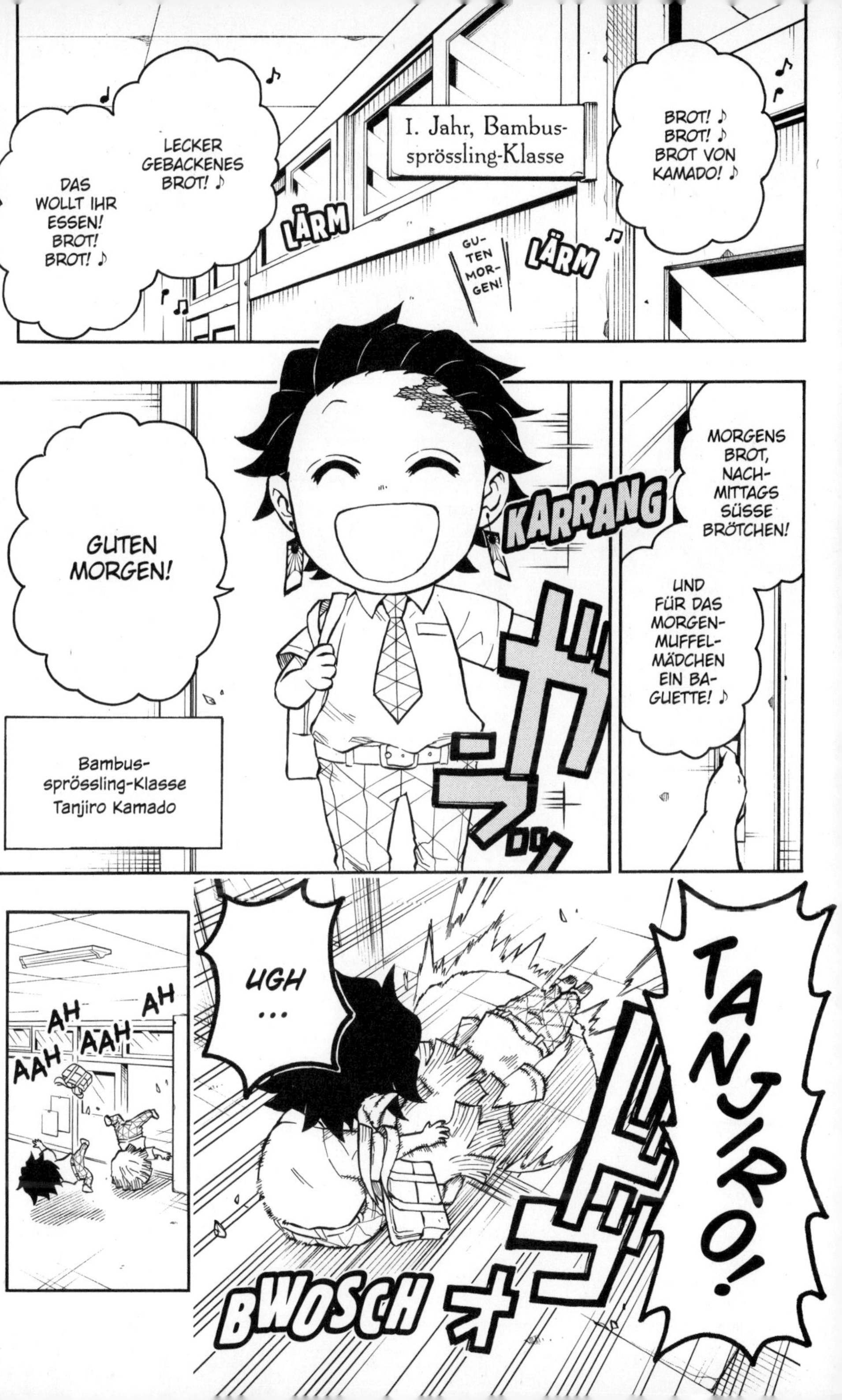
BROT! ♪ BROT! ♪ BROT VON KAMADO! ♪
I. Jahr, Bambus-sprössling-Klasse
LÄRM
GUTEN MORGEN!
LÄRM
LECKER GEBACKENES BROT! ♪
DAS WOLLT IHR ESSEN! BROT! BROT! ♪
MORGENS BROT, NACHMITTAGS SÜSSE BRÖTCHEN!
UND FÜR DAS MORGENMUFFELMÄDCHEN EIN BAGUETTE! ♪
KARRANG
GUTEN MORGEN!
Bambus-sprössling-Klasse
Tanjiro Kamado
TANJIRO!
BWOSCH
UGH ...
AH
AAH
AH
AAH

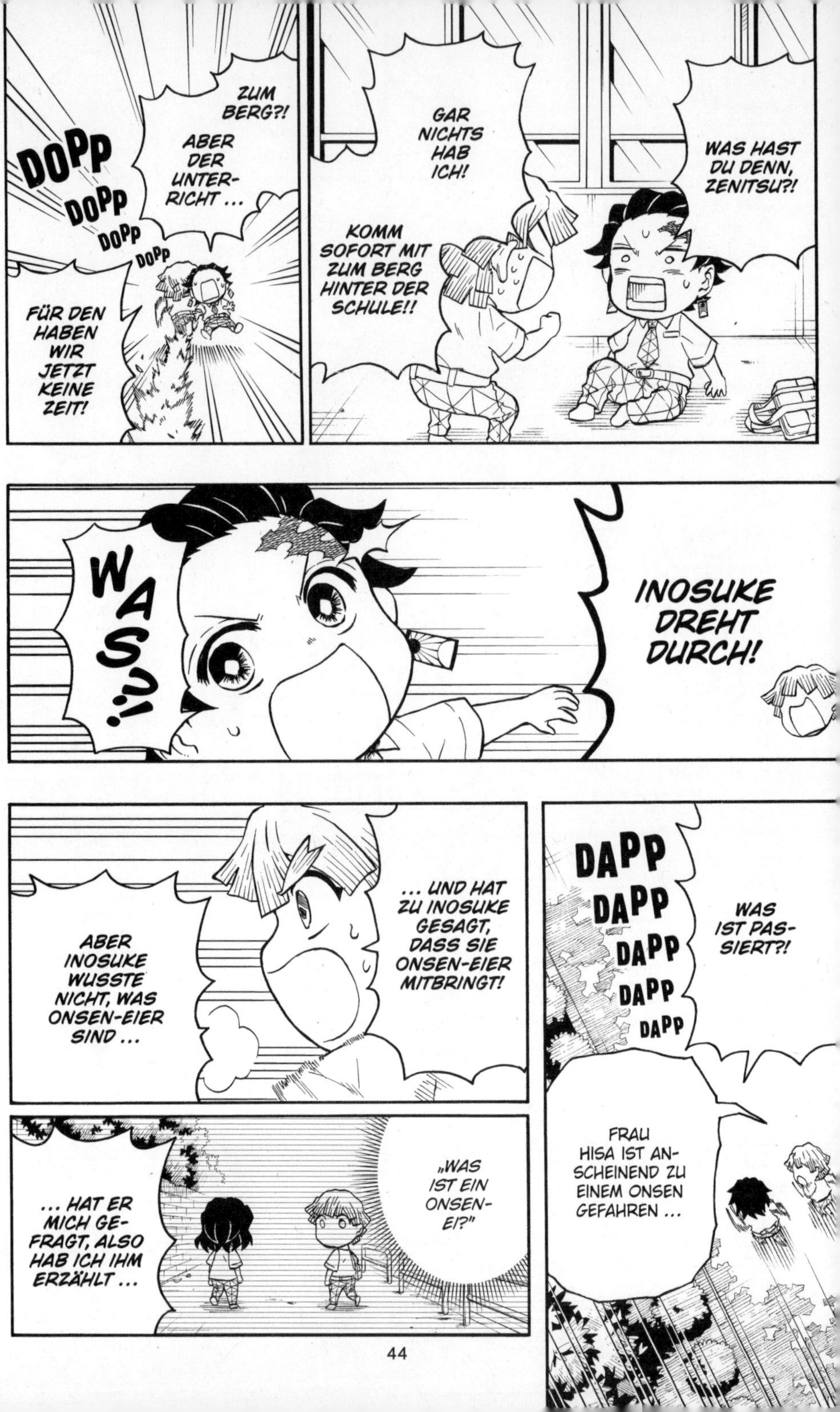
WAS HAST DU DENN, ZENITSU?!
GAR NICHTS HAB ICH!
KOMM SOFORT MIT ZUM BERG HINTER DER SCHULE!!
ZUM BERG?!
ABER DER UNTERRICHT …
DOPP DOPP DOPP DOPP
FÜR DEN HABEN WIR JETZT KEINE ZEIT!
INOSUKE DREHT DURCH!
WAS?!?
DAPP DAPP DAPP DAPP DAPP
WAS IST PASSIERT?!
FRAU HISA IST ANSCHEINEND ZU EINEM ONSEN GEFAHREN …
… UND HAT ZU INOSUKE GESAGT, DASS SIE ONSEN-EIER MITBRINGT!
ABER INOSUKE WUSSTE NICHT, WAS ONSEN-EIER SIND …
„WAS IST EIN ONSEN-EI?"
… HAT ER MICH GEFRAGT, ALSO HAB ICH IHM ERZÄHLT …

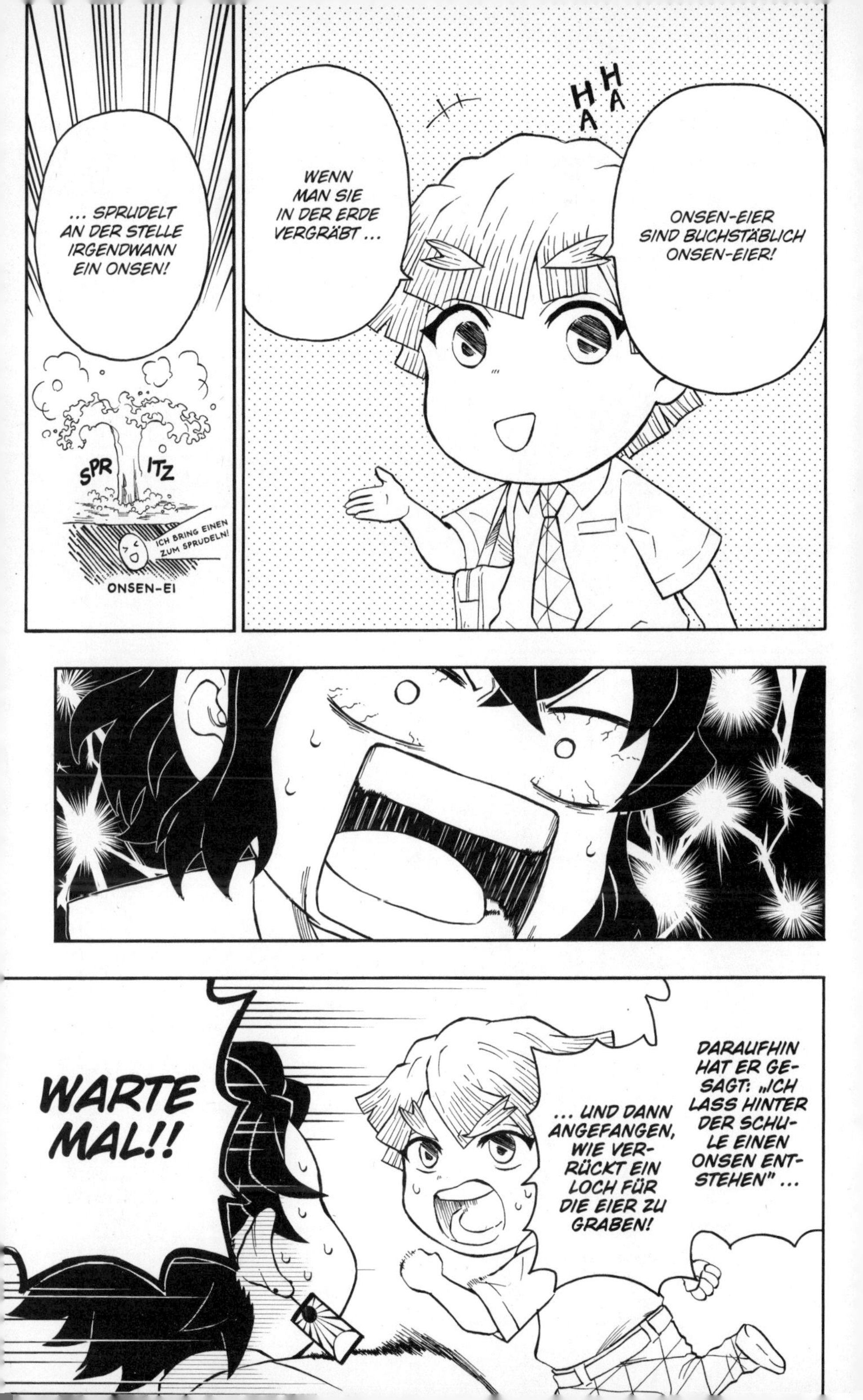
HAHA
ONSEN-EIER SIND BUCHSTÄBLICH ONSEN-EIER!
WENN MAN SIE IN DER ERDE VERGRÄBT …
… SPRUDELT AN DER STELLE IRGENDWANN EIN ONSEN!
SPR ITZ
ICH BRING EINEN ZUM SPRUDELN!
ONSEN-EI
DARAUFHIN HAT ER GESAGT: „ICH LASS HINTER DER SCHULE EINEN ONSEN ENTSTEHEN" …
… UND DANN ANGEFANGEN, WIE VERRÜCKT EIN LOCH FÜR DIE EIER ZU GRABEN!
WARTE MAL!!

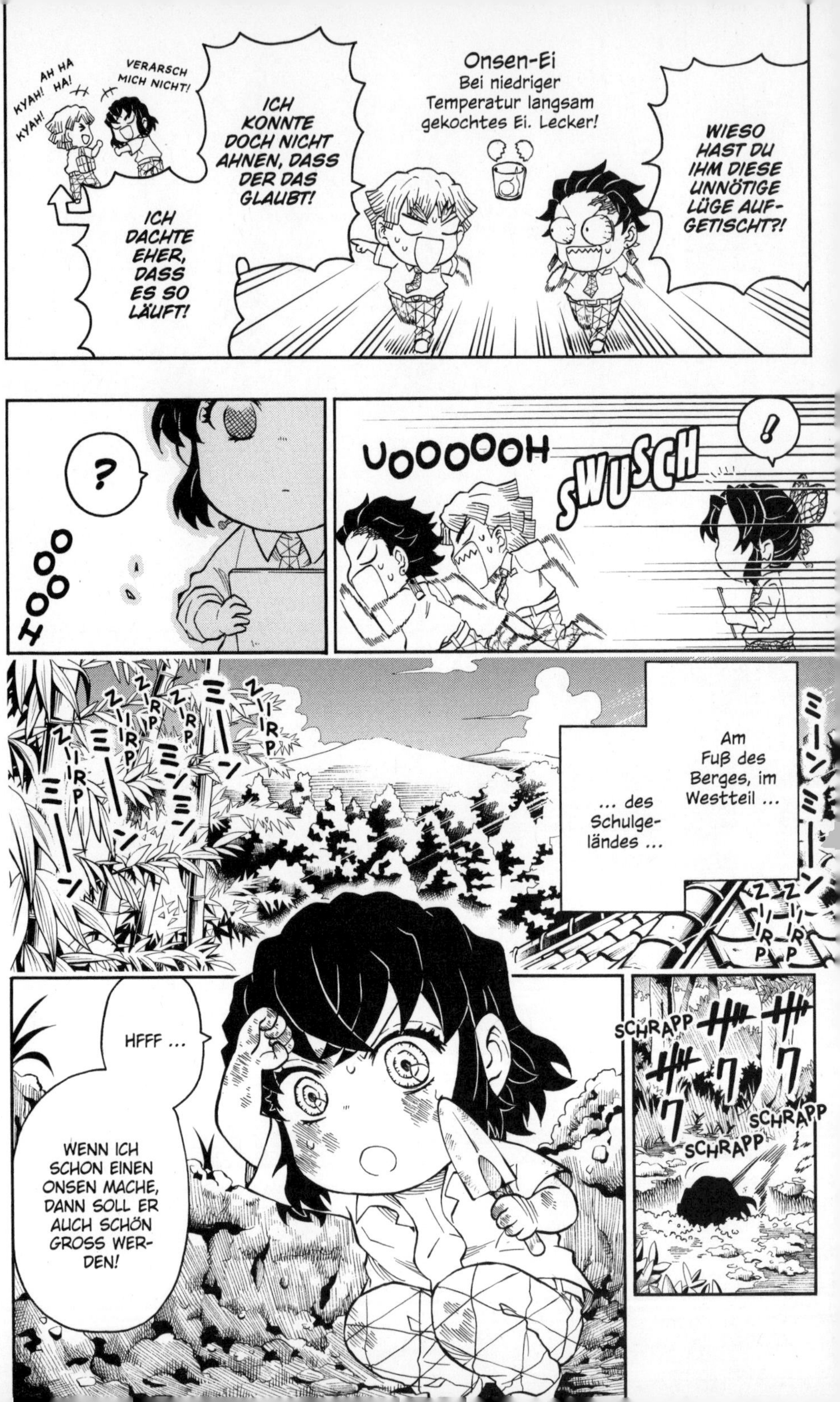
WIESO HAST DU IHM DIESE UNNÖTIGE LÜGE AUFGETISCHT?!
Onsen-Ei
Bei niedriger Temperatur langsam gekochtes Ei. Lecker!
ICH KONNTE DOCH NICHT AHNEN, DASS DER DAS GLAUBT!
ICH DACHTE EHER, DASS ES SO LÄUFT!
VERARSCH MICH NICHT!
AH HA HA!
KYAH! KYAH!
!
SWUSCH
UOOOOOH
?
HOOOO
Am Fuß des Berges, im Westteil …
… des Schulgeländes …
ZIRP
ZIRP
SCHRAPP
SCHRAPP
SCHRAPP
HFFF …
WENN ICH SCHON EINEN ONSEN MACHE, DANN SOLL ER AUCH SCHÖN GROSS WERDEN!

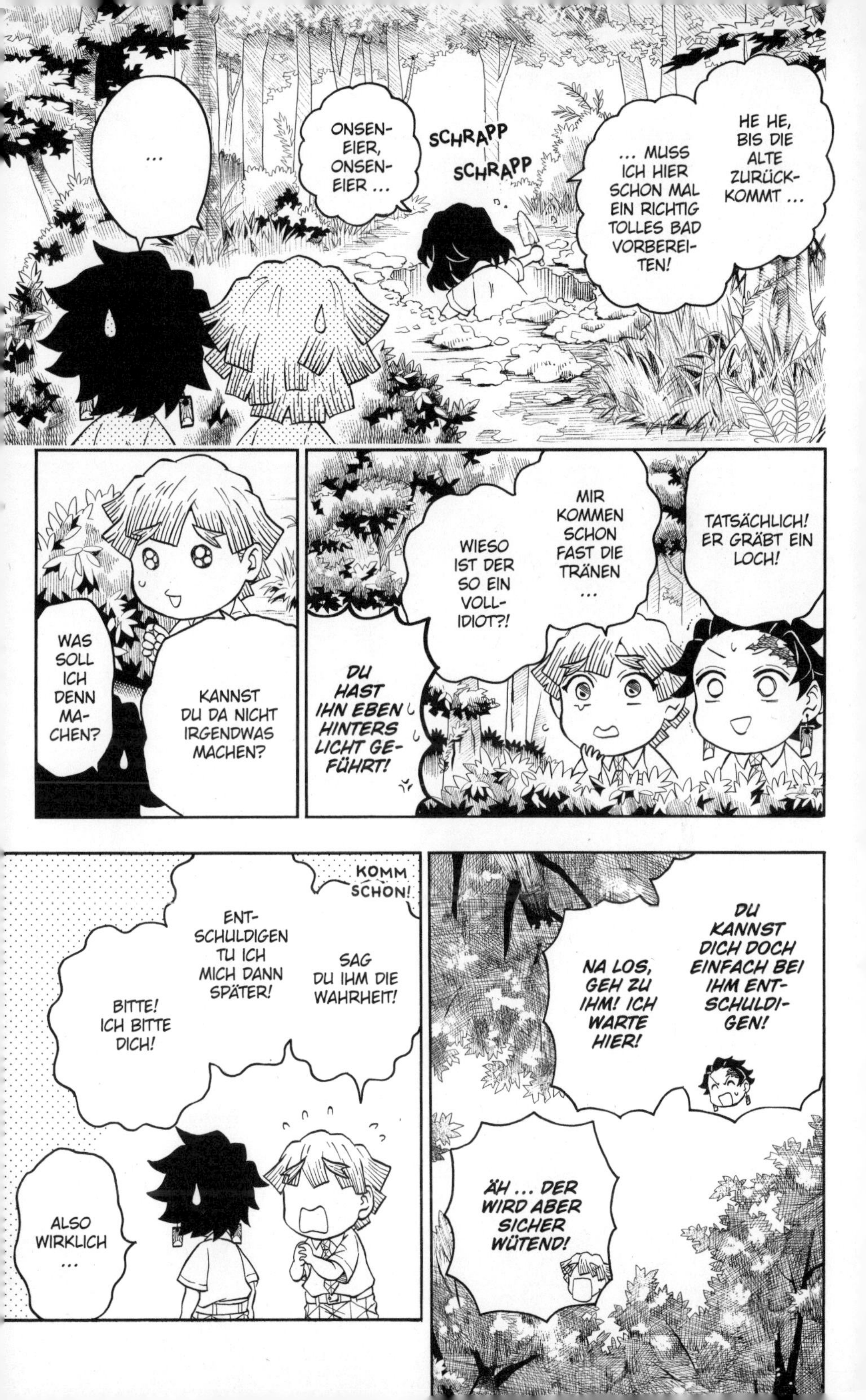
HE HE, BIS DIE ALTE ZURÜCKKOMMT …
… MUSS ICH HIER SCHON MAL EIN RICHTIG TOLLES BAD VORBEREITEN!
SCHRAPP
SCHRAPP
ONSENEIER, ONSENEIER …
…
TATSÄCHLICH! ER GRÄBT EIN LOCH!
MIR KOMMEN SCHON FAST DIE TRÄNEN …
WIESO IST DER SO EIN VOLLIDIOT?!
DU HAST IHN EBEN HINTERS LICHT GEFÜHRT!
KANNST DU DA NICHT IRGENDWAS MACHEN?
WAS SOLL ICH DENN MACHEN?
DU KANNST DICH DOCH EINFACH BEI IHM ENTSCHULDIGEN!
NA LOS, GEH ZU IHM! ICH WARTE HIER!
ÄH … DER WIRD ABER SICHER WÜTEND!
KOMM SCHON!
SAG DU IHM DIE WAHRHEIT!
ENTSCHULDIGEN TU ICH MICH DANN SPÄTER!
BITTE! ICH BITTE DICH!
ALSO WIRKLICH …

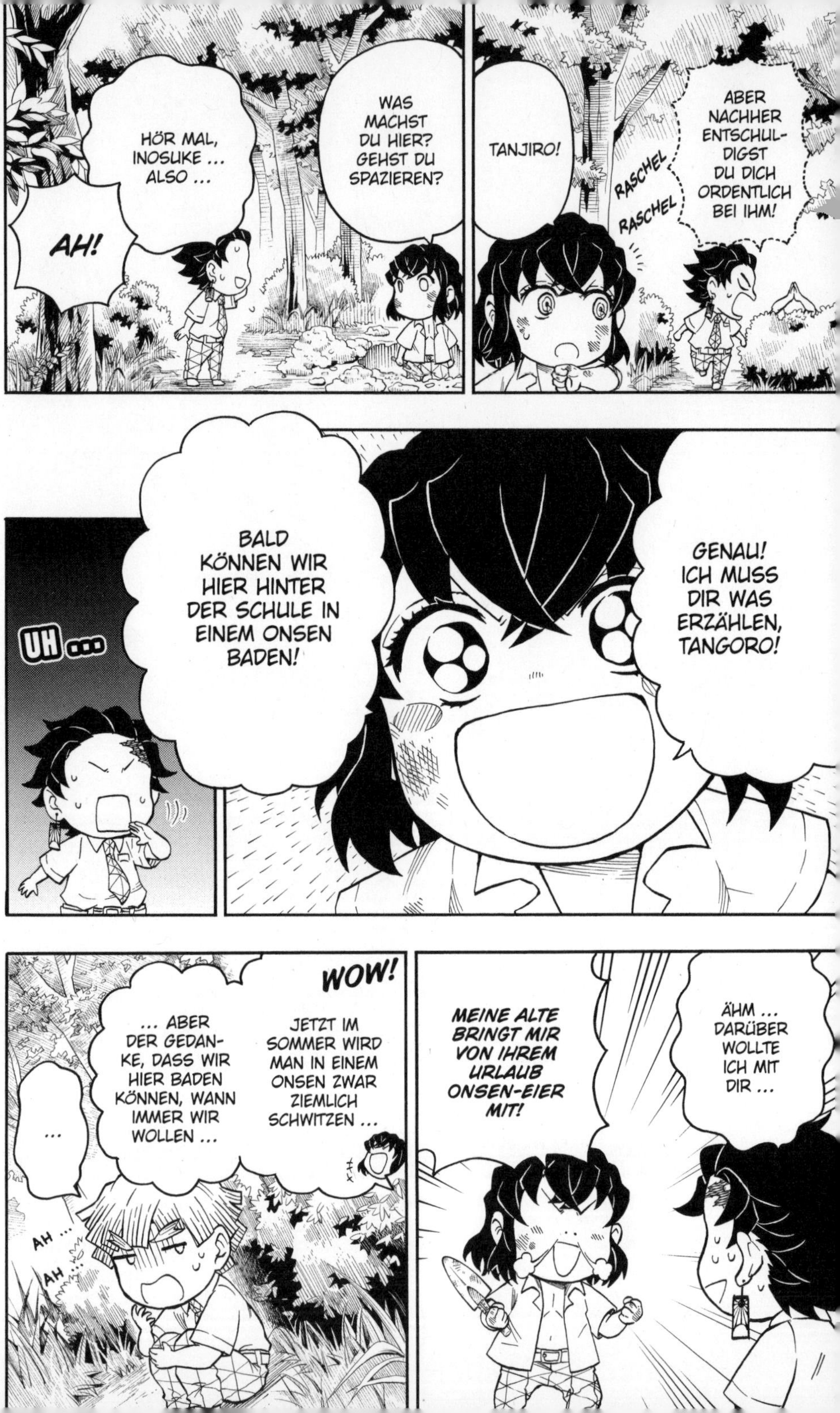
ABER NACHHER ENTSCHULDIGST DU DICH ORDENTLICH BEI IHM!
RASCHEL
RASCHEL
TANJIRO!
WAS MACHST DU HIER? GEHST DU SPAZIEREN?
HÖR MAL, INOSUKE … ALSO …
AH!
GENAU! ICH MUSS DIR WAS ERZÄHLEN, TANGORO!
BALD KÖNNEN WIR HIER HINTER DER SCHULE IN EINEM ONSEN BADEN!
UH …
ÄHM … DARÜBER WOLLTE ICH MIT DIR …
MEINE ALTE BRINGT MIR VON IHREM URLAUB ONSEN-EIER MIT!
WOW!
JETZT IM SOMMER WIRD MAN IN EINEM ONSEN ZWAR ZIEMLICH SCHWITZEN …
… ABER DER GEDANKE, DASS WIR HIER BADEN KÖNNEN, WANN IMMER WIR WOLLEN …
…
AH …
AH …

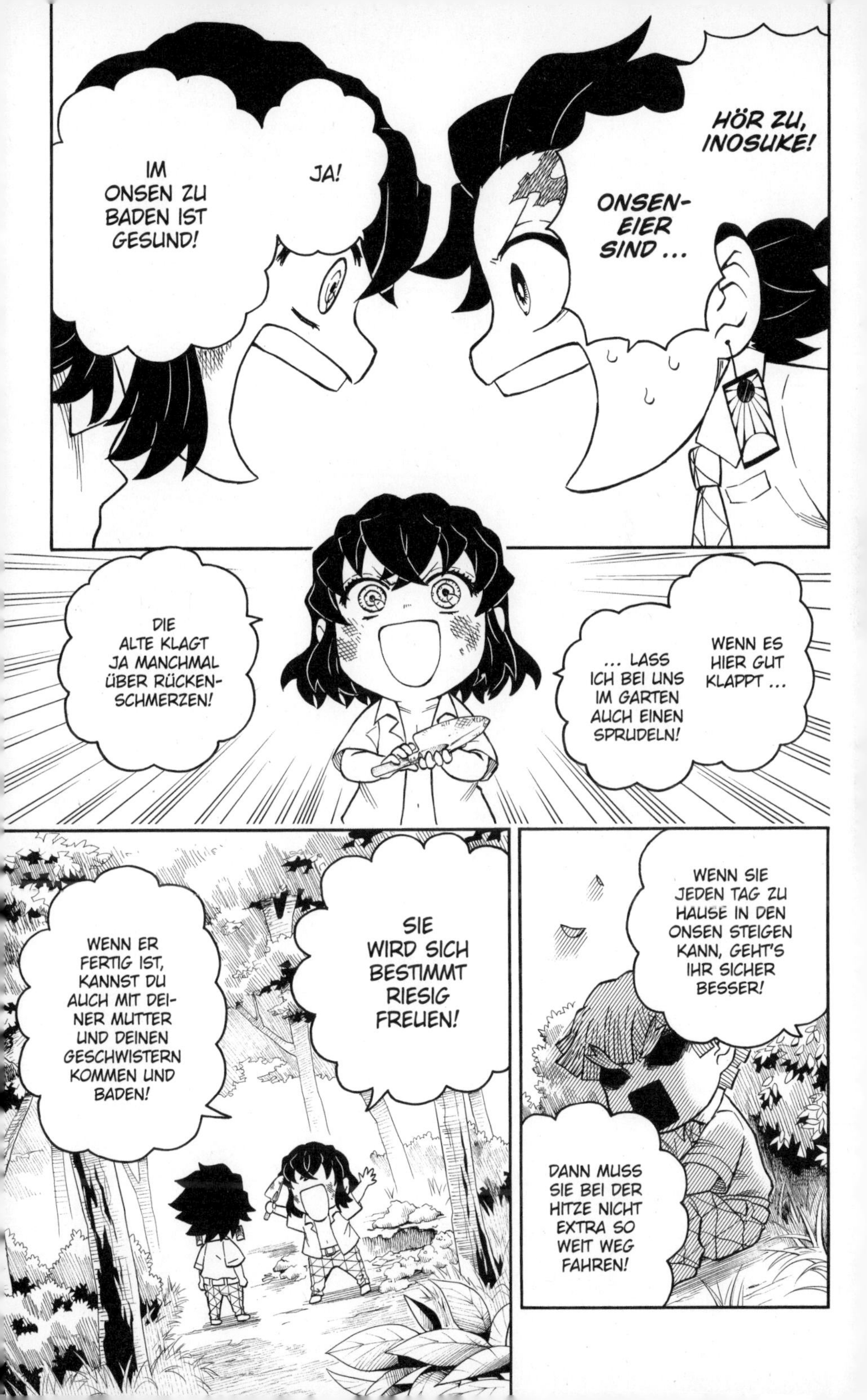
HÖR ZU, INOSUKE!
ONSEN-EIER SIND …
JA!
IM ONSEN ZU BADEN IST GESUND!
WENN ES HIER GUT KLAPPT …
… LASS ICH BEI UNS IM GARTEN AUCH EINEN SPRUDELN!
DIE ALTE KLAGT JA MANCHMAL ÜBER RÜCKEN-SCHMERZEN!
WENN SIE JEDEN TAG ZU HAUSE IN DEN ONSEN STEIGEN KANN, GEHT'S IHR SICHER BESSER!
DANN MUSS SIE BEI DER HITZE NICHT EXTRA SO WEIT WEG FAHREN!
SIE WIRD SICH BESTIMMT RIESIG FREUEN!
WENN ER FERTIG IST, KANNST DU AUCH MIT DEINER MUTTER UND DEINEN GESCHWISTERN KOMMEN UND BADEN!

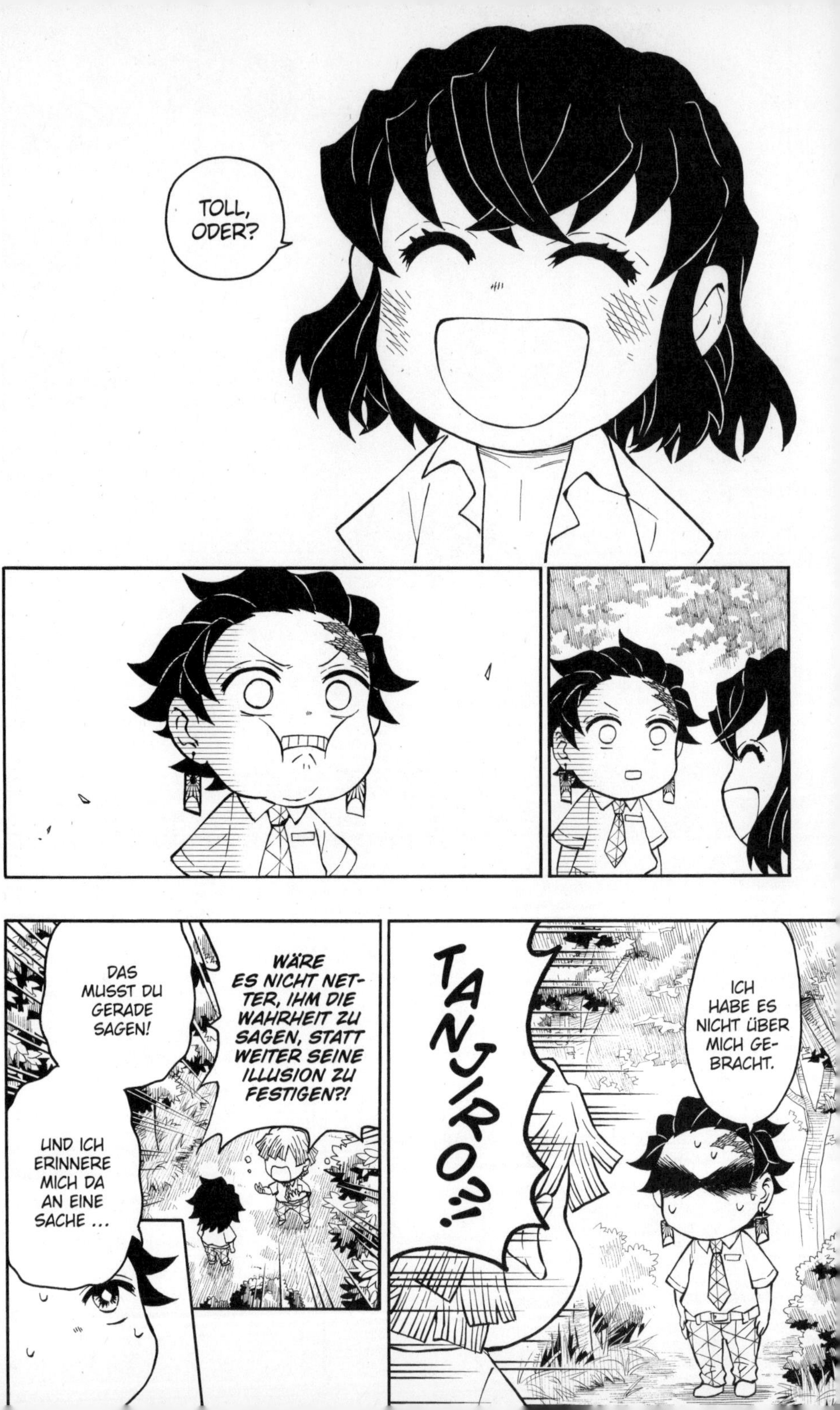
TOLL, ODER?
ICH HABE ES NICHT ÜBER MICH GE-BRACHT.
TANJIRO?!
WÄRE ES NICHT NET-TER, IHM DIE WAHRHEIT ZU SAGEN, STATT WEITER SEINE ILLUSION ZU FESTIGEN?!
DAS MUSST DU GERADE SAGEN!
UND ICH ERINNERE MICH DA AN EINE SACHE …

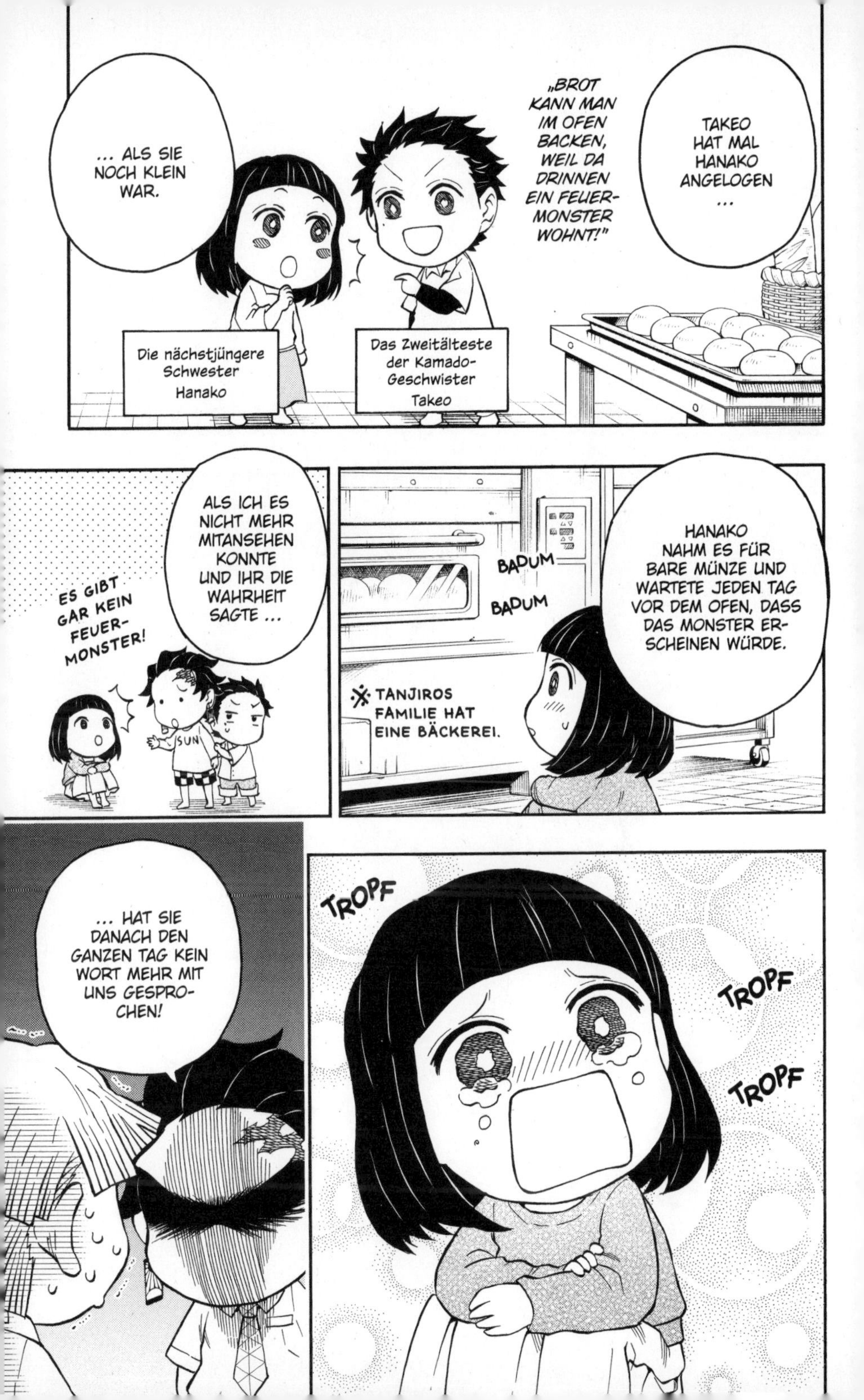

TAKEO HAT MAL HANAKO ANGELOGEN …
„BROT KANN MAN IM OFEN BACKEN, WEIL DA DRINNEN EIN FEUER-MONSTER WOHNT!"
… ALS SIE NOCH KLEIN WAR.
Das Zweitälteste der Kamado-Geschwister Takeo
Die nächstjüngere Schwester Hanako
HANAKO NAHM ES FÜR BARE MÜNZE UND WARTETE JEDEN TAG VOR DEM OFEN, DASS DAS MONSTER ER-SCHEINEN WÜRDE.
BADUM
BADUM
※ TANJIROS FAMILIE HAT EINE BÄCKEREI.
ALS ICH ES NICHT MEHR MITANSEHEN KONNTE UND IHR DIE WAHRHEIT SAGTE …
ES GIBT GAR KEIN FEUER-MONSTER!
SUN
TROPF
TROPF
TROPF
… HAT SIE DANACH DEN GANZEN TAG KEIN WORT MEHR MIT UNS GESPRO-CHEN!

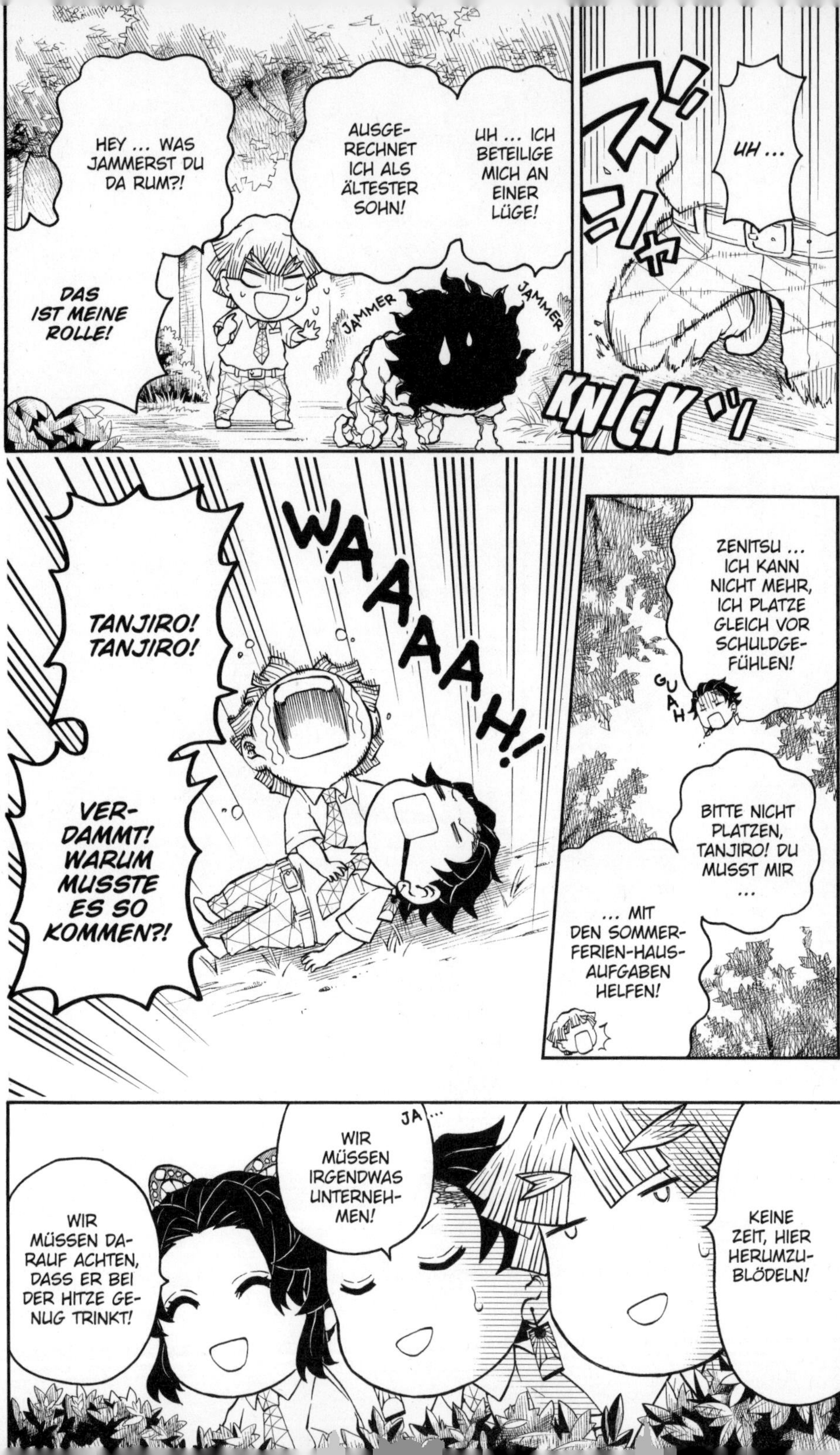
UH …
KNICK
AUSGE-RECHNET ICH ALS ÄLTESTER SOHN!
UH … ICH BETEILIGE MICH AN EINER LÜGE!
JAMMER
JAMMER
HEY … WAS JAMMERST DU DA RUM?!
DAS IST MEINE ROLLE!
ZENITSU … ICH KANN NICHT MEHR, ICH PLATZE GLEICH VOR SCHULDGE-FÜHLEN!
GUAH
BITTE NICHT PLATZEN, TANJIRO! DU MUSST MIR …
… MIT DEN SOMMER-FERIEN-HAUS-AUFGABEN HELFEN!
WAAAAAH!
TANJIRO! TANJIRO!
VER-DAMMT! WARUM MUSSTE ES SO KOMMEN?!
KEINE ZEIT, HIER HERUMZU-BLÖDELN!
JA …
WIR MÜSSEN IRGENDWAS UNTERNEH-MEN!
WIR MÜSSEN DA-RAUF ACHTEN, DASS ER BEI DER HITZE GE-NUG TRINKT!

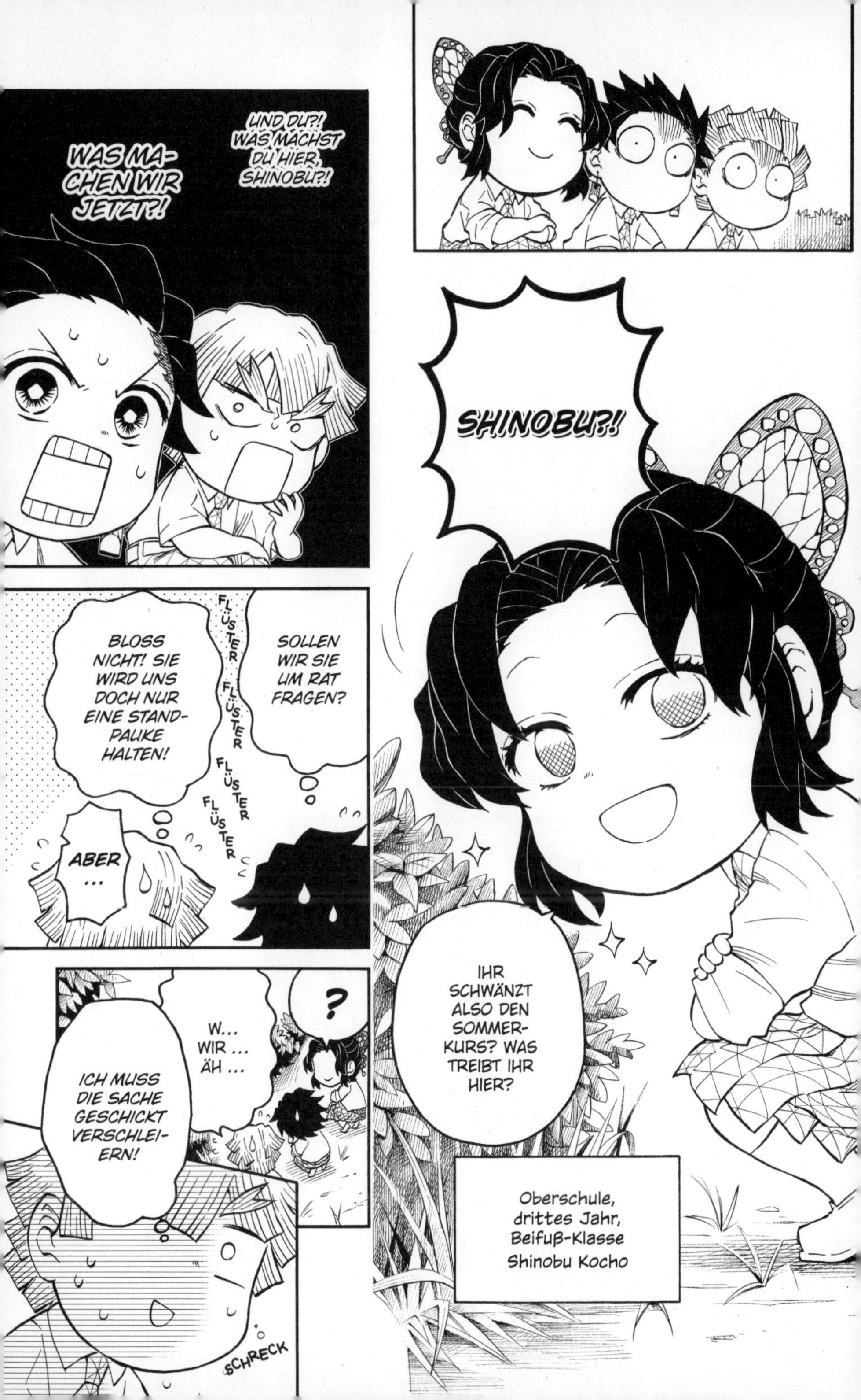
SHINOBU?!
IHR SCHWÄNZT ALSO DEN SOMMER-KURS? WAS TREIBT IHR HIER?
Oberschule, drittes Jahr, Beifuß-Klasse Shinobu Kocho
UND DU?! WAS MACHST DU HIER, SHINOBU?!
WAS MA-CHEN WIR JETZT?!
SOLLEN WIR SIE UM RAT FRAGEN?
FLÜSTER
FLÜSTER
BLOSS NICHT! SIE WIRD UNS DOCH NUR EINE STAND-PAUKE HALTEN!
FLÜSTER
FLÜSTER
ABER …
?
W… WIR … ÄH …
ICH MUSS DIE SACHE GESCHICKT VERSCHLEI-ERN!
SCHRECK

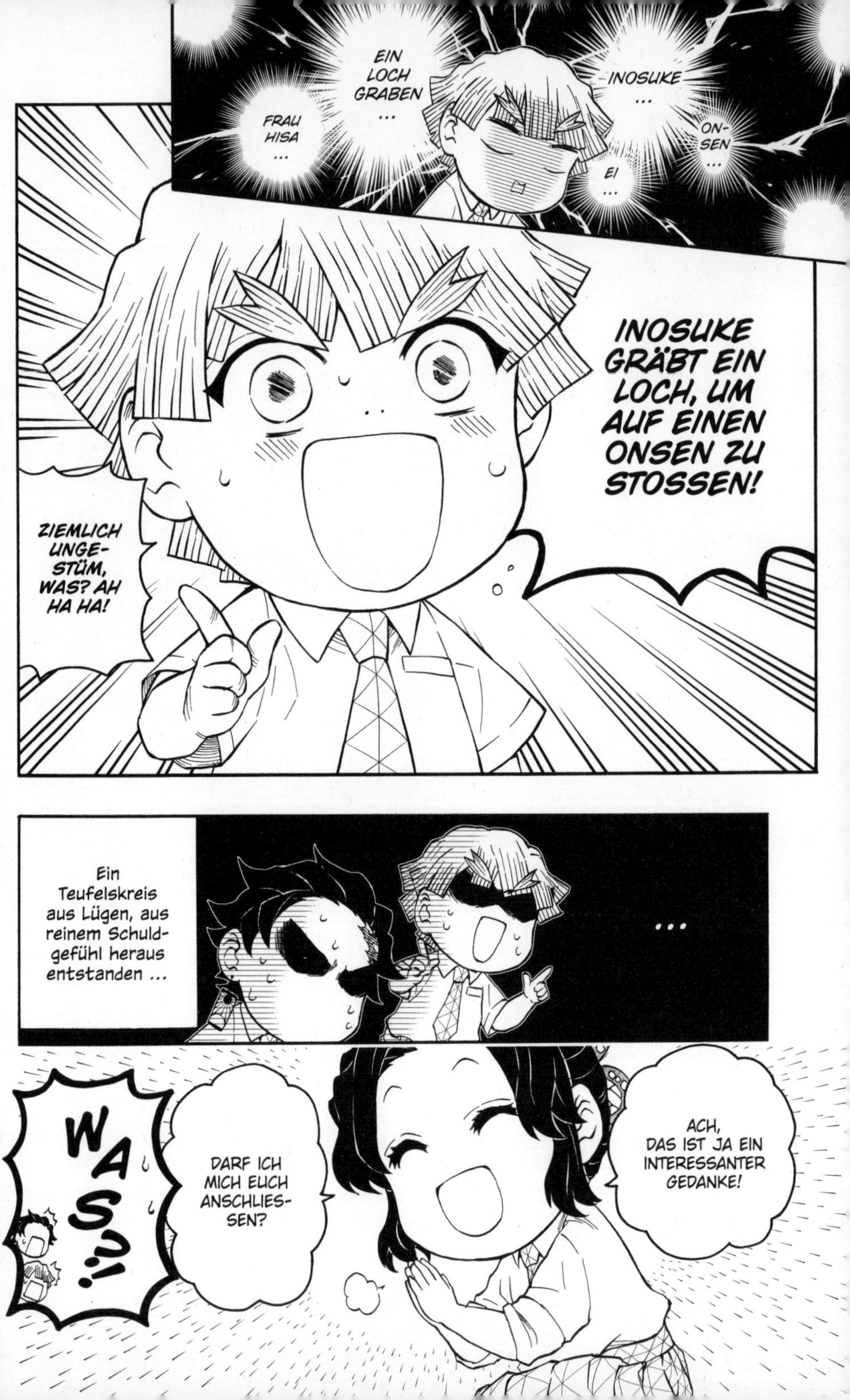
INOSUKE …
ON-SEN …
EI …
EIN LOCH GRABEN …
FRAU HISA …
INOSUKE GRÄBT EIN LOCH, UM AUF EINEN ONSEN ZU STOSSEN!
ZIEMLICH UNGE-STÜM, WAS? AH HA HA!
…
Ein Teufelskreis aus Lügen, aus reinem Schuldgefühl heraus entstanden …
ACH, DAS IST JA EIN INTERESSANTER GEDANKE!
DARF ICH MICH EUCH ANSCHLIES-SEN?
WAS?!?

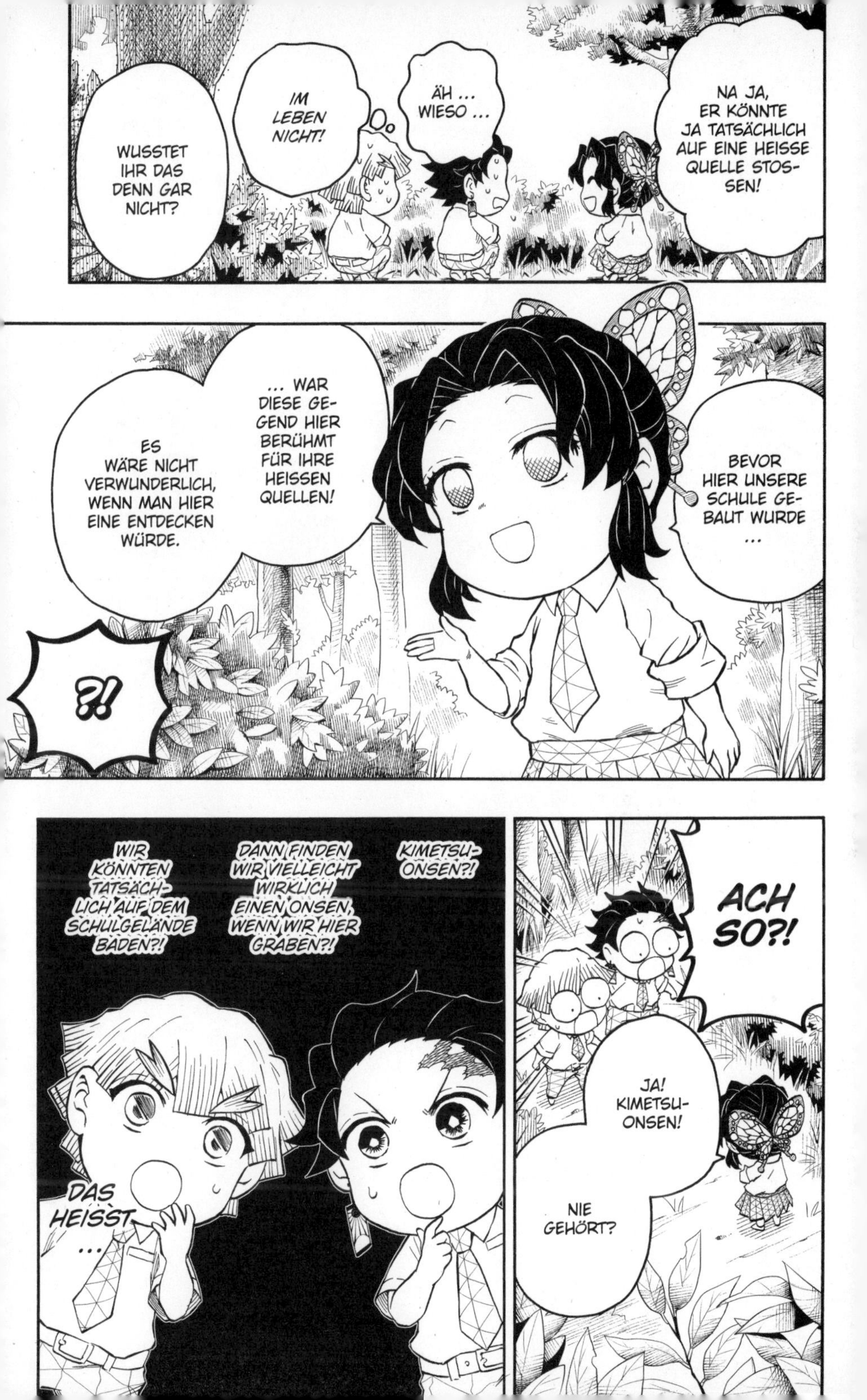
NA JA, ER KÖNNTE JA TATSÄCHLICH AUF EINE HEISSE QUELLE STOSSEN!
ÄH … WIESO …
IM LEBEN NICHT!
WUSSTET IHR DAS DENN GAR NICHT?
BEVOR HIER UNSERE SCHULE GEBAUT WURDE …
… WAR DIESE GEGEND HIER BERÜHMT FÜR IHRE HEISSEN QUELLEN!
ES WÄRE NICHT VERWUNDERLICH, WENN MAN HIER EINE ENTDECKEN WÜRDE.
?!
ACH SO?!
JA! KIMETSU-ONSEN!
NIE GEHÖRT?
KIMETSU-ONSEN?!
DANN FINDEN WIR VIELLEICHT WIRKLICH EINEN ONSEN, WENN WIR HIER GRABEN?!
WIR KÖNNTEN TATSÄCHLICH AUF DEM SCHULGELÄNDE BADEN?!
DAS HEISST …

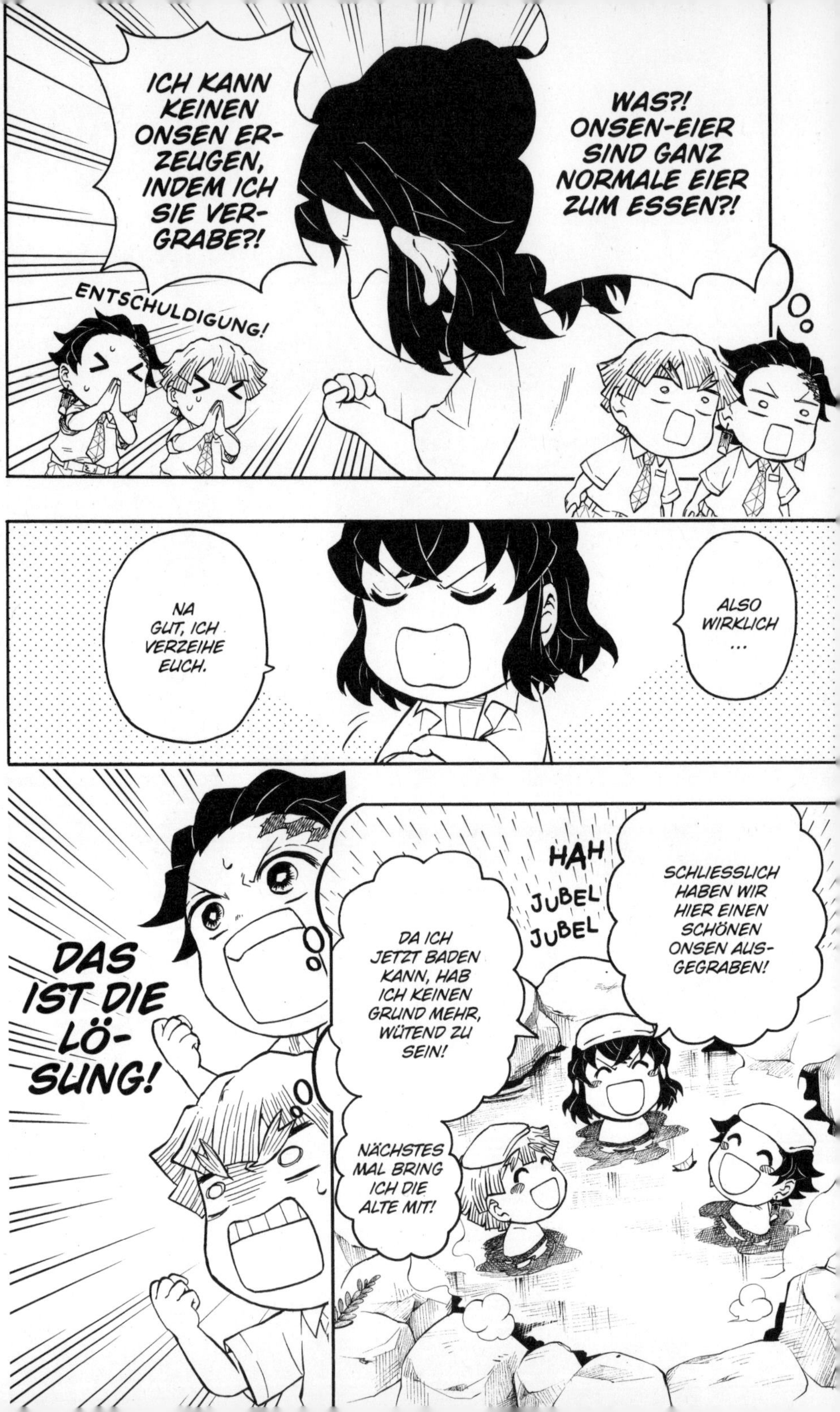

WAS?! ONSEN-EIER SIND GANZ NORMALE EIER ZUM ESSEN?!
ICH KANN KEINEN ONSEN ER-ZEUGEN, INDEM ICH SIE VER-GRABE?!
ENTSCHULDIGUNG!
ALSO WIRKLICH ...
NA GUT, ICH VERZEIHE EUCH.
SCHLIESSLICH HABEN WIR HIER EINEN SCHÖNEN ONSEN AUS-GEGRABEN!
HAH
JUBEL JUBEL
DA ICH JETZT BADEN KANN, HAB ICH KEINEN GRUND MEHR, WÜTEND ZU SEIN!
NÄCHSTES MAL BRING ICH DIE ALTE MIT!
DAS IST DIE LÖ-SUNG!

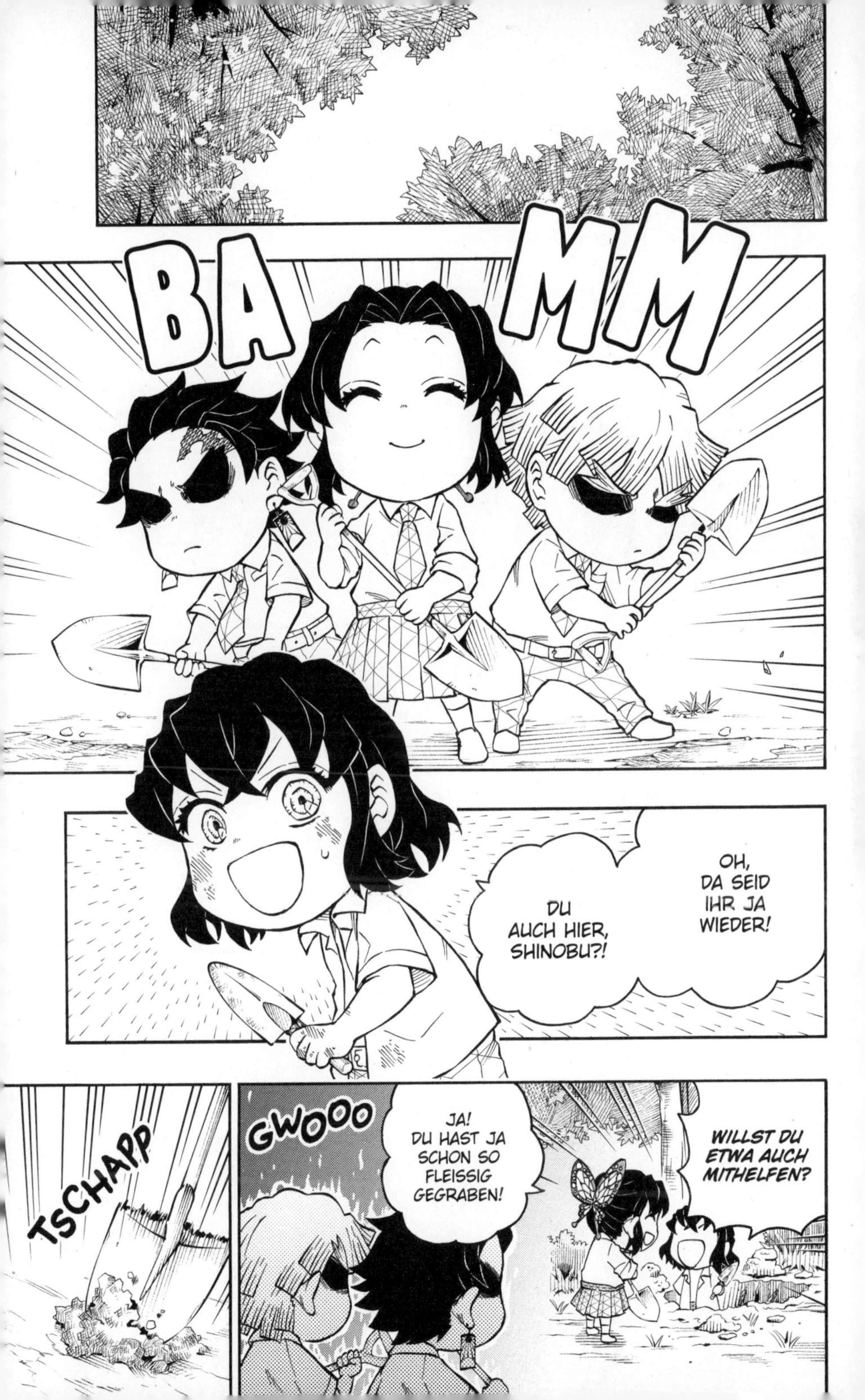
BAMM
OH, DA SEID IHR JA WIEDER!
DU AUCH HIER, SHINOBU?!
TSCHAPP
WILLST DU ETWA AUCH MITHELFEN?
GWOOO
JA! DU HAST JA SCHON SO FLEISSIG GEGRABEN!

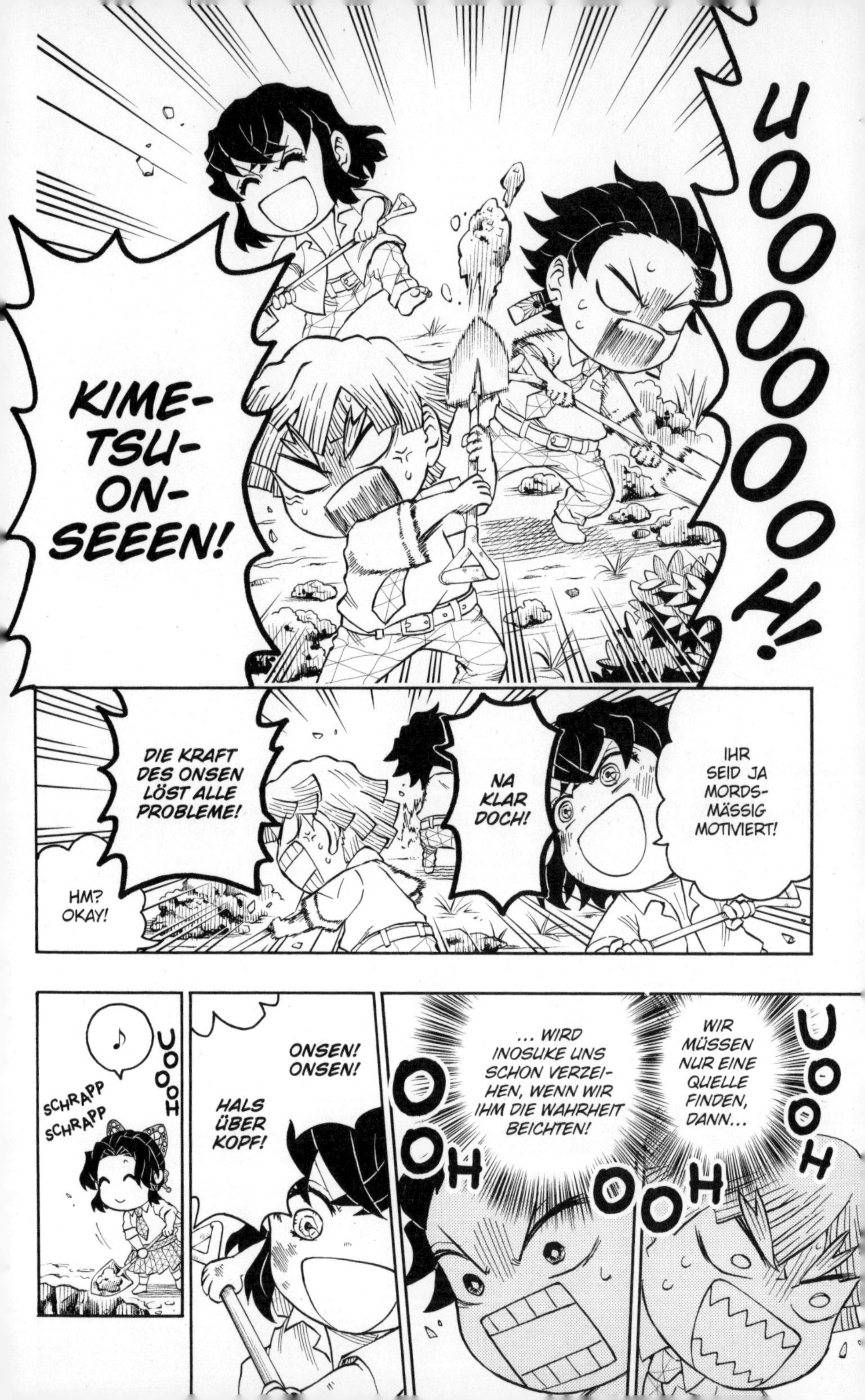
UOOOOOOOOH!!
KIME-
TSU-
ON-
SEEEN!
IHR SEID JA MORDS-MÄSSIG MOTIVIERT!
NA KLAR DOCH!
DIE KRAFT DES ONSEN LÖST ALLE PROBLEME!
HM? OKAY!
WIR MÜSSEN NUR EINE QUELLE FINDEN, DANN...
... WIRD INOSUKE UNS SCHON VERZEIHEN, WENN WIR IHM DIE WAHRHEIT BEICHTEN!
UOOOH
OOOH
OOOH
ONSEN! ONSEN!
HALS ÜBER KOPF!
♪
UOOOH
SCHRAPP SCHRAPP

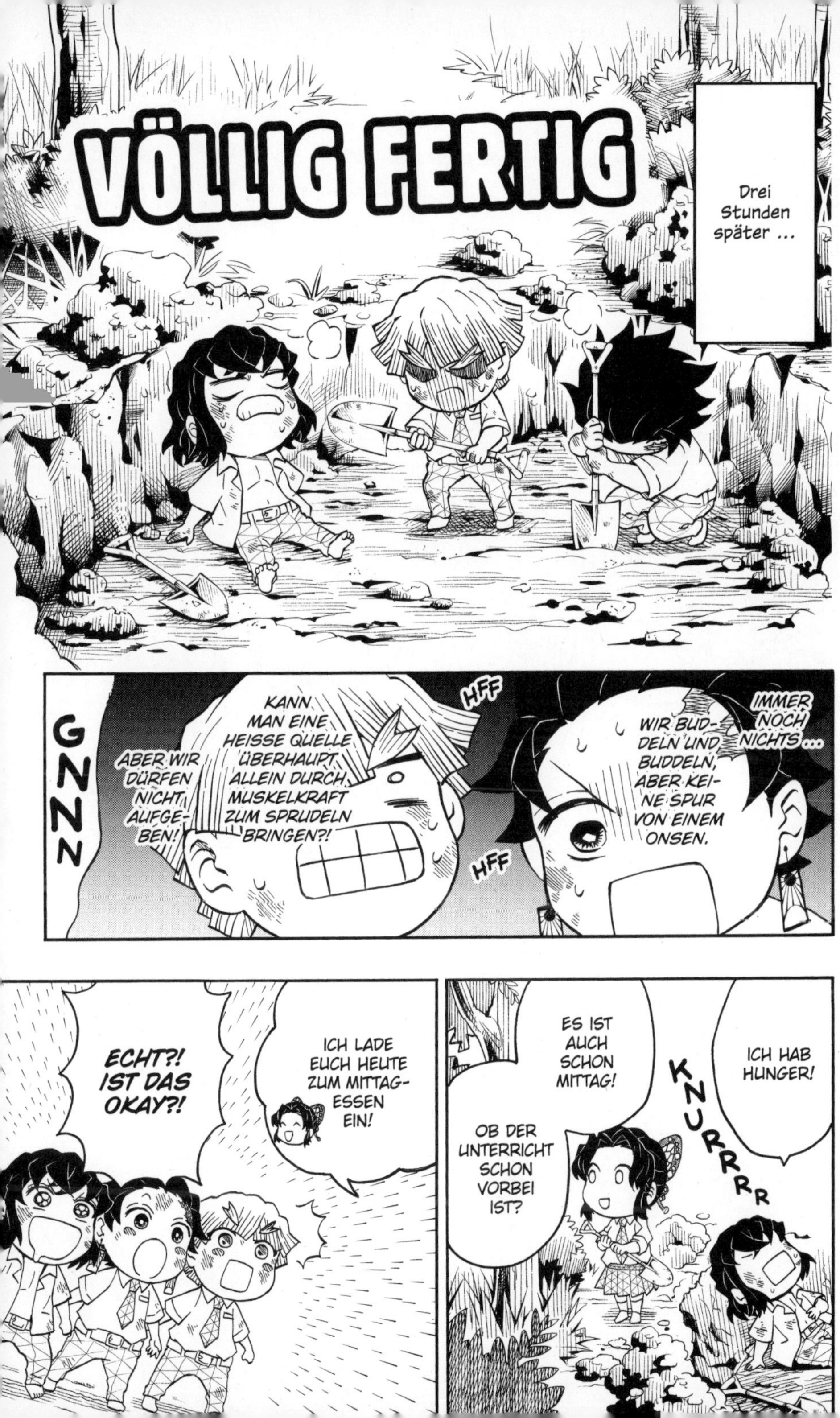
VÖLLIG FERTIG
Drei Stunden später ...
IMMER NOCH NICHTS ...
WIR BUDDELN UND BUDDELN, ABER KEINE SPUR VON EINEM ONSEN.
HFF
HFF
KANN MAN EINE HEISSE QUELLE ÜBERHAUPT ALLEIN DURCH MUSKELKRAFT ZUM SPRUDELN BRINGEN?!
ABER WIR DÜRFEN NICHT AUFGEBEN!
GNNN
ICH HAB HUNGER!
KNURRRRR
ES IST AUCH SCHON MITTAG!
OB DER UNTERRICHT SCHON VORBEI IST?
ICH LADE EUCH HEUTE ZUM MITTAGESSEN EIN!
ECHT?! IST DAS OKAY?!

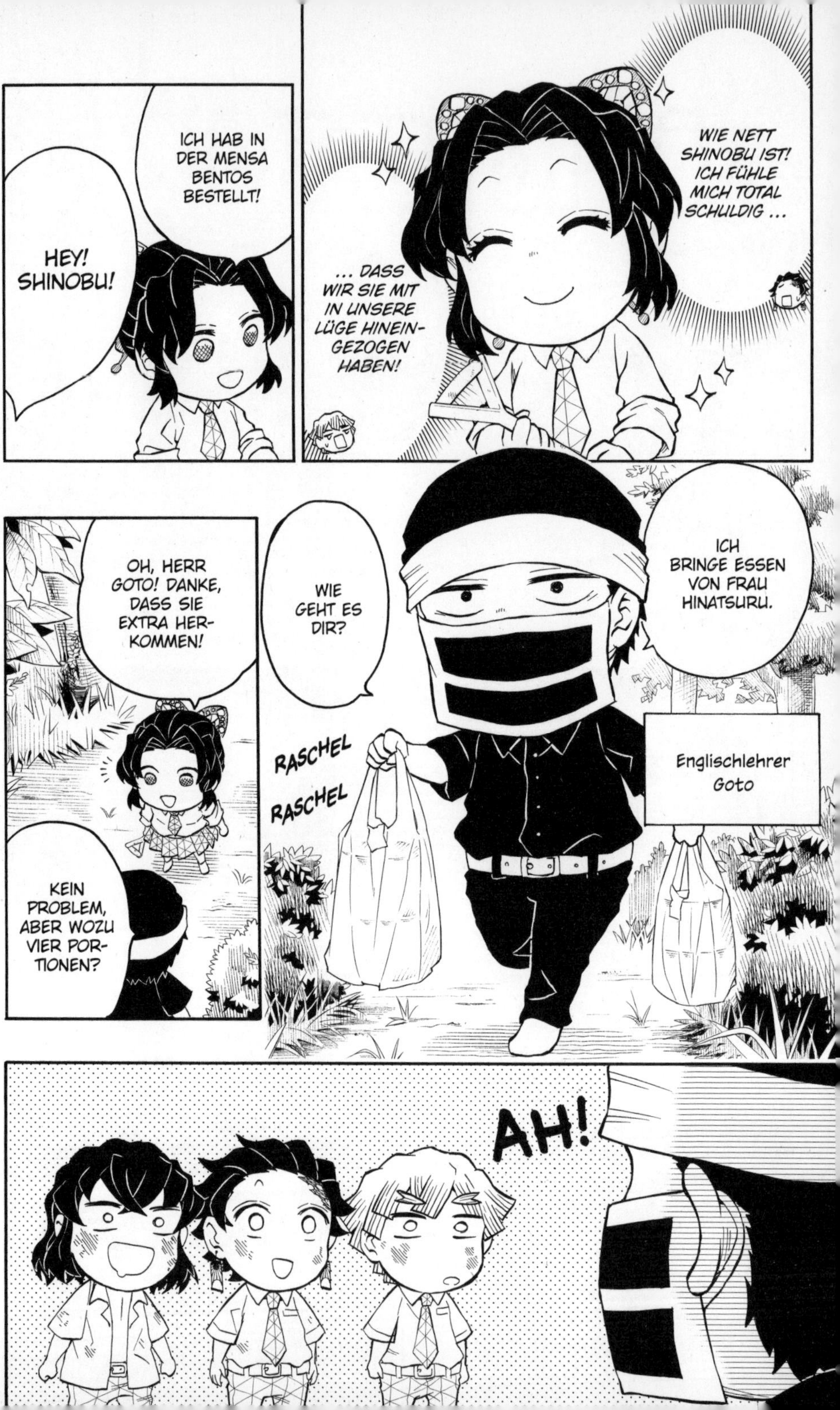
WIE NETT SHINOBU IST! ICH FÜHLE MICH TOTAL SCHULDIG …
… DASS WIR SIE MIT IN UNSERE LÜGE HINEINGEZOGEN HABEN!
ICH HAB IN DER MENSA BENTOS BESTELLT!
HEY! SHINOBU!
ICH BRINGE ESSEN VON FRAU HINATSURU.
Englischlehrer Goto
WIE GEHT ES DIR?
RASCHEL
RASCHEL
OH, HERR GOTO! DANKE, DASS SIE EXTRA HERKOMMEN!
KEIN PROBLEM, ABER WOZU VIER PORTIONEN?
AH!

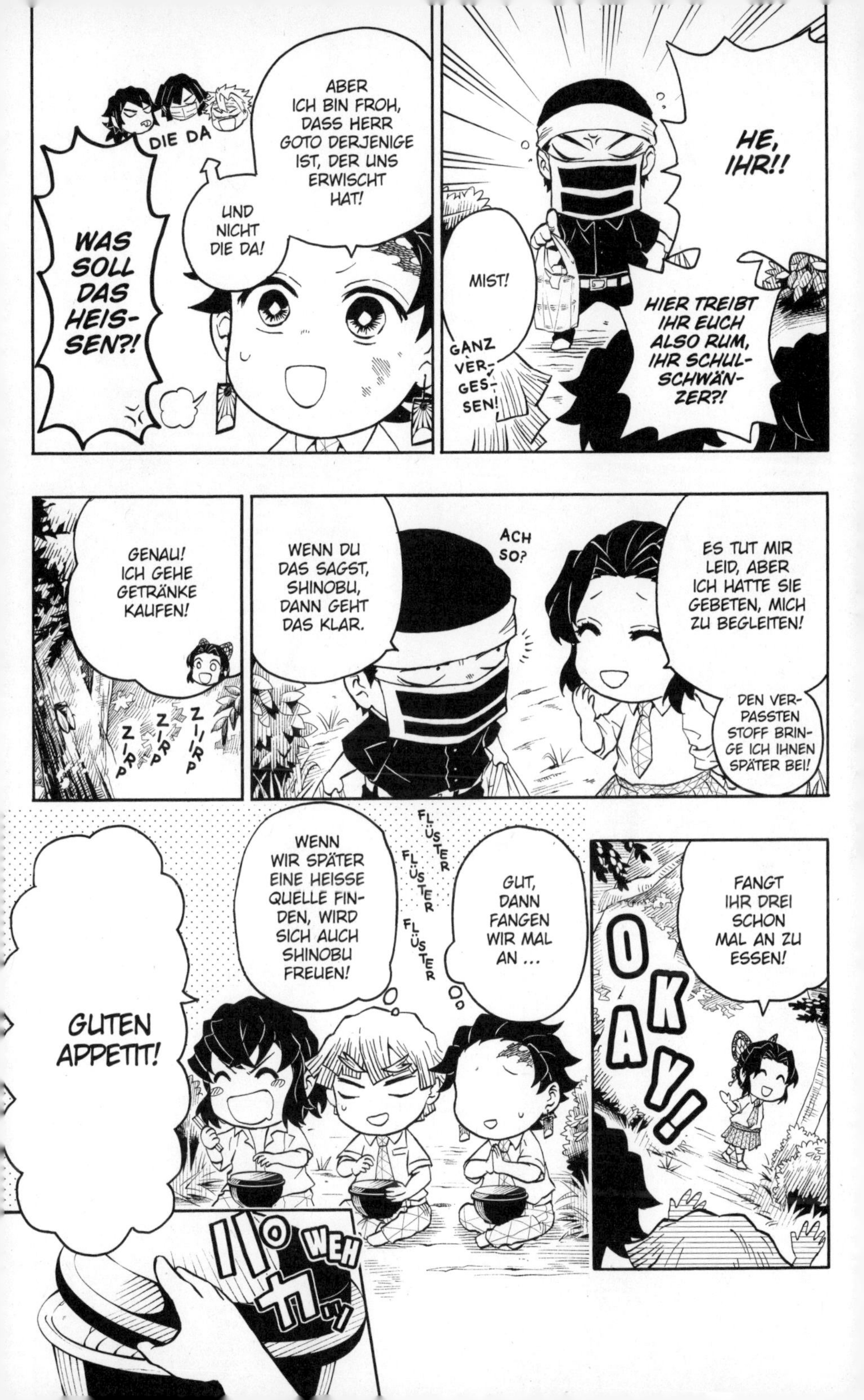
HE, IHR!!
HIER TREIBT IHR EUCH ALSO RUM, IHR SCHULSCHWÄNZER?!
MIST!
GANZ VERGESSEN!
ABER ICH BIN FROH, DASS HERR GOTO DERJENIGE IST, DER UNS ERWISCHT HAT!
UND NICHT DIE DA!
DIE DA
WAS SOLL DAS HEISSEN?!
ES TUT MIR LEID, ABER ICH HATTE SIE GEBETEN, MICH ZU BEGLEITEN!
DEN VERPASSTEN STOFF BRINGE ICH IHNEN SPÄTER BEI!
ACH SO?
WENN DU DAS SAGST, SHINOBU, DANN GEHT DAS KLAR.
GENAU! ICH GEHE GETRÄNKE KAUFEN!
ZIRP ZIRP ZIRP
FANGT IHR DREI SCHON MAL AN ZU ESSEN!
OKAY!
GUT, DANN FANGEN WIR MAL AN …
FLÜSTER FLÜSTER FLÜSTER
WENN WIR SPÄTER EINE HEISSE QUELLE FINDEN, WIRD SICH AUCH SHINOBU FREUEN!
GUTEN APPETIT!
WEH

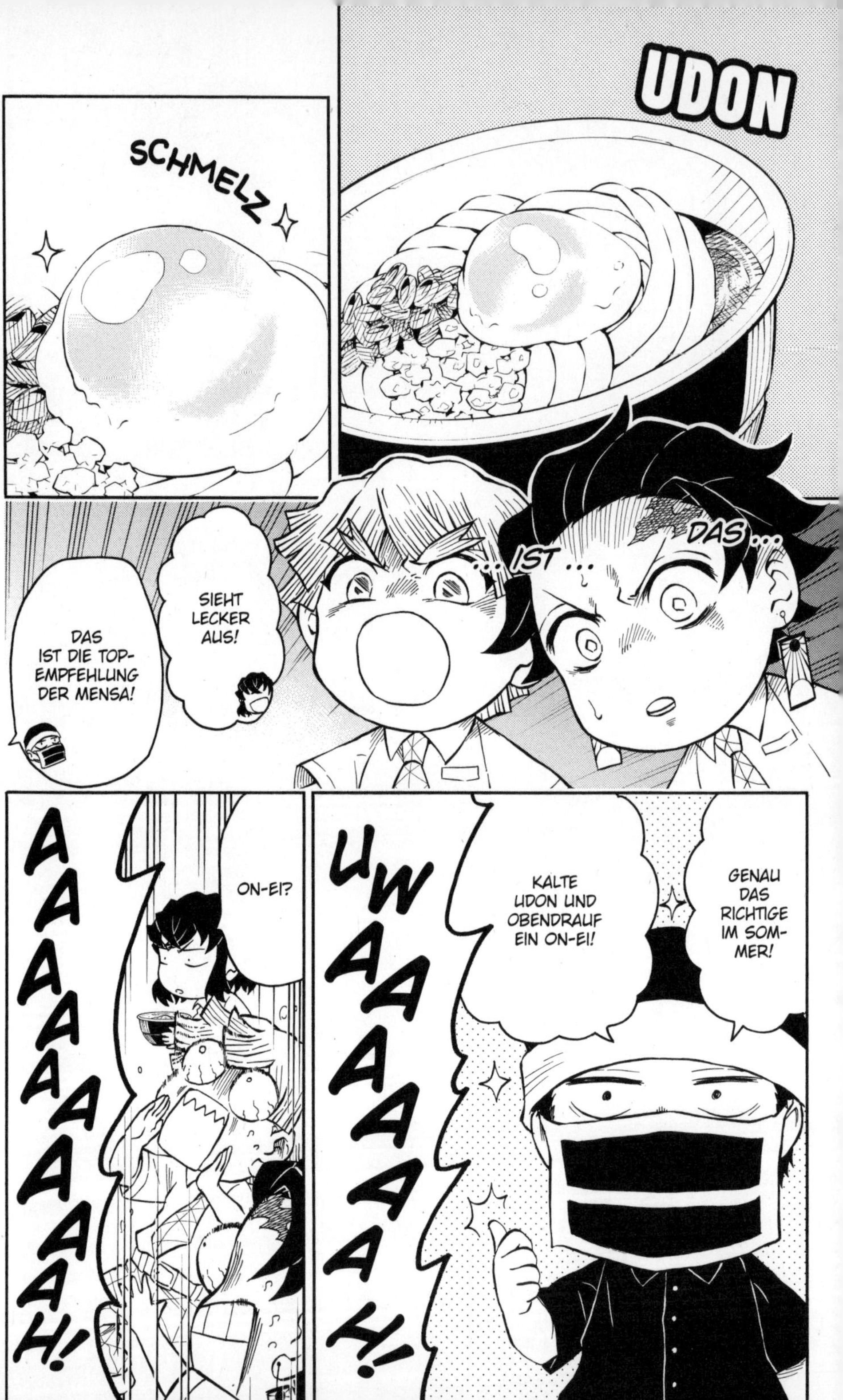
UDON
SCHMELZ
DAS ...
... IST ...
SIEHT LECKER AUS!
DAS IST DIE TOP-EMPFEHLUNG DER MENSA!
GENAU DAS RICHTIGE IM SOMMER!
KALTE UDON UND OBENDRAUF EIN ON-EI!
UWAAAAAAAAH!
ON-EI?
AAAAAAAAAAH!

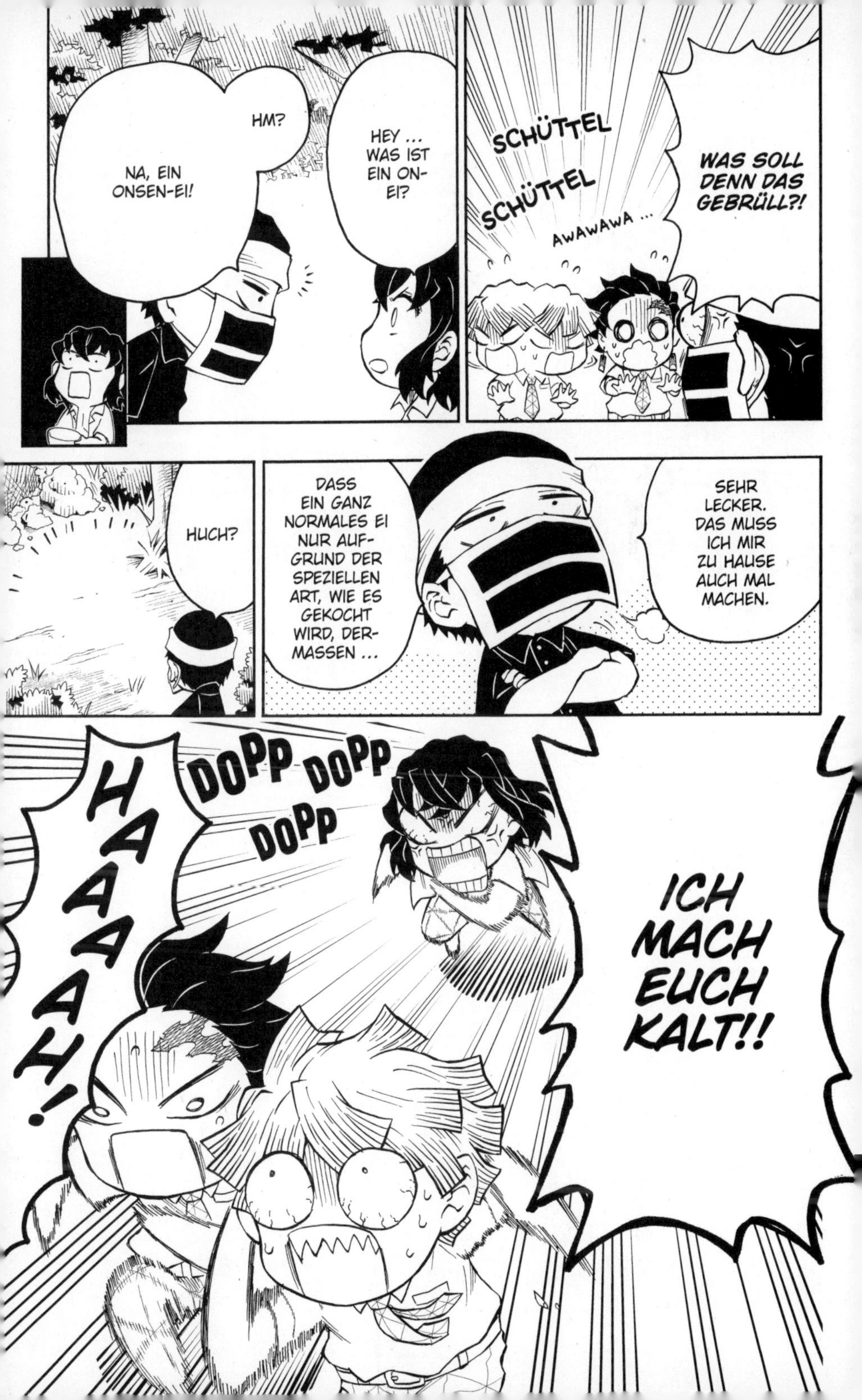
WAS SOLL DENN DAS GEBRÜLL?!
SCHÜTTEL
SCHÜTTEL
AWAWAWA …
HEY … WAS IST EIN ON-EI?
HM?
NA, EIN ONSEN-EI!
SEHR LECKER. DAS MUSS ICH MIR ZU HAUSE AUCH MAL MACHEN.
DASS EIN GANZ NORMALES EI NUR AUF-GRUND DER SPEZIELLEN ART, WIE ES GEKOCHT WIRD, DER-MASSEN …
HUCH?
ICH MACH EUCH KALT!!
DOPP DOPP DOPP
HAAAAH!

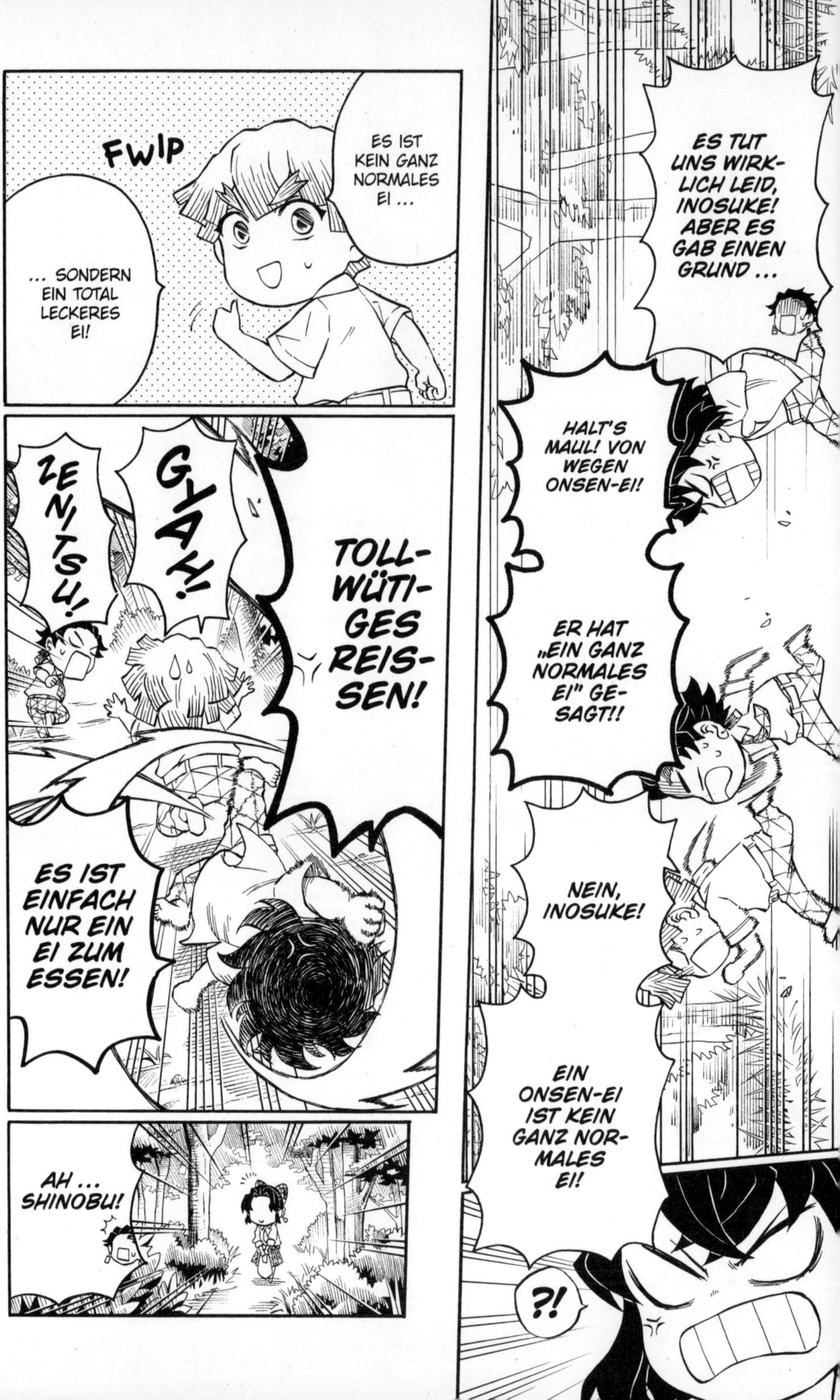

ES TUT UNS WIRKLICH LEID, INOSUKE! ABER ES GAB EINEN GRUND …
HALT'S MAUL! VON WEGEN ONSEN-EI!
ER HAT „EIN GANZ NORMALES EI" GESAGT!!
NEIN, INOSUKE!
EIN ONSEN-EI IST KEIN GANZ NORMALES EI!
?!
ES IST KEIN GANZ NORMALES EI …
FWIP
… SONDERN EIN TOTAL LECKERES EI!
GYAAH!
ZENITSU!
TOLLWÜTIGES REISSEN!
ES IST EINFACH NUR EIN EI ZUM ESSEN!
AH … SHINOBU!

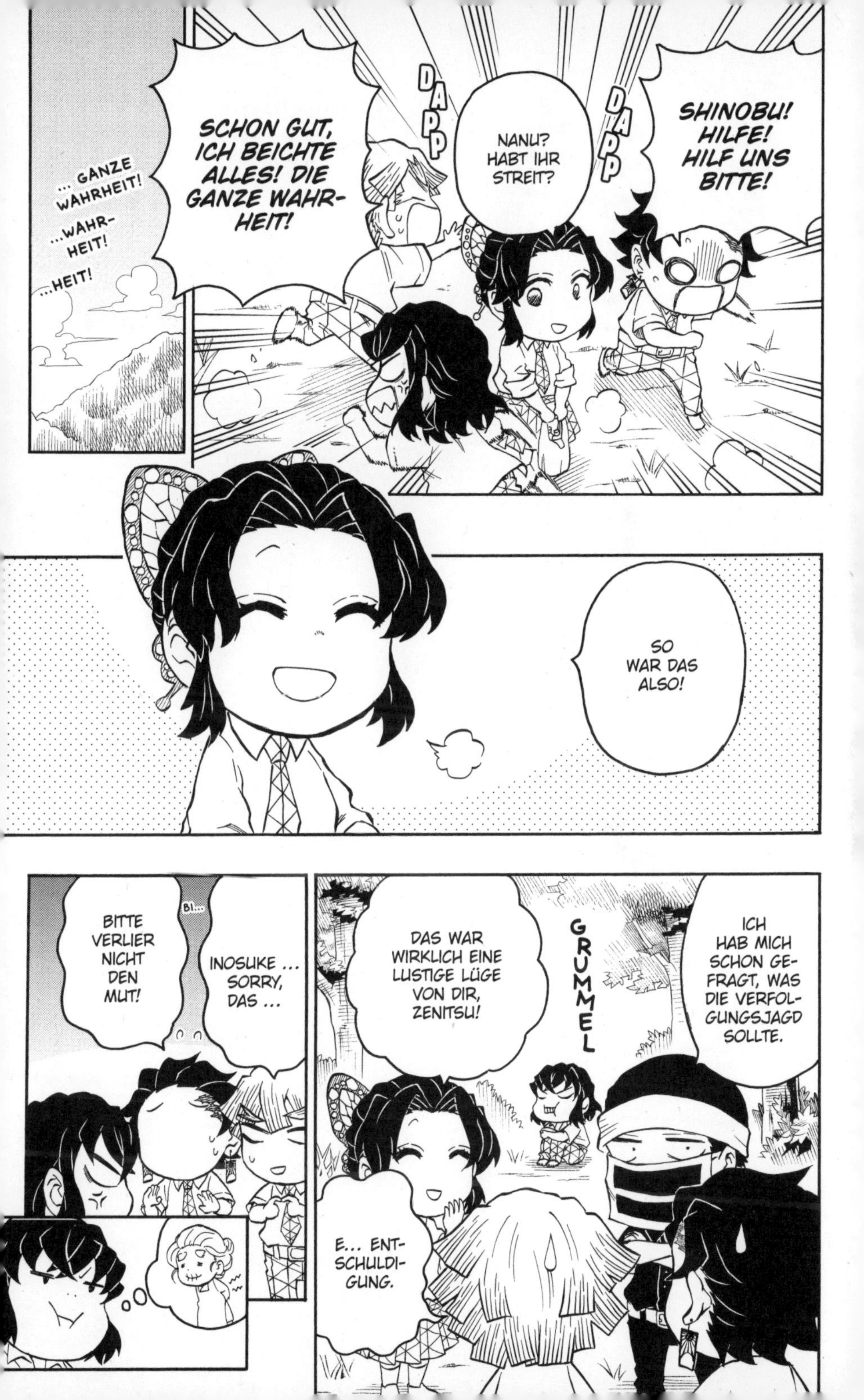
SHINOBU! HILFE! HILF UNS BITTE!
DAPP
NANU? HABT IHR STREIT?
DAPP
SCHON GUT, ICH BEICHTE ALLES! DIE GANZE WAHR-HEIT!
... GANZE WAHRHEIT!
...WAHR-HEIT!
...HEIT!
SO WAR DAS ALSO!
ICH HAB MICH SCHON GE-FRAGT, WAS DIE VERFOL-GUNGSJAGD SOLLTE.
GRUMMEL
DAS WAR WIRKLICH EINE LUSTIGE LÜGE VON DIR, ZENITSU!
E... ENT-SCHULDI-GUNG.
INOSUKE ... SORRY, DAS ...
BI...
BITTE VERLIER NICHT DEN MUT!

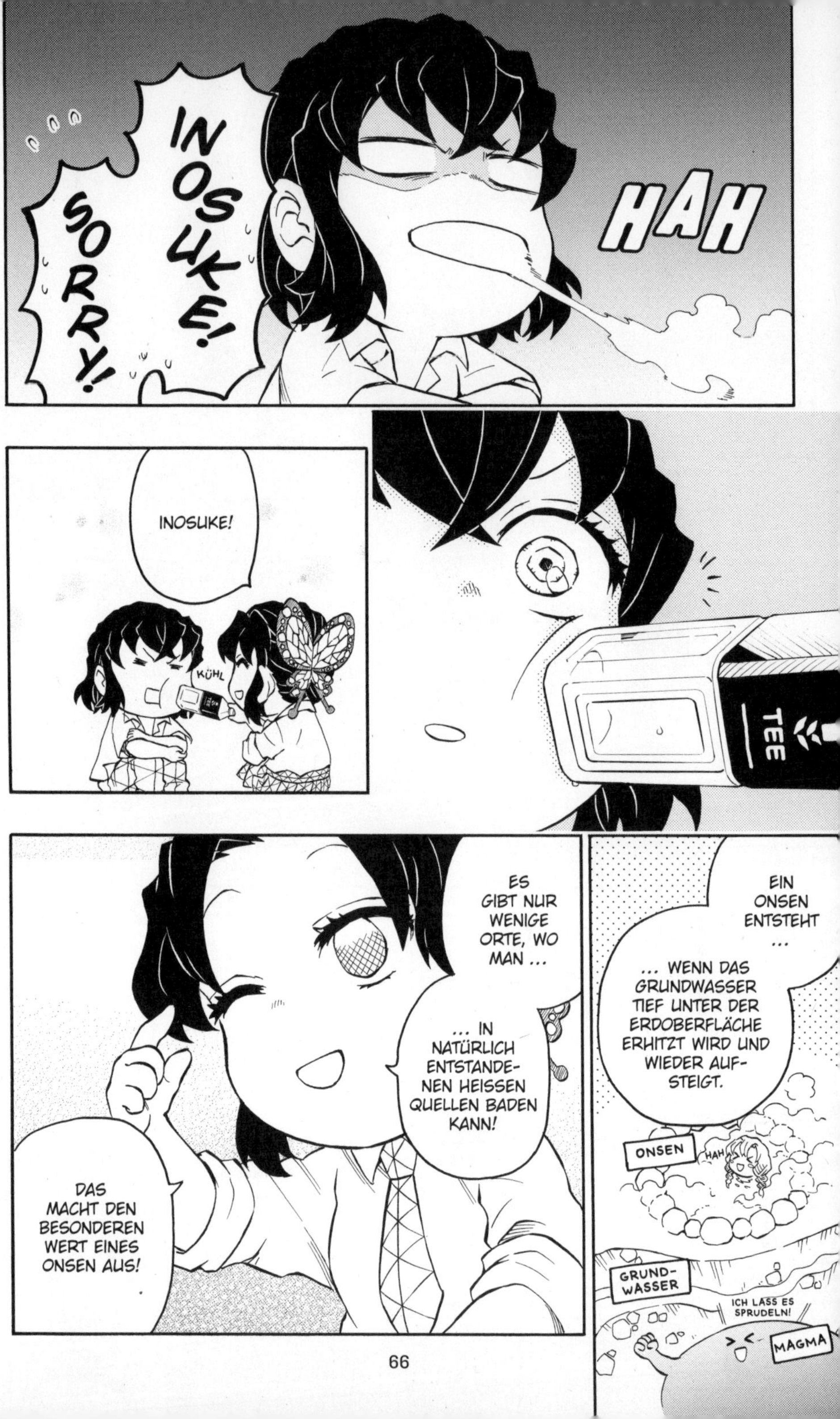
HAH
INOSUKE! SORRY!
TEE
INOSUKE!
KÜHL
EIN ONSEN ENTSTEHT …
… WENN DAS GRUNDWASSER TIEF UNTER DER ERDOBERFLÄCHE ERHITZT WIRD UND WIEDER AUF- STEIGT.
ONSEN
HAH
GRUND- WASSER
ICH LASS ES SPRUDELN!
MAGMA
ES GIBT NUR WENIGE ORTE, WO MAN …
… IN NATÜRLICH ENTSTANDE- NEN HEISSEN QUELLEN BADEN KANN!
DAS MACHT DEN BESONDEREN WERT EINES ONSEN AUS!

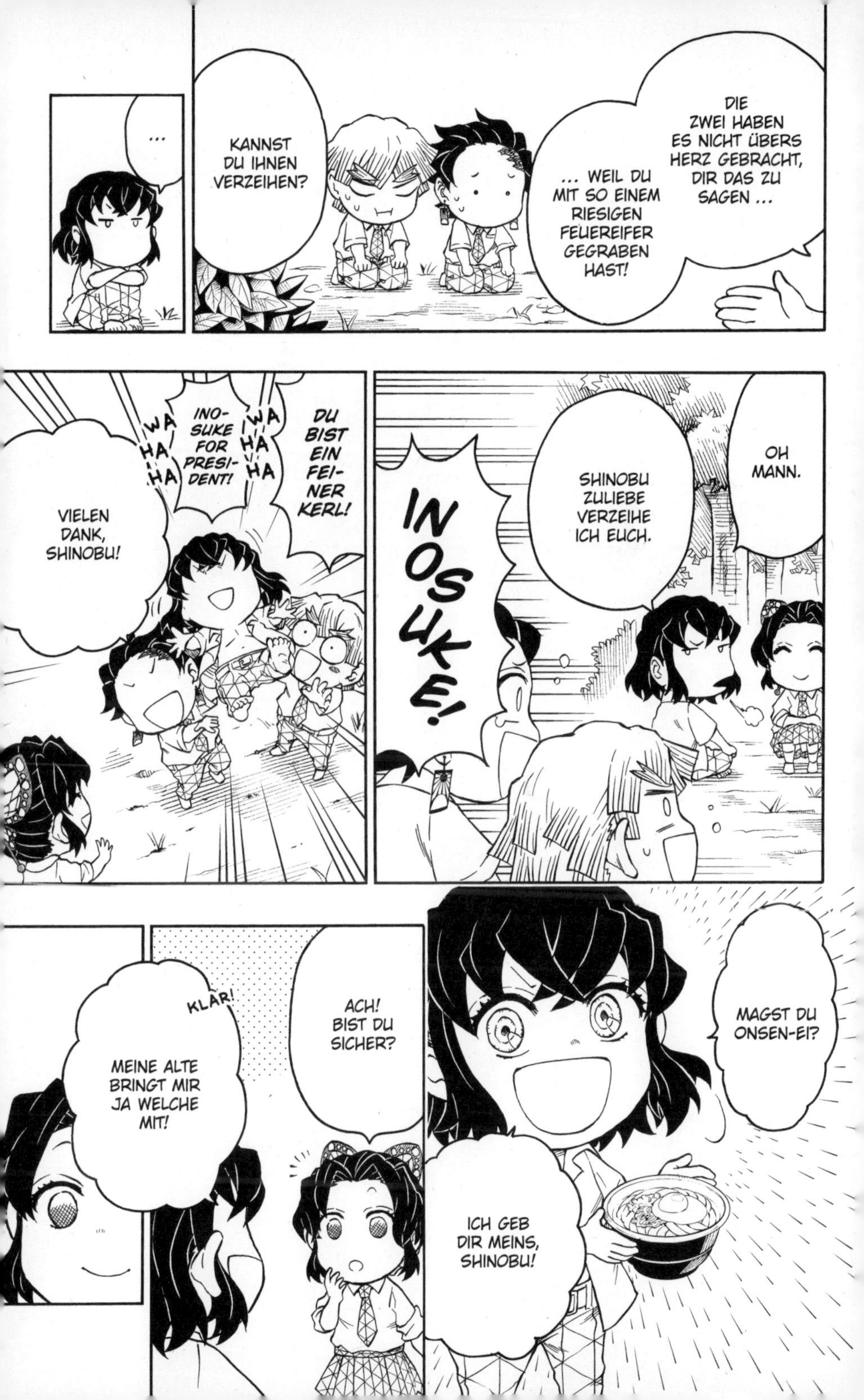
DIE ZWEI HABEN ES NICHT ÜBERS HERZ GEBRACHT, DIR DAS ZU SAGEN …
… WEIL DU MIT SO EINEM RIESIGEN FEUEREIFER GEGRABEN HAST!
KANNST DU IHNEN VERZEIHEN?
…
OH MANN.
SHINOBU ZULIEBE VERZEIHE ICH EUCH.
INOSUKE!
DU BIST EIN FEINER KERL!
WA HA HA
INOSUKE FOR PRESIDENT!
WA HA HA
VIELEN DANK, SHINOBU!
MAGST DU ONSEN-EI?
ICH GEB DIR MEINS, SHINOBU!
ACH! BIST DU SICHER?
KLAR!
MEINE ALTE BRINGT MIR JA WELCHE MIT!

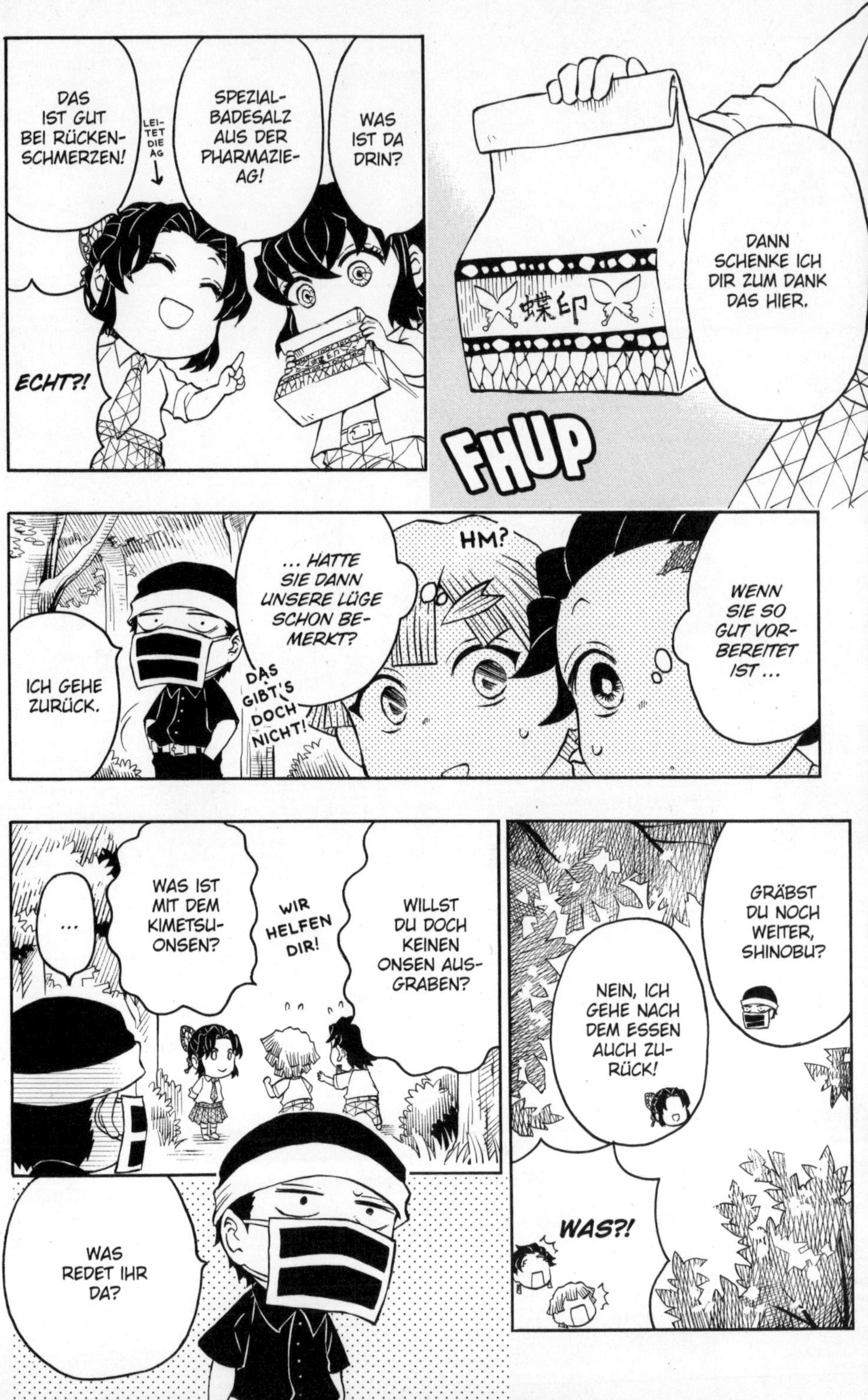

DANN SCHENKE ICH DIR ZUM DANK DAS HIER.
FHUP
蝶印
WAS IST DA DRIN?
SPEZIAL-BADESALZ AUS DER PHARMAZIE-AG!
LEITET DIE AG
DAS IST GUT BEI RÜCKEN-SCHMERZEN!
ECHT?!
WENN SIE SO GUT VORBEREITET IST …
HM?
… HATTE SIE DANN UNSERE LÜGE SCHON BEMERKT?
DAS GIBT'S DOCH NICHT!
ICH GEHE ZURÜCK.
GRÄBST DU NOCH WEITER, SHINOBU?
NEIN, ICH GEHE NACH DEM ESSEN AUCH ZURÜCK!
WAS?!
WILLST DU DOCH KEINEN ONSEN AUSGRABEN?
WIR HELFEN DIR!
WAS IST MIT DEM KIMETSU-ONSEN?
…
WAS REDET IHR DA?

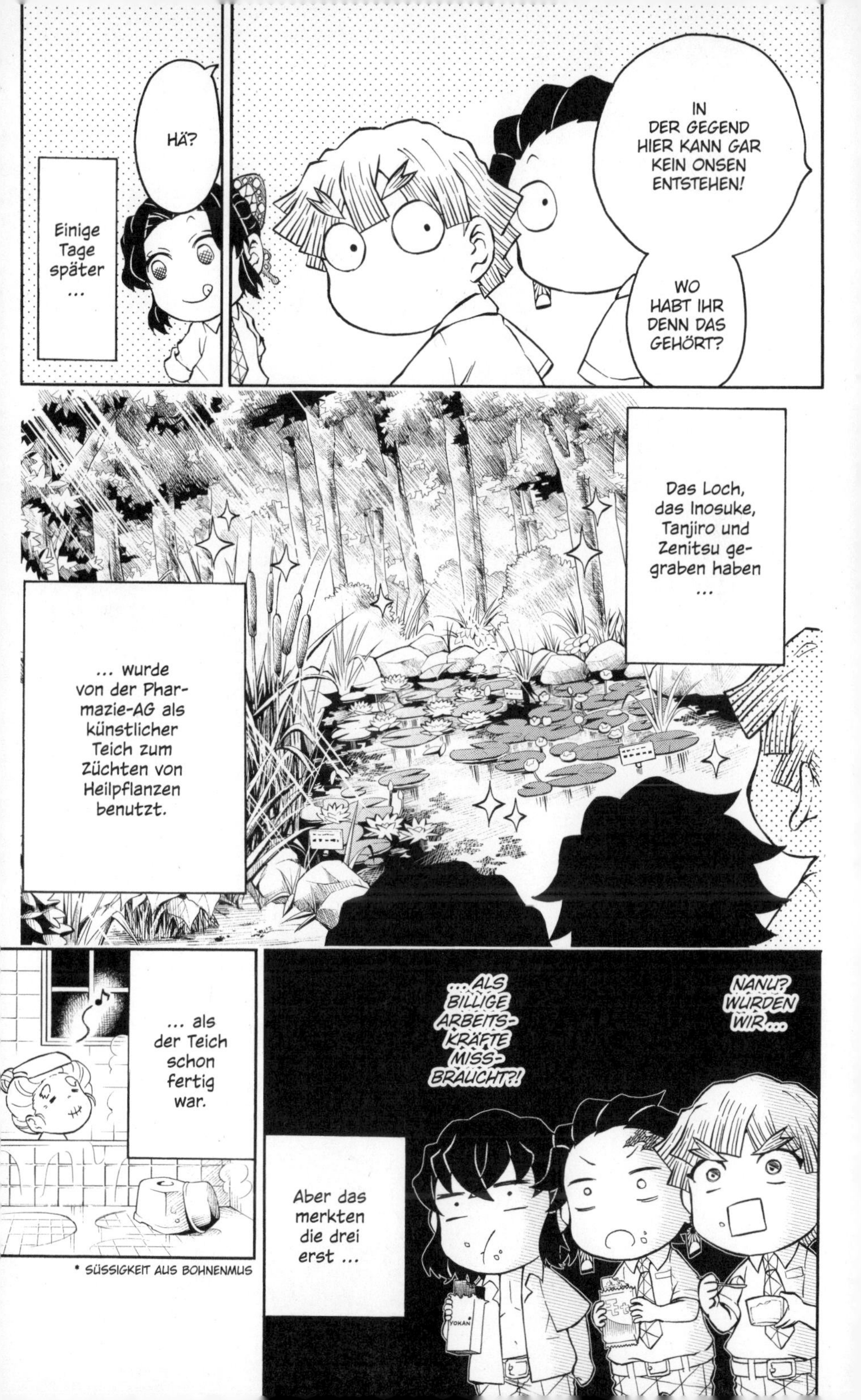

* SÜSSIGKEIT AUS BOHNENMUS

Worum man sie besser nicht bittet

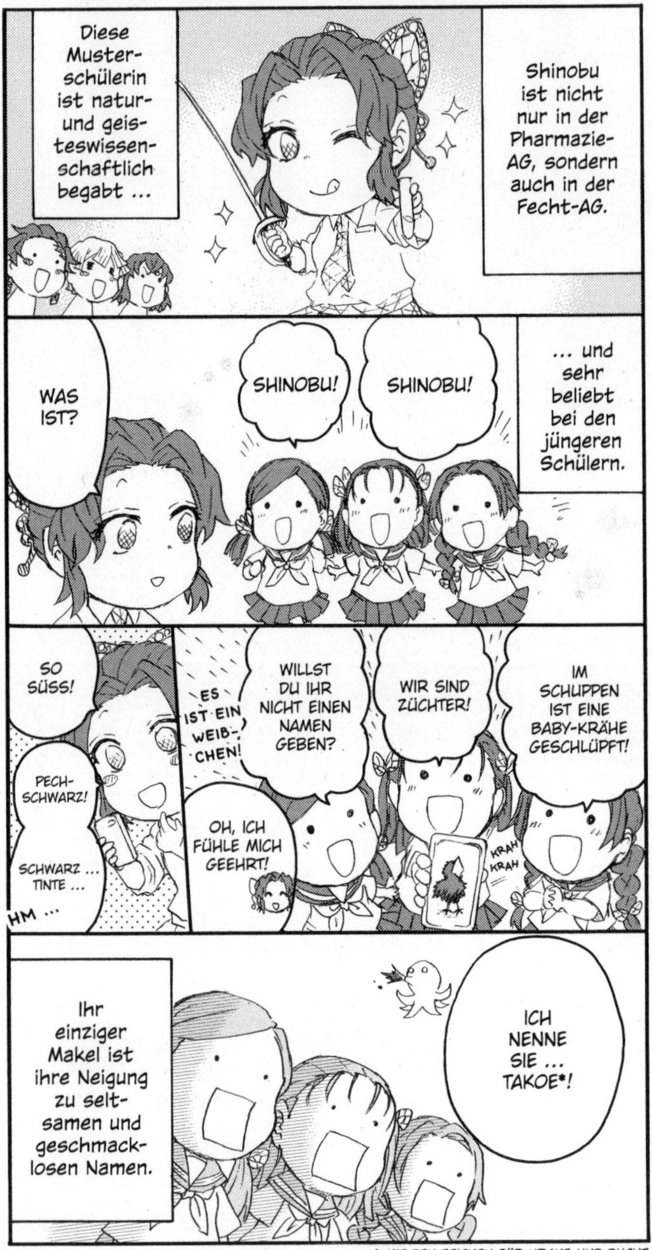

* MIT DEN ZEICHEN FÜR KRAKE UND BUCHT

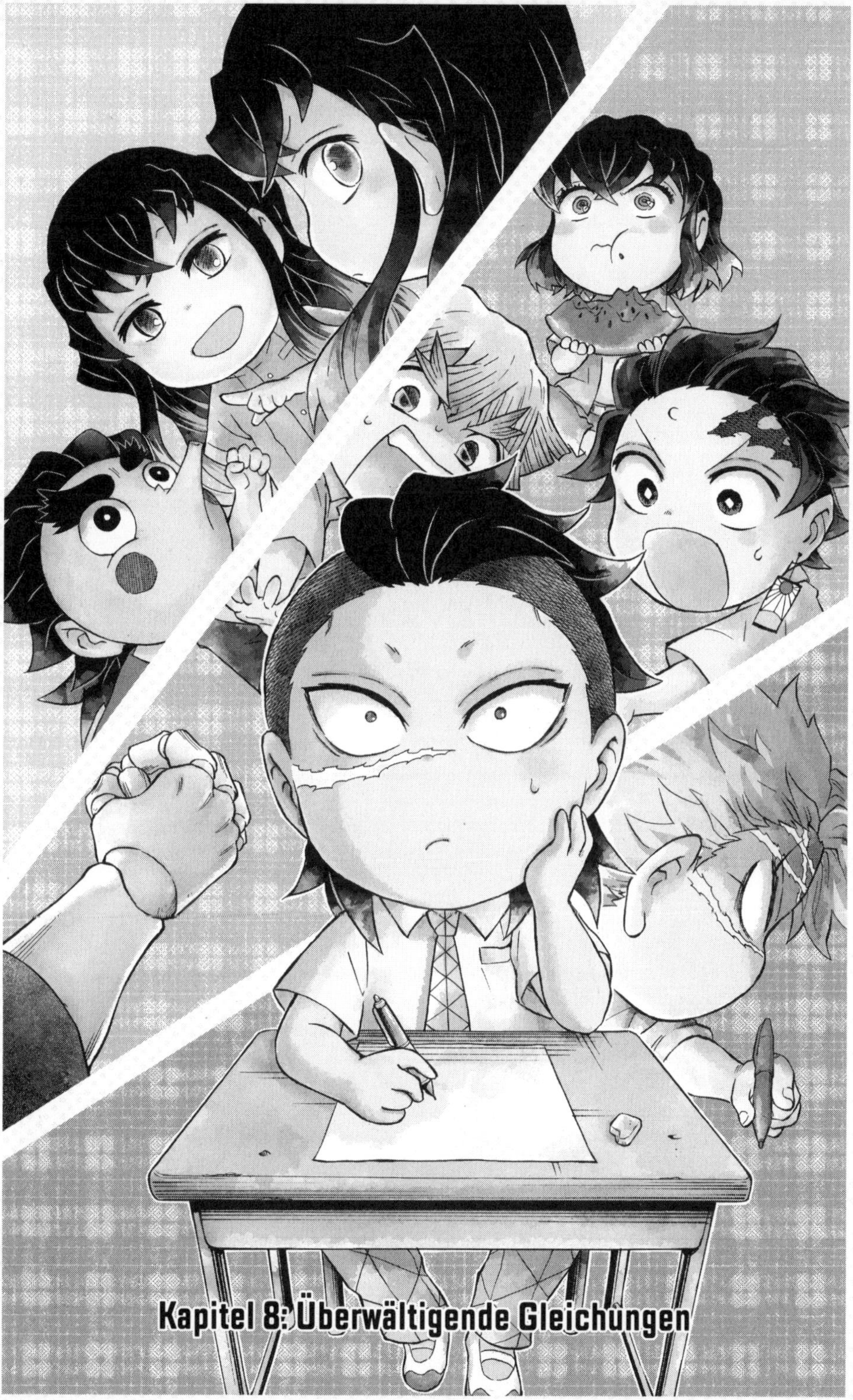

Kapitel 8: Überwältigende Gleichungen

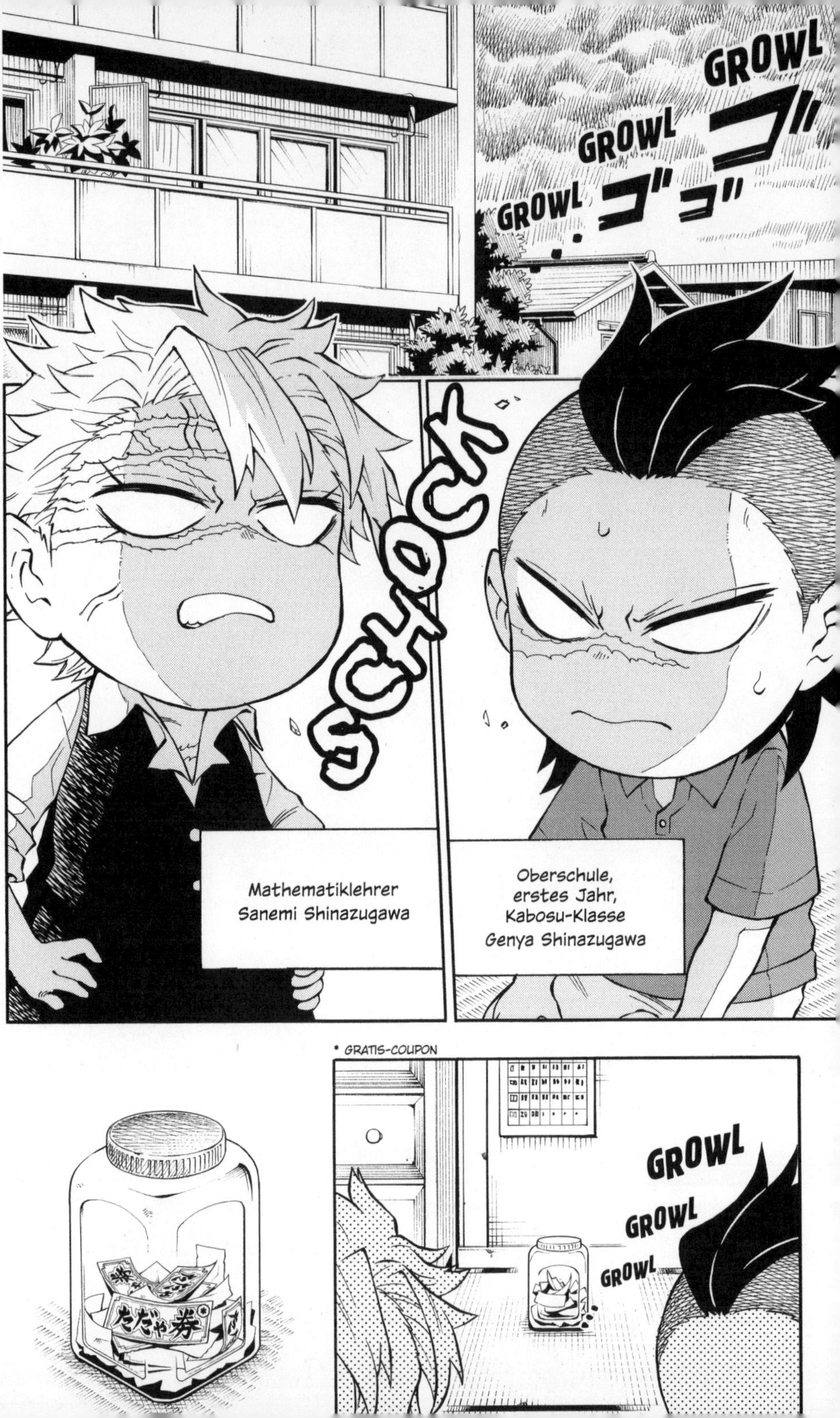
GROWL
GROWL
GROWL
Oberschule,
erstes Jahr,
Kabosu-Klasse
Genya Shinazugawa
SCHOCK
Mathematiklehrer
Sanemi Shinazugawa
* GRATIS-COUPON
GROWL
GROWL
GROWL

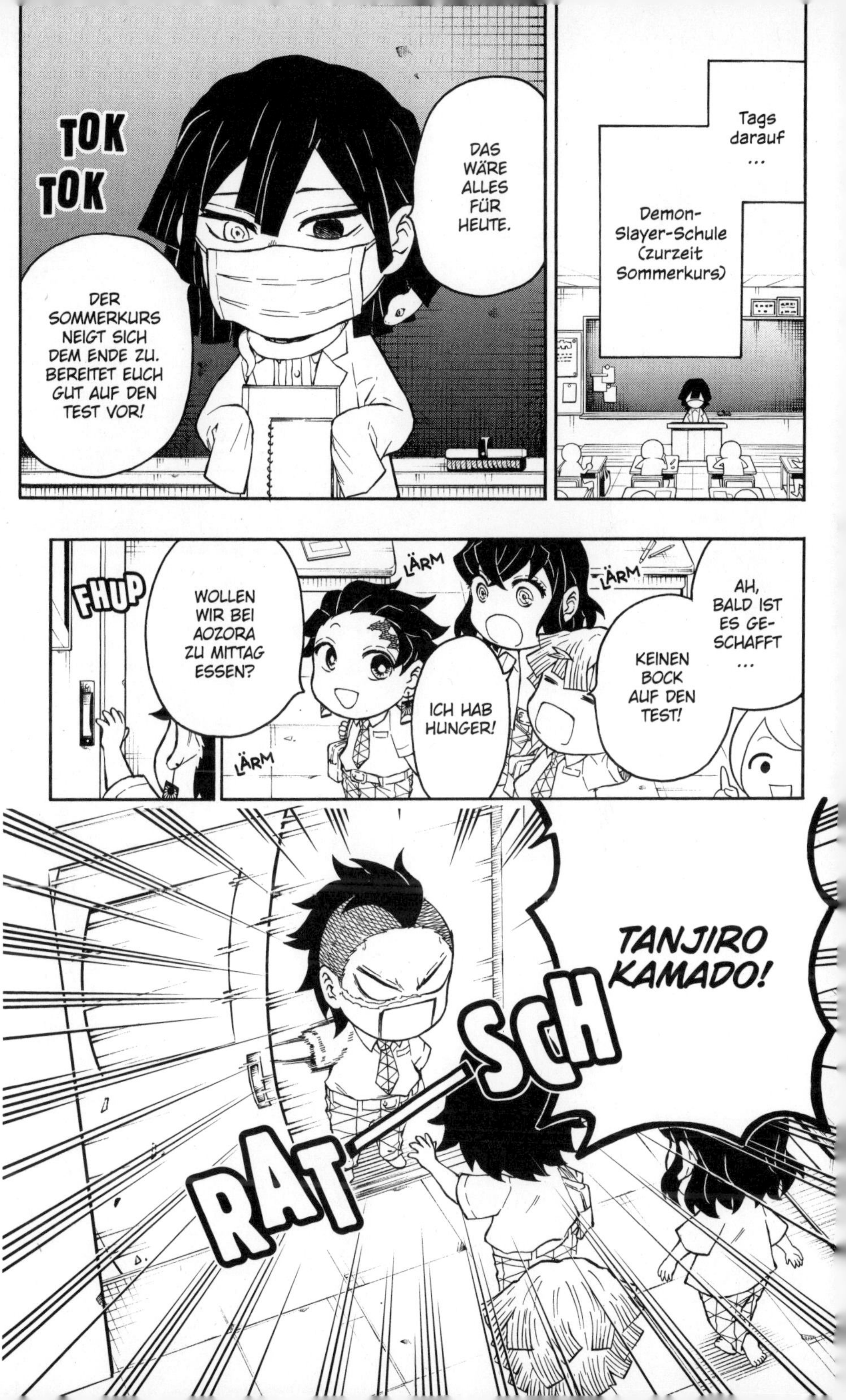
Tags darauf ...
Demon-Slayer-Schule (zurzeit Sommerkurs)
DAS WÄRE ALLES FÜR HEUTE.
TOK TOK
DER SOMMERKURS NEIGT SICH DEM ENDE ZU. BEREITET EUCH GUT AUF DEN TEST VOR!
AH, BALD IST ES GE-SCHAFFT ...
KEINEN BOCK AUF DEN TEST!
LÄRM
LÄRM
ICH HAB HUNGER!
WOLLEN WIR BEI AOZORA ZU MITTAG ESSEN?
LÄRM
FHUP
TANJIRO KAMADO!
RAT-SCH

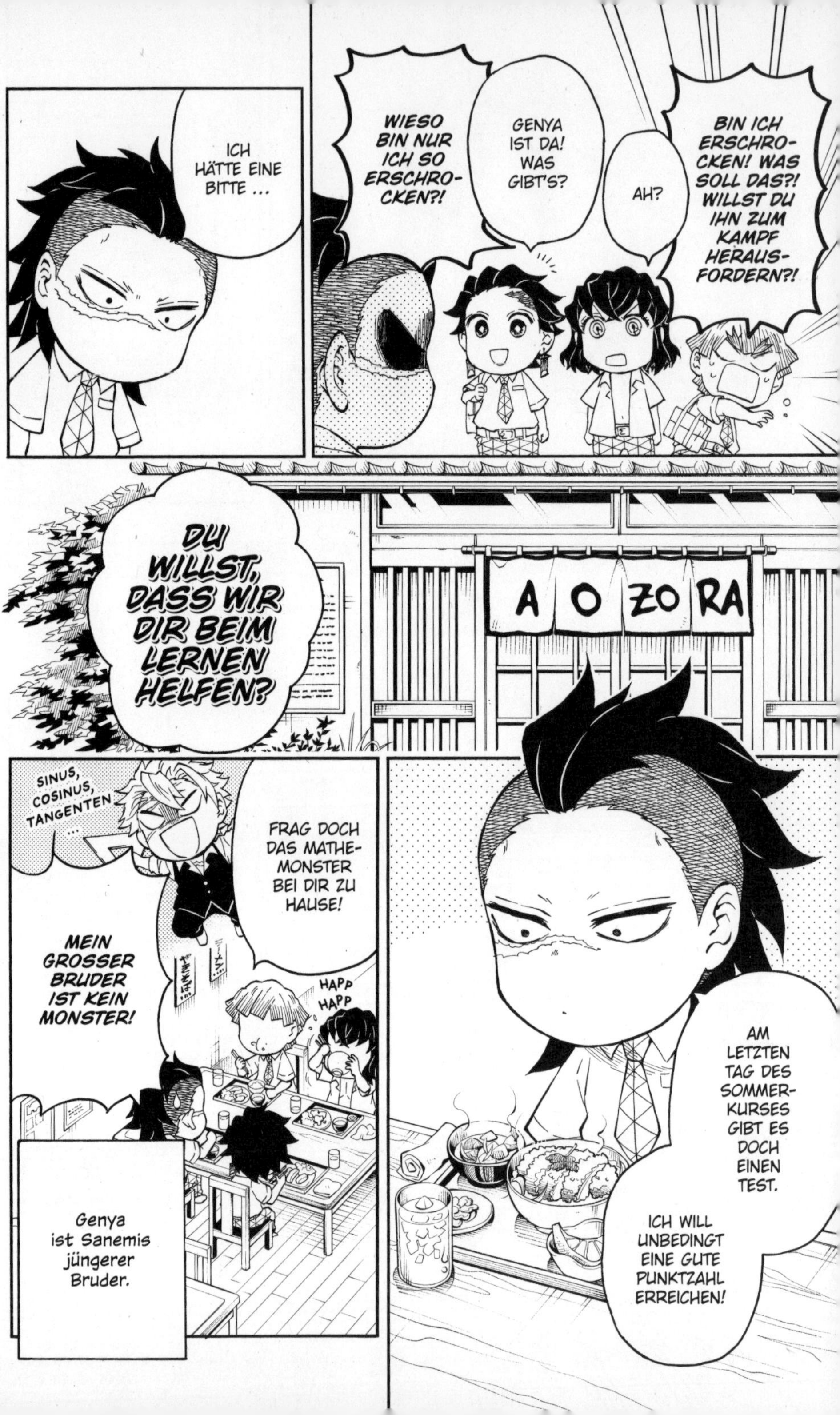

BIN ICH ERSCHROCKEN! WAS SOLL DAS?! WILLST DU IHN ZUM KAMPF HERAUSFORDERN?!
AH?
GENYA IST DA! WAS GIBT'S?
WIESO BIN NUR ICH SO ERSCHROCKEN?!
ICH HÄTTE EINE BITTE …
AOZORA
DU WILLST, DASS WIR DIR BEIM LERNEN HELFEN?
AM LETZTEN TAG DES SOMMERKURSES GIBT ES DOCH EINEN TEST.
ICH WILL UNBEDINGT EINE GUTE PUNKTZAHL ERREICHEN!
FRAG DOCH DAS MATHEMONSTER BEI DIR ZU HAUSE!
SINUS, COSINUS, TANGENTEN …
MEIN GROSSER BRUDER IST KEIN MONSTER!
HAPP HAPP
Genya ist Sanemis jüngerer Bruder.

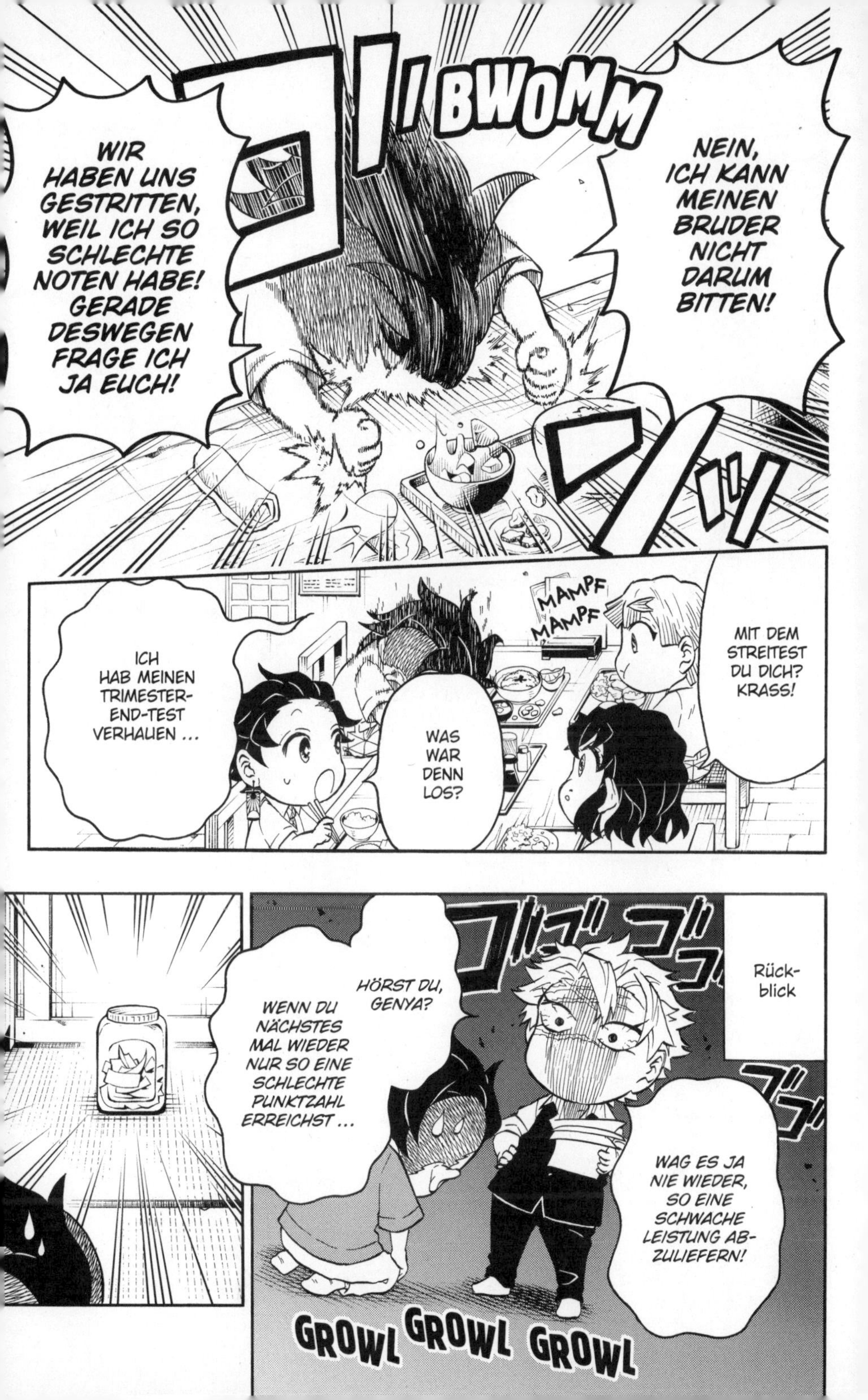
BWOMM
NEIN, ICH KANN MEINEN BRUDER NICHT DARUM BITTEN!
WIR HABEN UNS GESTRITTEN, WEIL ICH SO SCHLECHTE NOTEN HABE! GERADE DESWEGEN FRAGE ICH JA EUCH!
MIT DEM STREITEST DU DICH? KRASS!
MAMPF MAMPF
WAS WAR DENN LOS?
ICH HAB MEINEN TRIMESTER-END-TEST VERHAUEN …
Rück-blick
HÖRST DU, GENYA?
WENN DU NÄCHSTES MAL WIEDER NUR SO EINE SCHLECHTE PUNKTZAHL ERREICHST …
WAG ES JA NIE WIEDER, SO EINE SCHWACHE LEISTUNG AB-ZULIEFERN!
GROWL GROWL GROWL

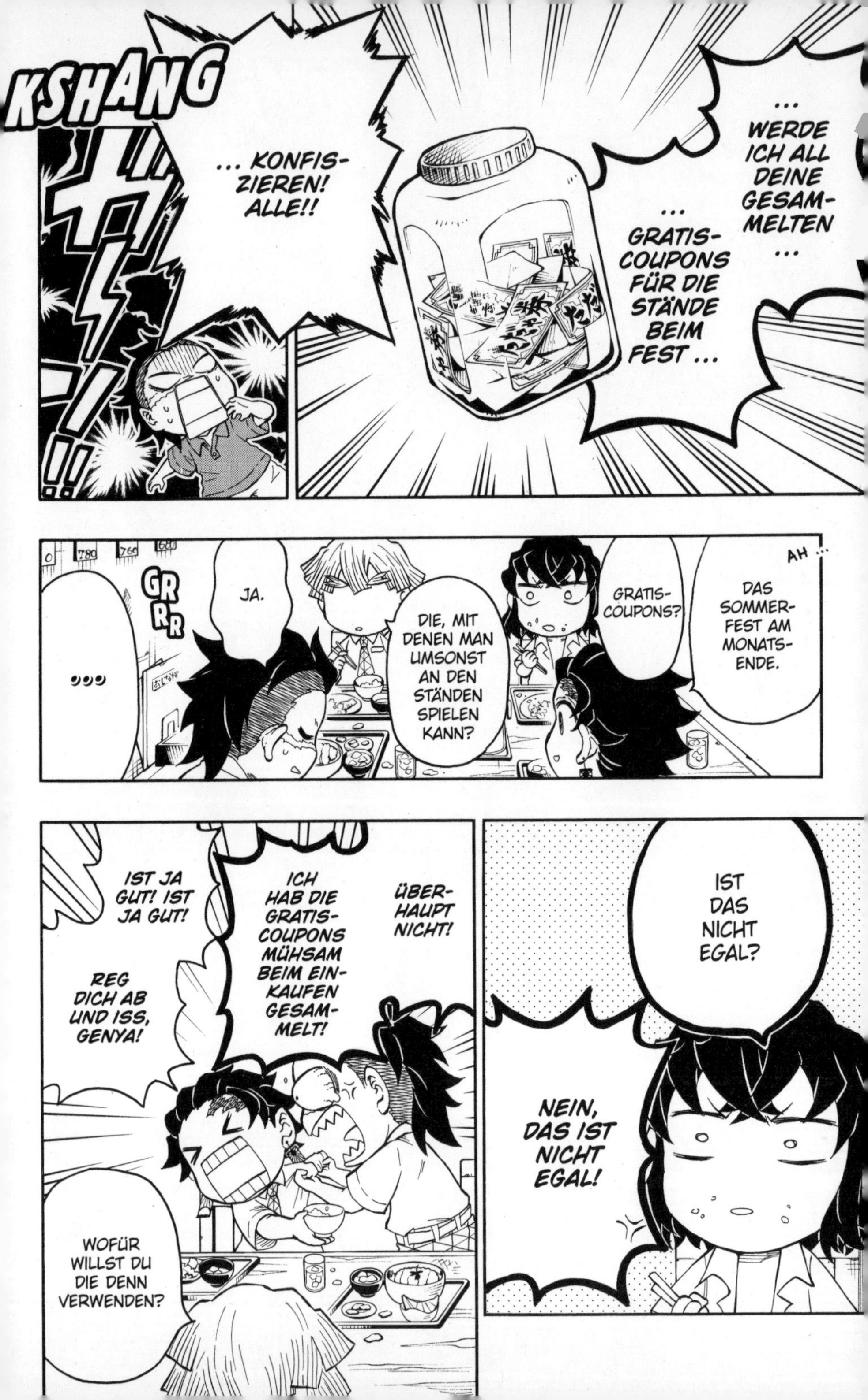

... WERDE ICH ALL DEINE GESAM-MELTEN ...
... GRATIS-COUPONS FÜR DIE STÄNDE BEIM FEST ...
KSHANG
... KONFIS-ZIEREN! ALLE!!
AH ...
DAS SOMMER-FEST AM MONATS-ENDE.
GRATIS-COUPONS?
DIE, MIT DENEN MAN UMSONST AN DEN STÄNDEN SPIELEN KANN?
JA.
GRRR
...
IST DAS NICHT EGAL?
NEIN, DAS IST NICHT EGAL!
ÜBER-HAUPT NICHT!
ICH HAB DIE GRATIS-COUPONS MÜHSAM BEIM EIN-KAUFEN GESAM-MELT!
IST JA GUT! IST JA GUT!
REG DICH AB UND ISS, GENYA!
WOFÜR WILLST DU DIE DENN VERWENDEN?

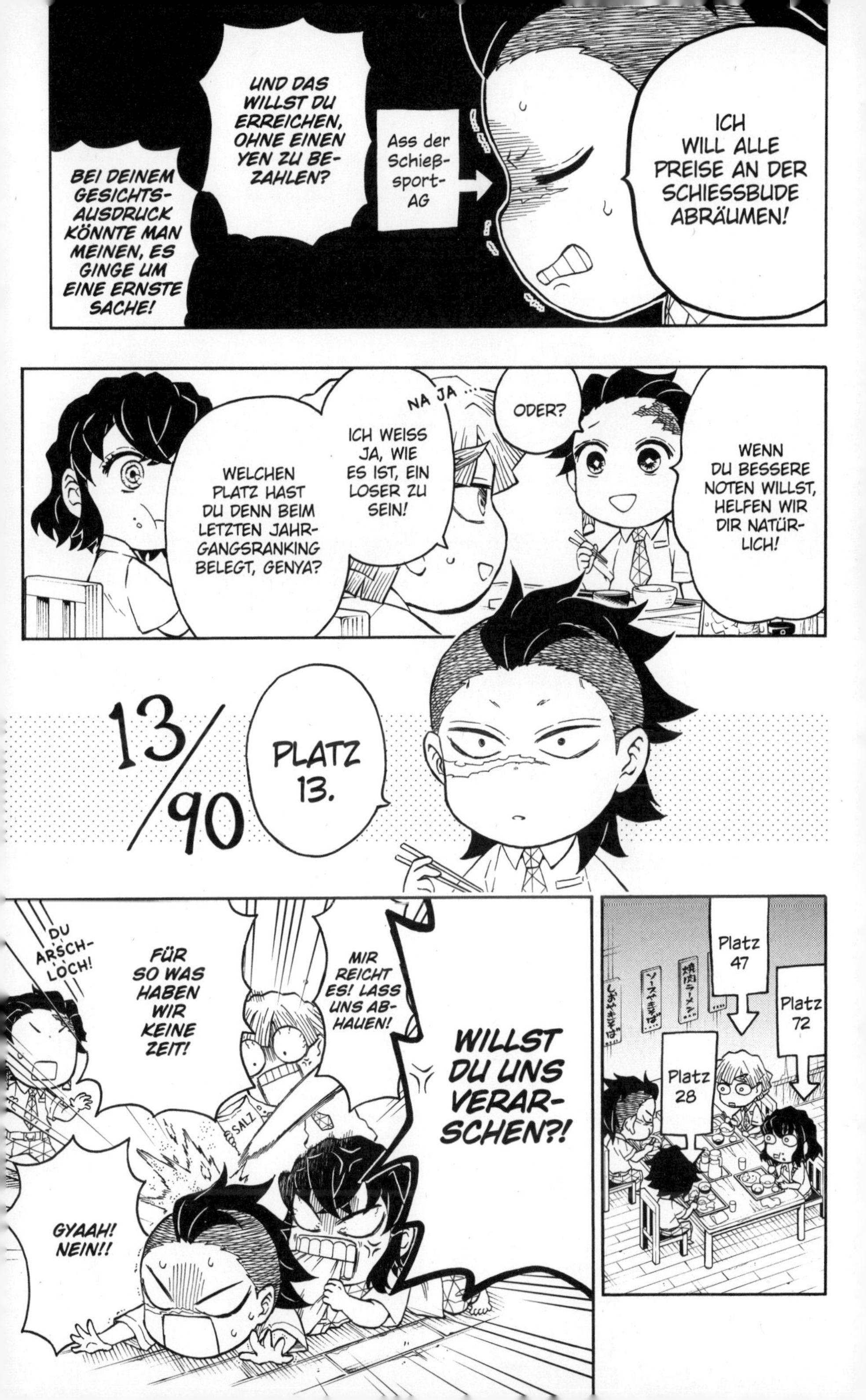
ICH WILL ALLE PREISE AN DER SCHIESSBUDE ABRÄUMEN!
Ass der Schießsport-AG
UND DAS WILLST DU ERREICHEN, OHNE EINEN YEN ZU BEZAHLEN?
BEI DEINEM GESICHTSAUSDRUCK KÖNNTE MAN MEINEN, ES GINGE UM EINE ERNSTE SACHE!
WENN DU BESSERE NOTEN WILLST, HELFEN WIR DIR NATÜRLICH!
ODER?
NA JA ...
ICH WEISS JA, WIE ES IST, EIN LOSER ZU SEIN!
WELCHEN PLATZ HAST DU DENN BEIM LETZTEN JAHRGANGSRANKING BELEGT, GENYA?
PLATZ 13.
13/90
Platz 47
Platz 72
Platz 28
WILLST DU UNS VERARSCHEN?!
MIR REICHT ES! LASS UNS ABHAUEN!
FÜR SO WAS HABEN WIR KEINE ZEIT!
DU ARSCHLOCH!
SALZ
GYAAH! NEIN!!

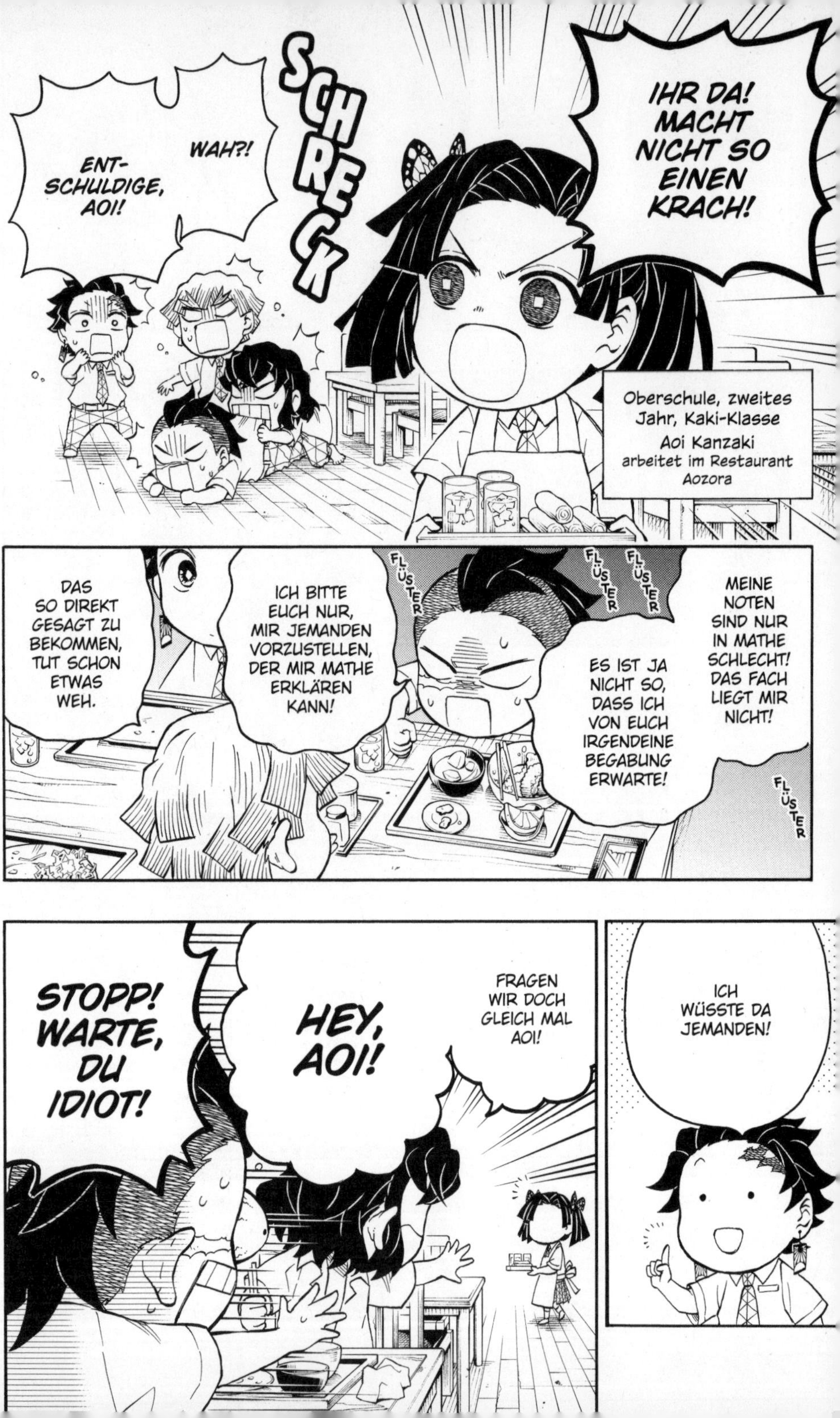
IHR DA! MACHT NICHT SO EINEN KRACH!
SCHRECK
WAH?!
ENT-SCHULDIGE, AOI!
Oberschule, zweites Jahr, Kaki-Klasse
Aoi Kanzaki arbeitet im Restaurant Aozora
MEINE NOTEN SIND NUR IN MATHE SCHLECHT! DAS FACH LIEGT MIR NICHT!
FLÜSTER
FLÜSTER
FLÜSTER
FLÜSTER
ES IST JA NICHT SO, DASS ICH VON EUCH IRGENDEINE BEGABUNG ERWARTE!
ICH BITTE EUCH NUR, MIR JEMANDEN VORZUSTELLEN, DER MIR MATHE ERKLÄREN KANN!
DAS SO DIREKT GESAGT ZU BEKOMMEN, TUT SCHON ETWAS WEH.
ICH WÜSSTE DA JEMANDEN!
FRAGEN WIR DOCH GLEICH MAL AOI!
HEY, AOI!
STOPP! WARTE, DU IDIOT!

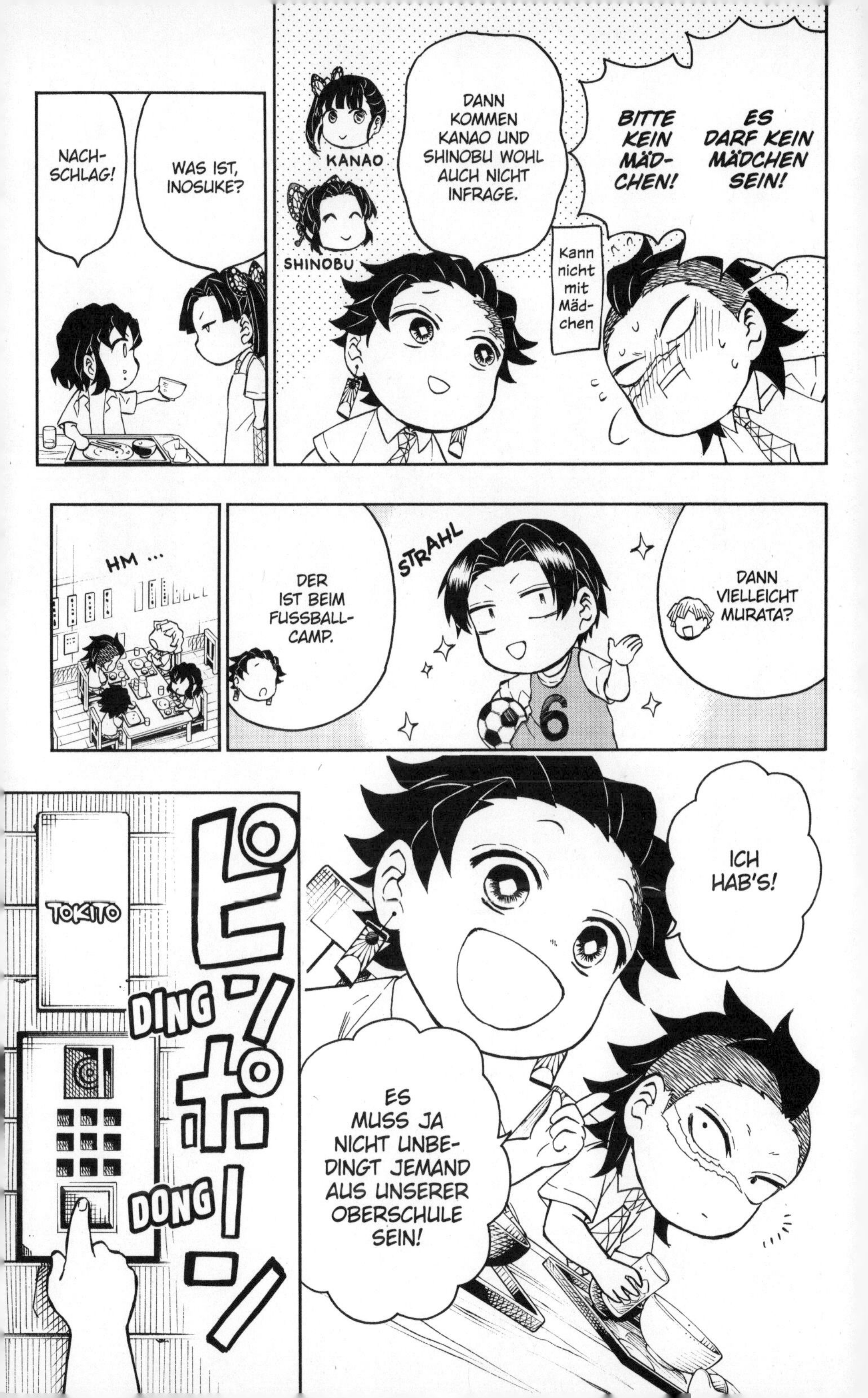
ES DARF KEIN MÄDCHEN SEIN!
BITTE KEIN MÄDCHEN!
Kann nicht mit Mädchen
DANN KOMMEN KANAO UND SHINOBU WOHL AUCH NICHT INFRAGE.
KANAO
SHINOBU
WAS IST, INOSUKE?
NACHSCHLAG!
DANN VIELLEICHT MURATA?
STRAHL
DER IST BEIM FUSSBALLCAMP.
HM ...
ICH HAB'S!
ES MUSS JA NICHT UNBEDINGT JEMAND AUS UNSERER OBERSCHULE SEIN!
ピンポーン
DING
DONG
TOKITO

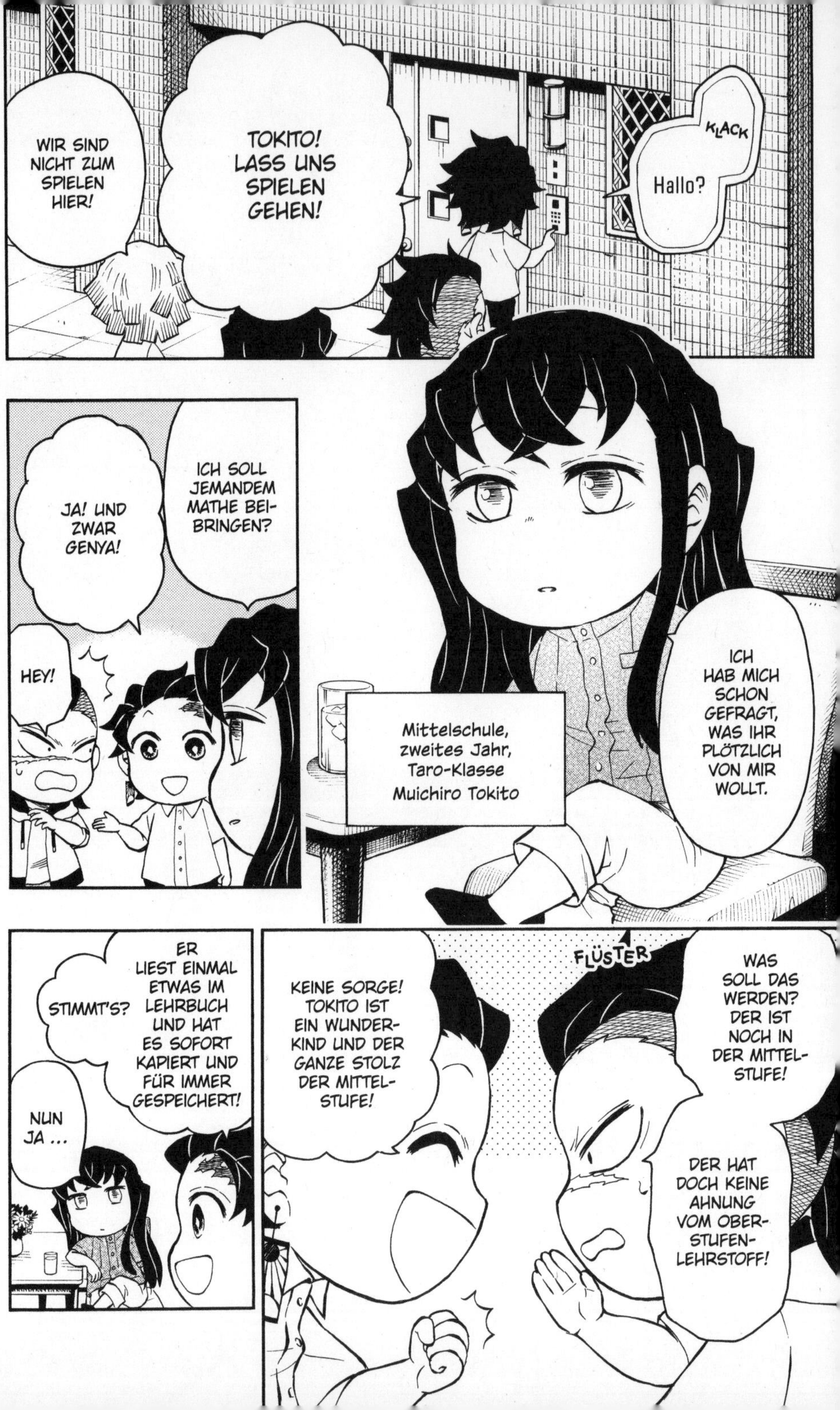
KLACK
Hallo?
TOKITO! LASS UNS SPIELEN GEHEN!
WIR SIND NICHT ZUM SPIELEN HIER!
ICH HAB MICH SCHON GEFRAGT, WAS IHR PLÖTZLICH VON MIR WOLLT.
Mittelschule, zweites Jahr, Taro-Klasse Muichiro Tokito
ICH SOLL JEMANDEM MATHE BEIBRINGEN?
JA! UND ZWAR GENYA!
HEY!
FLÜSTER
WAS SOLL DAS WERDEN? DER IST NOCH IN DER MITTELSTUFE!
DER HAT DOCH KEINE AHNUNG VOM OBERSTUFENLEHRSTOFF!
KEINE SORGE! TOKITO IST EIN WUNDERKIND UND DER GANZE STOLZ DER MITTELSTUFE!
ER LIEST EINMAL ETWAS IM LEHRBUCH UND HAT ES SOFORT KAPIERT UND FÜR IMMER GESPEICHERT!
STIMMT'S?
NUN JA …

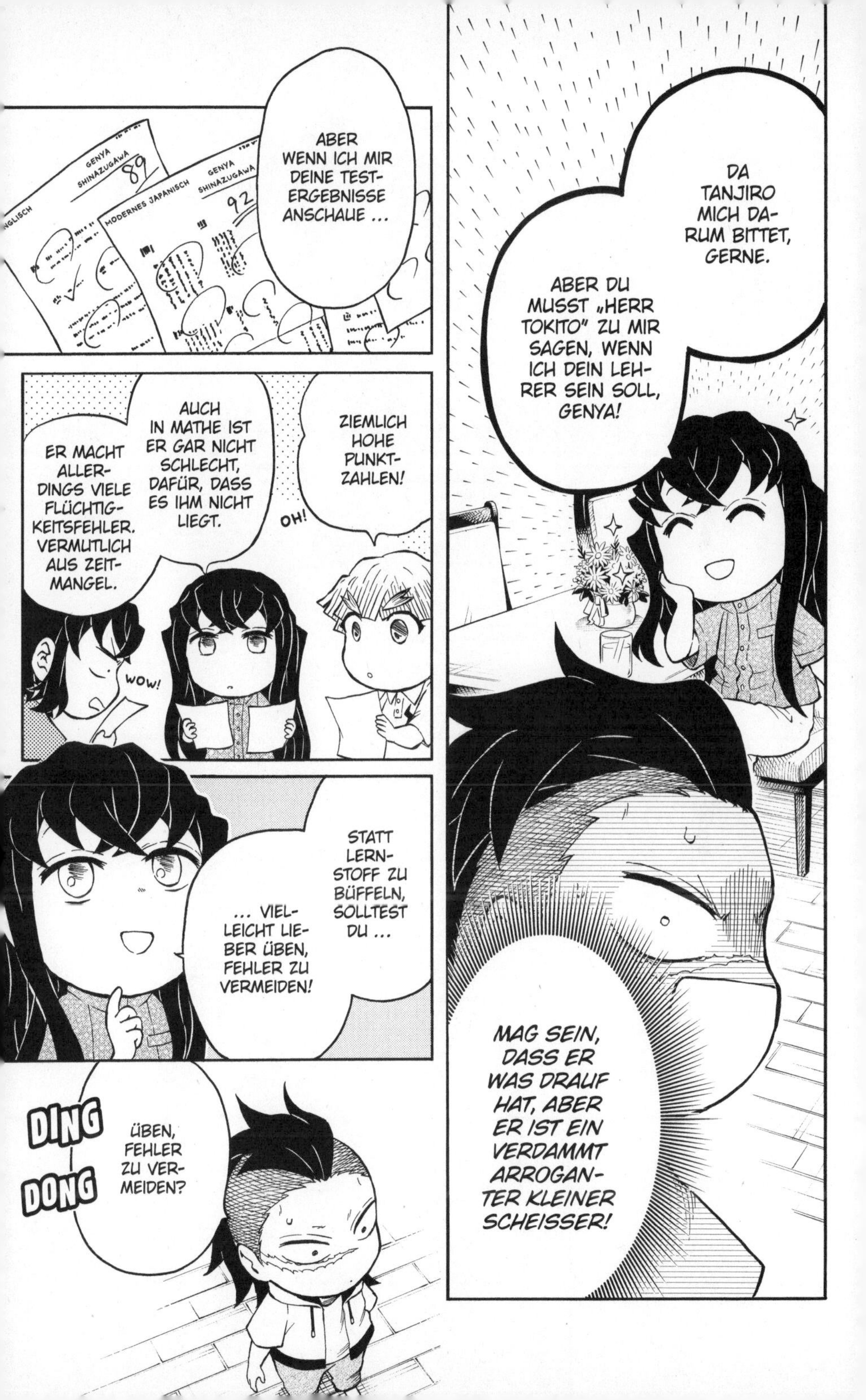

DA TANJIRO MICH DARUM BITTET, GERNE.
ABER DU MUSST „HERR TOKITO" ZU MIR SAGEN, WENN ICH DEIN LEHRER SEIN SOLL, GENYA!
MAG SEIN, DASS ER WAS DRAUF HAT, ABER ER IST EIN VERDAMMT ARROGANTER KLEINER SCHEISSER!
ABER WENN ICH MIR DEINE TESTERGEBNISSE ANSCHAUE …
GENYA SHINAZUGAWA
89
NGLISCH
MODERNES JAPANISCH
GENYA SHINAZUGAWA
92
ZIEMLICH HOHE PUNKTZAHLEN!
OH!
AUCH IN MATHE IST ER GAR NICHT SCHLECHT, DAFÜR, DASS ES IHM NICHT LIEGT.
ER MACHT ALLERDINGS VIELE FLÜCHTIGKEITSFEHLER. VERMUTLICH AUS ZEITMANGEL.
WOW!
STATT LERNSTOFF ZU BÜFFELN, SOLLTEST DU …
… VIELLEICHT LIEBER ÜBEN, FEHLER ZU VERMEIDEN!
DING DONG
ÜBEN, FEHLER ZU VERMEIDEN?

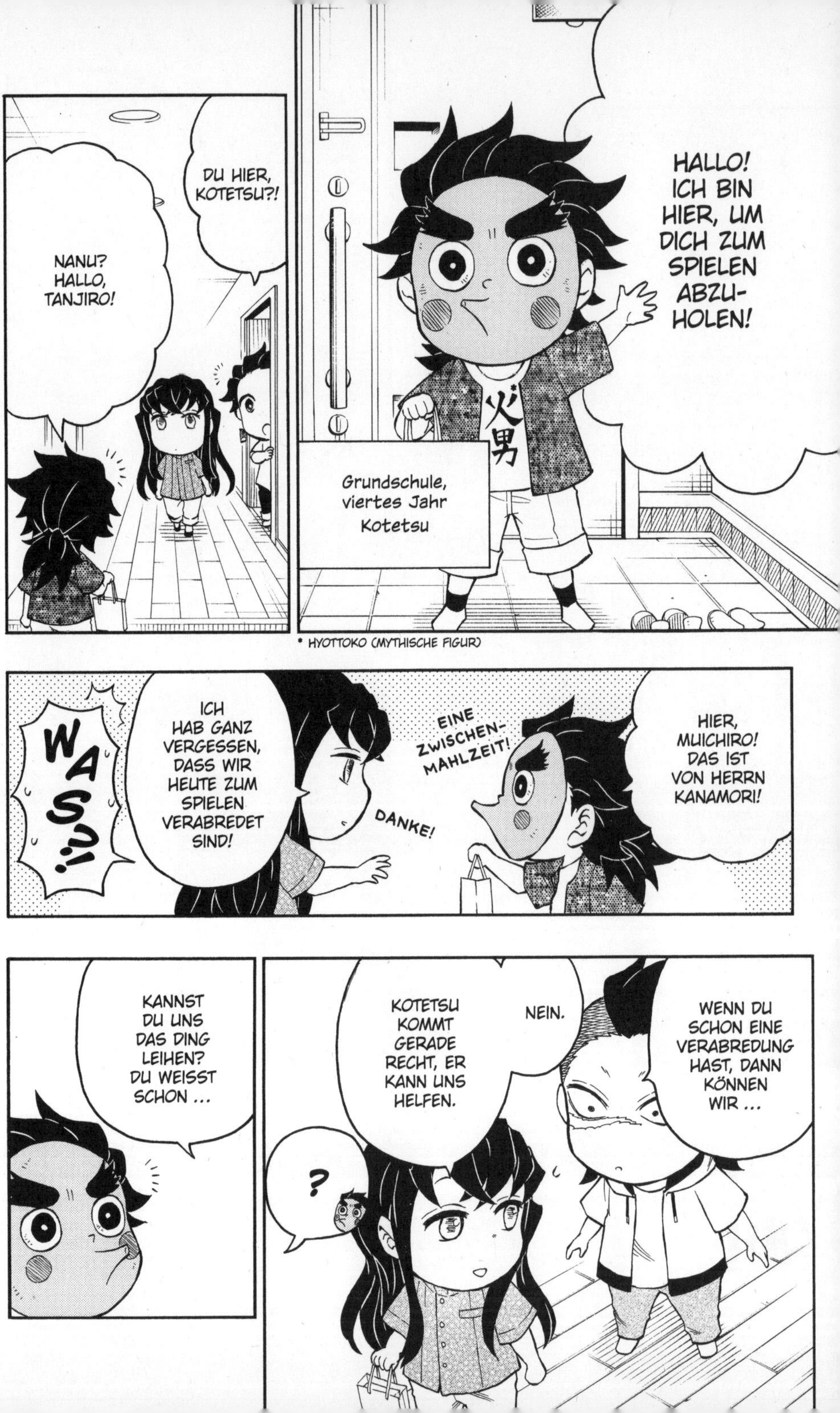
HALLO! ICH BIN HIER, UM DICH ZUM SPIELEN ABZUHOLEN!
Grundschule, viertes Jahr Kotetsu
DU HIER, KOTETSU?!
NANU? HALLO, TANJIRO!
* HYOTTOKO (MYTHISCHE FIGUR)
HIER, MUICHIRO! DAS IST VON HERRN KANAMORI!
EINE ZWISCHENMAHLZEIT!
DANKE!
ICH HAB GANZ VERGESSEN, DASS WIR HEUTE ZUM SPIELEN VERABREDET SIND!
WAS?!!
WENN DU SCHON EINE VERABREDUNG HAST, DANN KÖNNEN WIR ...
NEIN.
KOTETSU KOMMT GERADE RECHT, ER KANN UNS HELFEN.
?
KANNST DU UNS DAS DING LEIHEN? DU WEISST SCHON ...

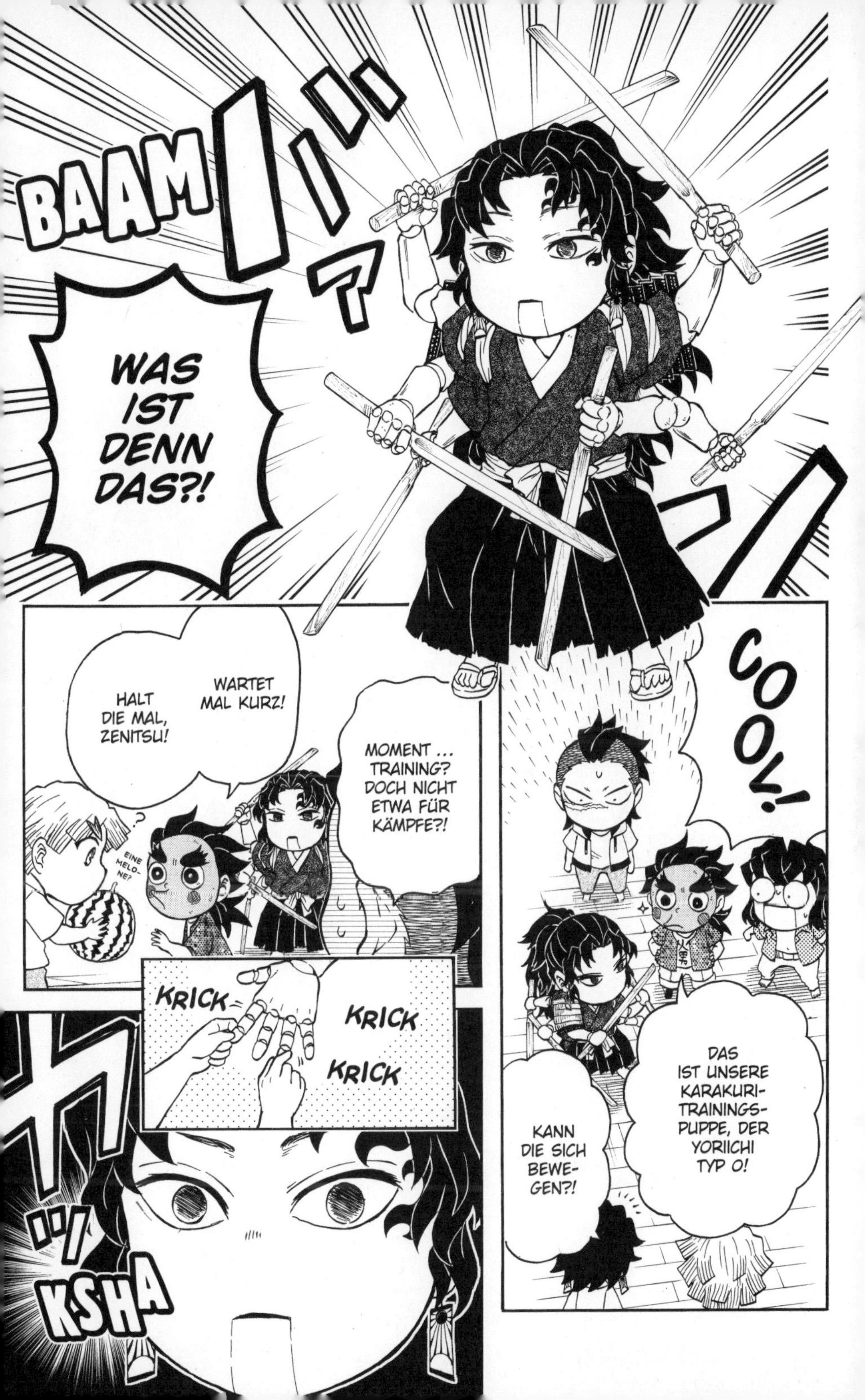
BAAM
WAS IST DENN DAS?!
COOL!
DAS IST UNSERE KARAKURI-TRAININGSPUPPE, DER YORIICHI TYP O!
KANN DIE SICH BEWEGEN?!
WARTET MAL KURZ!
HALT DIE MAL, ZENITSU!
EINE MELONE?
MOMENT ... TRAINING? DOCH NICHT ETWA FÜR KÄMPFE?!
KRICK
KRICK
KRICK
KSHA

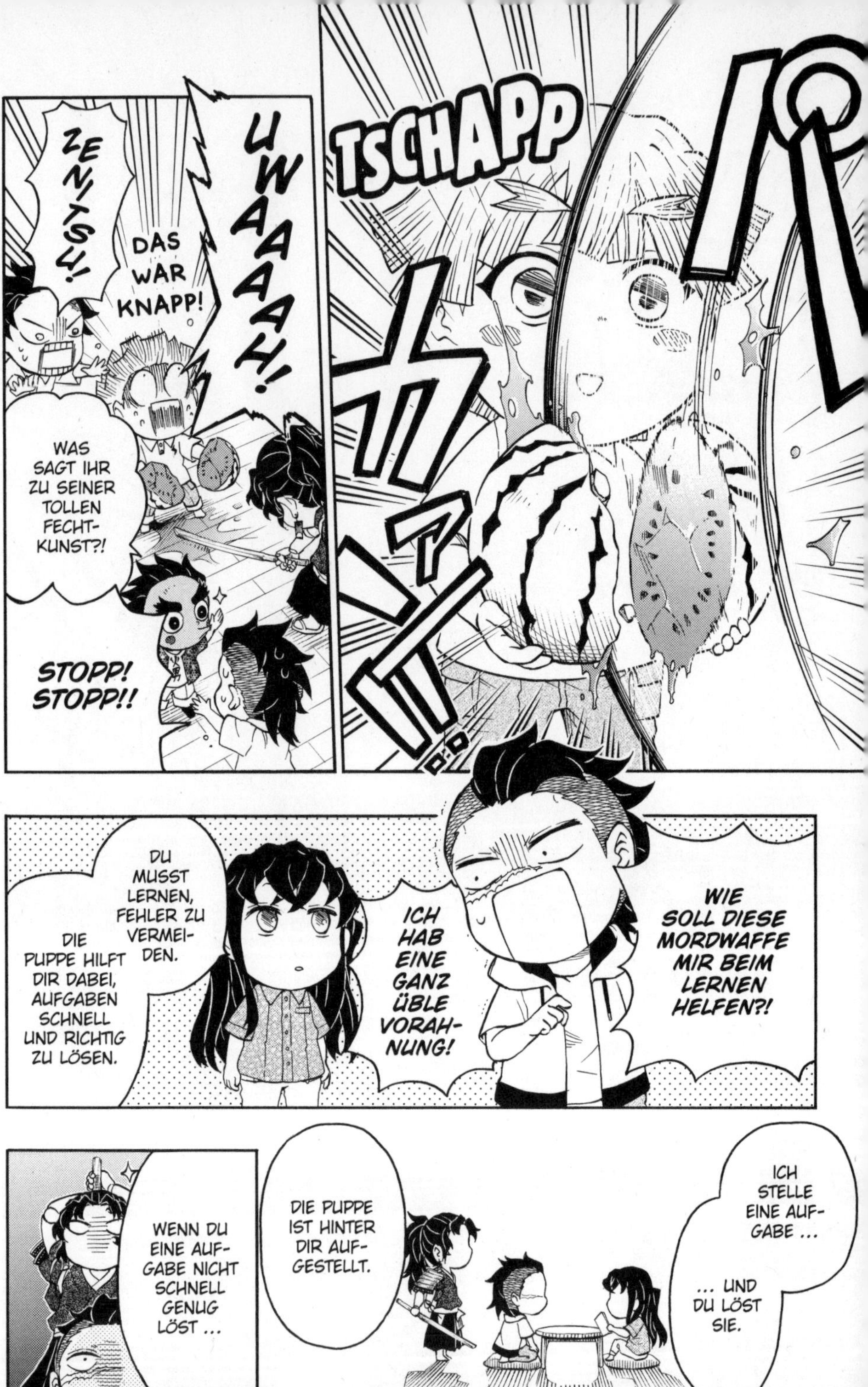
TSCHAPP
UWAAAAAH!
DAS WAR KNAPP!
ZENITSU!!
WAS SAGT IHR ZU SEINER TOLLEN FECHT-KUNST?!
STOPP! STOPP!!
WIE SOLL DIESE MORDWAFFE MIR BEIM LERNEN HELFEN?!
ICH HAB EINE GANZ ÜBLE VORAH-NUNG!
DU MUSST LERNEN, FEHLER ZU VERMEI-DEN.
DIE PUPPE HILFT DIR DABEI, AUFGABEN SCHNELL UND RICHTIG ZU LÖSEN.
ICH STELLE EINE AUF-GABE …
… UND DU LÖST SIE.
DIE PUPPE IST HINTER DIR AUF-GESTELLT.
WENN DU EINE AUF-GABE NICHT SCHNELL GENUG LÖST …

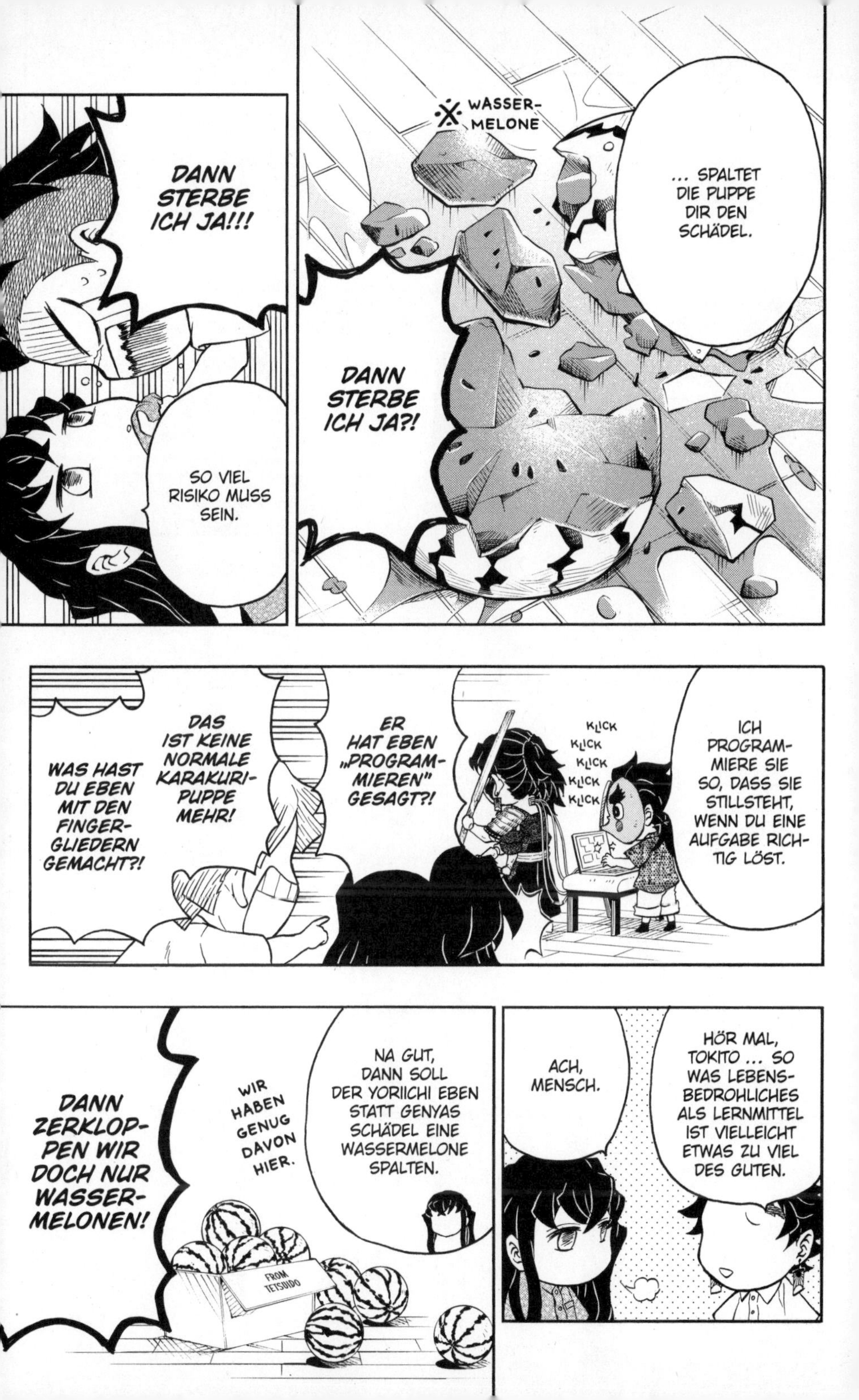
※ WASSERMELONE
... SPALTET DIE PUPPE DIR DEN SCHÄDEL.
DANN STERBE ICH JA?!
DANN STERBE ICH JA!!!
SO VIEL RISIKO MUSS SEIN.
ICH PROGRAMMIERE SIE SO, DASS SIE STILLSTEHT, WENN DU EINE AUFGABE RICHTIG LÖST.
KLICK KLICK KLICK KLICK KLICK
ER HAT EBEN „PROGRAMMIEREN" GESAGT?!
DAS IST KEINE NORMALE KARAKURI-PUPPE MEHR!
WAS HAST DU EBEN MIT DEN FINGERGLIEDERN GEMACHT?!
HÖR MAL, TOKITO ... SO WAS LEBENSBEDROHLICHES ALS LERNMITTEL IST VIELLEICHT ETWAS ZU VIEL DES GUTEN.
ACH, MENSCH.
NA GUT, DANN SOLL DER YORIICHI EBEN STATT GENYAS SCHÄDEL EINE WASSERMELONE SPALTEN.
WIR HABEN GENUG DAVON HIER.
DANN ZERKLOPPEN WIR DOCH NUR WASSERMELONEN!
FROM TETSUIDO

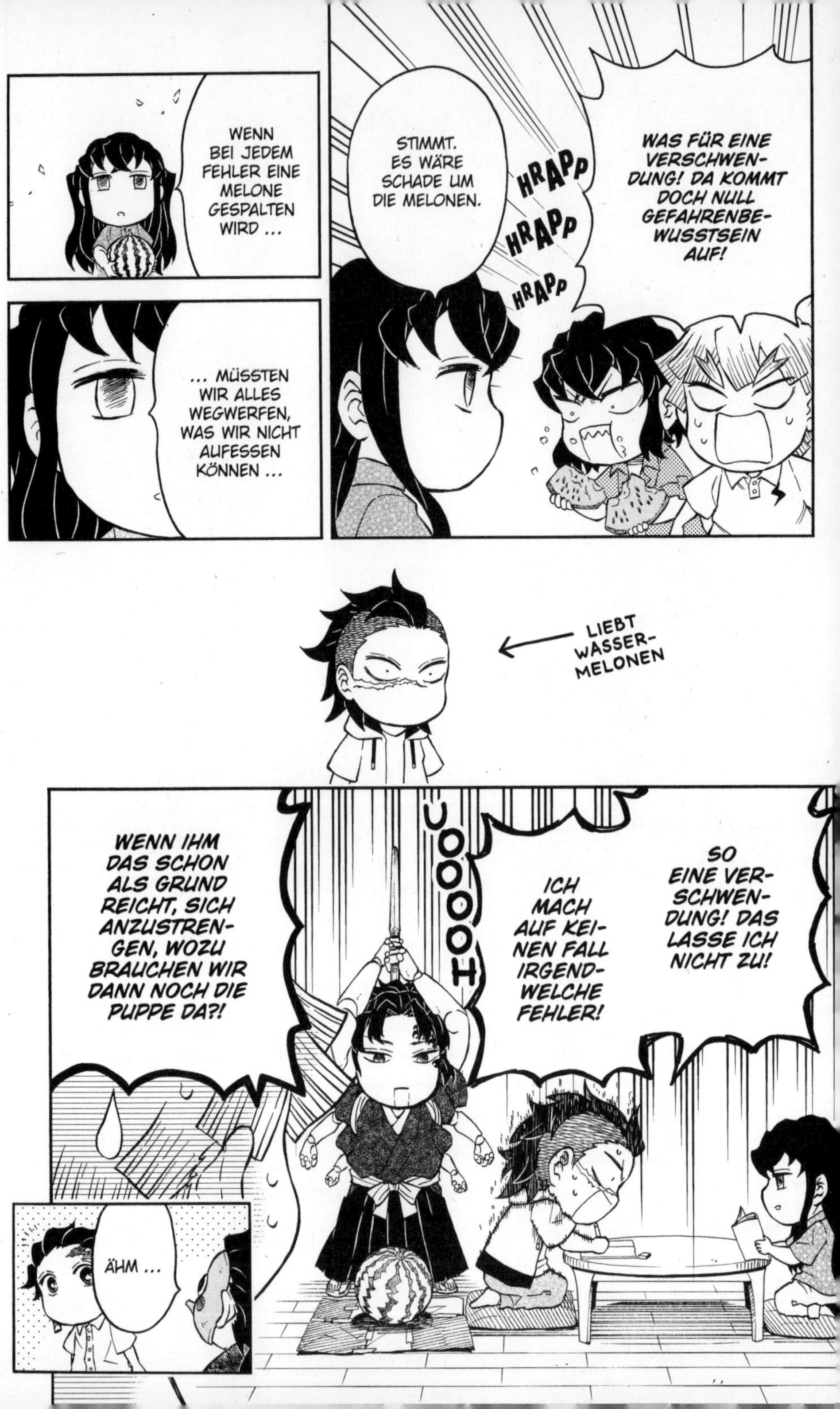
WAS FÜR EINE VERSCHWEN-DUNG! DA KOMMT DOCH NULL GEFAHRENBE-WUSSTSEIN AUF!
HRAPP
HRAPP
HRAPP
STIMMT. ES WÄRE SCHADE UM DIE MELONEN.
WENN BEI JEDEM FEHLER EINE MELONE GESPALTEN WIRD …
… MÜSSTEN WIR ALLES WEGWERFEN, WAS WIR NICHT AUFESSEN KÖNNEN …
LIEBT WASSER-MELONEN
SO EINE VER-SCHWEN-DUNG! DAS LASSE ICH NICHT ZU!
ICH MACH AUF KEI-NEN FALL IRGEND-WELCHE FEHLER!
UOOOOOH
WENN IHM DAS SCHON ALS GRUND REICHT, SICH ANZUSTREN-GEN, WOZU BRAUCHEN WIR DANN NOCH DIE PUPPE DA?!
ÄHM …

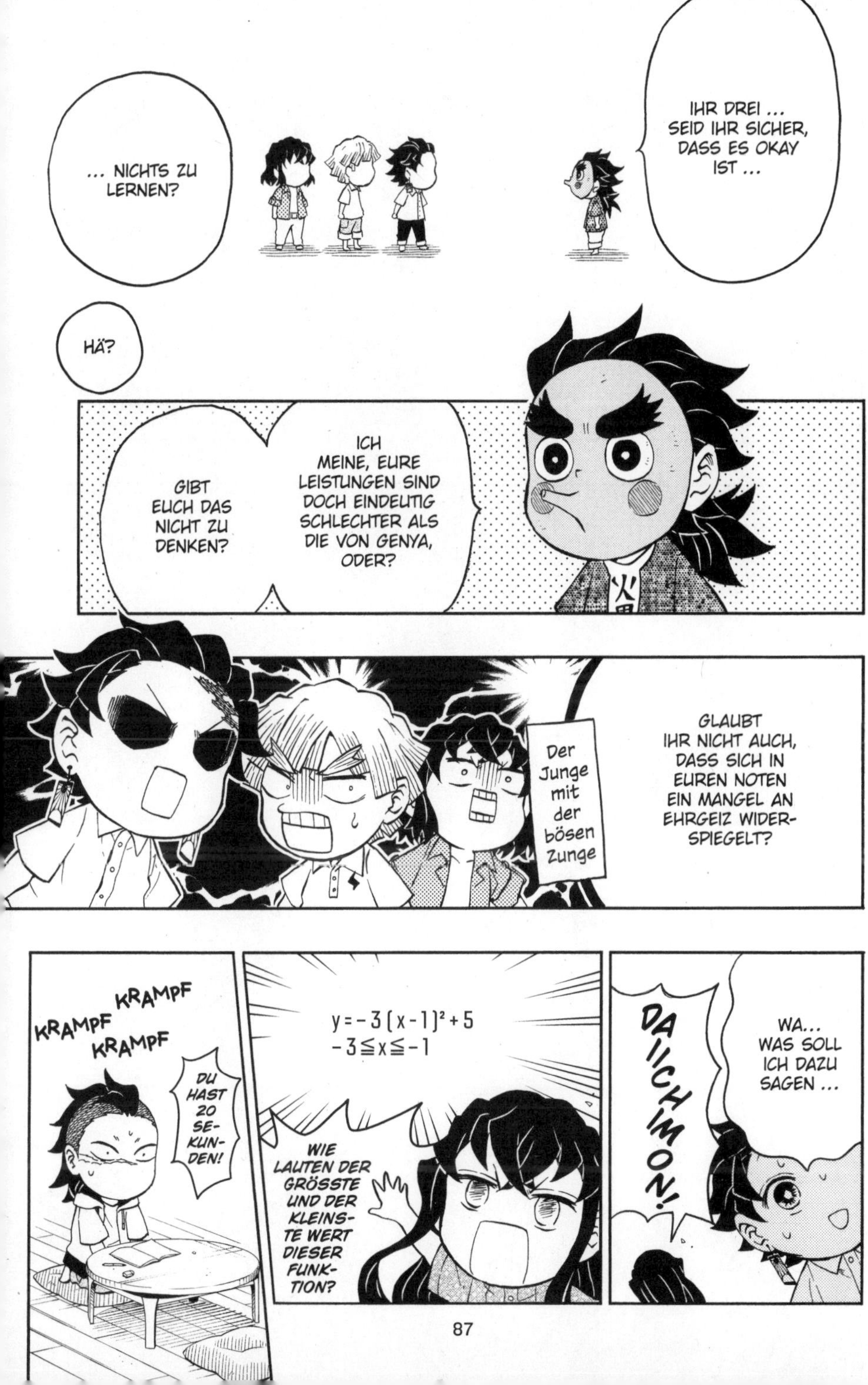
IHR DREI … SEID IHR SICHER, DASS ES OKAY IST …
… NICHTS ZU LERNEN?
HÄ?
ICH MEINE, EURE LEISTUNGEN SIND DOCH EINDEUTIG SCHLECHTER ALS DIE VON GENYA, ODER?
GIBT EUCH DAS NICHT ZU DENKEN?
GLAUBT IHR NICHT AUCH, DASS SICH IN EUREN NOTEN EIN MANGEL AN EHRGEIZ WIDERSPIEGELT?
Der Junge mit der bösen Zunge
WA… WAS SOLL ICH DAZU SAGEN …
DAICHIMON!
y = −3 (x − 1)² + 5
−3 ≦ x ≦ −1
WIE LAUTEN DER GRÖSSTE UND DER KLEINSTE WERT DIESER FUNKTION?
KRAMPF KRAMPF KRAMPF
DU HAST 20 SEKUNDEN!

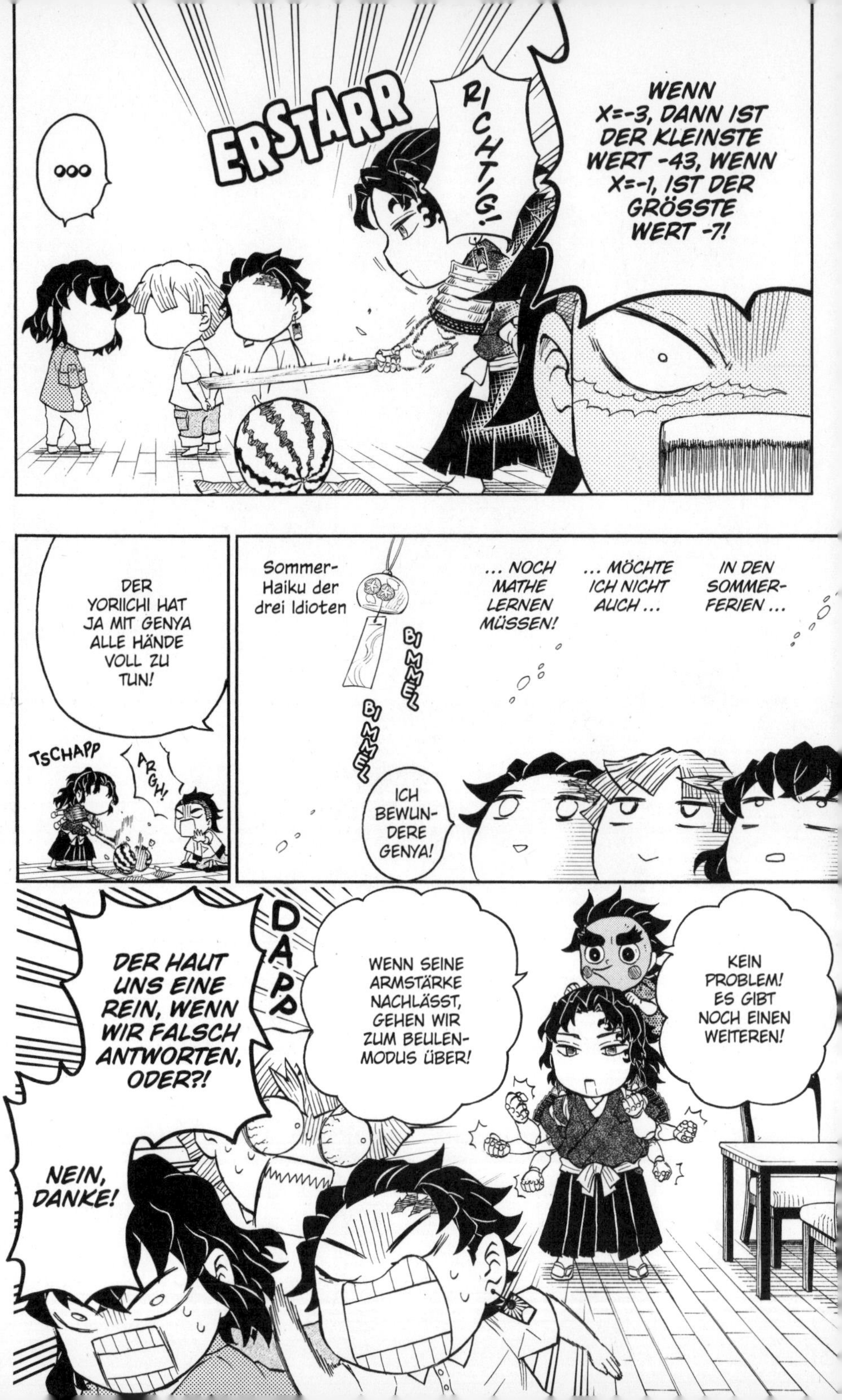

WENN X=-3, DANN IST DER KLEINSTE WERT -43, WENN X=-1, IST DER GRÖSSTE WERT -7!
RICHTIG!
ERSTARR
…
IN DEN SOMMER-FERIEN …
… MÖCHTE ICH NICHT AUCH …
… NOCH MATHE LERNEN MÜSSEN!
Sommer-Haiku der drei Idioten
BIMMEL
BIMMEL
ICH BEWUNDERE GENYA!
DER YORIICHI HAT JA MIT GENYA ALLE HÄNDE VOLL ZU TUN!
TSCHAPP
ARGH!
KEIN PROBLEM! ES GIBT NOCH EINEN WEITEREN!
WENN SEINE ARMSTÄRKE NACHLÄSST, GEHEN WIR ZUM BEULEN-MODUS ÜBER!
DAPP
DER HAUT UNS EINE REIN, WENN WIR FALSCH ANTWORTEN, ODER?!
NEIN, DANKE!

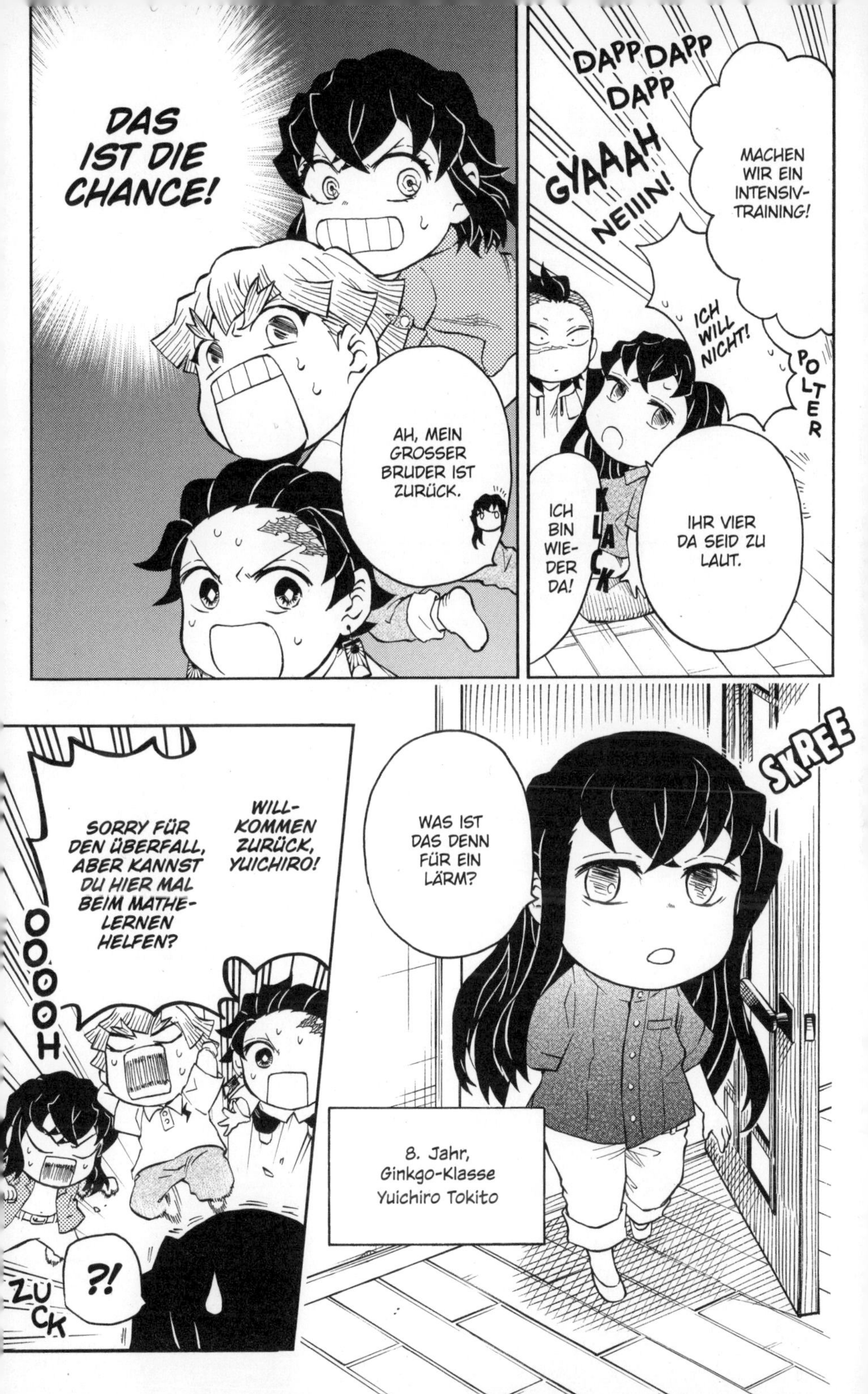
DAPP DAPP DAPP
GYAAAH NEIIIN!
MACHEN WIR EIN INTENSIV-TRAINING!
ICH WILL NICHT!
POLTER
IHR VIER DA SEID ZU LAUT.
KLACK
ICH BIN WIE-DER DA!
AH, MEIN GROSSER BRUDER IST ZURÜCK.
DAS IST DIE CHANCE!
SKREE
WAS IST DAS DENN FÜR EIN LÄRM?
8. Jahr, Ginkgo-Klasse Yuichiro Tokito
WILL-KOMMEN ZURÜCK, YUICHIRO!
SORRY FÜR DEN ÜBERFALL, ABER KANNST DU HIER MAL BEIM MATHE-LERNEN HELFEN?
OOOOOH
?!
ZUCK

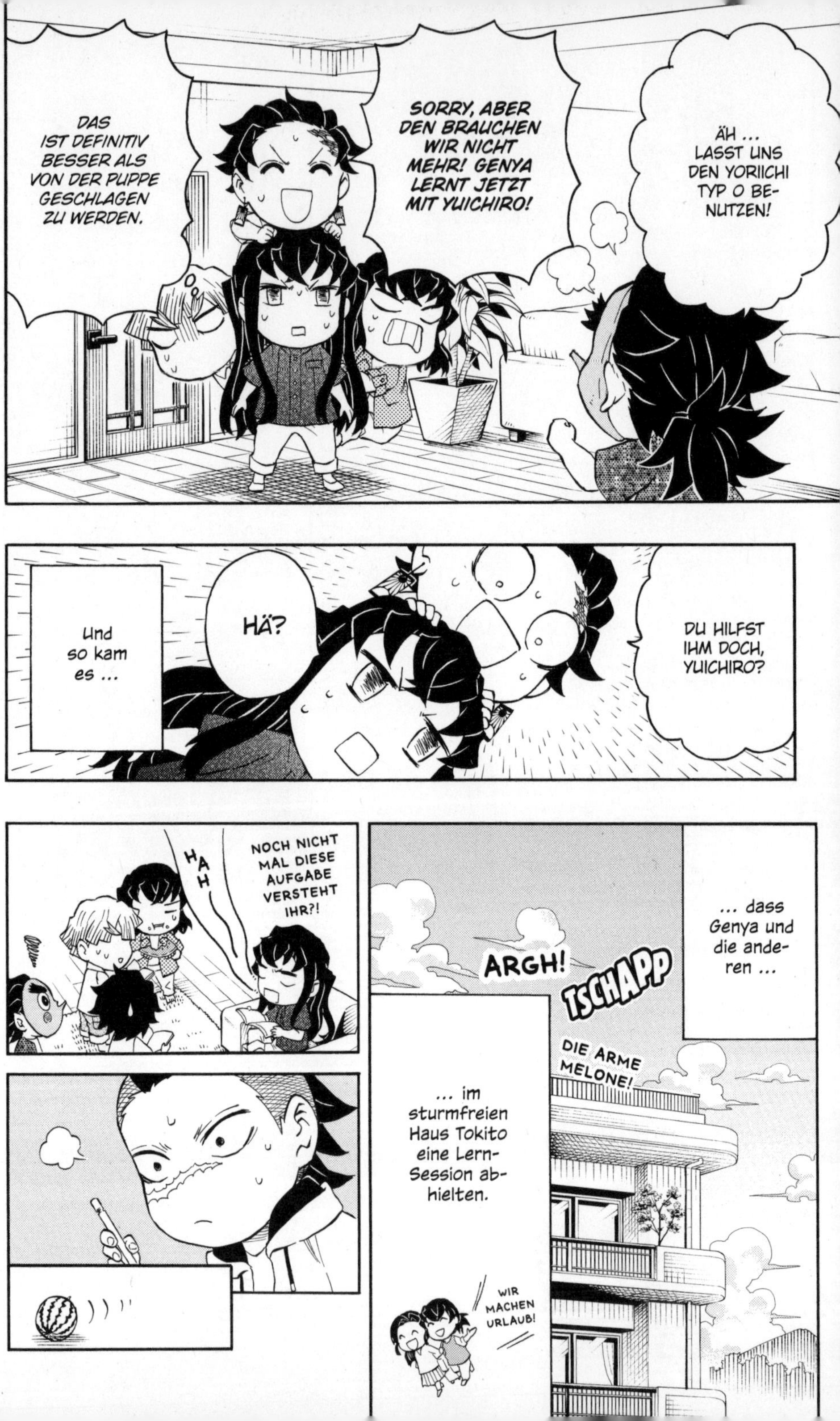
ÄH … LASST UNS DEN YORIICHI TYP O BENUTZEN!
SORRY, ABER DEN BRAUCHEN WIR NICHT MEHR! GENYA LERNT JETZT MIT YUICHIRO!
DAS IST DEFINITIV BESSER ALS VON DER PUPPE GESCHLAGEN ZU WERDEN.
DU HILFST IHM DOCH, YUICHIRO?
HÄ?
Und so kam es …
… dass Genya und die anderen …
ARGH!
TSCHAPP
DIE ARME MELONE!
… im sturmfreien Haus Tokito eine Lern-Session abhielten.
WIR MACHEN URLAUB!
NOCH NICHT MAL DIESE AUFGABE VERSTEHT IHR?!
HAH

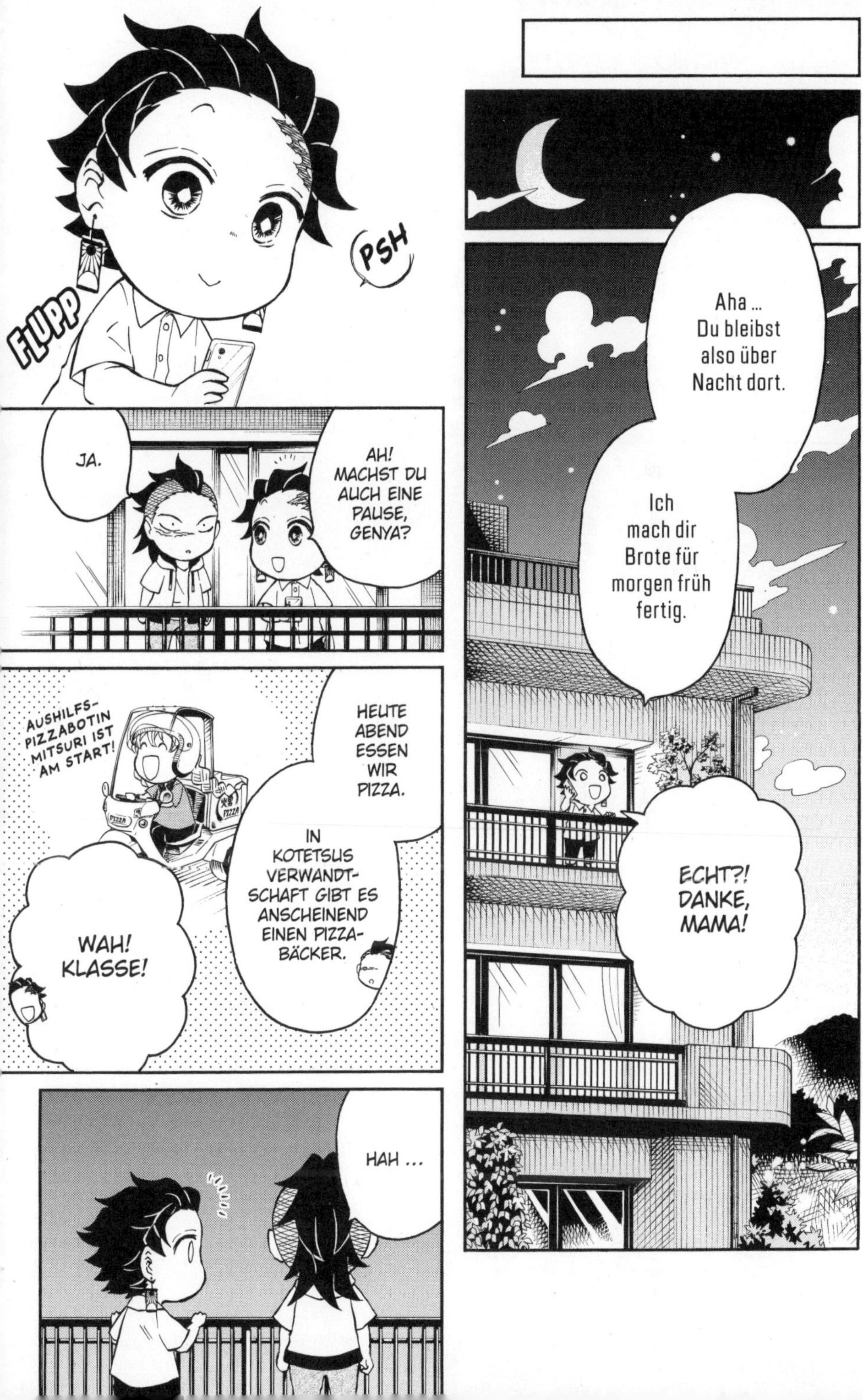

Aha … Du bleibst also über Nacht dort.
Ich mach dir Brote für morgen früh fertig.
ECHT?! DANKE, MAMA!
PSH
FLUPP
AH! MACHST DU AUCH EINE PAUSE, GENYA?
JA.
HEUTE ABEND ESSEN WIR PIZZA.
IN KOTETSUS VERWANDT-SCHAFT GIBT ES ANSCHEINEND EINEN PIZZA-BÄCKER.
AUSHILFS-PIZZABOTIN MITSURI IST AM START!
WAH! KLASSE!
HAH …

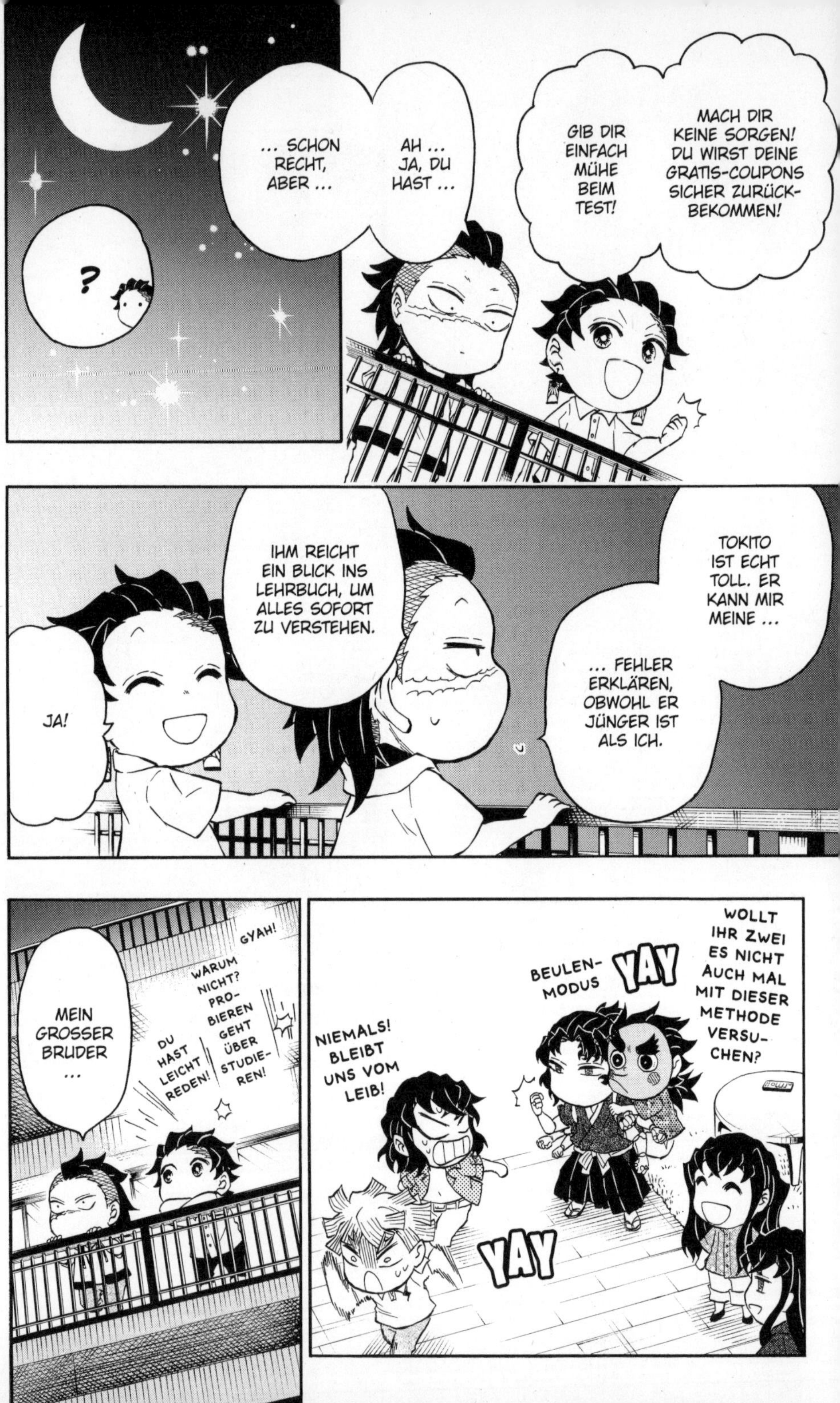
MACH DIR KEINE SORGEN! DU WIRST DEINE GRATIS-COUPONS SICHER ZURÜCK-BEKOMMEN!
GIB DIR EINFACH MÜHE BEIM TEST!
AH ... JA, DU HAST ...
... SCHON RECHT, ABER ...
?
TOKITO IST ECHT TOLL. ER KANN MIR MEINE ...
... FEHLER ERKLÄREN, OBWOHL ER JÜNGER IST ALS ICH.
IHM REICHT EIN BLICK INS LEHRBUCH, UM ALLES SOFORT ZU VERSTEHEN.
JA!
WOLLT IHR ZWEI ES NICHT AUCH MAL MIT DIESER METHODE VERSUCHEN?
BEULEN-MODUS
YAY
NIEMALS! BLEIBT UNS VOM LEIB!
YAY
GYAH!
WARUM NICHT? PROBIEREN GEHT ÜBER STUDIEREN!
DU HAST LEICHT REDEN!
MEIN GROSSER BRUDER ...

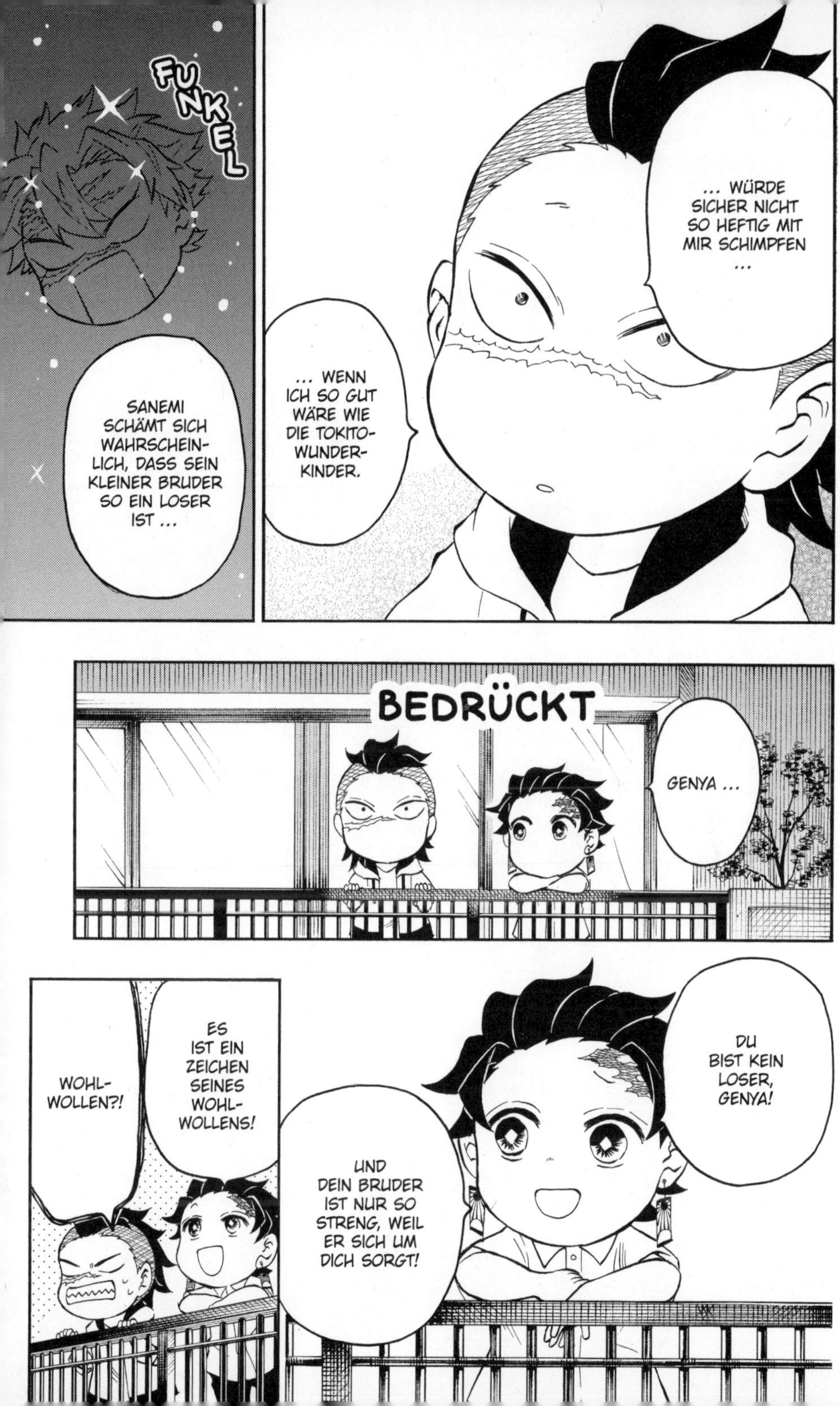
… WÜRDE SICHER NICHT SO HEFTIG MIT MIR SCHIMPFEN …
… WENN ICH SO GUT WÄRE WIE DIE TOKITO-WUNDERKINDER.
FUNKEL
SANEMI SCHÄMT SICH WAHRSCHEINLICH, DASS SEIN KLEINER BRUDER SO EIN LOSER IST …
GENYA …
BEDRÜCKT
DU BIST KEIN LOSER, GENYA!
UND DEIN BRUDER IST NUR SO STRENG, WEIL ER SICH UM DICH SORGT!
ES IST EIN ZEICHEN SEINES WOHLWOLLENS!
WOHLWOLLEN?!

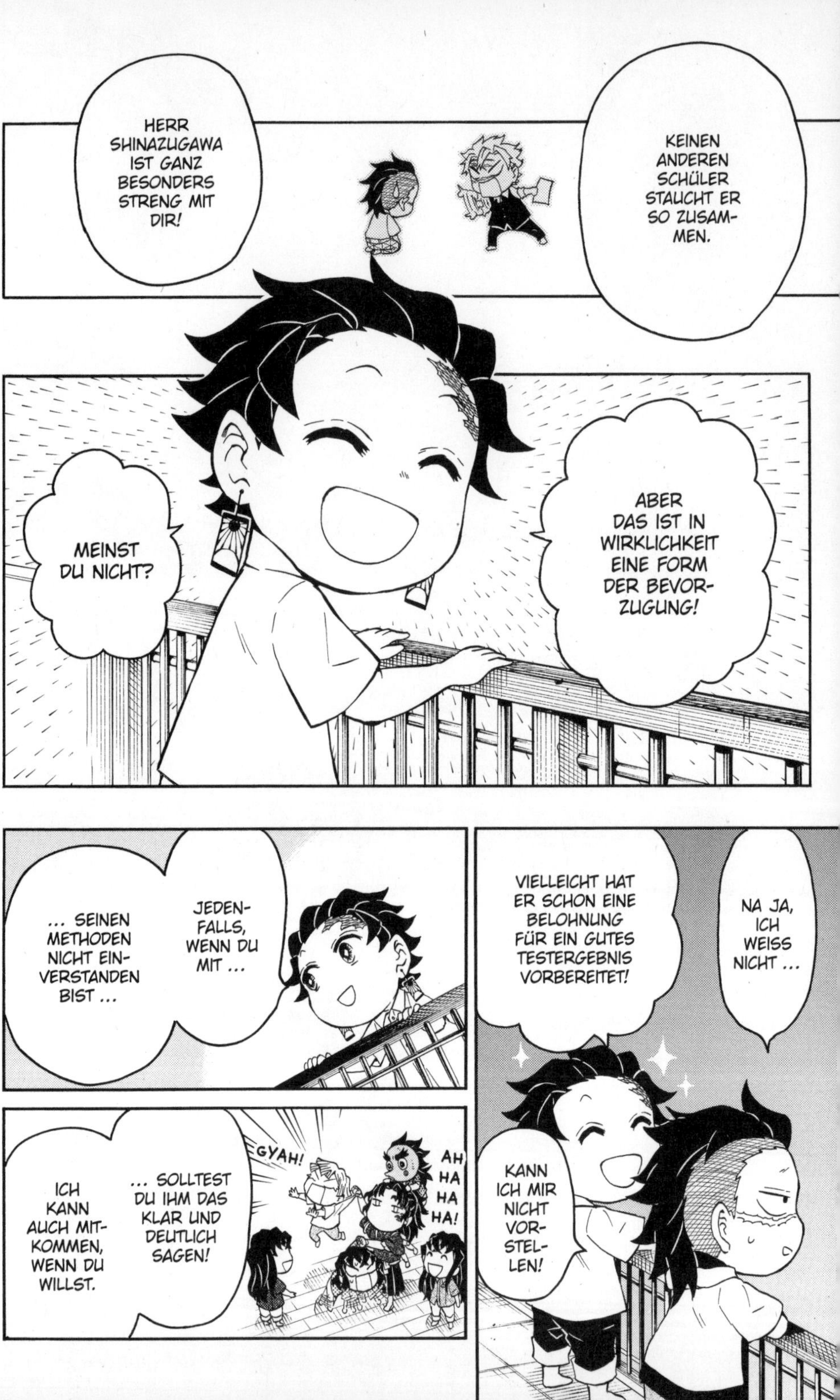

KEINEN ANDEREN SCHÜLER STAUCHT ER SO ZUSAMMEN.
HERR SHINAZUGAWA IST GANZ BESONDERS STRENG MIT DIR!
ABER DAS IST IN WIRKLICHKEIT EINE FORM DER BEVORZUGUNG!
MEINST DU NICHT?
NA JA, ICH WEISS NICHT …
VIELLEICHT HAT ER SCHON EINE BELOHNUNG FÜR EIN GUTES TESTERGEBNIS VORBEREITET!
KANN ICH MIR NICHT VORSTELLEN!
JEDENFALLS, WENN DU MIT …
… SEINEN METHODEN NICHT EINVERSTANDEN BIST …
AH HA HA HA!
GYAH!
… SOLLTEST DU IHM DAS KLAR UND DEUTLICH SAGEN!
ICH KANN AUCH MITKOMMEN, WENN DU WILLST.

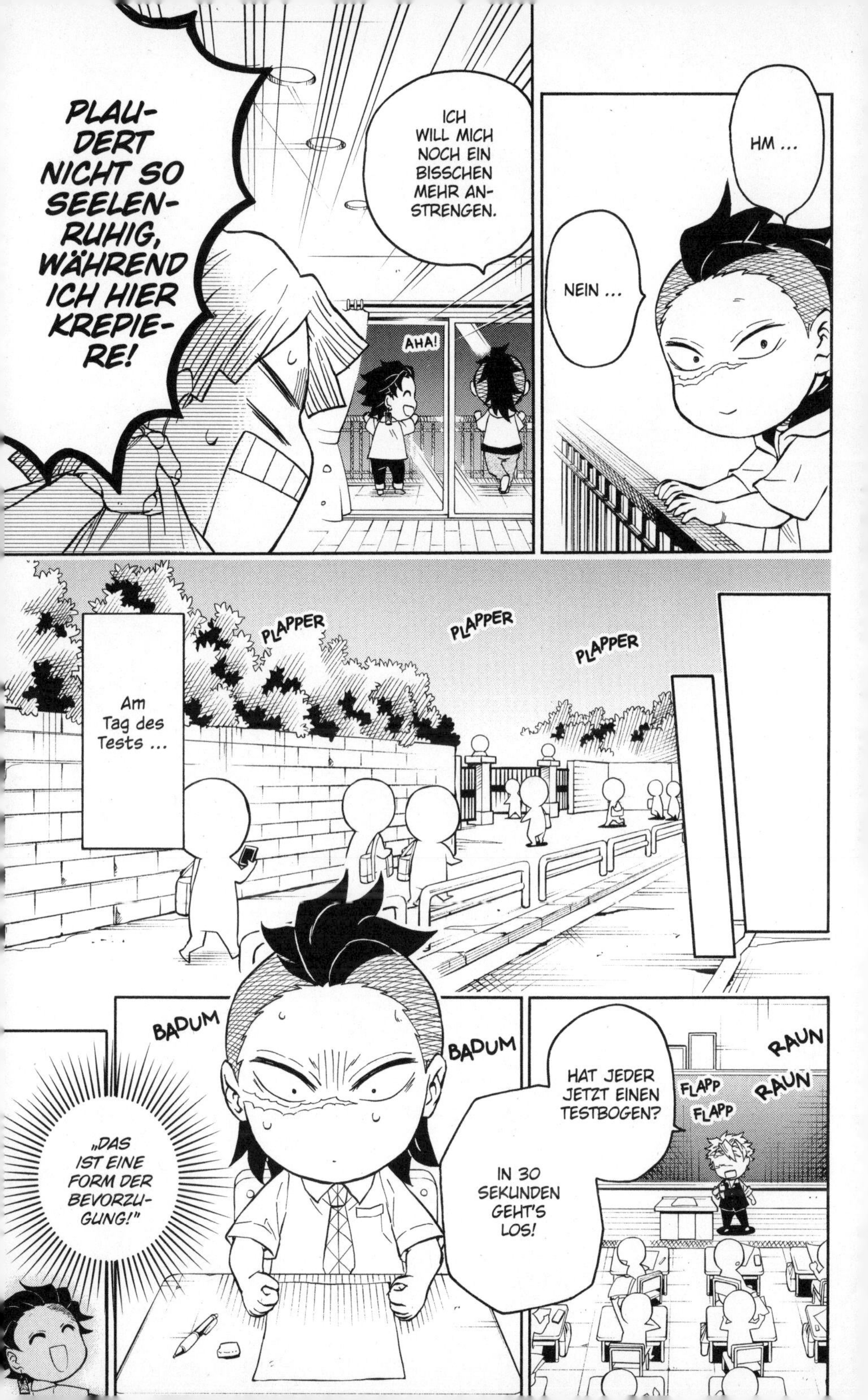
HM …
NEIN …
ICH WILL MICH NOCH EIN BISSCHEN MEHR AN-STRENGEN.
AHA!
PLAU-DERT NICHT SO SEELEN-RUHIG, WÄHREND ICH HIER KREPIE-RE!
Am Tag des Tests …
PLAPPER
PLAPPER
PLAPPER
RAUN
RAUN
FLAPP
FLAPP
HAT JEDER JETZT EINEN TESTBOGEN?
IN 30 SEKUNDEN GEHT'S LOS!
BADUM
BADUM
„DAS IST EINE FORM DER BEVORZU-GUNG!"

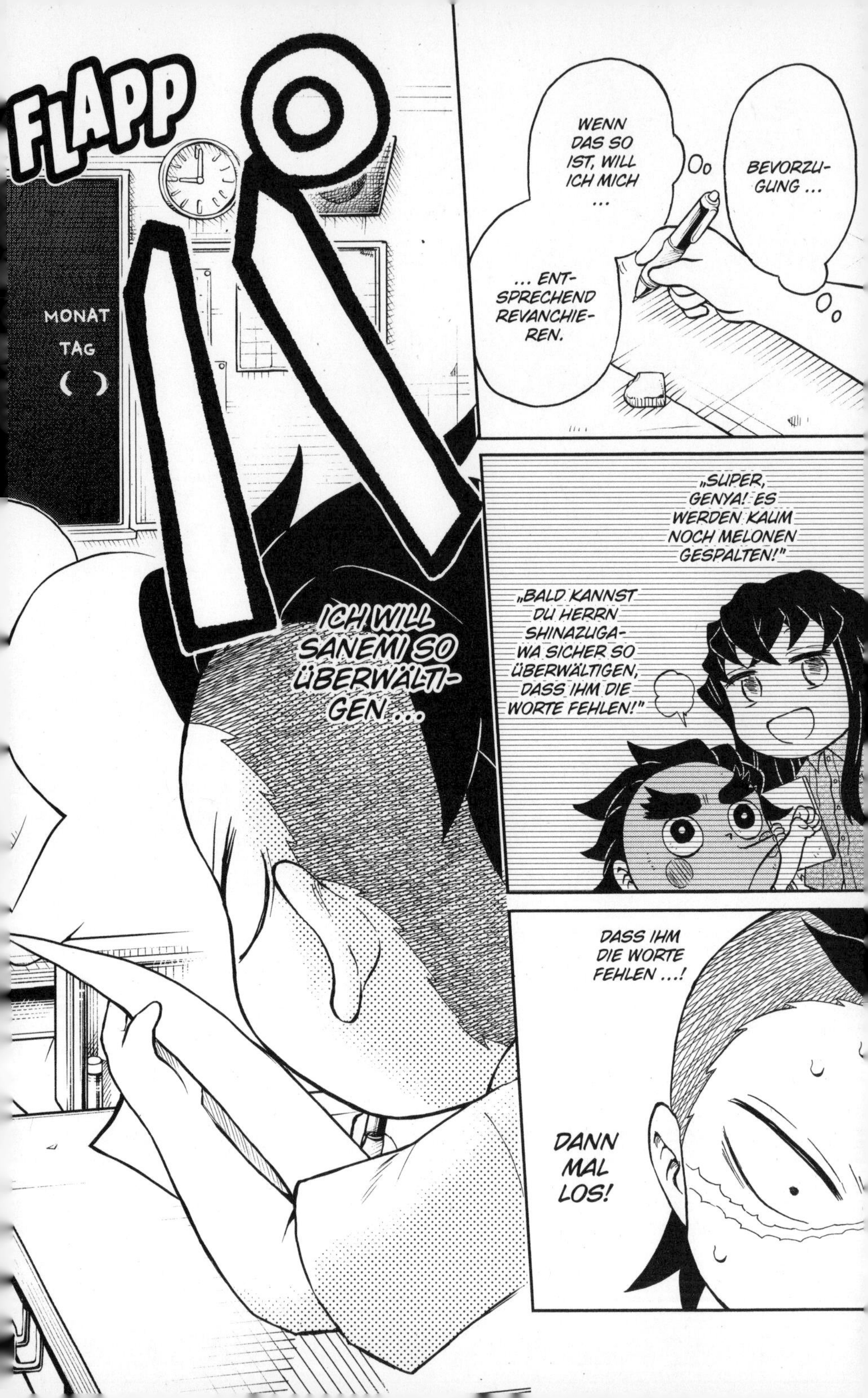

BEVORZUGUNG …
WENN DAS SO IST, WILL ICH MICH …
… ENTSPRECHEND REVANCHIEREN.
„SUPER, GENYA! ES WERDEN KAUM NOCH MELONEN GESPALTEN!“
„BALD KANNST DU HERRN SHINAZUGAWA SICHER SO ÜBERWÄLTIGEN, DASS IHM DIE WORTE FEHLEN!“
DASS IHM DIE WORTE FEHLEN …!
DANN MAL LOS!
FLAPP
MONAT
TAG
( )
ICH WILL SANEMI SO ÜBERWÄLTIGEN …

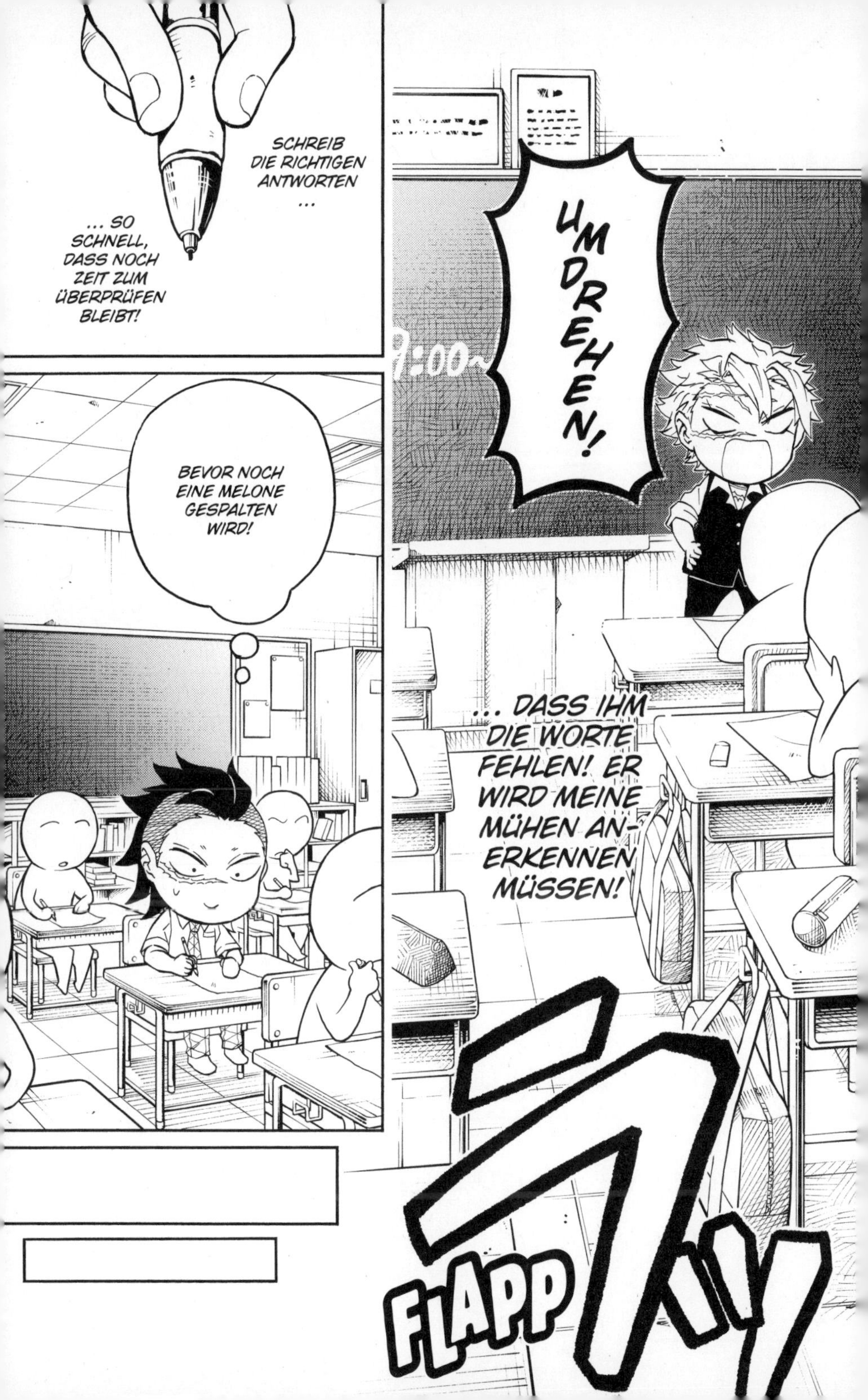
SCHREIB DIE RICHTIGEN ANTWORTEN …
… SO SCHNELL, DASS NOCH ZEIT ZUM ÜBERPRÜFEN BLEIBT!
BEVOR NOCH EINE MELONE GESPALTEN WIRD!
UMDREHEN!
… DASS IHM DIE WORTE FEHLEN! ER WIRD MEINE MÜHEN AN-ERKENNEN MÜSSEN!
FLAPP

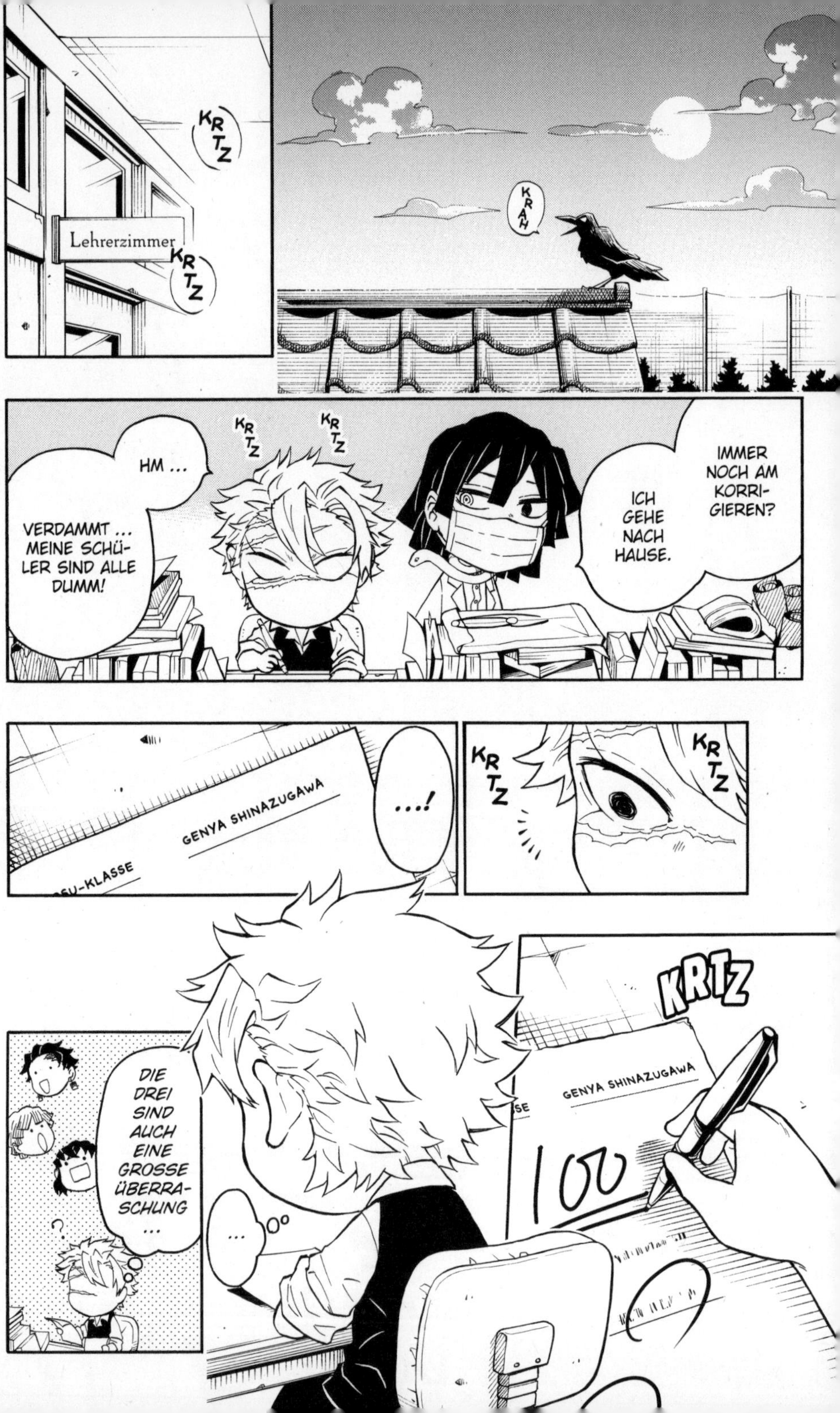
KRAH
Lehrerzimmer
KRTZ
KRTZ
IMMER NOCH AM KORRIGIEREN?
ICH GEHE NACH HAUSE.
KRTZ
KRTZ
HM …
VERDAMMT … MEINE SCHÜLER SIND ALLE DUMM!
KRTZ
KRTZ
…!
GENYA SHINAZUGAWA
SU-KLASSE
KRTZ
GENYA SHINAZUGAWA
100
…
DIE DREI SIND AUCH EINE GROSSE ÜBERRASCHUNG …

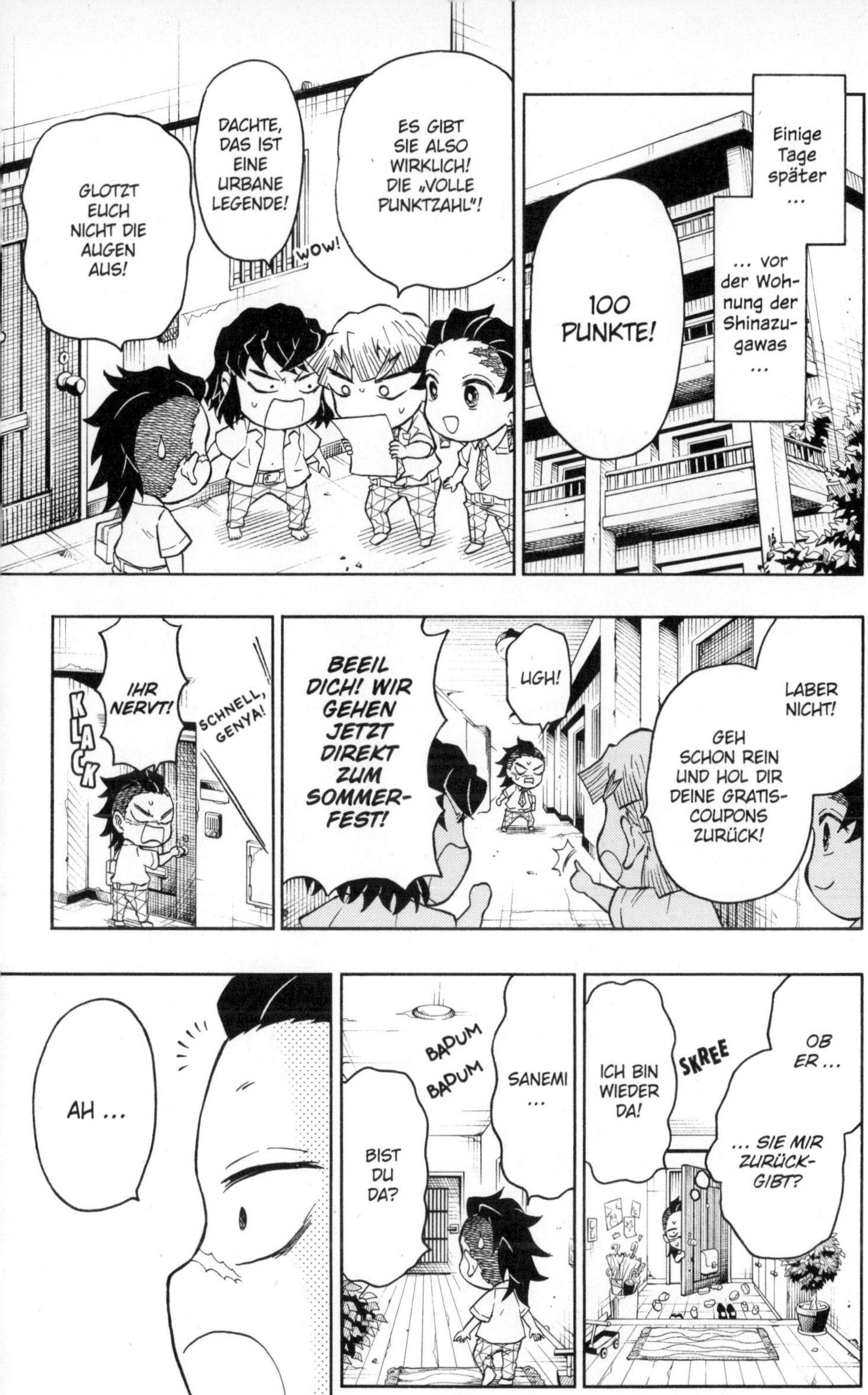

Einige Tage später ...
... vor der Wohnung der Shinazugawas ...
100 PUNKTE!
ES GIBT SIE ALSO WIRKLICH! DIE „VOLLE PUNKTZAHL"!
WOW!
DACHTE, DAS IST EINE URBANE LEGENDE!
GLOTZT EUCH NICHT DIE AUGEN AUS!
LABER NICHT!
GEH SCHON REIN UND HOL DIR DEINE GRATIS-COUPONS ZURÜCK!
UGH!
BEEIL DICH! WIR GEHEN JETZT DIREKT ZUM SOMMERFEST!
SCHNELL, GENYA!
IHR NERVT!
KLACK
OB ER ...
SKREE
ICH BIN WIEDER DA!
... SIE MIR ZURÜCKGIBT?
SANEMI ...
BADUM BADUM
BIST DU DA?
AH ...

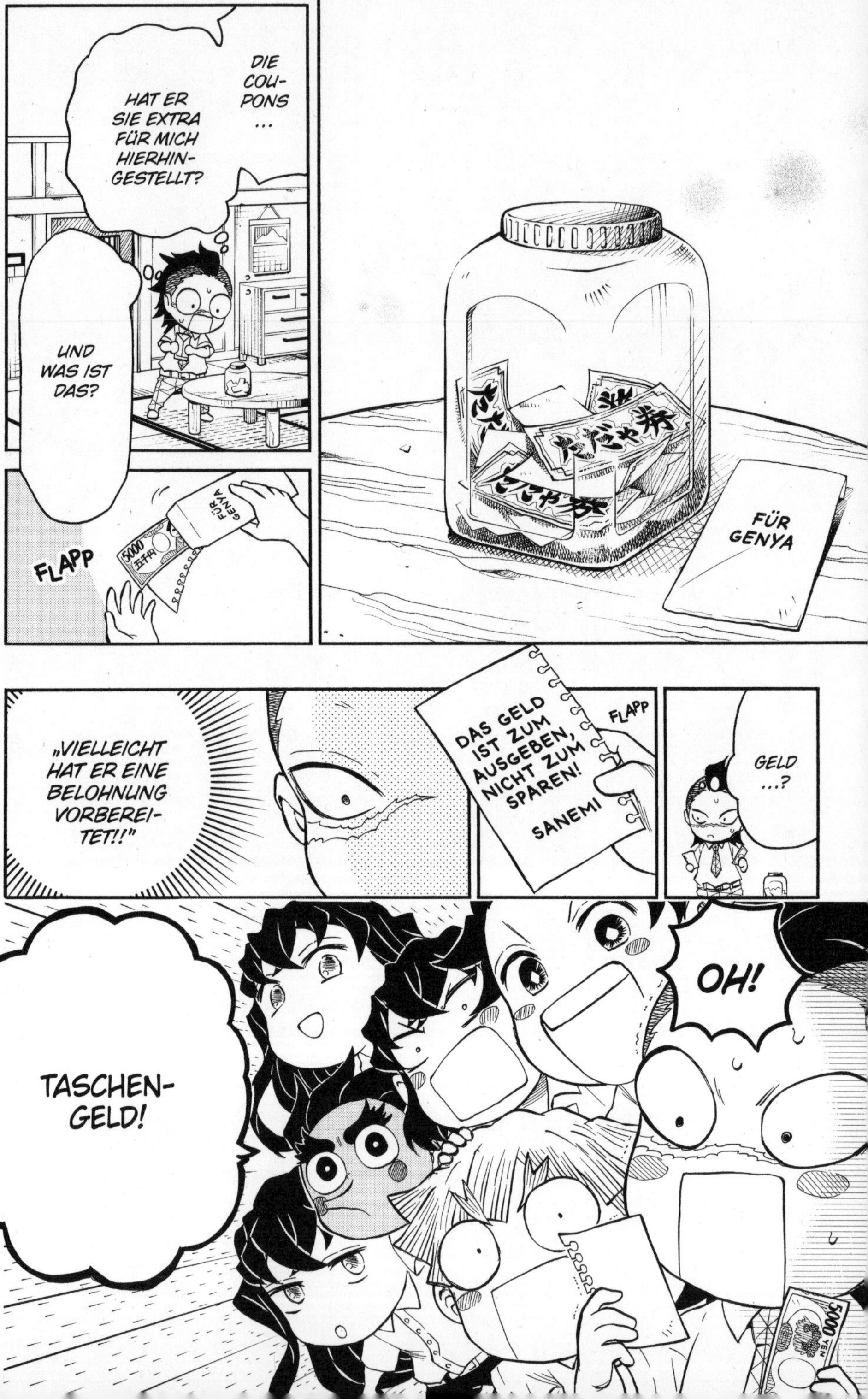
FÜR GENYA
DIE COUPONS …
HAT ER SIE EXTRA FÜR MICH HIERHINGESTELLT?
UND WAS IST DAS?
FÜR GENYA
FLAPP
GELD …?
FLAPP
DAS GELD IST ZUM AUSGEBEN, NICHT ZUM SPAREN!
SANEMI
„VIELLEICHT HAT ER EINE BELOHNUNG VORBEREITET!!"
OH!
TASCHENGELD!

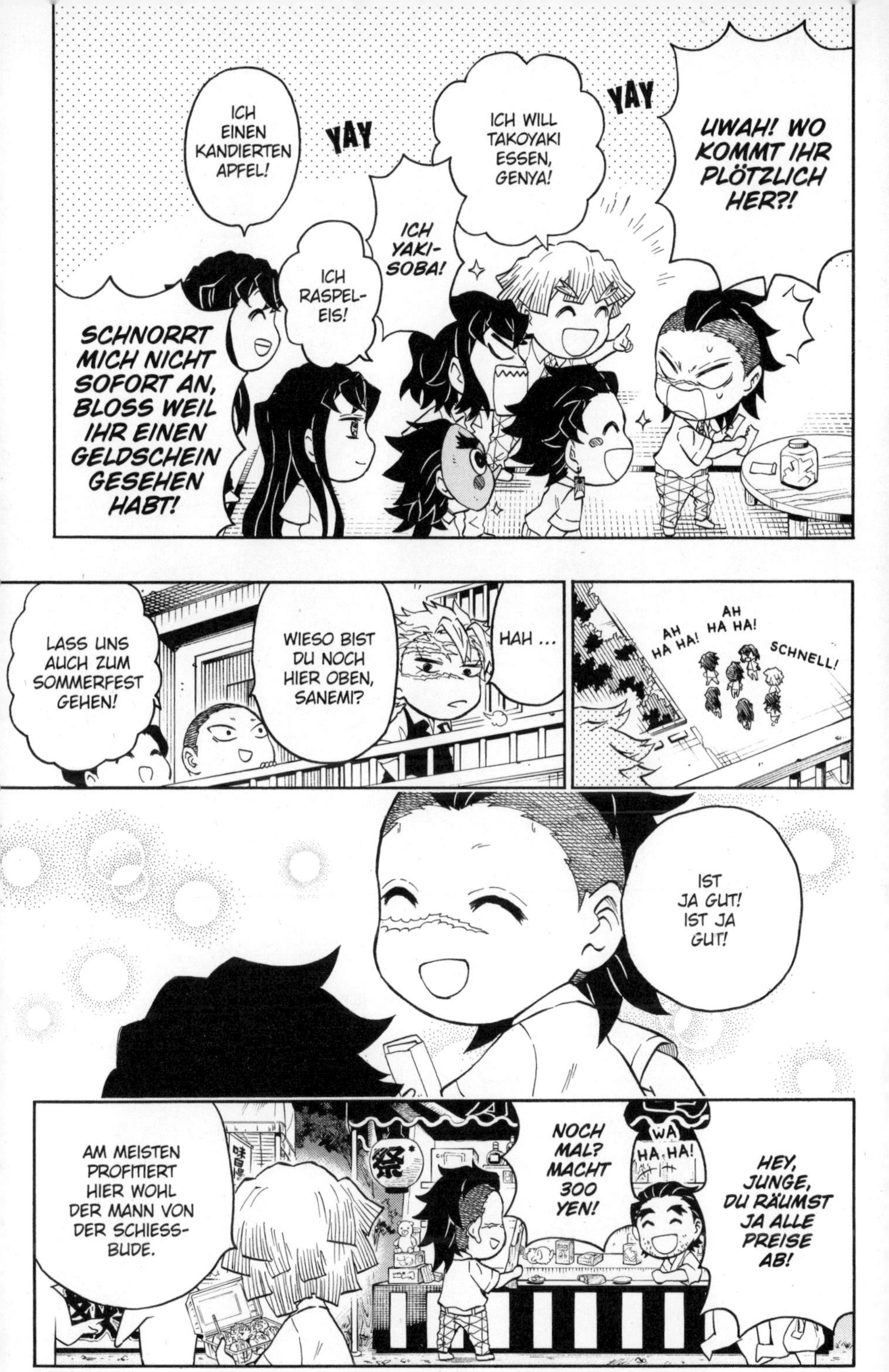
UWAH! WO KOMMT IHR PLÖTZLICH HER?!
YAY
ICH WILL TAKOYAKI ESSEN, GENYA!
ICH YAKI-SOBA!
YAY
ICH EINEN KANDIERTEN APFEL!
ICH RASPEL-EIS!
SCHNORRT MICH NICHT SOFORT AN, BLOSS WEIL IHR EINEN GELDSCHEIN GESEHEN HABT!
AH HA HA!
AH HA HA!
SCHNELL!
HAH …
WIESO BIST DU NOCH HIER OBEN, SANEMI?
LASS UNS AUCH ZUM SOMMERFEST GEHEN!
IST JA GUT! IST JA GUT!
HEY, JUNGE, DU RÄUMST JA ALLE PREISE AB!
WA HA HA!
NOCH MAL? MACHT 300 YEN!
祭*
AM MEISTEN PROFITIERT HIER WOHL DER MANN VON DER SCHIESS-BUDE.

* FEST

Die Tokito-Brüder

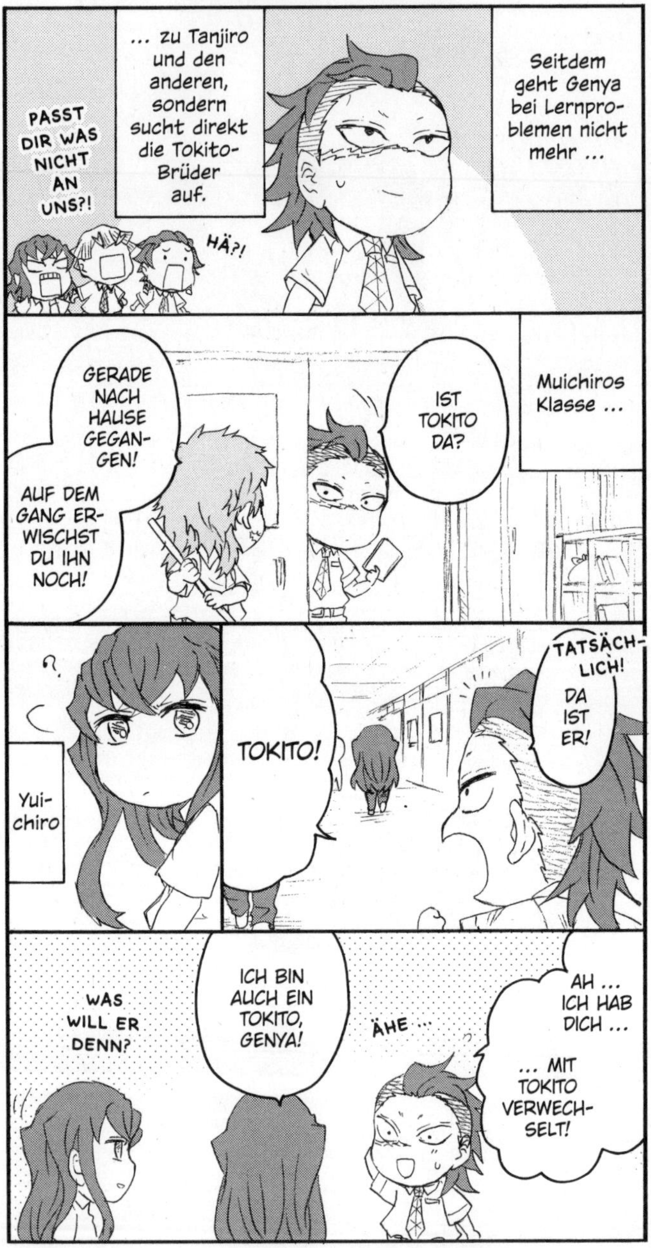

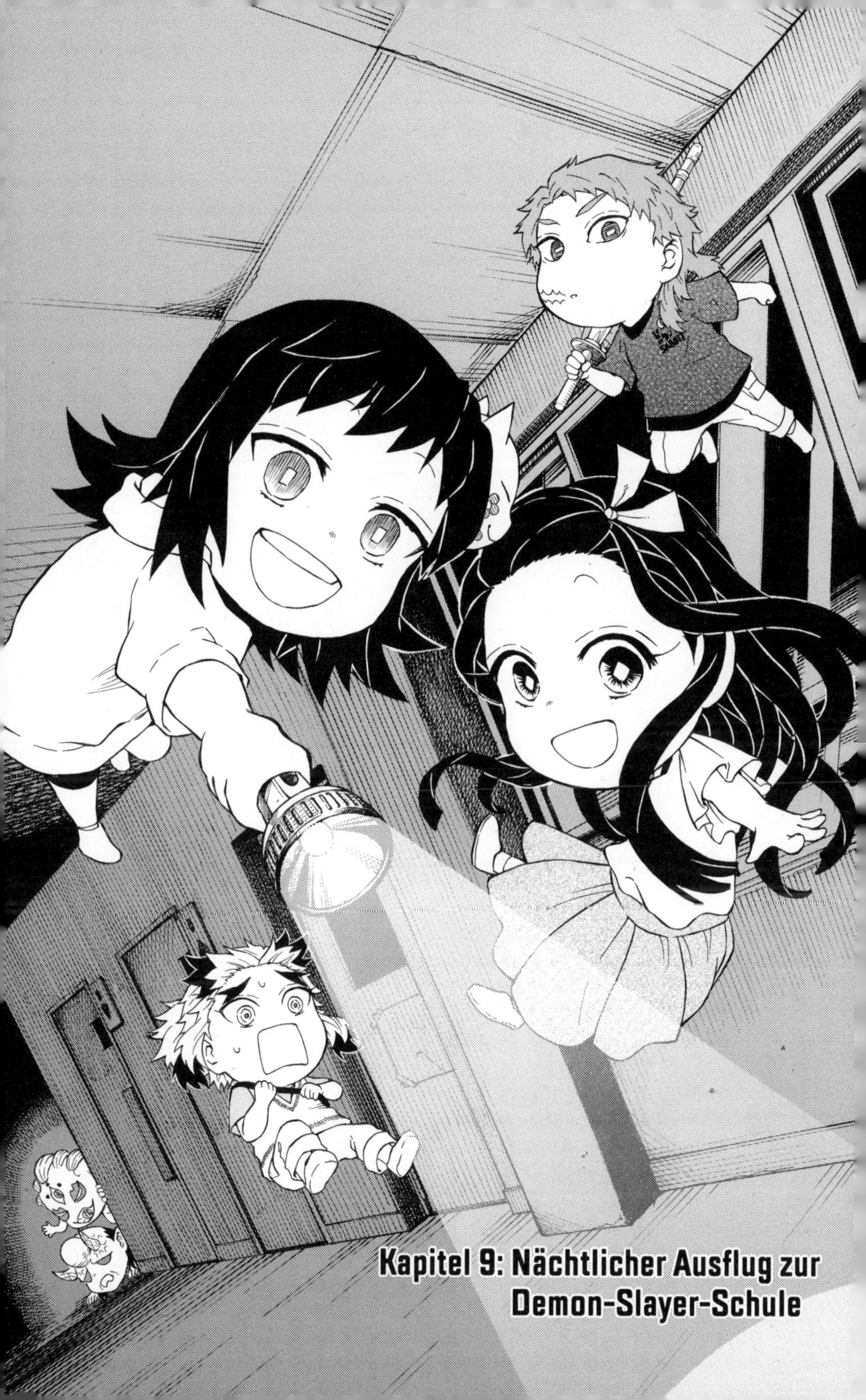

Kapitel 9: Nächtlicher Ausflug zur Demon-Slayer-Schule

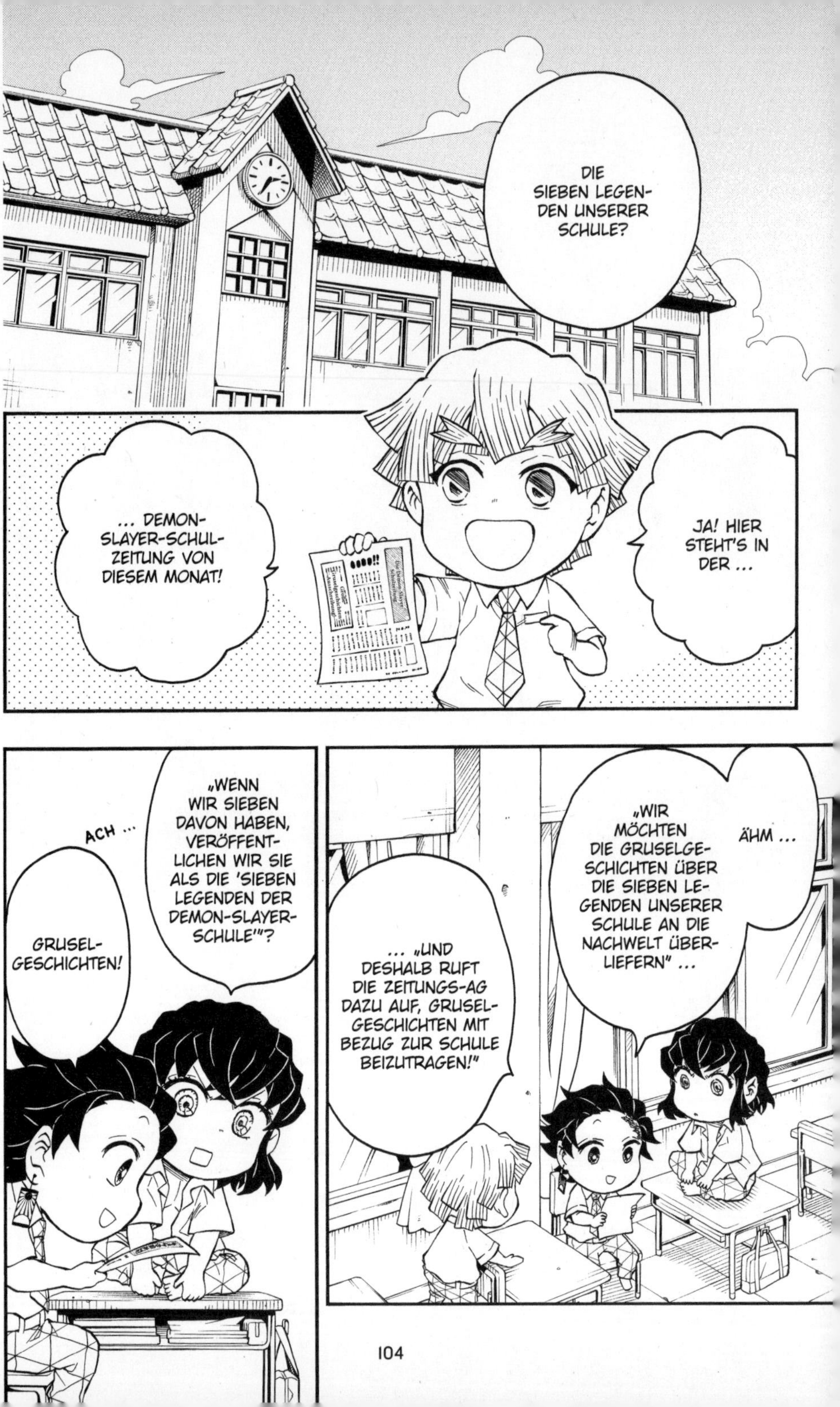
DIE SIEBEN LEGENDEN UNSERER SCHULE?
JA! HIER STEHT'S IN DER …
… DEMON-SLAYER-SCHULZEITUNG VON DIESEM MONAT!
ÄHM …
„WIR MÖCHTEN DIE GRUSELGESCHICHTEN ÜBER DIE SIEBEN LEGENDEN UNSERER SCHULE AN DIE NACHWELT ÜBERLIEFERN" …
… „UND DESHALB RUFT DIE ZEITUNGS-AG DAZU AUF, GRUSELGESCHICHTEN MIT BEZUG ZUR SCHULE BEIZUTRAGEN!"
„WENN WIR SIEBEN DAVON HABEN, VERÖFFENTLICHEN WIR SIE ALS DIE 'SIEBEN LEGENDEN DER DEMON-SLAYER-SCHULE'"?
ACH …
GRUSELGESCHICHTEN!

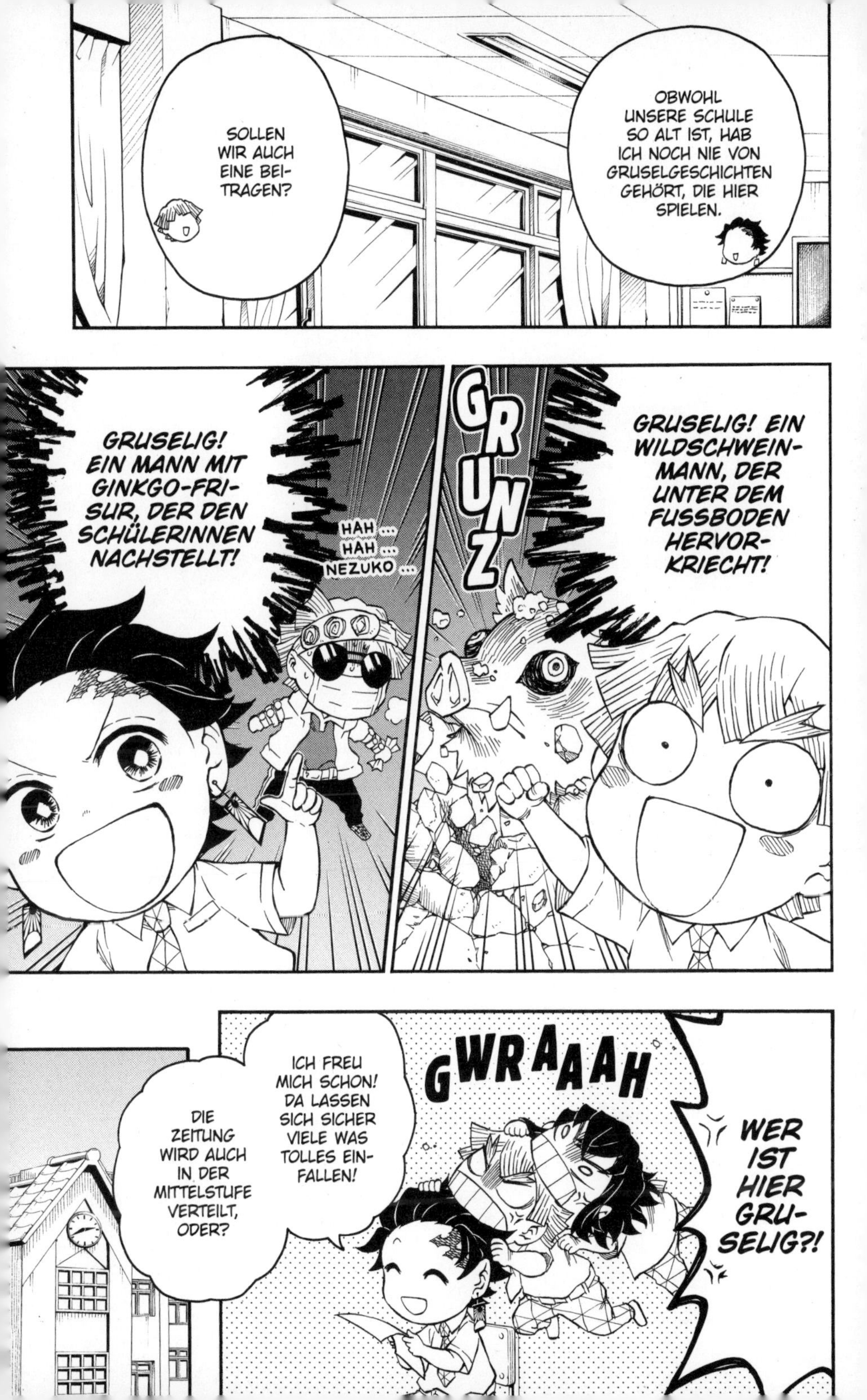
OBWOHL UNSERE SCHULE SO ALT IST, HAB ICH NOCH NIE VON GRUSELGESCHICHTEN GEHÖRT, DIE HIER SPIELEN.
SOLLEN WIR AUCH EINE BEI-TRAGEN?
GRUNZ
GRUSELIG! EIN WILDSCHWEIN-MANN, DER UNTER DEM FUSSBODEN HERVOR-KRIECHT!
GRUSELIG! EIN MANN MIT GINKGO-FRI-SUR, DER DEN SCHÜLERINNEN NACHSTELLT!
HAH ... HAH ... NEZUKO ...
GWRAAAH
WER IST HIER GRU-SELIG?!
ICH FREU MICH SCHON! DA LASSEN SICH SICHER VIELE WAS TOLLES EIN-FALLEN!
DIE ZEITUNG WIRD AUCH IN DER MITTELSTUFE VERTEILT, ODER?

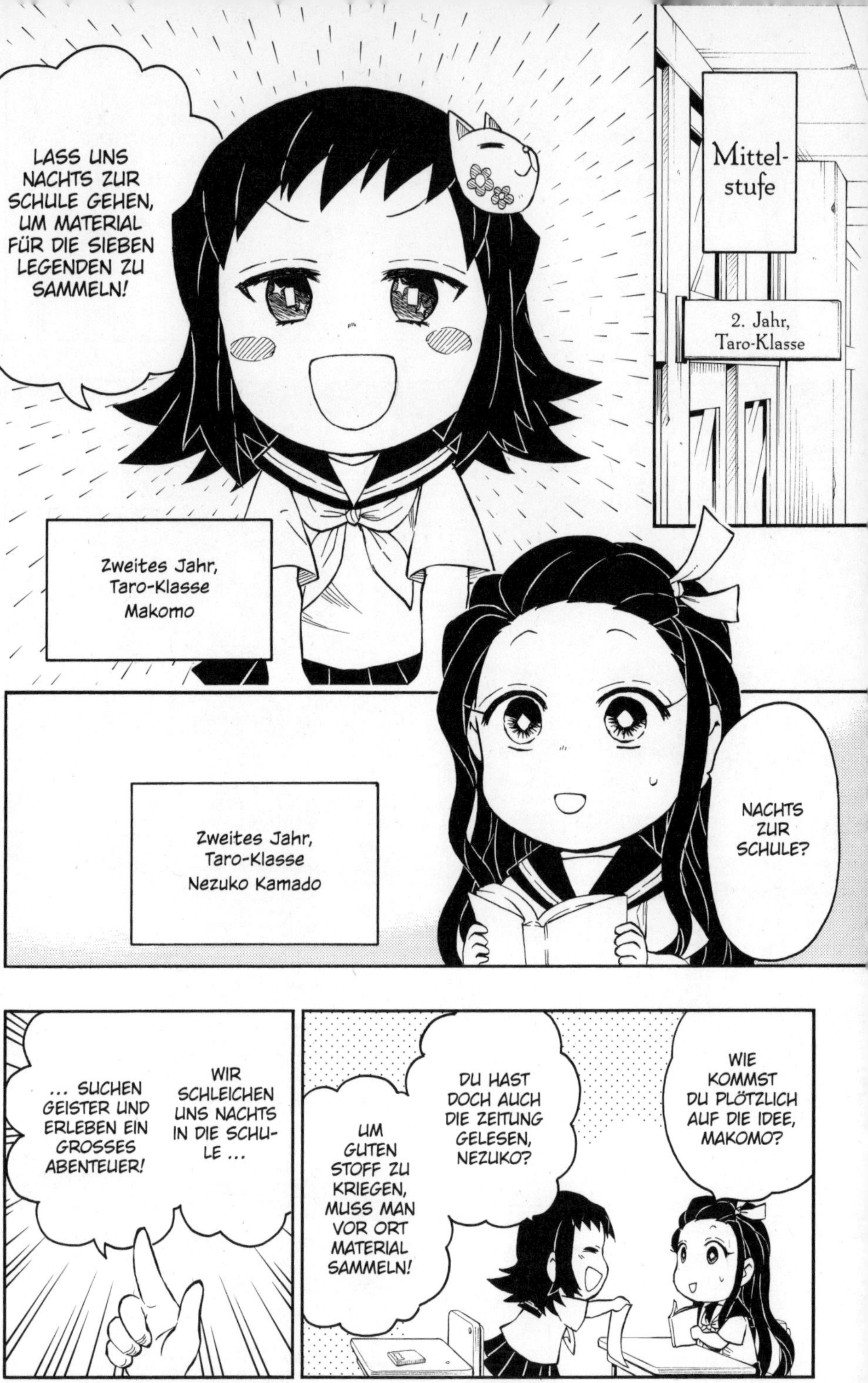
Mittel-
stufe
2. Jahr,
Taro-Klasse
LASS UNS NACHTS ZUR SCHULE GEHEN, UM MATERIAL FÜR DIE SIEBEN LEGENDEN ZU SAMMELN!
Zweites Jahr, Taro-Klasse Makomo
NACHTS ZUR SCHULE?
Zweites Jahr, Taro-Klasse Nezuko Kamado
WIE KOMMST DU PLÖTZLICH AUF DIE IDEE, MAKOMO?
DU HAST DOCH AUCH DIE ZEITUNG GELESEN, NEZUKO?
UM GUTEN STOFF ZU KRIEGEN, MUSS MAN VOR ORT MATERIAL SAMMELN!
WIR SCHLEICHEN UNS NACHTS IN DIE SCHU-LE …
… SUCHEN GEISTER UND ERLEBEN EIN GROSSES ABENTEUER!

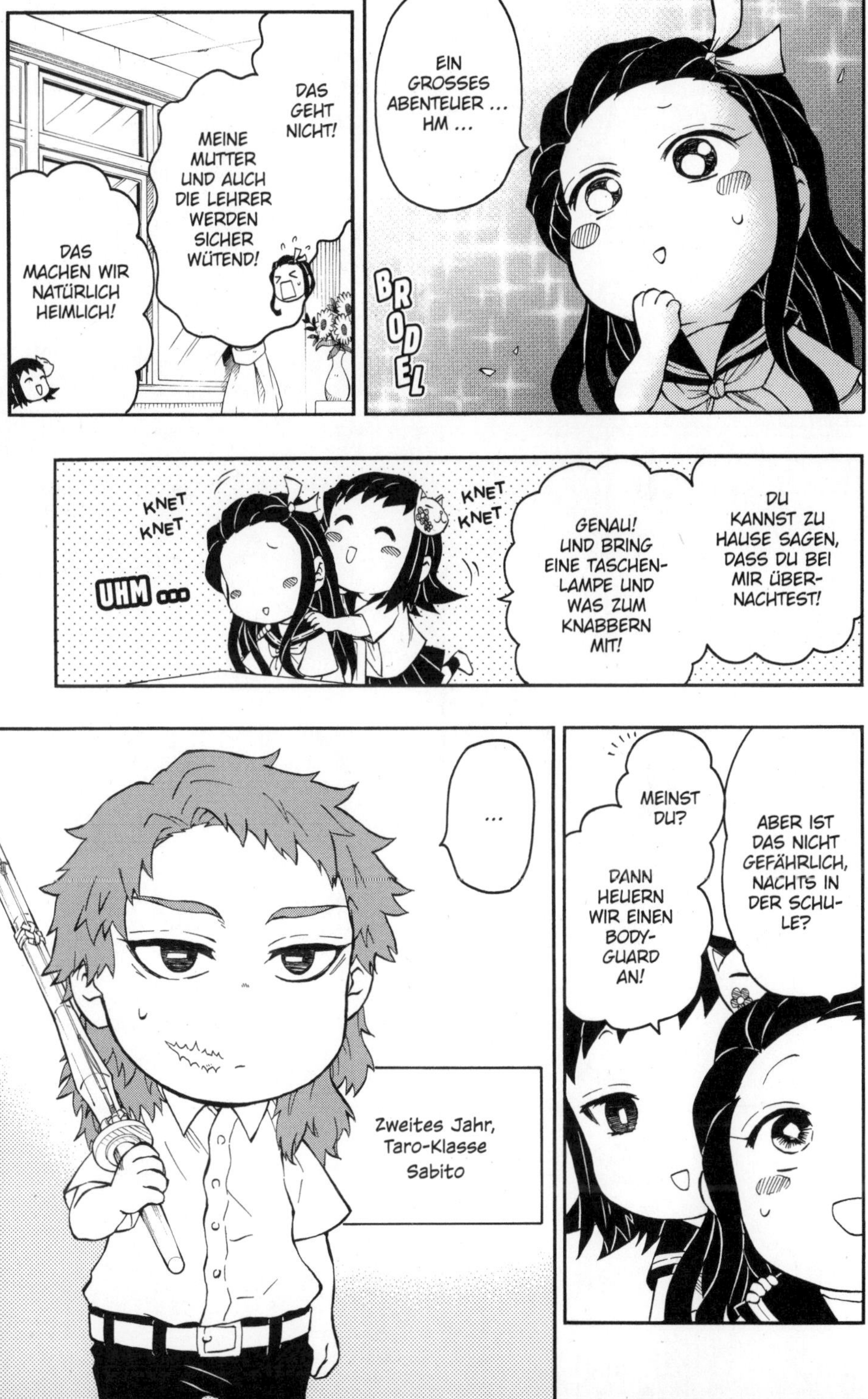
EIN GROSSES ABENTEUER ... HM ...
BRODEL
DAS GEHT NICHT!
MEINE MUTTER UND AUCH DIE LEHRER WERDEN SICHER WÜTEND!
DAS MACHEN WIR NATÜRLICH HEIMLICH!
DU KANNST ZU HAUSE SAGEN, DASS DU BEI MIR ÜBER-NACHTEST!
GENAU! UND BRING EINE TASCHEN-LAMPE UND WAS ZUM KNABBERN MIT!
KNET KNET
KNET KNET
UHM ...
ABER IST DAS NICHT GEFÄHRLICH, NACHTS IN DER SCHU-LE?
MEINST DU?
DANN HEUERN WIR EINEN BODY-GUARD AN!
...
Zweites Jahr, Taro-Klasse
Sabito

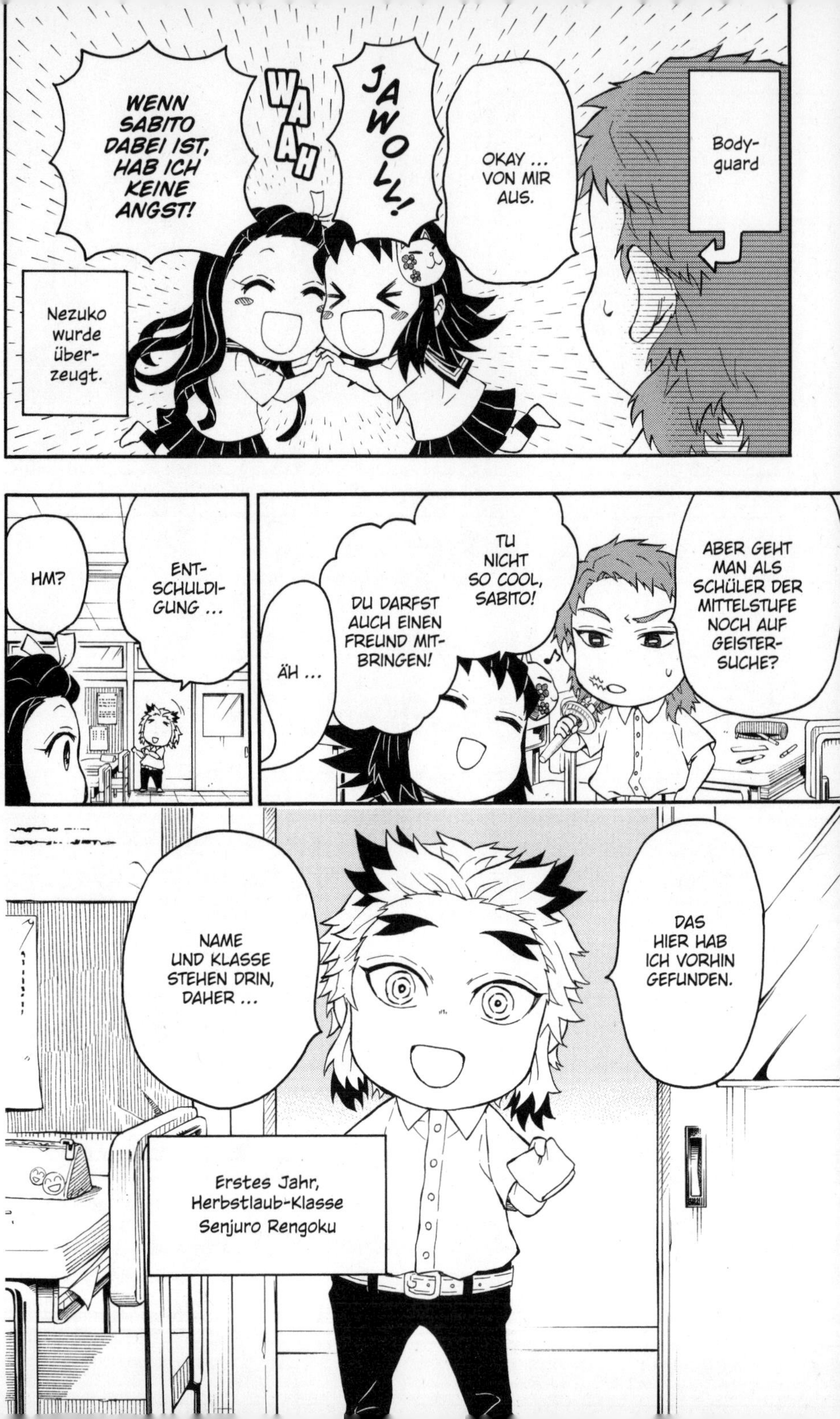
Bodyguard
OKAY … VON MIR AUS.
JAWOLL!
WAAH
WENN SABITO DABEI IST, HAB ICH KEINE ANGST!
Nezuko wurde überzeugt.
ABER GEHT MAN ALS SCHÜLER DER MITTELSTUFE NOCH AUF GEISTERSUCHE?
TU NICHT SO COOL, SABITO!
DU DARFST AUCH EINEN FREUND MITBRINGEN!
ÄH …
ENTSCHULDIGUNG …
HM?
DAS HIER HAB ICH VORHIN GEFUNDEN.
NAME UND KLASSE STEHEN DRIN, DAHER …
Erstes Jahr, Herbstlaub-Klasse Senjuro Rengoku

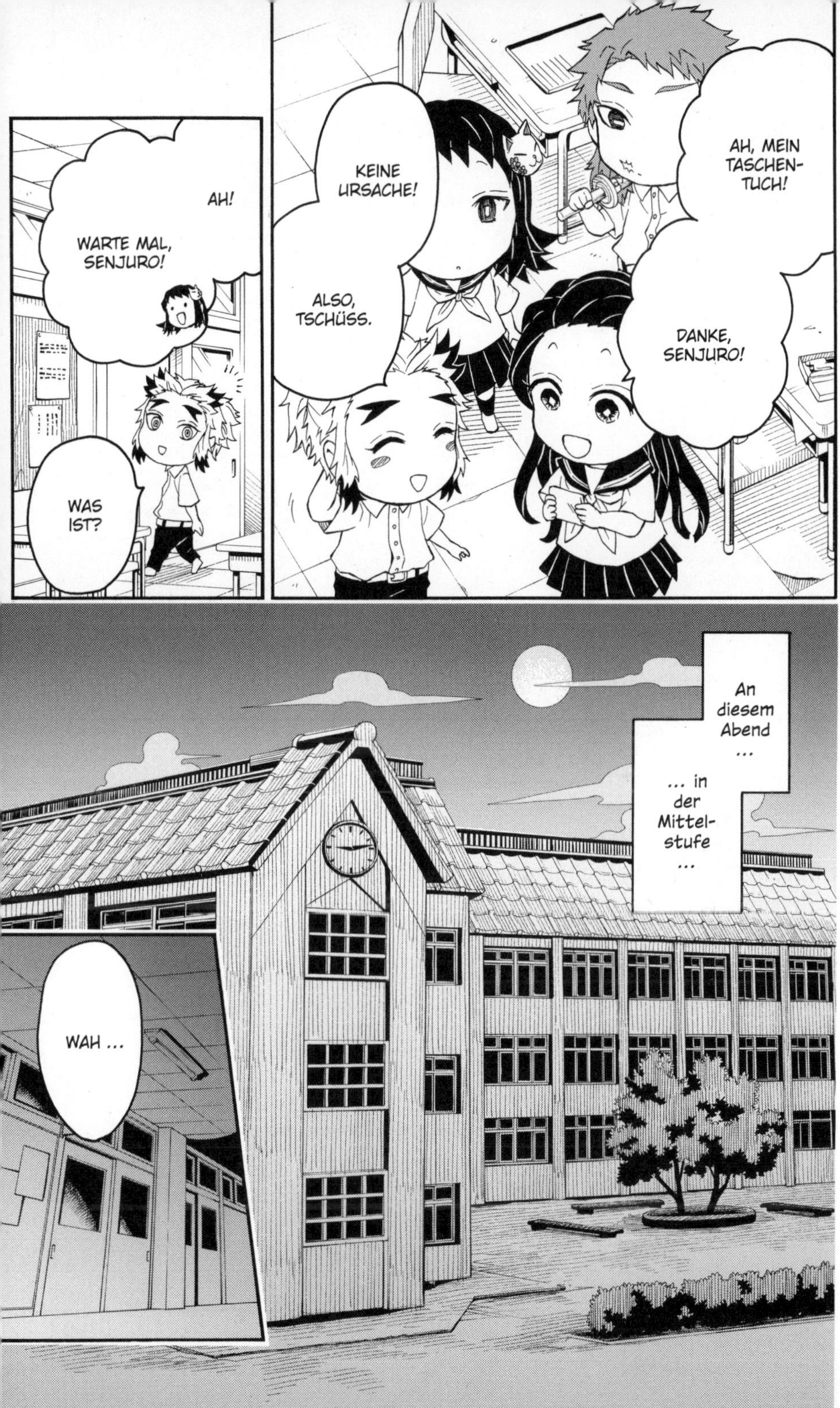
AH, MEIN TASCHENTUCH!
DANKE, SENJURO!
KEINE URSACHE!
ALSO, TSCHÜSS.
AH!
WARTE MAL, SENJURO!
WAS IST?
An diesem Abend …
… in der Mittelstufe …
WAH …

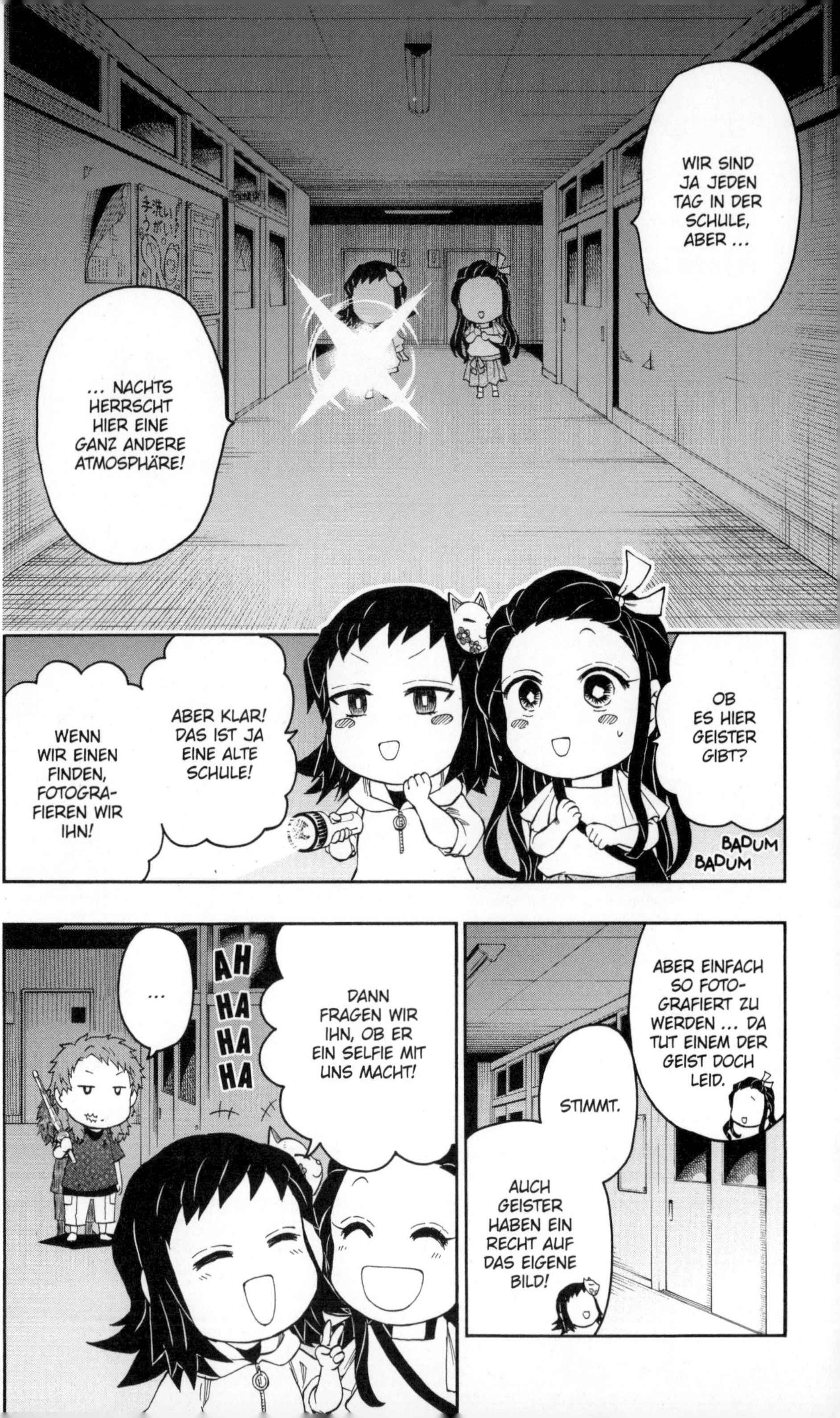
WIR SIND JA JEDEN TAG IN DER SCHULE, ABER …
… NACHTS HERRSCHT HIER EINE GANZ ANDERE ATMOSPHÄRE!
OB ES HIER GEISTER GIBT?
BADUM BADUM
ABER KLAR! DAS IST JA EINE ALTE SCHULE!
WENN WIR EINEN FINDEN, FOTOGRAFIEREN WIR IHN!
ABER EINFACH SO FOTOGRAFIERT ZU WERDEN … DA TUT EINEM DER GEIST DOCH LEID.
STIMMT.
AUCH GEISTER HABEN EIN RECHT AUF DAS EIGENE BILD!
DANN FRAGEN WIR IHN, OB ER EIN SELFIE MIT UNS MACHT!
AH HA HA HA HA
…

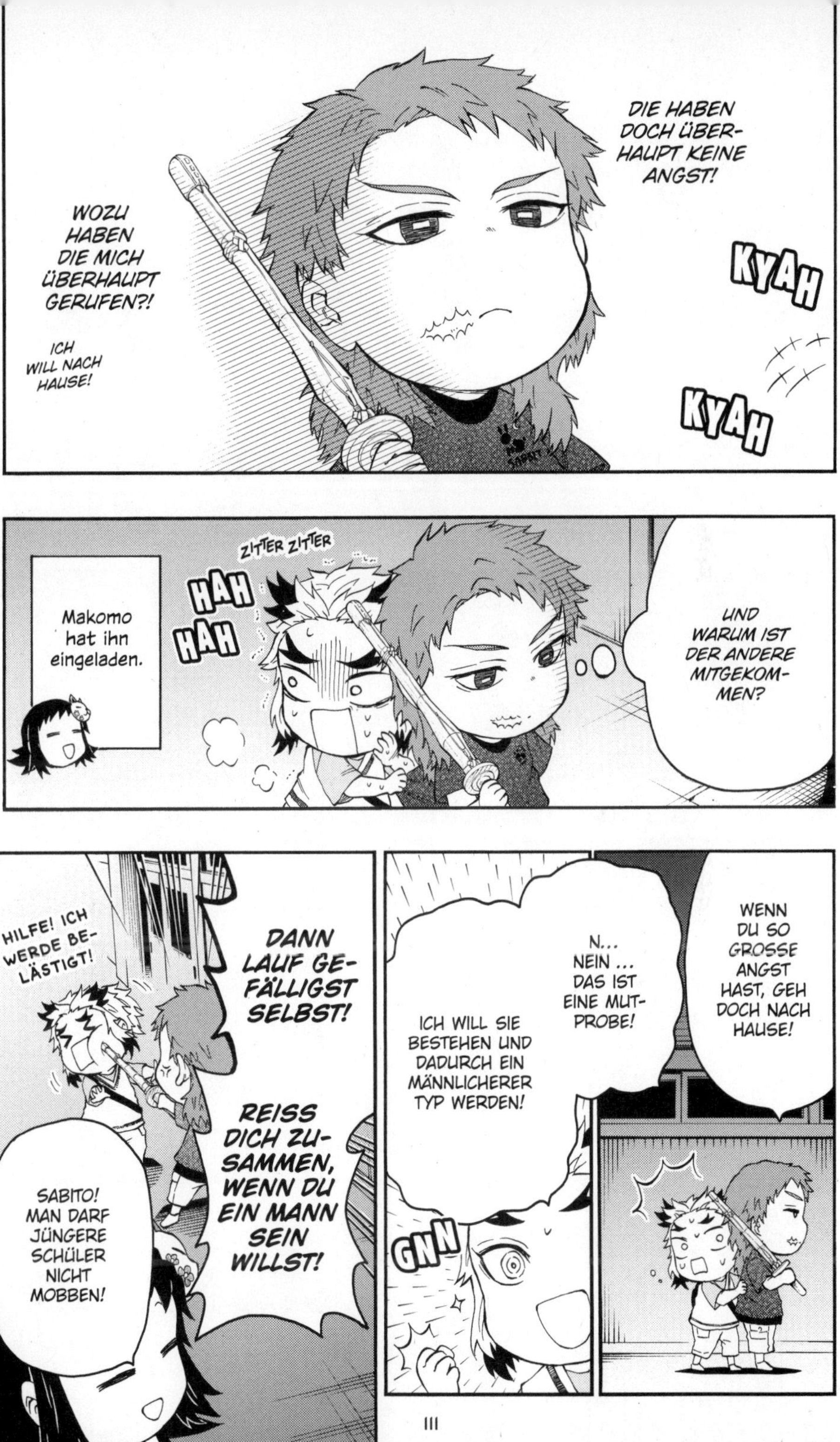
DIE HABEN DOCH ÜBERHAUPT KEINE ANGST!
KYAH
KYAH
WOZU HABEN DIE MICH ÜBERHAUPT GERUFEN?!
ICH WILL NACH HAUSE!
UND WARUM IST DER ANDERE MITGEKOMMEN?
ZITTER ZITTER
HAH HAH
Makomo hat ihn eingeladen.
WENN DU SO GROSSE ANGST HAST, GEH DOCH NACH HAUSE!
N... NEIN ... DAS IST EINE MUTPROBE!
ICH WILL SIE BESTEHEN UND DADURCH EIN MÄNNLICHERER TYP WERDEN!
GNN
DANN LAUF GEFÄLLIGST SELBST!
REISS DICH ZUSAMMEN, WENN DU EIN MANN SEIN WILLST!
HILFE! ICH WERDE BELÄSTIGT!
SABITO! MAN DARF JÜNGERE SCHÜLER NICHT MOBBEN!

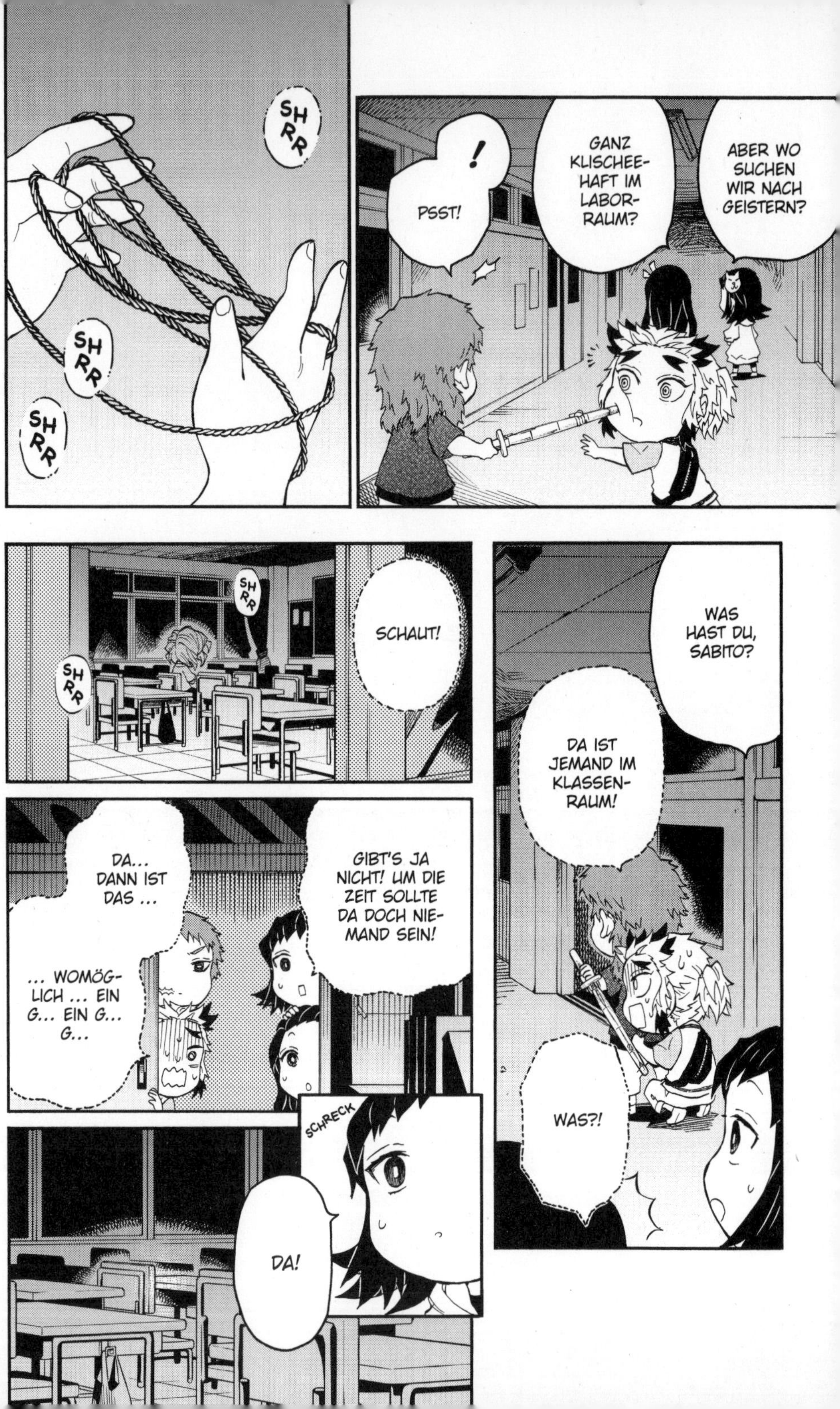
ABER WO SUCHEN WIR NACH GEISTERN?
GANZ KLISCHEEHAFT IM LABORRAUM?
!
PSST!
SHRR
SHRR
SHRR
WAS HAST DU, SABITO?
DA IST JEMAND IM KLASSENRAUM!
WAS?!
SCHAUT!
SHRR
SHRR
GIBT'S JA NICHT! UM DIE ZEIT SOLLTE DA DOCH NIEMAND SEIN!
DA… DANN IST DAS …
… WOMÖGLICH … EIN G… EIN G… G…
SCHRECK
DA!

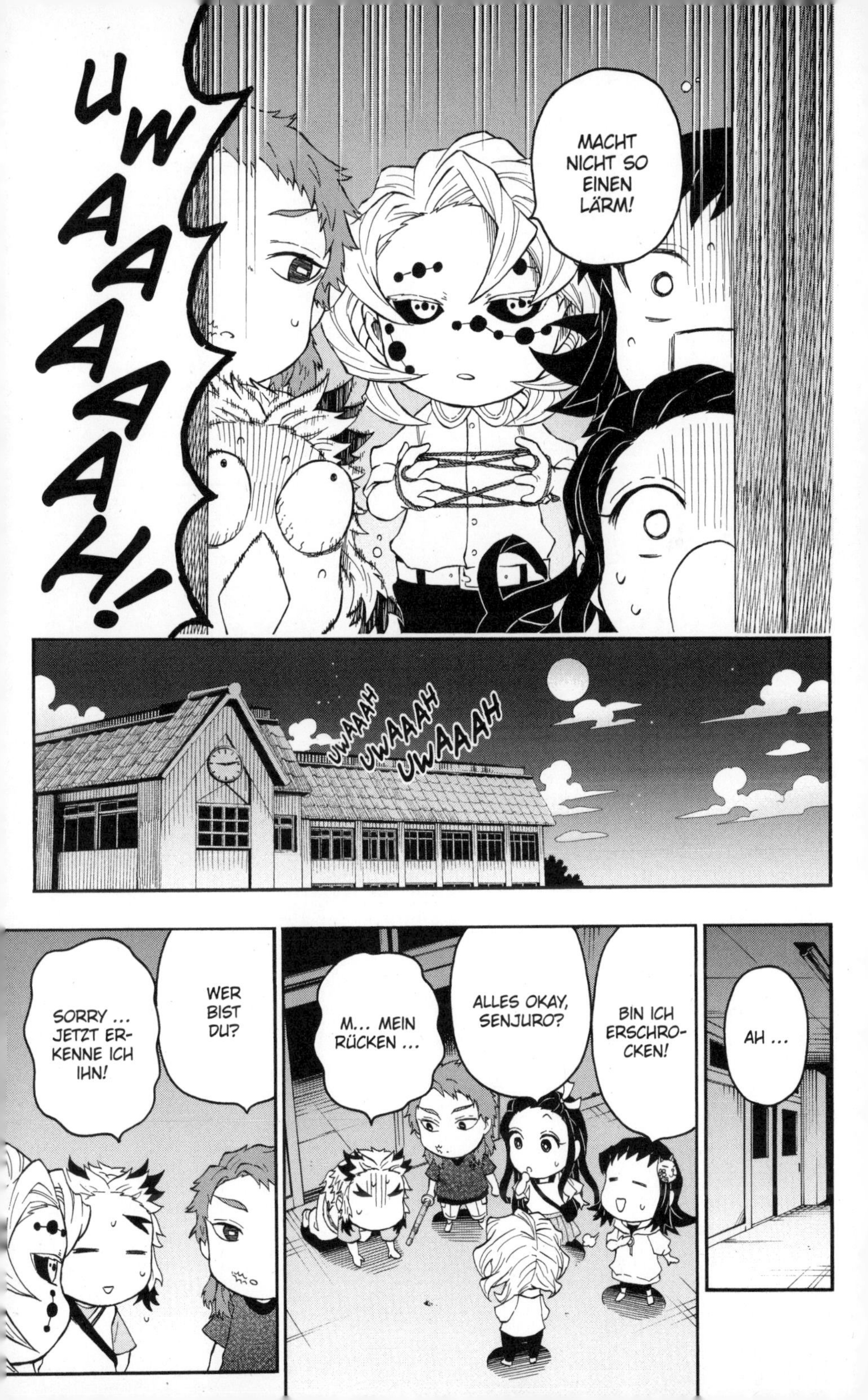
MACHT NICHT SO EINEN LÄRM!
UWAAAAAH!
UWAAAH
UWAAAH
UWAAAH
AH …
BIN ICH ERSCHROCKEN!
ALLES OKAY, SENJURO?
M… MEIN RÜCKEN …
WER BIST DU?
SORRY … JETZT ERKENNE ICH IHN!

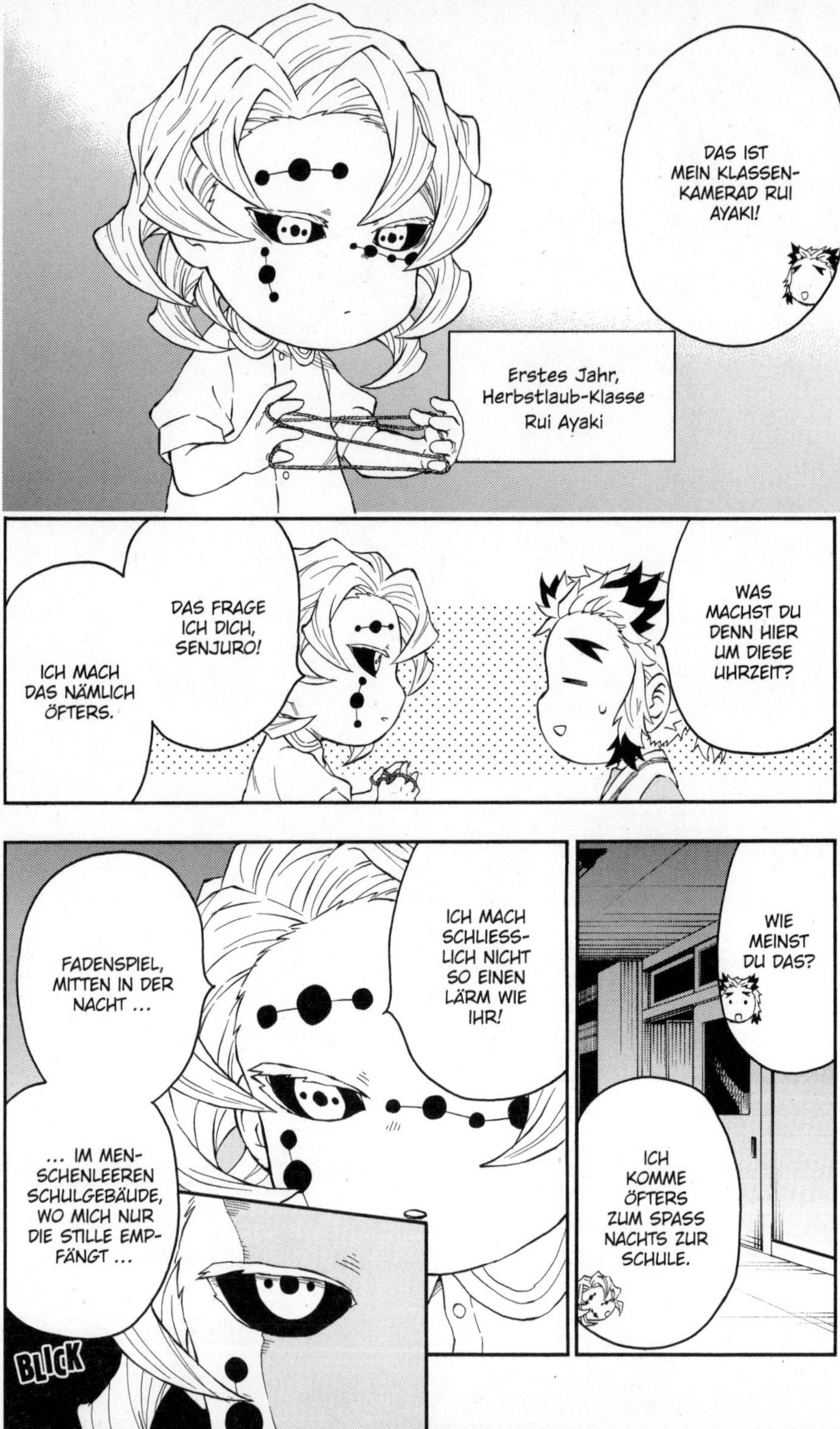
DAS IST MEIN KLASSEN-KAMERAD RUI AYAKI!
Erstes Jahr, Herbstlaub-Klasse Rui Ayaki
WAS MACHST DU DENN HIER UM DIESE UHRZEIT?
DAS FRAGE ICH DICH, SENJURO!
ICH MACH DAS NÄMLICH ÖFTERS.
WIE MEINST DU DAS?
ICH KOMME ÖFTERS ZUM SPASS NACHTS ZUR SCHULE.
ICH MACH SCHLIESS-LICH NICHT SO EINEN LÄRM WIE IHR!
FADENSPIEL, MITTEN IN DER NACHT …
… IM MEN-SCHENLEEREN SCHULGEBÄUDE, WO MICH NUR DIE STILLE EMP-FÄNGT …
BLICK

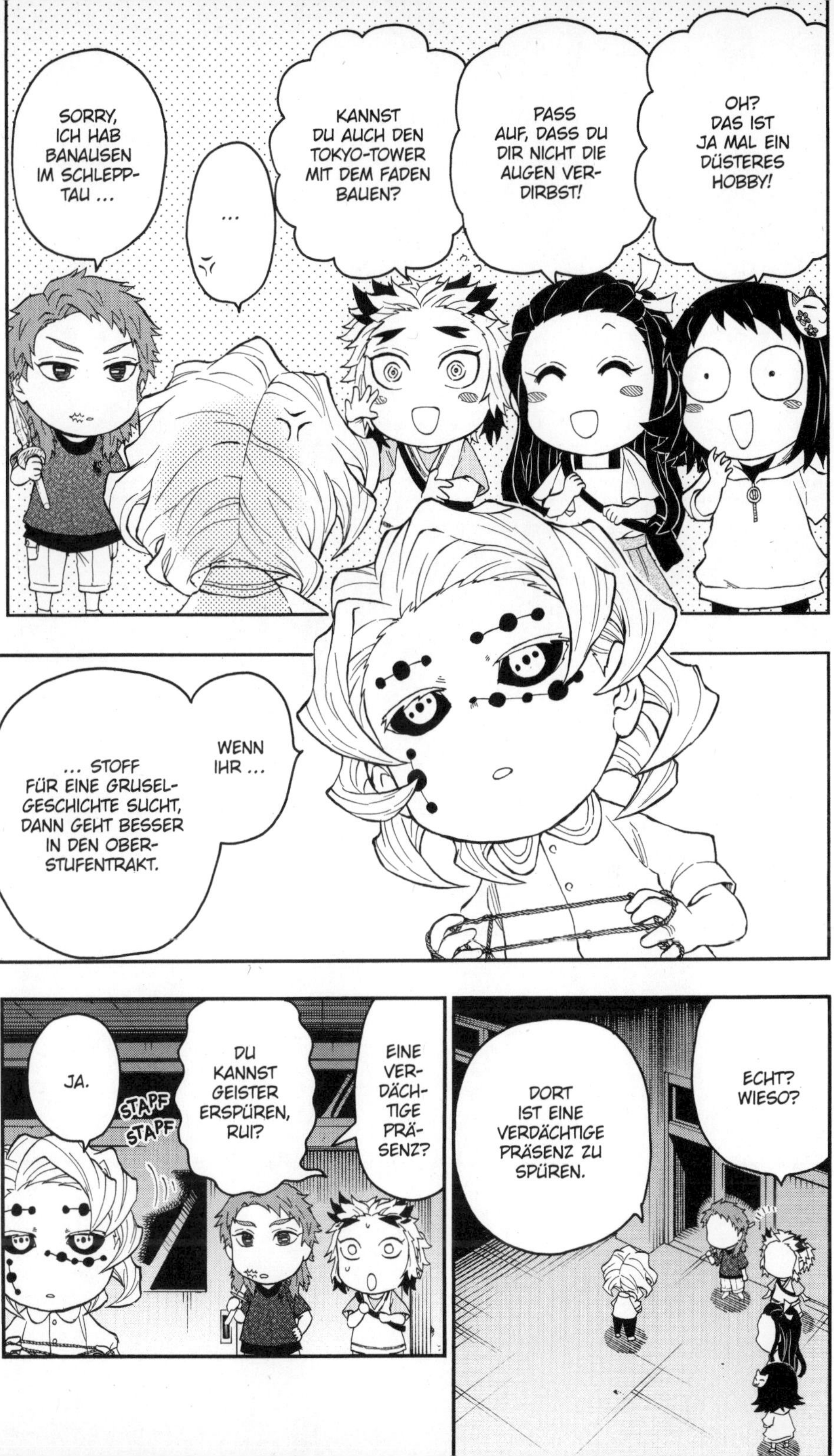
OH? DAS IST JA MAL EIN DÜSTERES HOBBY!
PASS AUF, DASS DU DIR NICHT DIE AUGEN VERDIRBST!
KANNST DU AUCH DEN TOKYO-TOWER MIT DEM FADEN BAUEN?
...
SORRY, ICH HAB BANAUSEN IM SCHLEPPTAU ...
WENN IHR ...
... STOFF FÜR EINE GRUSELGESCHICHTE SUCHT, DANN GEHT BESSER IN DEN OBERSTUFENTRAKT.
ECHT? WIESO?
DORT IST EINE VERDÄCHTIGE PRÄSENZ ZU SPÜREN.
EINE VERDÄCHTIGE PRÄSENZ?
DU KANNST GEISTER ERSPÜREN, RUI?
STAPF STAPF
JA.

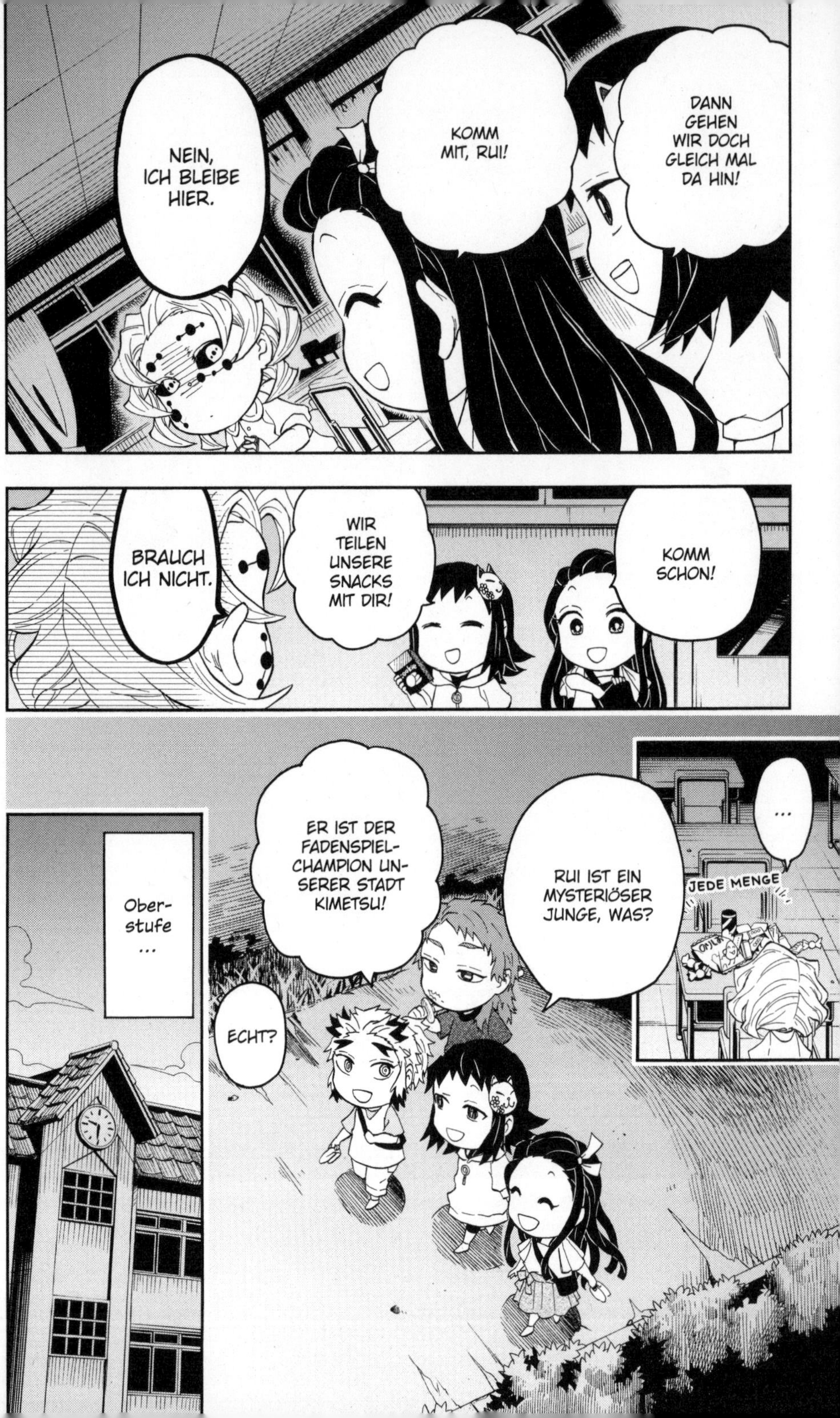
DANN GEHEN WIR DOCH GLEICH MAL DA HIN!
KOMM MIT, RUI!
NEIN, ICH BLEIBE HIER.
KOMM SCHON!
WIR TEILEN UNSERE SNACKS MIT DIR!
BRAUCH ICH NICHT.
...
JEDE MENGE
RUI IST EIN MYSTERIÖSER JUNGE, WAS?
ER IST DER FADENSPIEL-CHAMPION UNSERER STADT KIMETSU!
ECHT?
Oberstufe ...

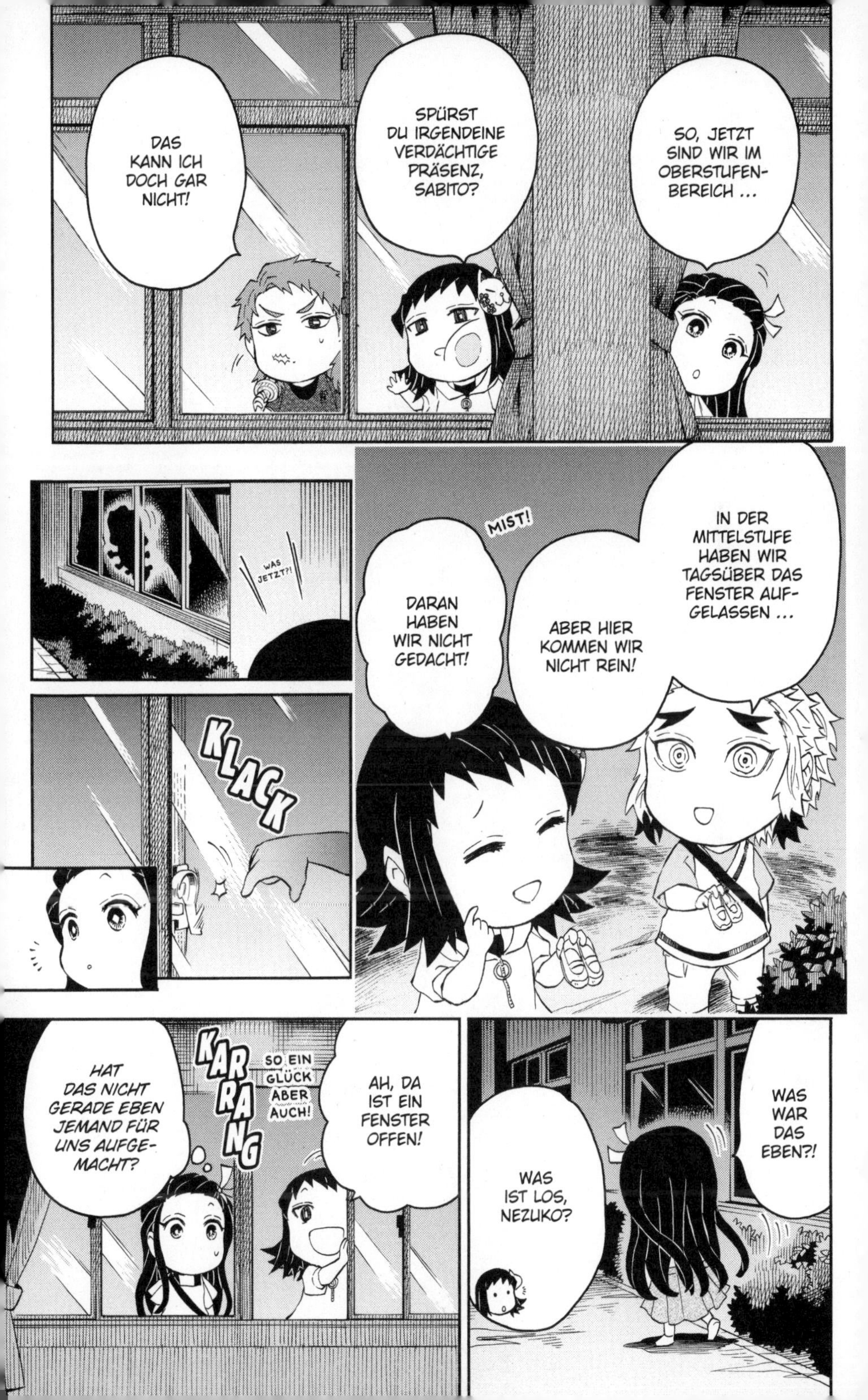

SO, JETZT SIND WIR IM OBERSTUFEN-BEREICH …
SPÜRST DU IRGENDEINE VERDÄCHTIGE PRÄSENZ, SABITO?
DAS KANN ICH DOCH GAR NICHT!
IN DER MITTELSTUFE HABEN WIR TAGSÜBER DAS FENSTER AUF-GELASSEN …
ABER HIER KOMMEN WIR NICHT REIN!
MIST!
DARAN HABEN WIR NICHT GEDACHT!
WAS JETZT?!
KLACK
WAS WAR DAS EBEN?!
WAS IST LOS, NEZUKO?
AH, DA IST EIN FENSTER OFFEN!
SO EIN GLÜCK ABER AUCH!
KARRANG
HAT DAS NICHT GERADE EBEN JEMAND FÜR UNS AUFGE-MACHT?

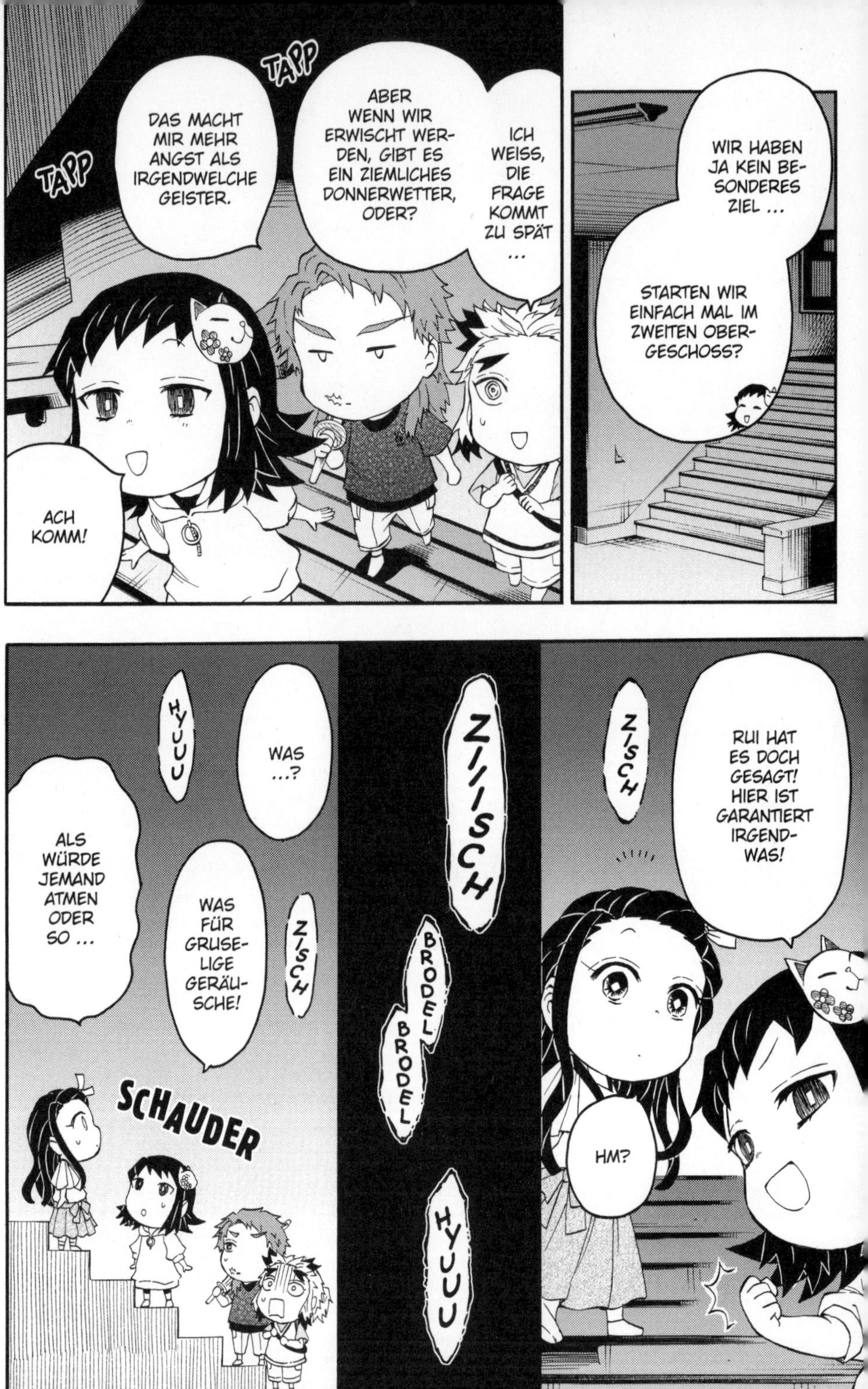
WIR HABEN JA KEIN BESONDERES ZIEL …
STARTEN WIR EINFACH MAL IM ZWEITEN OBERGESCHOSS?
ICH WEISS, DIE FRAGE KOMMT ZU SPÄT …
ABER WENN WIR ERWISCHT WERDEN, GIBT ES EIN ZIEMLICHES DONNERWETTER, ODER?
TAPP
DAS MACHT MIR MEHR ANGST ALS IRGENDWELCHE GEISTER.
TAPP
ACH KOMM!
RUI HAT ES DOCH GESAGT! HIER IST GARANTIERT IRGENDWAS!
ZISCH
HM?
ZIIISCH
BRODEL BRODEL
HYUUU
WAS …?
HYUUU
ZISCH
WAS FÜR GRUSELIGE GERÄUSCHE!
ALS WÜRDE JEMAND ATMEN ODER SO …
SCHAUDER

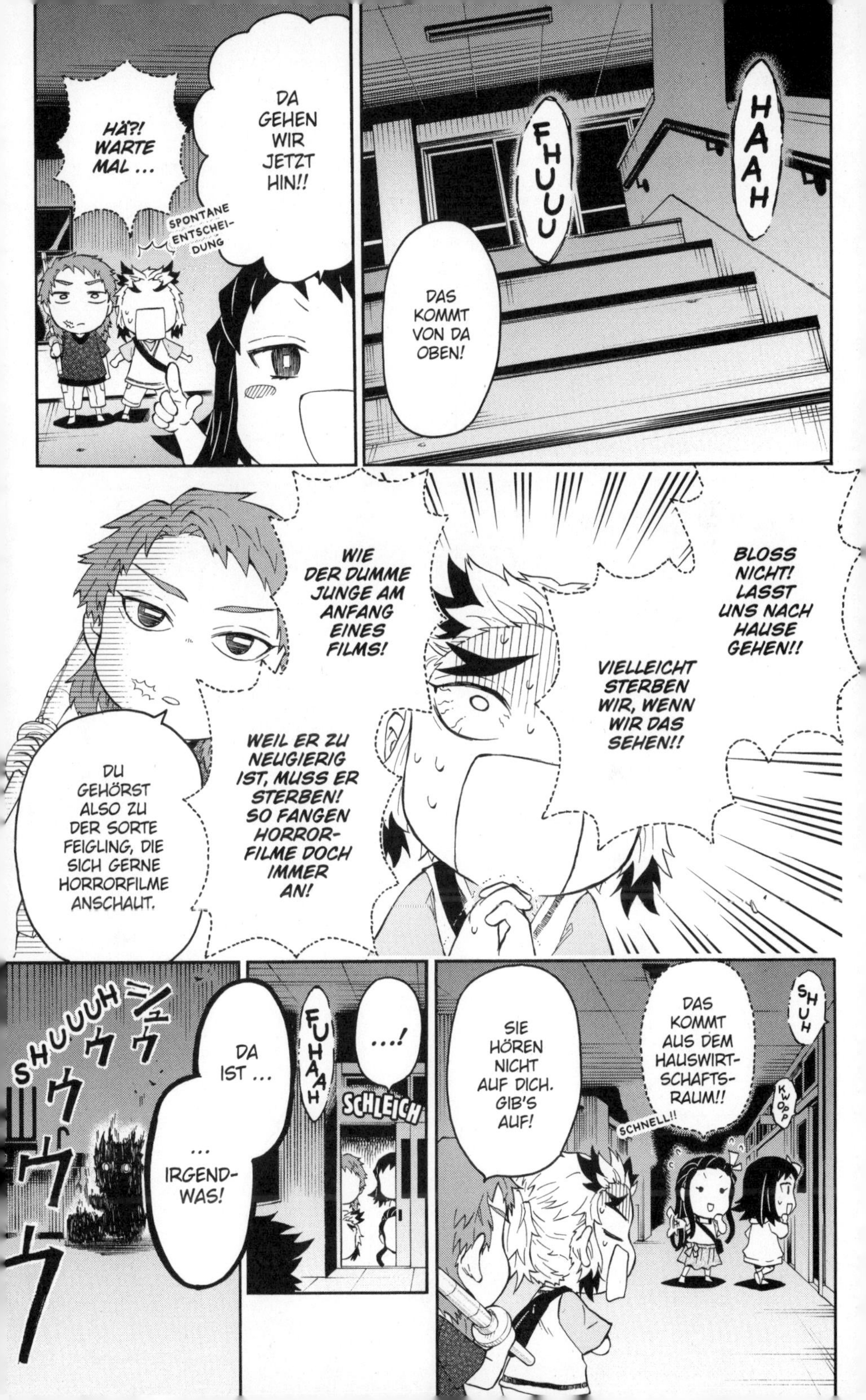

HAAH
FHUUU
DAS KOMMT VON DA OBEN!
DA GEHEN WIR JETZT HIN!!
HÄ?! WARTE MAL …
SPONTANE ENTSCHEI-DUNG
BLOSS NICHT! LASST UNS NACH HAUSE GEHEN!!
VIELLEICHT STERBEN WIR, WENN WIR DAS SEHEN!!
WIE DER DUMME JUNGE AM ANFANG EINES FILMS!
WEIL ER ZU NEUGIERIG IST, MUSS ER STERBEN! SO FANGEN HORROR-FILME DOCH IMMER AN!
DU GEHÖRST ALSO ZU DER SORTE FEIGLING, DIE SICH GERNE HORRORFILME ANSCHAUT.
SHUH
DAS KOMMT AUS DEM HAUSWIRT-SCHAFTS-RAUM!!
KWOPP
SCHNELL!!
SIE HÖREN NICHT AUF DICH. GIB'S AUF!
…!
FUHAAH
SCHLEICH
DA IST …
… IRGEND-WAS!
SHUUUH
シュウウウウ

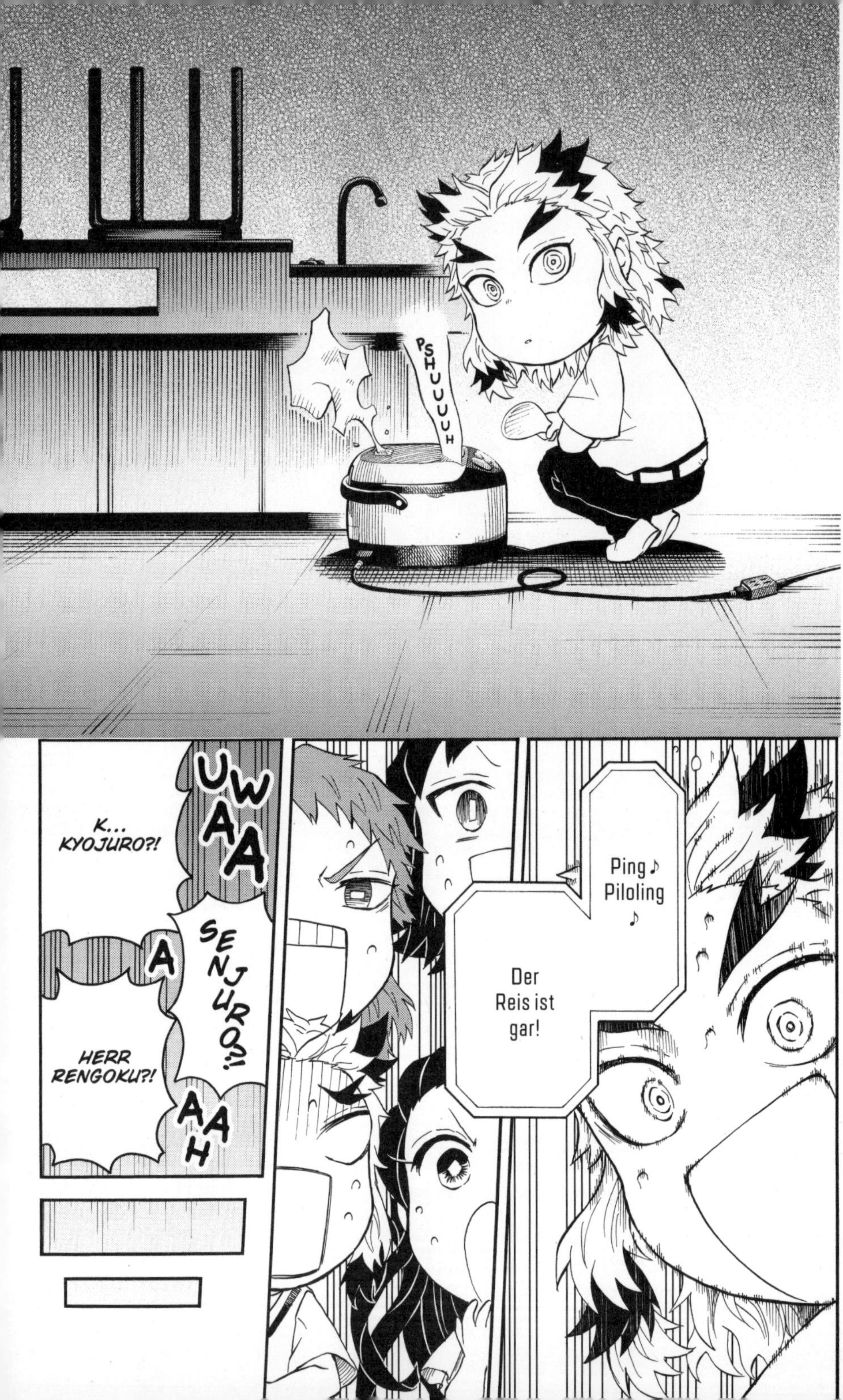
PSHUUUUH
Ping♪ Piloling ♪
Der Reis ist gar!
UWAAA
SENJURO?!
A
AAH
K... KYOJURO?!
HERR RENGOKU?!

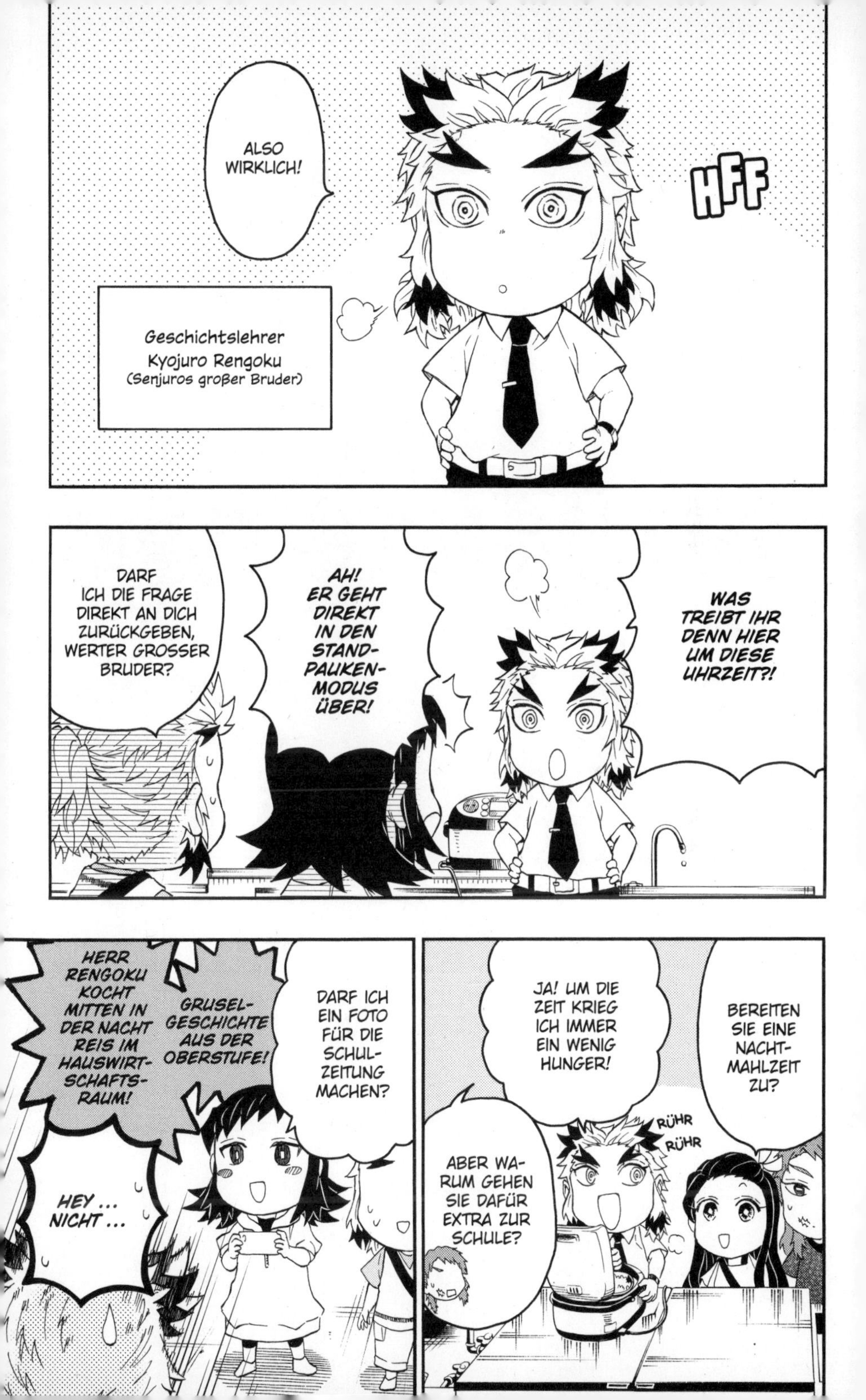
ALSO WIRKLICH!
HFF
Geschichtslehrer Kyojuro Rengoku (Senjuros großer Bruder)
WAS TREIBT IHR DENN HIER UM DIESE UHRZEIT?!
AH! ER GEHT DIREKT IN DEN STANDPAUKENMODUS ÜBER!
DARF ICH DIE FRAGE DIREKT AN DICH ZURÜCKGEBEN, WERTER GROSSER BRUDER?
BEREITEN SIE EINE NACHTMAHLZEIT ZU?
JA! UM DIE ZEIT KRIEG ICH IMMER EIN WENIG HUNGER!
RÜHR
RÜHR
ABER WARUM GEHEN SIE DAFÜR EXTRA ZUR SCHULE?
DARF ICH EIN FOTO FÜR DIE SCHULZEITUNG MACHEN?
GRUSELGESCHICHTE AUS DER OBERSTUFE!
HERR RENGOKU KOCHT MITTEN IN DER NACHT REIS IM HAUSWIRTSCHAFTSRAUM!
HEY ... NICHT ...

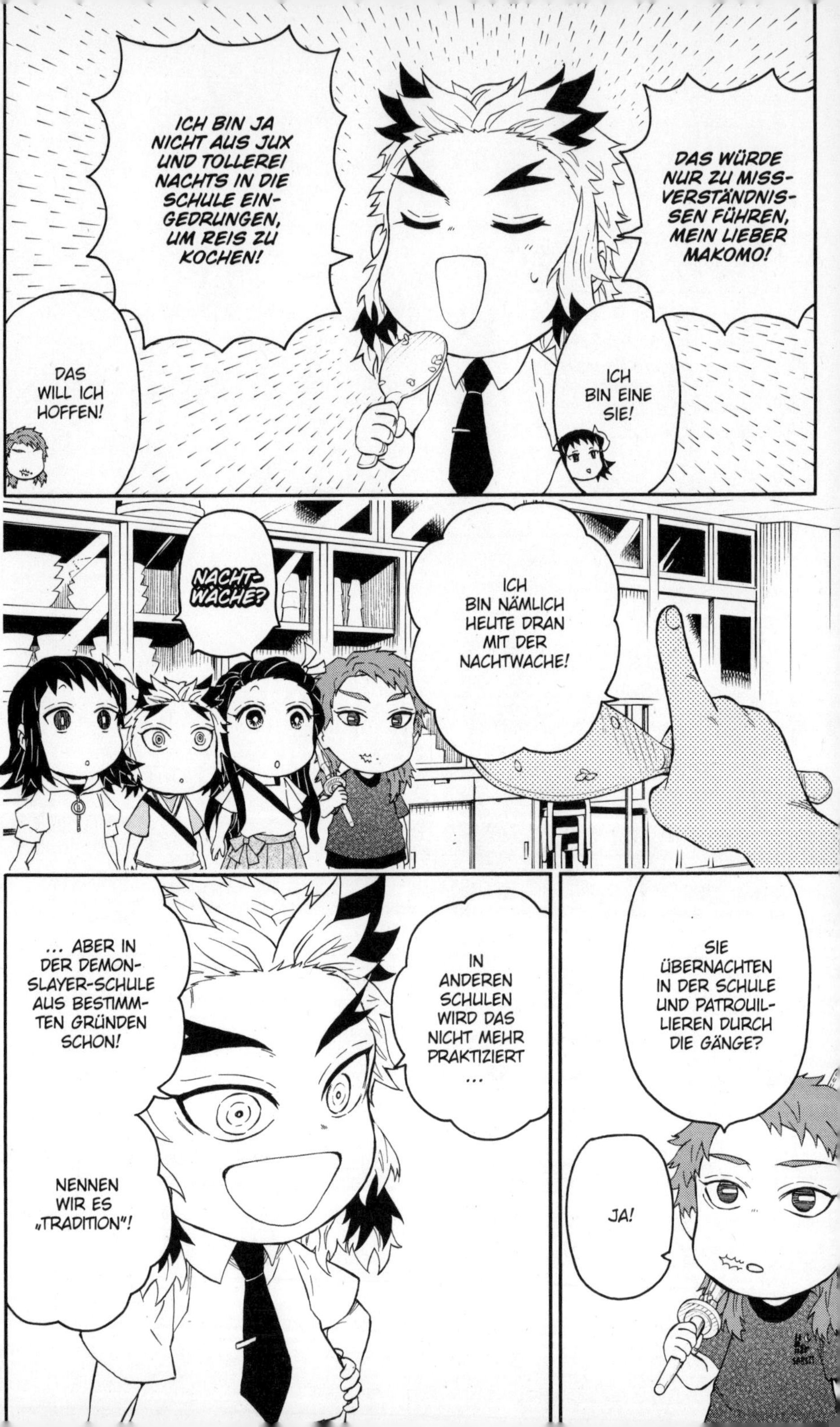

DAS WÜRDE NUR ZU MISS-VERSTÄNDNIS-SEN FÜHREN, MEIN LIEBER MAKOMO!
ICH BIN JA NICHT AUS JUX UND TOLLEREI NACHTS IN DIE SCHULE EIN-GEDRUNGEN, UM REIS ZU KOCHEN!
ICH BIN EINE SIE!
DAS WILL ICH HOFFEN!
ICH BIN NÄMLICH HEUTE DRAN MIT DER NACHTWACHE!
NACHT-WACHE?
SIE ÜBERNACHTEN IN DER SCHULE UND PATROUIL-LIEREN DURCH DIE GÄNGE?
JA!
IN ANDEREN SCHULEN WIRD DAS NICHT MEHR PRAKTIZIERT …
… ABER IN DER DEMON-SLAYER-SCHULE AUS BESTIMM-TEN GRÜNDEN SCHON!
NENNEN WIR ES „TRADITION“!

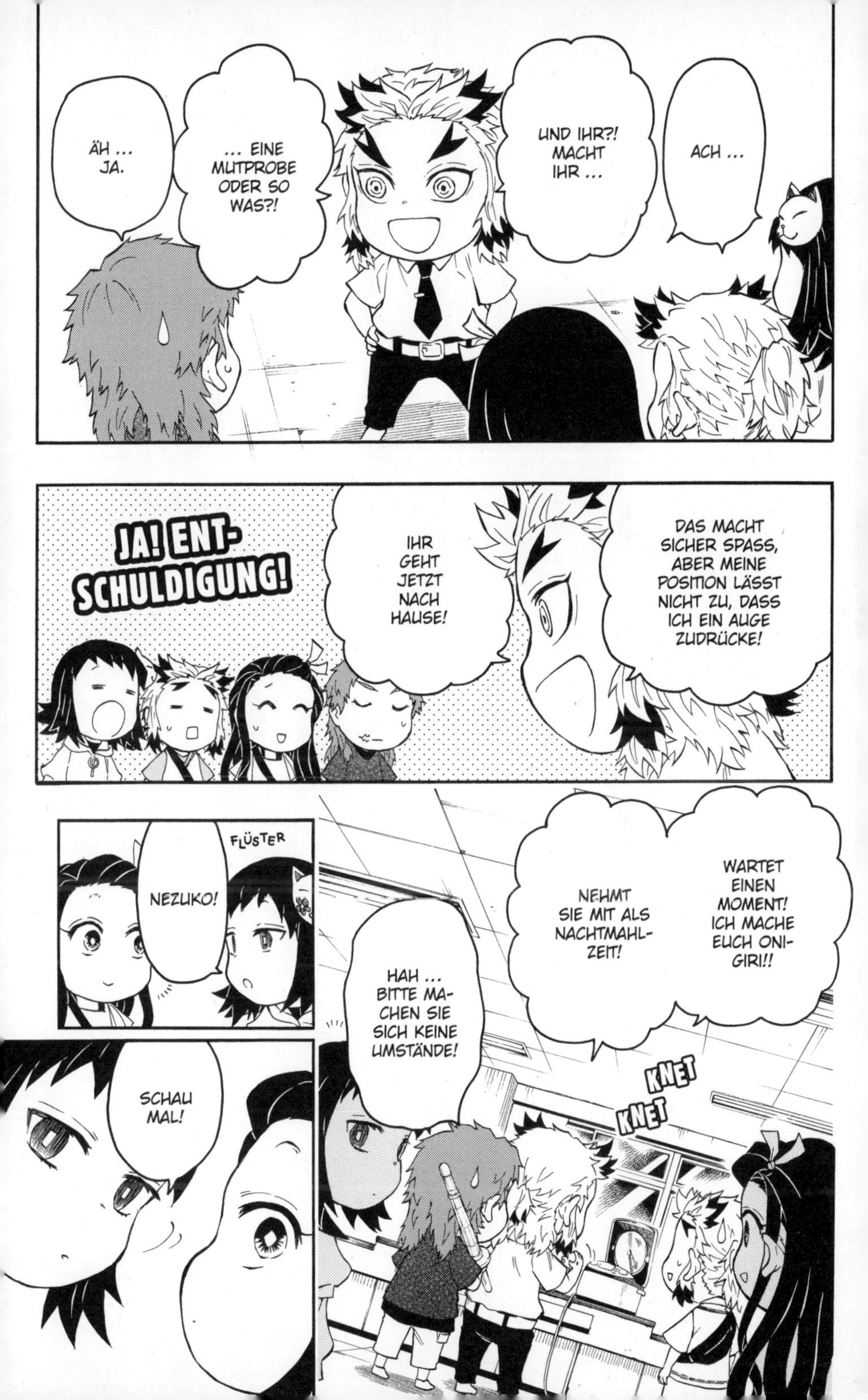
ACH …
UND IHR?! MACHT IHR …
… EINE MUTPROBE ODER SO WAS?!
ÄH … JA.
DAS MACHT SICHER SPASS, ABER MEINE POSITION LÄSST NICHT ZU, DASS ICH EIN AUGE ZUDRÜCKE!
IHR GEHT JETZT NACH HAUSE!
JA! ENT-SCHULDIGUNG!
WARTET EINEN MOMENT! ICH MACHE EUCH ONI-GIRI!!
NEHMT SIE MIT ALS NACHTMAHL-ZEIT!
HAH … BITTE MA-CHEN SIE SICH KEINE UMSTÄNDE!
KNET
KNET
FLÜSTER
NEZUKO!
SCHAU MAL!

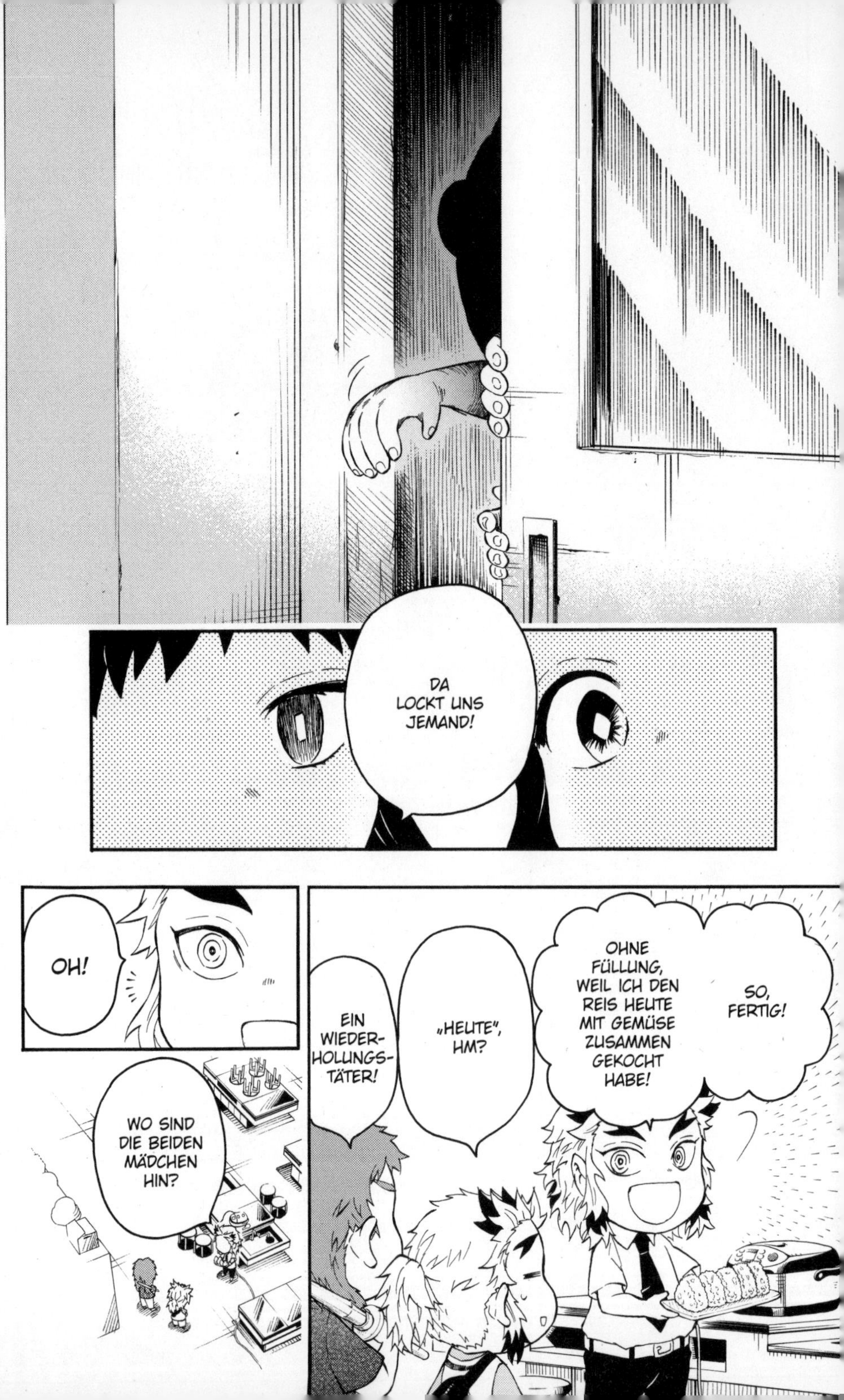
DA LOCKT UNS JEMAND!
SO, FERTIG!
OHNE FÜLLUNG, WEIL ICH DEN REIS HEUTE MIT GEMÜSE ZUSAMMEN GEKOCHT HABE!
„HEUTE", HM?
EIN WIEDER-HOLUNGS-TÄTER!
OH!
WO SIND DIE BEIDEN MÄDCHEN HIN?

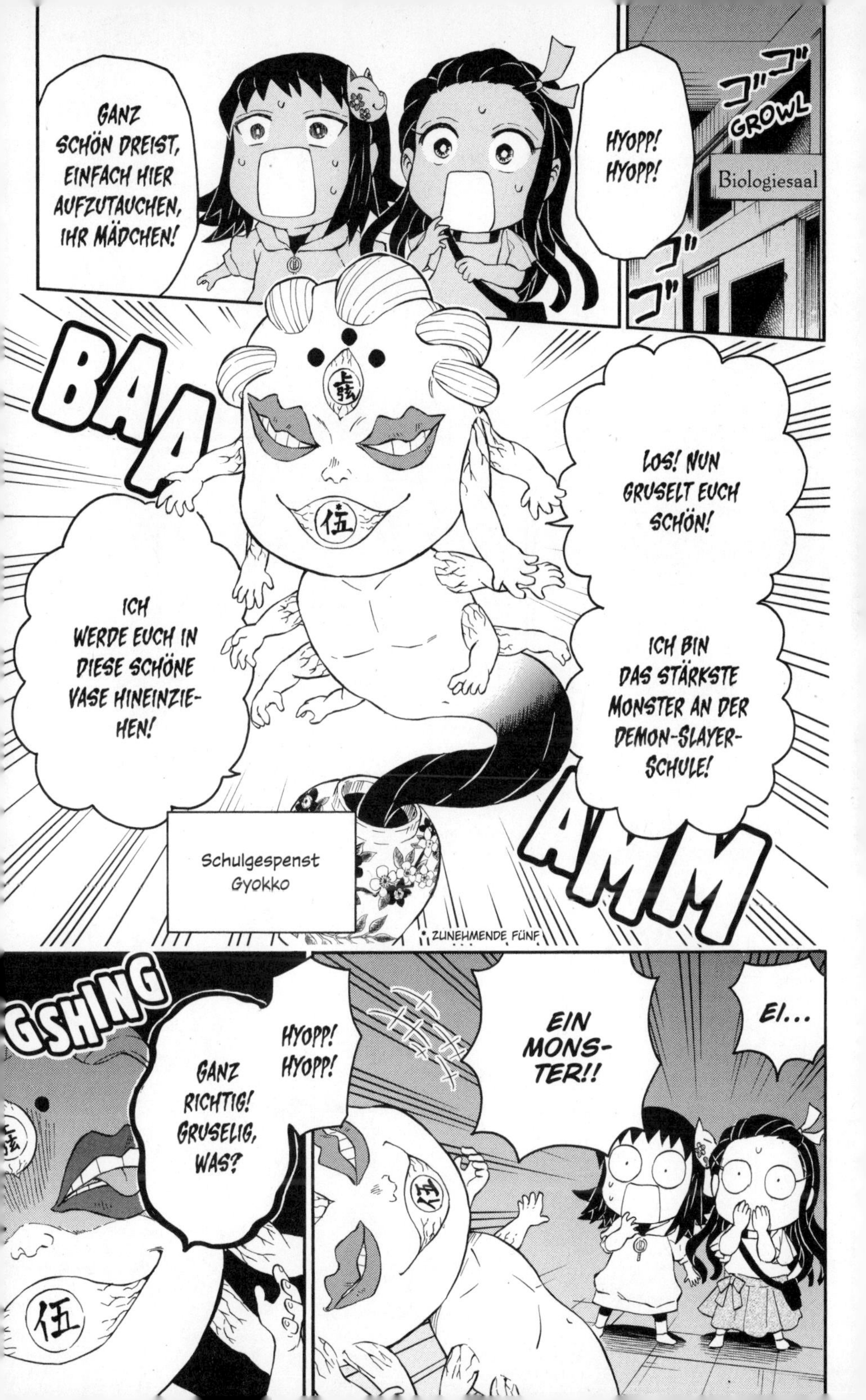
ゴゴ
GROWL
Biologiesaal
HYOPP! HYOPP!
GANZ SCHÖN DREIST, EINFACH HIER AUFZUTAUCHEN, IHR MÄDCHEN!
ゴゴ
BAAAMM
LOS! NUN GRUSELT EUCH SCHÖN!
ICH BIN DAS STÄRKSTE MONSTER AN DER DEMON-SLAYER-SCHULE!
ICH WERDE EUCH IN DIESE SCHÖNE VASE HINEINZIEHEN!
Schulgespenst Gyokko
* ZUNEHMENDE FÜNF
EI…
EIN MONSTER!!
HYOPP! HYOPP!
GANZ RICHTIG! GRUSELIG, WAS?
GSHING

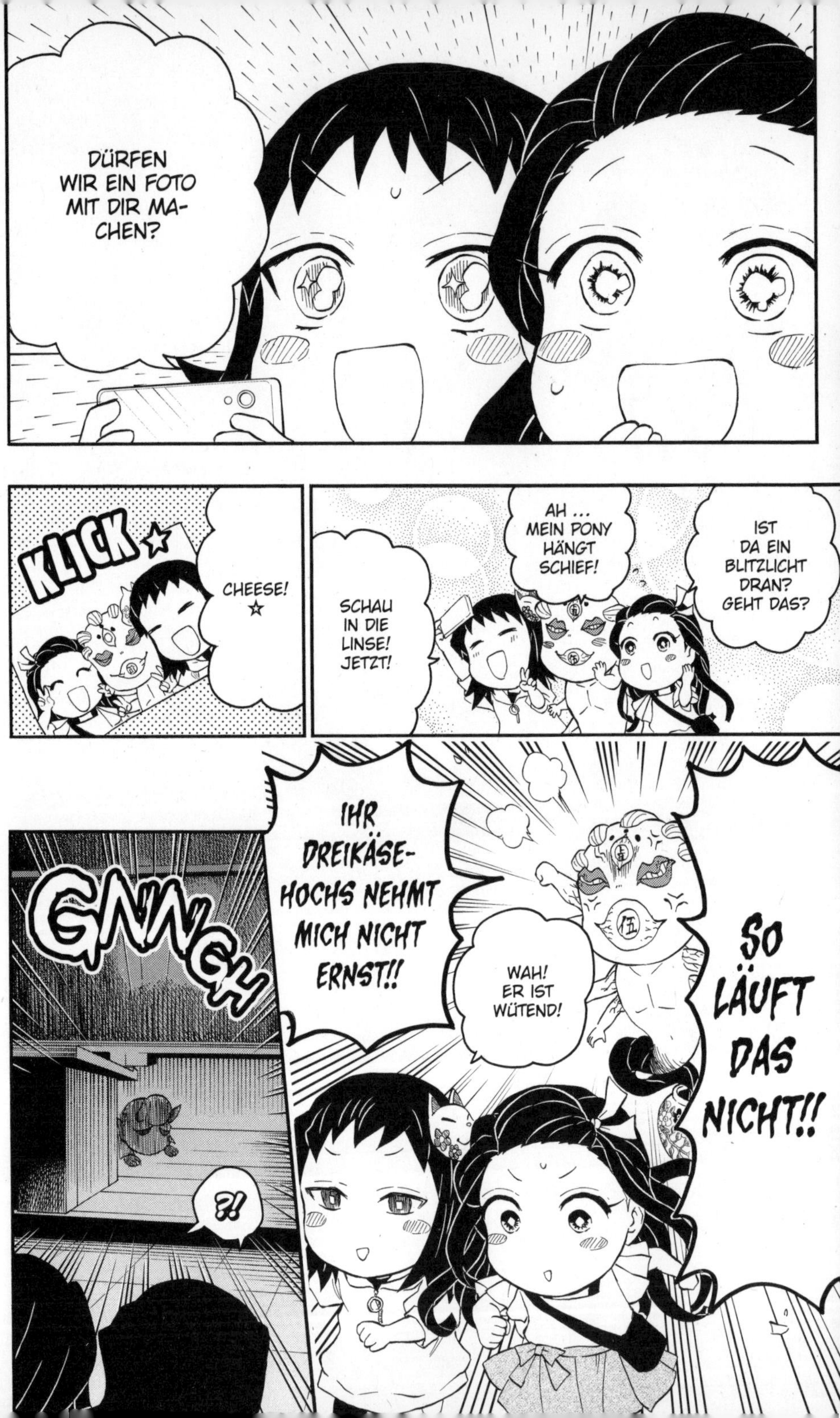
DÜRFEN WIR EIN FOTO MIT DIR MA-CHEN?
IST DA EIN BLITZLICHT DRAN? GEHT DAS?
AH ... MEIN PONY HÄNGT SCHIEF!
SCHAU IN DIE LINSE! JETZT!
CHEESE! ☆
KLICK ☆
SO LÄUFT DAS NICHT!!
IHR DREIKÄSE-HOCHS NEHMT MICH NICHT ERNST!!
WAH! ER IST WÜTEND!
GNNGH
?!

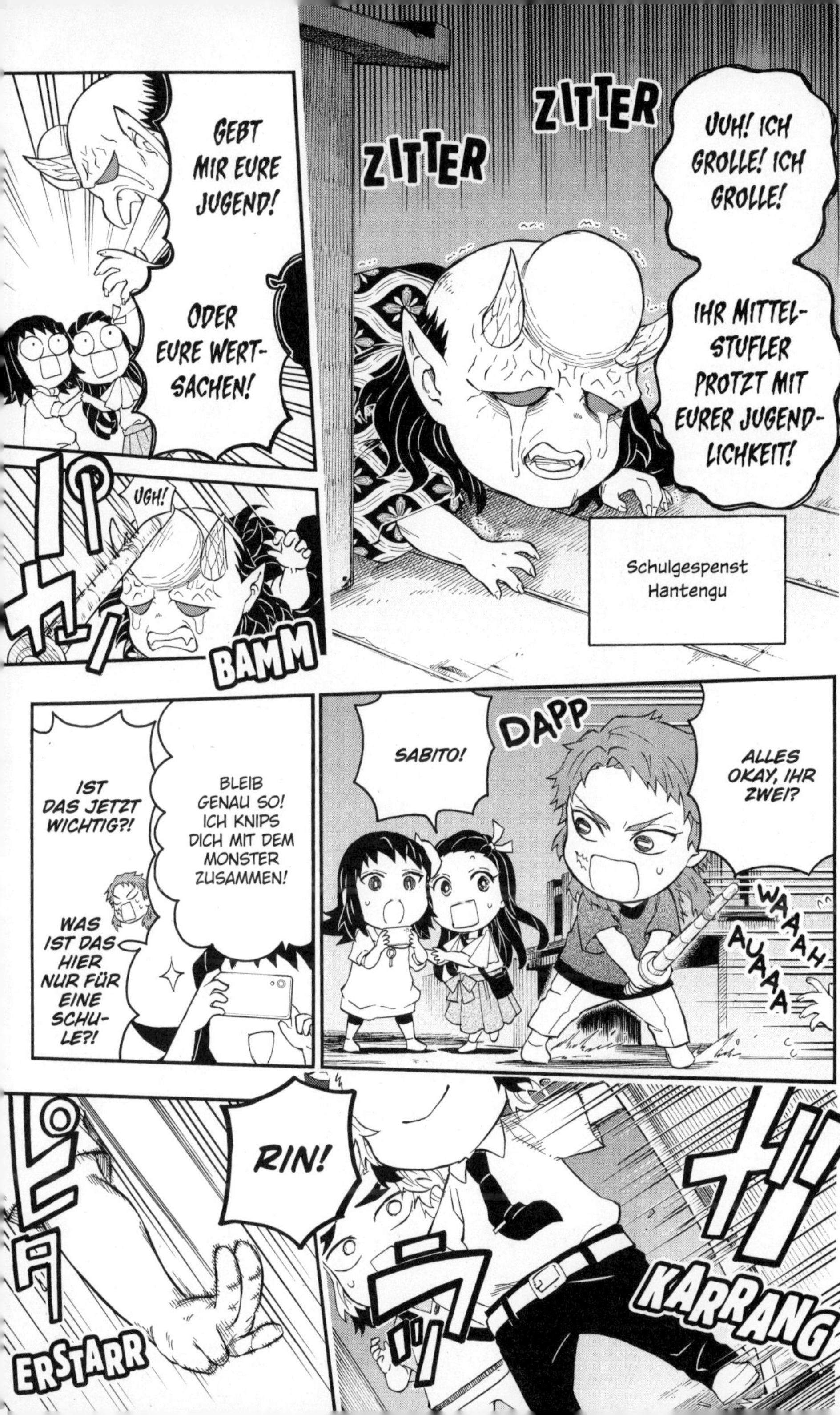
ZITTER
ZITTER
UUH! ICH GROLLE! ICH GROLLE!
IHR MITTELSTUFLER PROTZT MIT EURER JUGENDLICHKEIT!
Schulgespenst Hantengu
GEBT MIR EURE JUGEND!
ODER EURE WERTSACHEN!
UGH!
BAMM
DAPP
ALLES OKAY, IHR ZWEI?
SABITO!
WAAAAH
AUAAAA
BLEIB GENAU SO! ICH KNIPS DICH MIT DEM MONSTER ZUSAMMEN!
IST DAS JETZT WICHTIG?!
WAS IST DAS HIER NUR FÜR EINE SCHULE?!
KARRANG
RIN!
ERSTARR

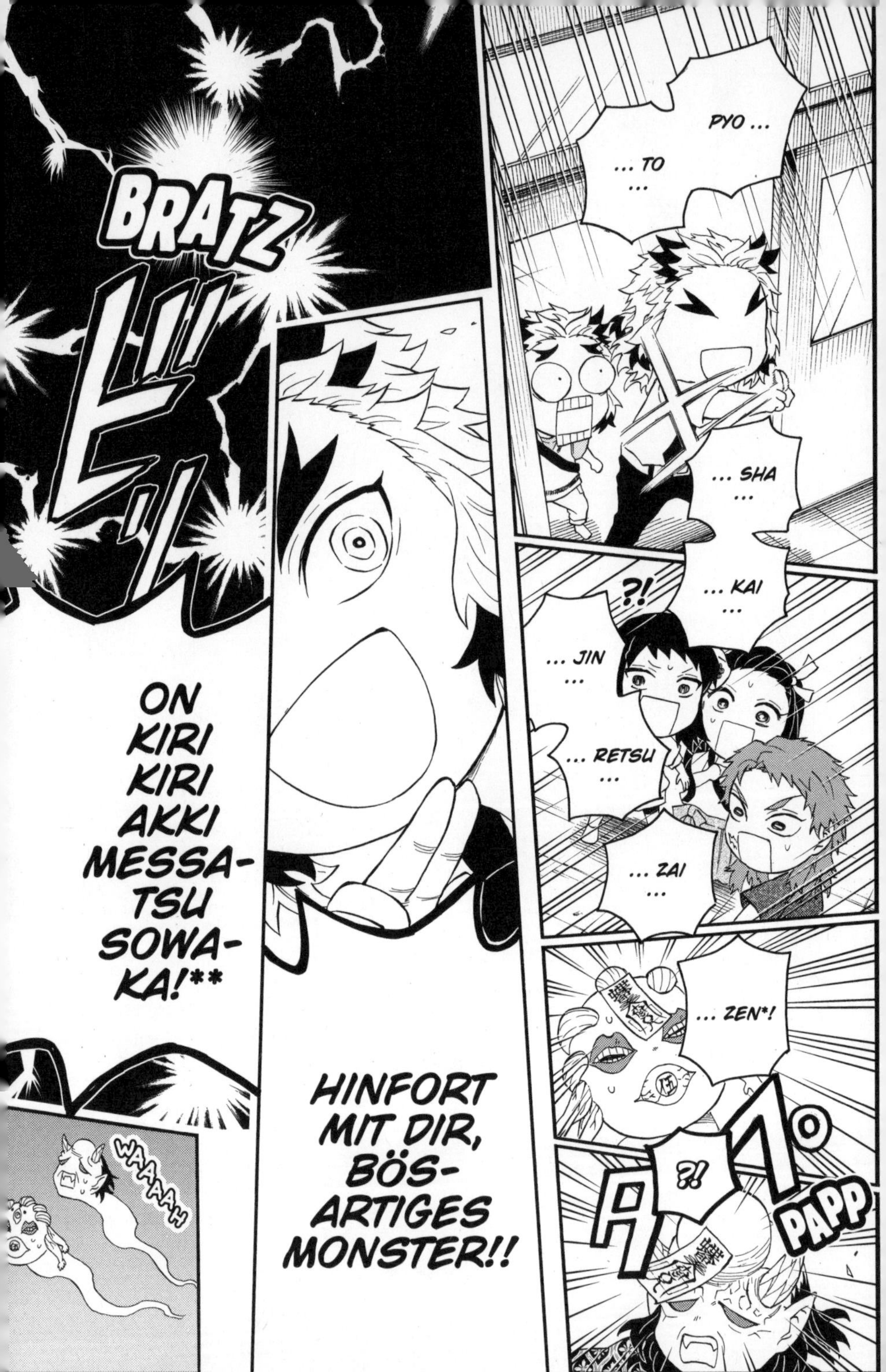

* BANNSPRUCH; BEDEUTET IN ETWA: „FRONTSOLDATEN UND KÄMPFER, BILDET EINE FORMATION UND TRETET VOR!"

** ANRUFUNG ZUR AUSLÖSCHUNG DES BÖSEN

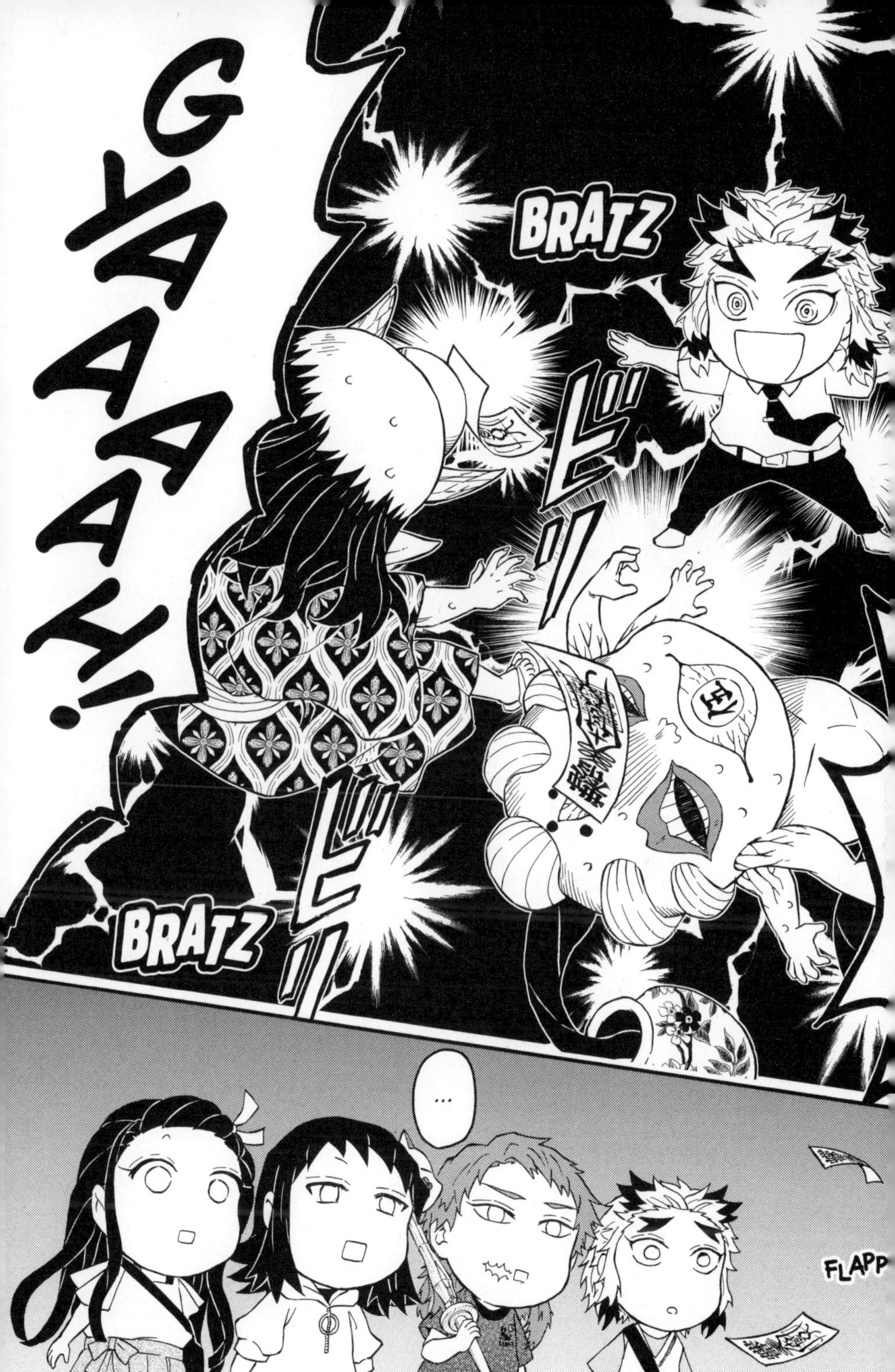
GYAAAAH!!
BRATZ
BRATZ
...
FLAPP

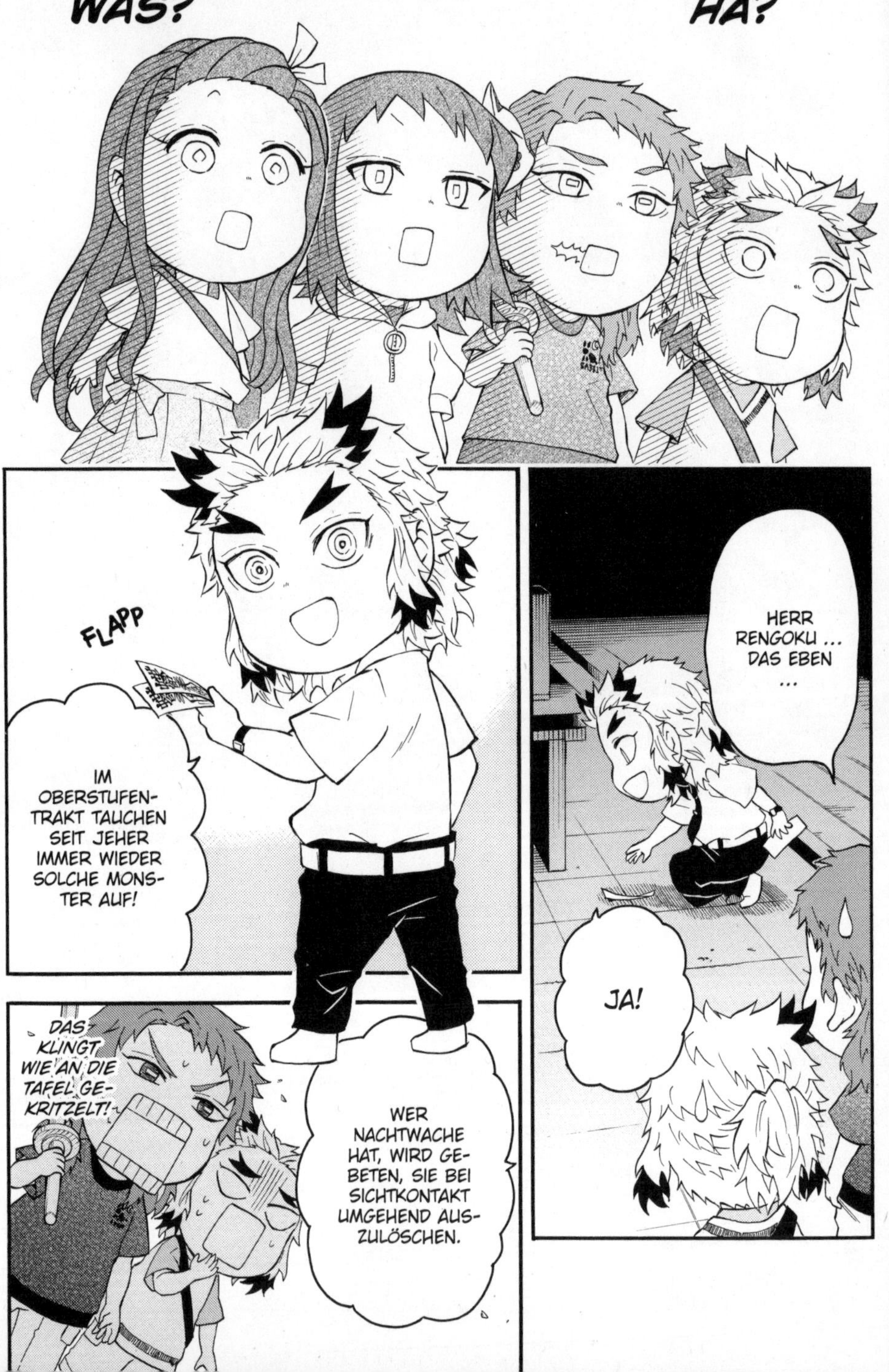
HÄ?
WAS?
HERR RENGOKU … DAS EBEN …
JA!
FLAPP
IM OBERSTUFEN-TRAKT TAUCHEN SEIT JEHER IMMER WIEDER SOLCHE MONSTER AUF!
WER NACHTWACHE HAT, WIRD GEBETEN, SIE BEI SICHTKONTAKT UMGEHEND AUSZULÖSCHEN.
DAS KLINGT WIE AN DIE TAFEL GEKRITZELT!

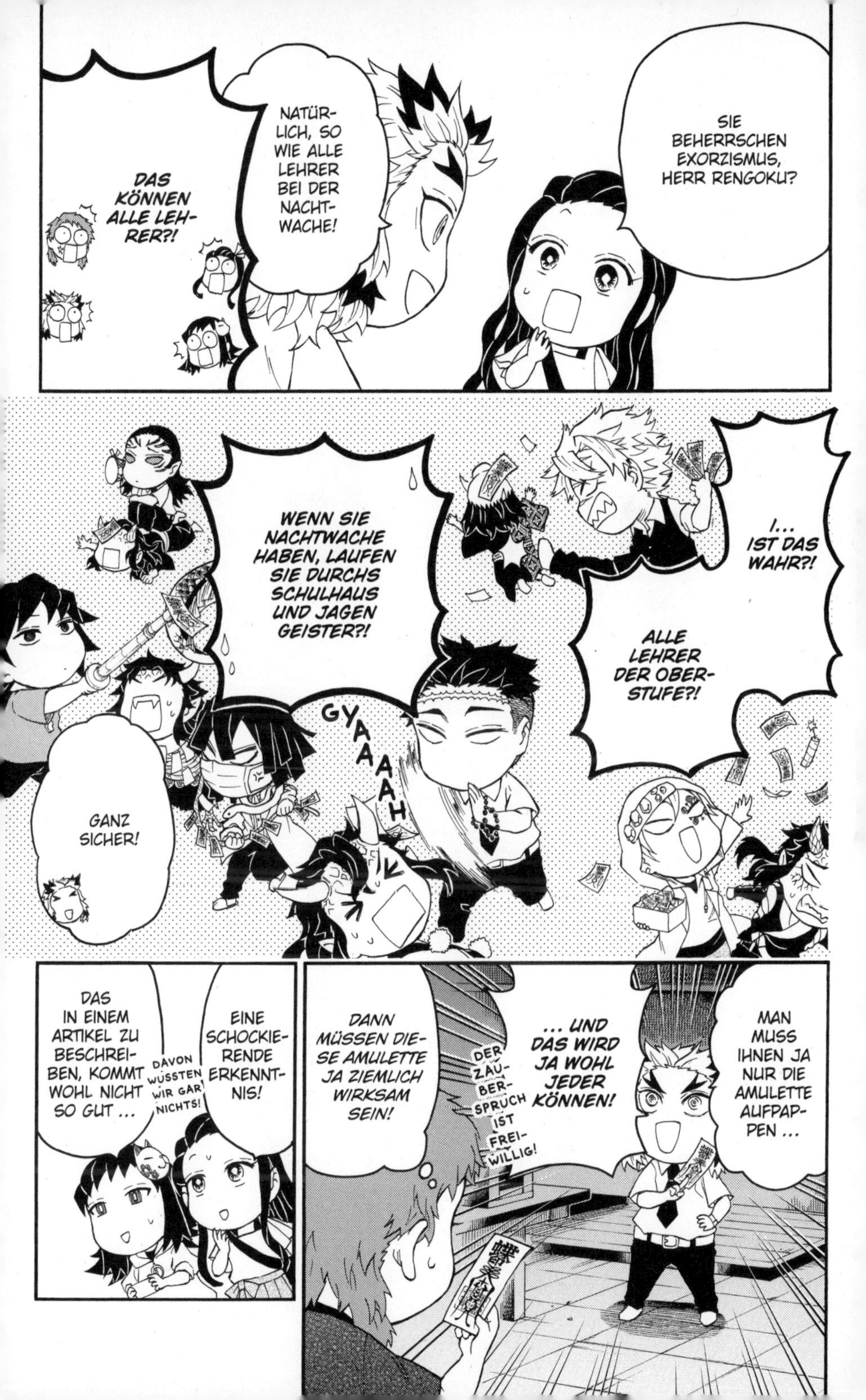
SIE BEHERRSCHEN EXORZISMUS, HERR RENGOKU?
NATÜRLICH, SO WIE ALLE LEHRER BEI DER NACHTWACHE!
DAS KÖNNEN ALLE LEHRER?!
I... IST DAS WAHR?!
ALLE LEHRER DER OBERSTUFE?!
WENN SIE NACHTWACHE HABEN, LAUFEN SIE DURCHS SCHULHAUS UND JAGEN GEISTER?!
GYAAAAAH
GANZ SICHER!
MAN MUSS IHNEN JA NUR DIE AMULETTE AUFPAPPEN ...
... UND DAS WIRD JA WOHL JEDER KÖNNEN!
DER ZAUBERSPRUCH IST FREIWILLIG!
DANN MÜSSEN DIESE AMULETTE JA ZIEMLICH WIRKSAM SEIN!
EINE SCHOCKIERENDE ERKENNTNIS!
DAVON WÜSSTEN WIR GAR NICHTS!
DAS IN EINEM ARTIKEL ZU BESCHREIBEN, KOMMT WOHL NICHT SO GUT ...

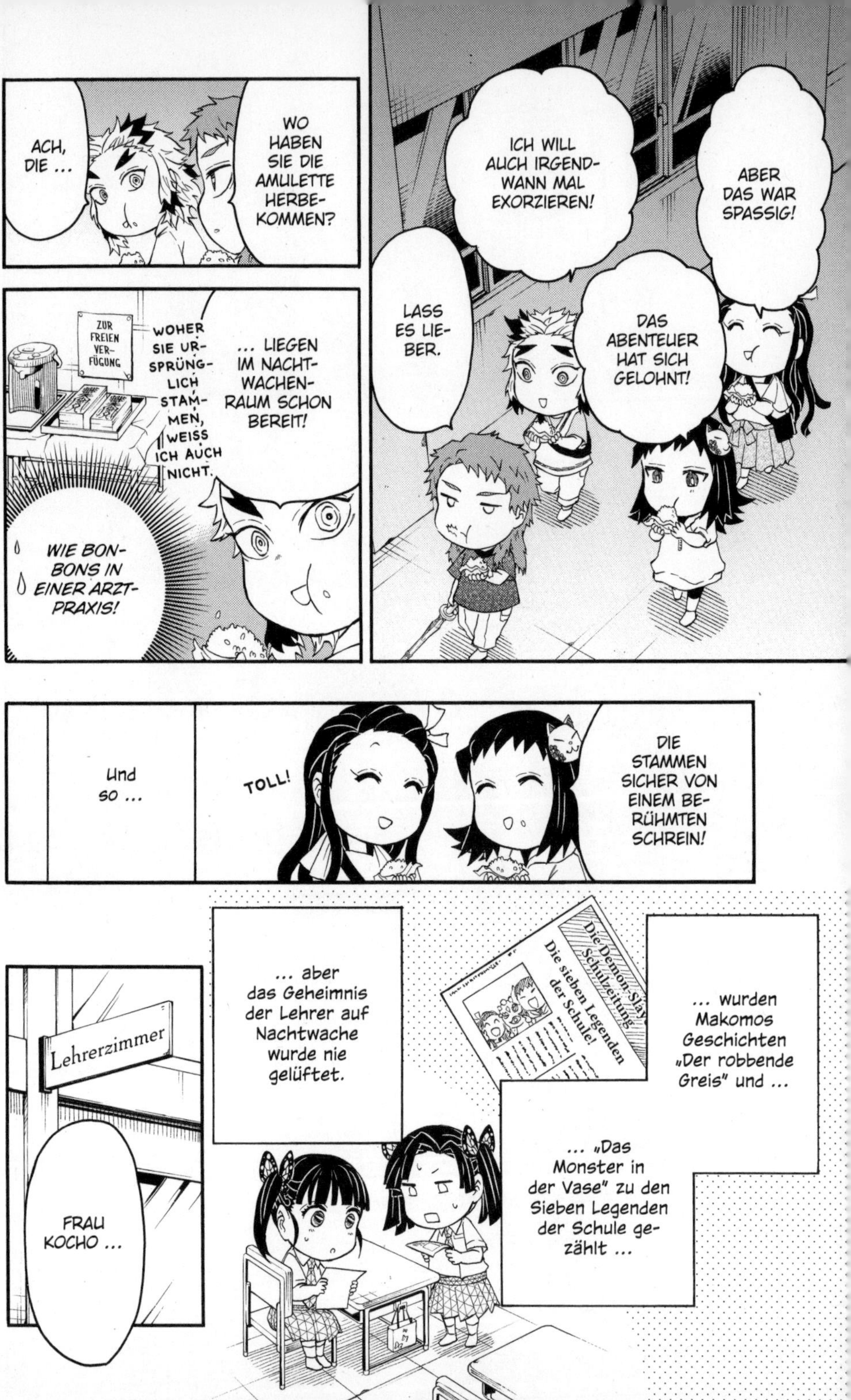
ABER DAS WAR SPASSIG!
ICH WILL AUCH IRGENDWANN MAL EXORZIEREN!
DAS ABENTEUER HAT SICH GELOHNT!
LASS ES LIEBER.
WO HABEN SIE DIE AMULETTE HERBEKOMMEN?
ACH, DIE …
… LIEGEN IM NACHTWACHENRAUM SCHON BEREIT!
WOHER SIE URSPRÜNGLICH STAMMEN, WEISS ICH AUCH NICHT.
ZUR FREIEN VERFÜGUNG
WIE BONBONS IN EINER ARZTPRAXIS!
DIE STAMMEN SICHER VON EINEM BERÜHMTEN SCHREIN!
TOLL!
Und so …
… wurden Makomos Geschichten „Der robbende Greis“ und …
… „Das Monster in der Vase“ zu den Sieben Legenden der Schule gezählt …
Die Demon Slay
Schulzeitung
Die sieben Legenden der Schule!
… aber das Geheimnis der Lehrer auf Nachtwache wurde nie gelüftet.
Lehrerzimmer
FRAU KOCHO …

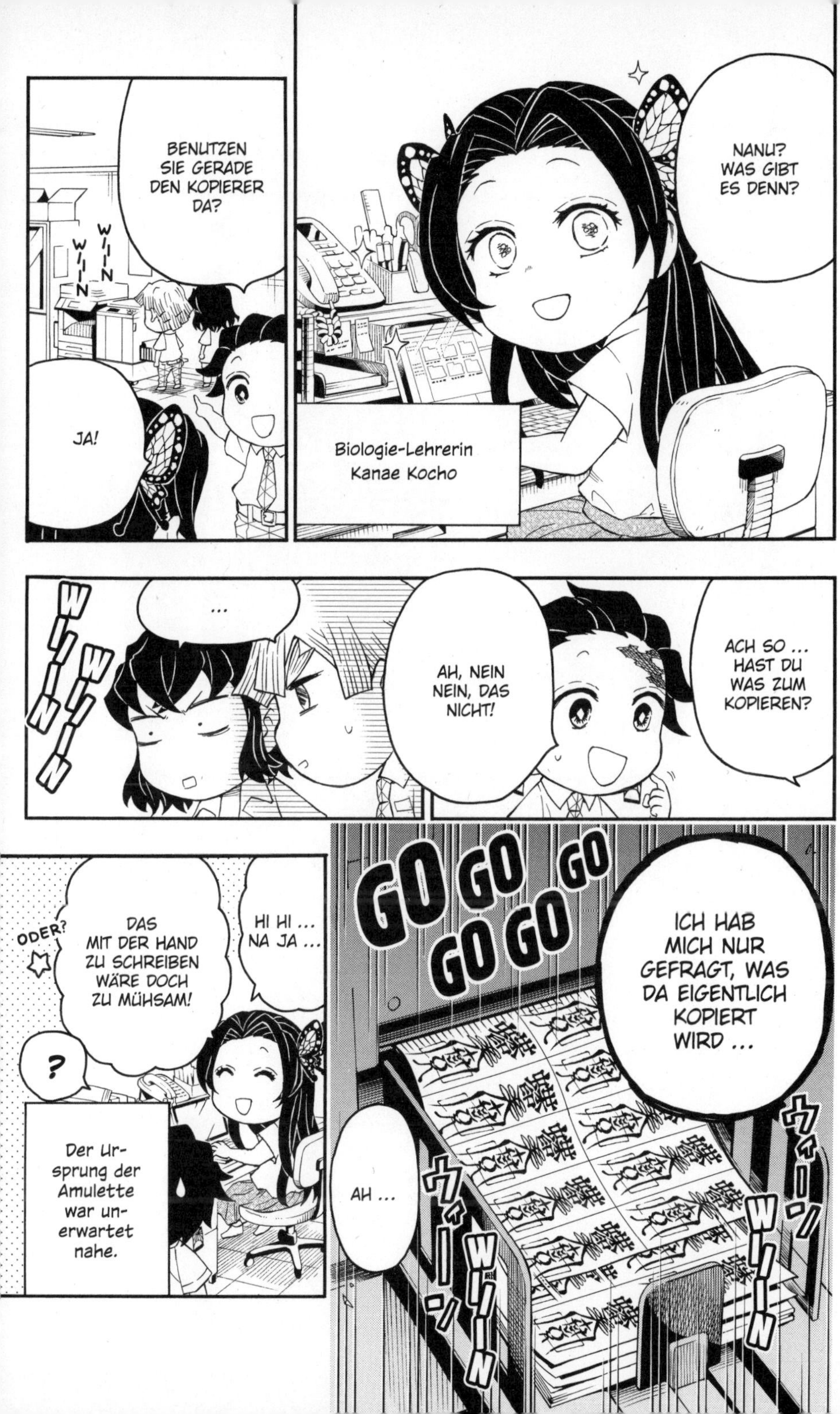
NANU? WAS GIBT ES DENN?
Biologie-Lehrerin Kanae Kocho
BENUTZEN SIE GERADE DEN KOPIERER DA?
WIIN WIIN
JA!
ACH SO … HAST DU WAS ZUM KOPIEREN?
AH, NEIN NEIN, DAS NICHT!
…
WIIIN WIIIN
ICH HAB MICH NUR GEFRAGT, WAS DA EIGENTLICH KOPIERT WIRD …
GO GO GO GO GO
AH …
WIIIN WIIIN
HI HI … NA JA …
DAS MIT DER HAND ZU SCHREIBEN WÄRE DOCH ZU MÜHSAM!
ODER?
?
Der Ursprung der Amulette war unerwartet nahe.

Der Mittelstufen-Alltag der Taro-Klasse

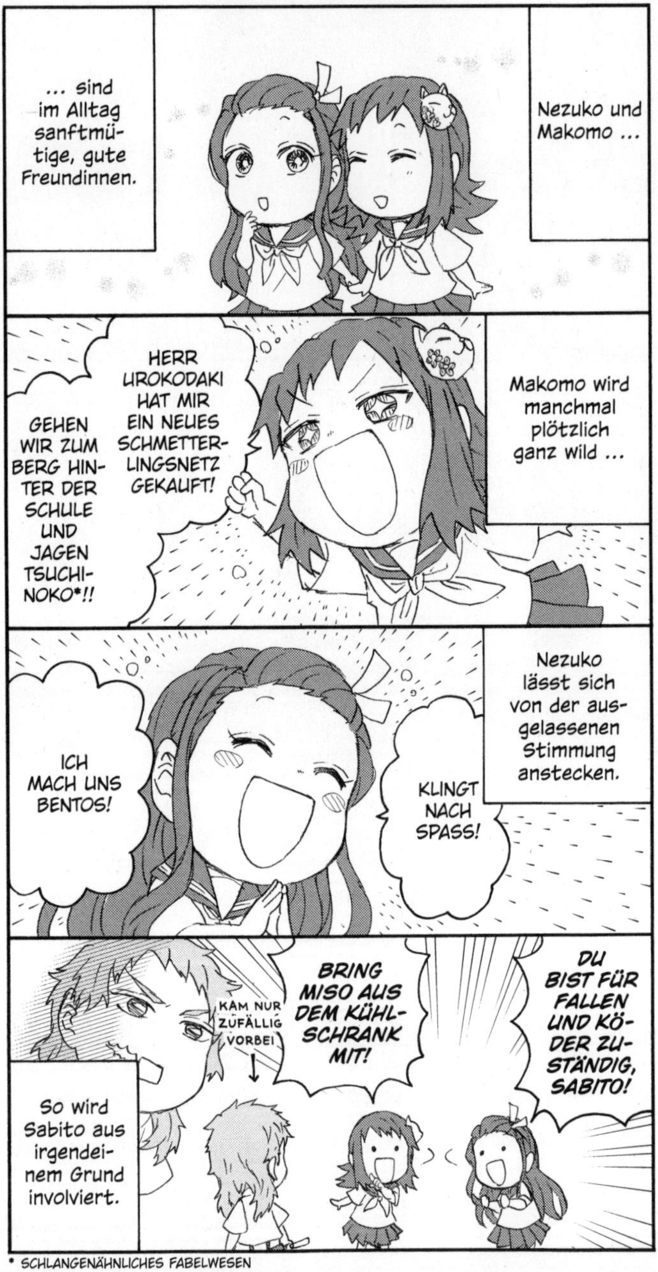

* SCHLANGENÄHNLICHES FABELWESEN

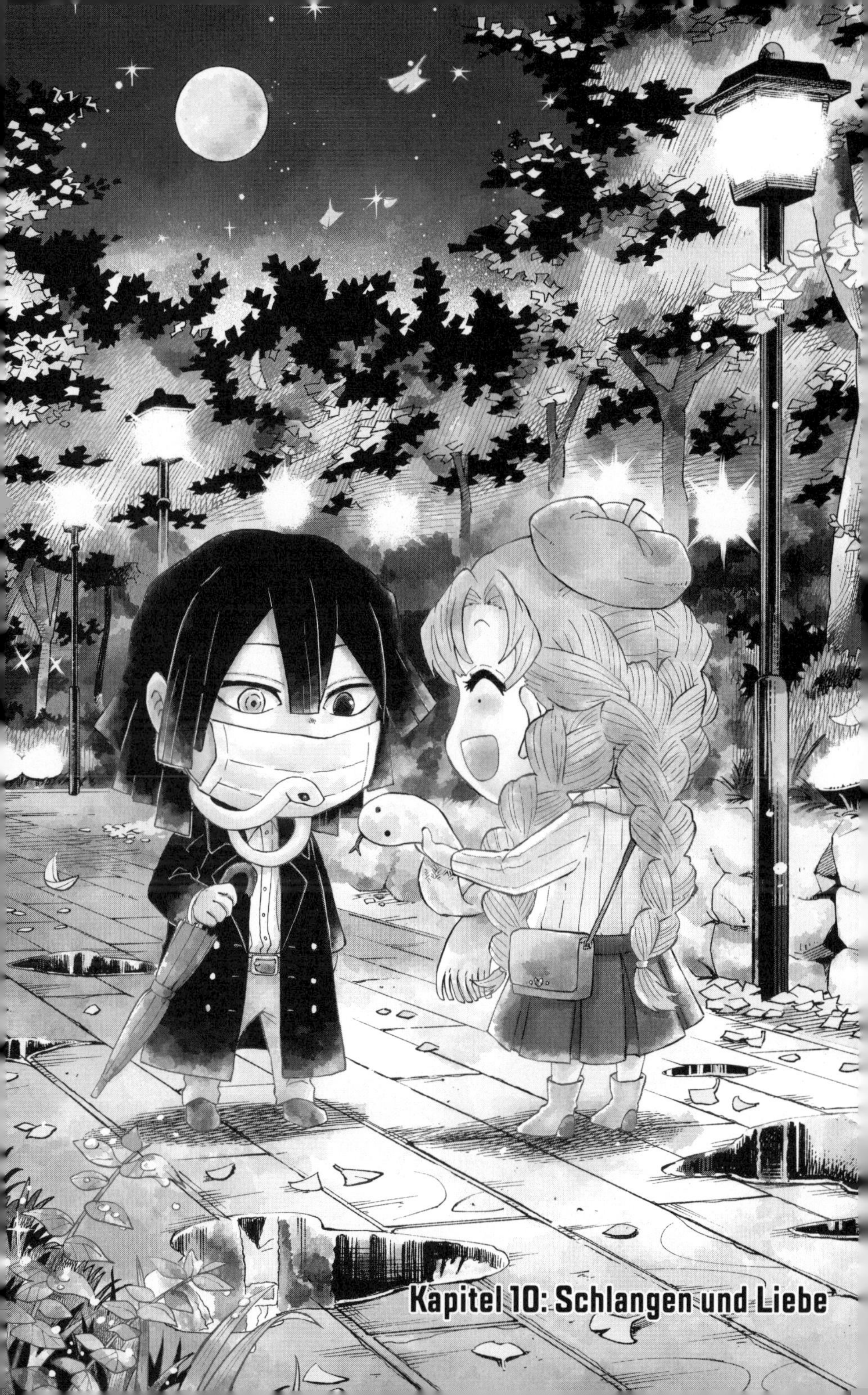
Kapitel 10: Schlangen und Liebe

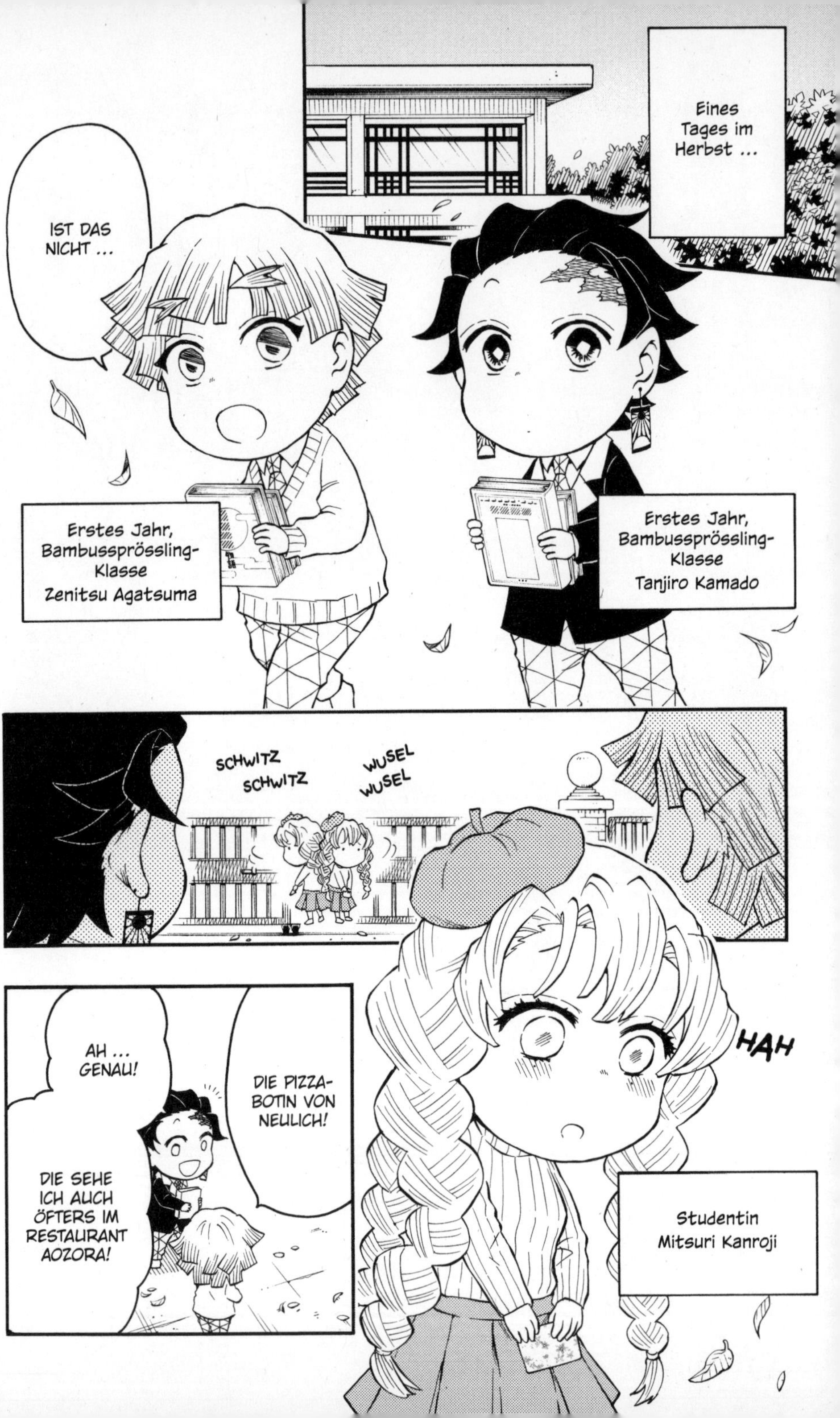
Eines Tages im Herbst …
IST DAS NICHT …
Erstes Jahr, Bambussprössling-Klasse Tanjiro Kamado
Erstes Jahr, Bambussprössling-Klasse Zenitsu Agatsuma
WUSEL WUSEL
SCHWITZ SCHWITZ
HAH
Studentin Mitsuri Kanroji
DIE PIZZA-BOTIN VON NEULICH!
AH … GENAU!
DIE SEHE ICH AUCH ÖFTERS IM RESTAURANT AOZORA!

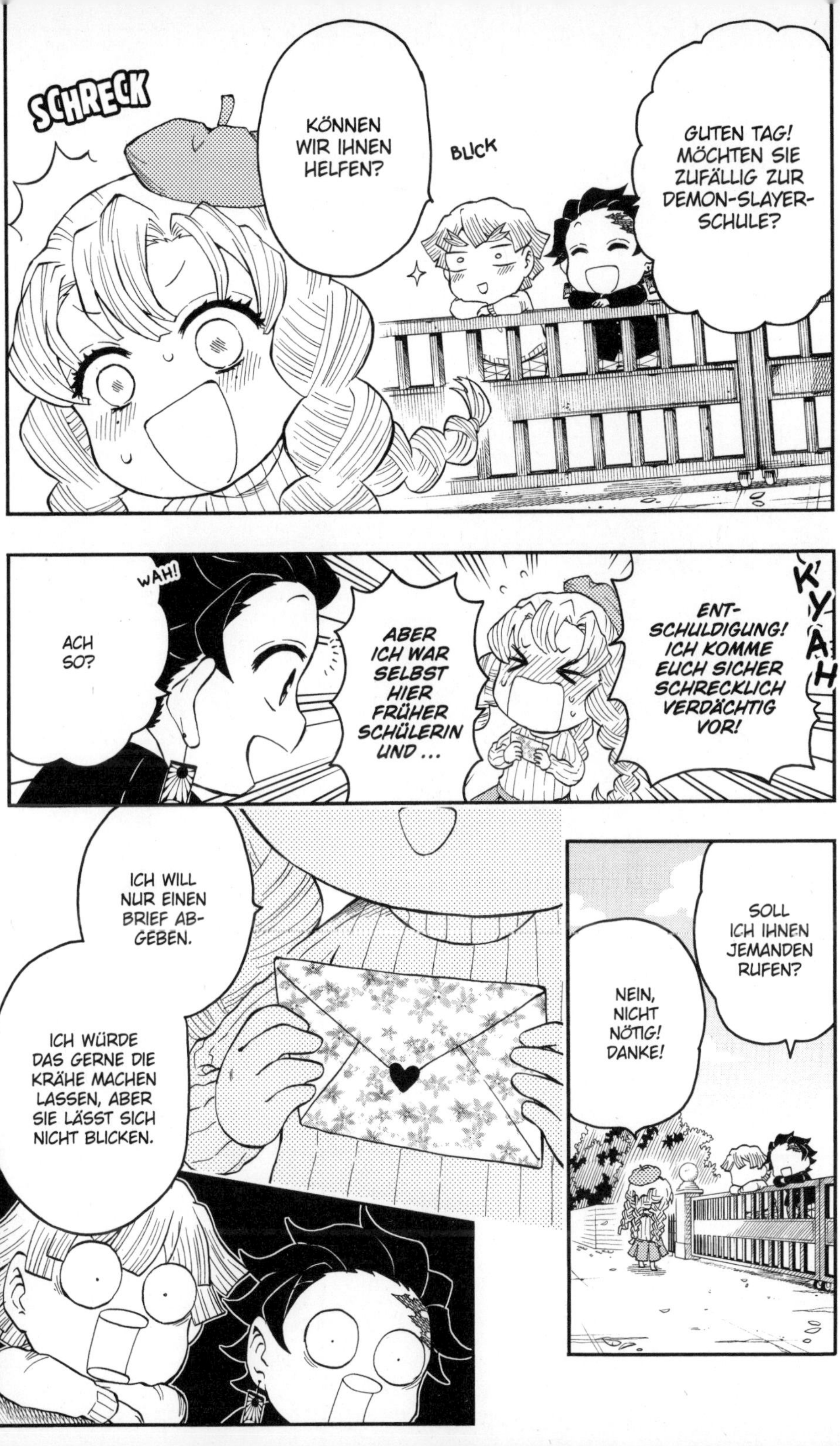
GUTEN TAG! MÖCHTEN SIE ZUFÄLLIG ZUR DEMON-SLAYER-SCHULE?
BLICK
KÖNNEN WIR IHNEN HELFEN?
SCHRECK
KYAH
ENT-SCHULDIGUNG! ICH KOMME EUCH SICHER SCHRECKLICH VERDÄCHTIG VOR!
ABER ICH WAR SELBST HIER FRÜHER SCHÜLERIN UND …
WAH!
ACH SO?
SOLL ICH IHNEN JEMANDEN RUFEN?
NEIN, NICHT NÖTIG! DANKE!
ICH WILL NUR EINEN BRIEF AB-GEBEN.
ICH WÜRDE DAS GERNE DIE KRÄHE MACHEN LASSEN, ABER SIE LÄSST SICH NICHT BLICKEN.

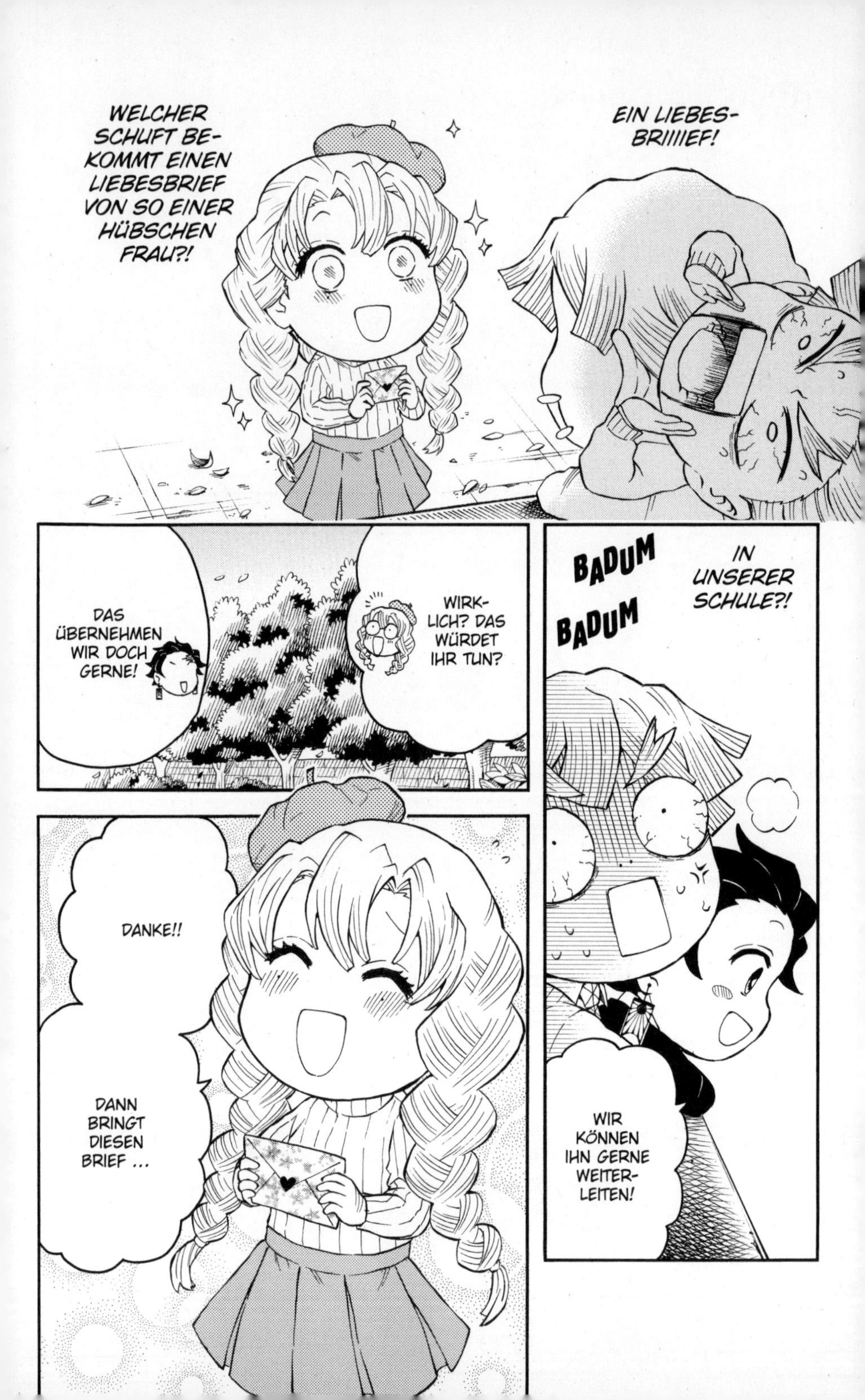
EIN LIEBES-BRIIIIEF!
WELCHER SCHUFT BEKOMMT EINEN LIEBESBRIEF VON SO EINER HÜBSCHEN FRAU?!
BADUM BADUM
IN UNSERER SCHULE?!
WIRKLICH? DAS WÜRDET IHR TUN?
DAS ÜBERNEHMEN WIR DOCH GERNE!
WIR KÖNNEN IHN GERNE WEITERLEITEN!
DANKE!!
DANN BRINGT DIESEN BRIEF ...

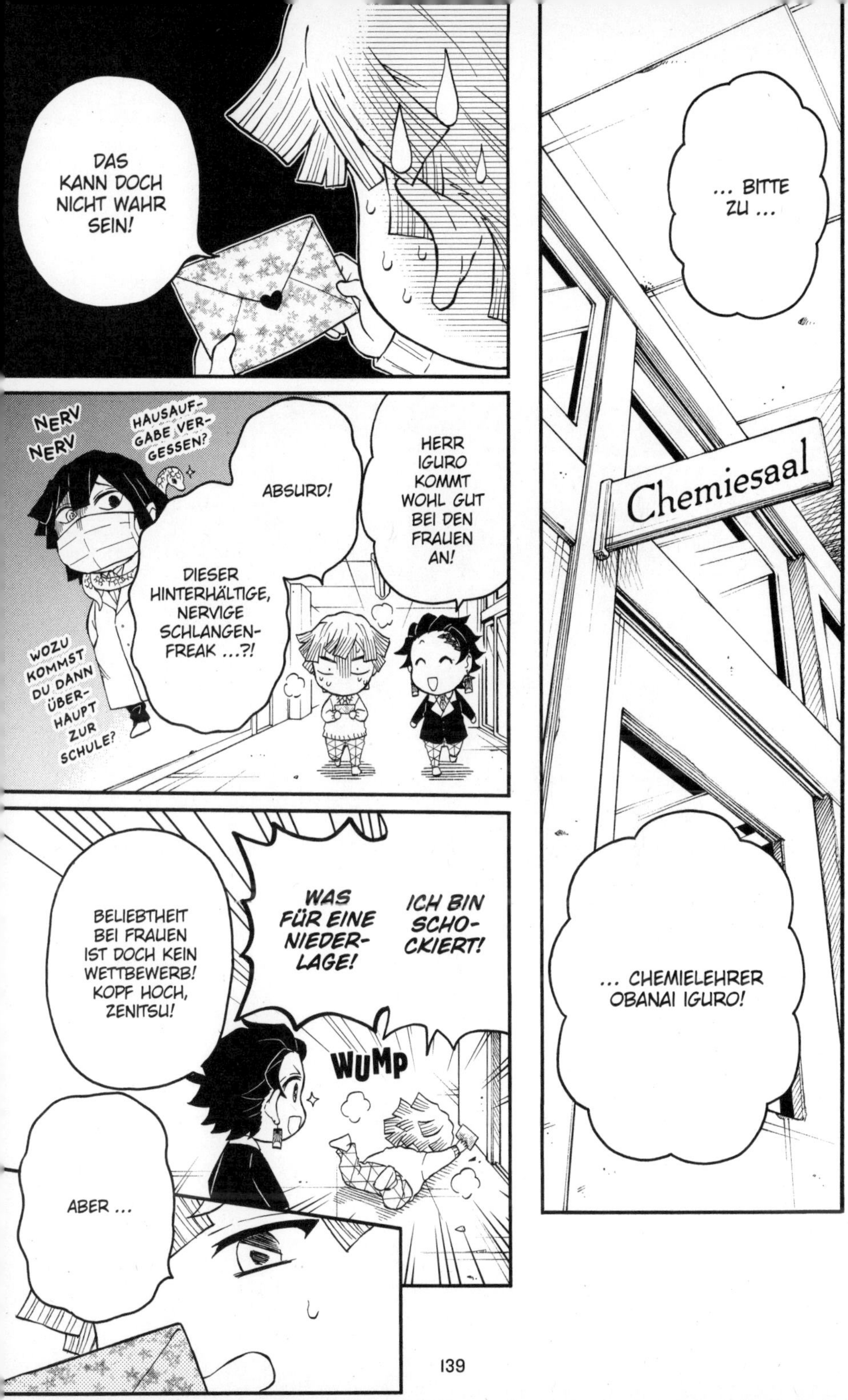
… BITTE ZU …
Chemiesaal
… CHEMIELEHRER OBANAI IGURO!
DAS KANN DOCH NICHT WAHR SEIN!
HERR IGURO KOMMT WOHL GUT BEI DEN FRAUEN AN!
ABSURD!
DIESER HINTERHÄLTIGE, NERVIGE SCHLANGEN-FREAK …?!
HAUSAUF-GABE VER-GESSEN?
NERV NERV
WOZU KOMMST DU DANN ÜBER-HAUPT ZUR SCHULE?
ICH BIN SCHO-CKIERT!
WAS FÜR EINE NIEDER-LAGE!
BELIEBTHEIT BEI FRAUEN IST DOCH KEIN WETTBEWERB! KOPF HOCH, ZENITSU!
WUMP
ABER …

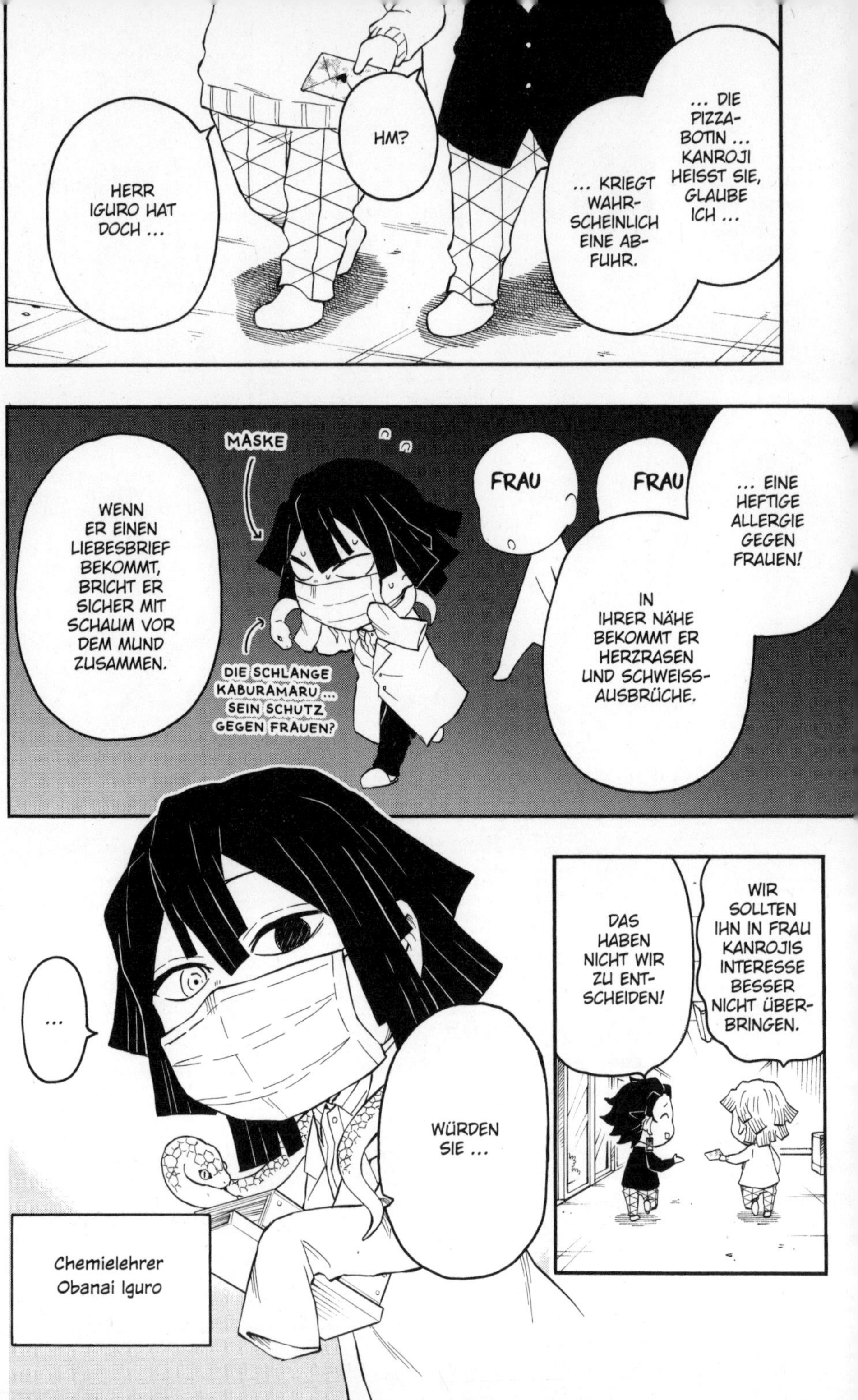
… DIE PIZZABOTIN … KANROJI HEISST SIE, GLAUBE ICH …
… KRIEGT WAHRSCHEINLICH EINE ABFUHR.
HM?
HERR IGURO HAT DOCH …
FRAU
FRAU
… EINE HEFTIGE ALLERGIE GEGEN FRAUEN!
IN IHRER NÄHE BEKOMMT ER HERZRASEN UND SCHWEISSAUSBRÜCHE.
MASKE
DIE SCHLANGE KABURAMARU … SEIN SCHUTZ GEGEN FRAUEN?
WENN ER EINEN LIEBESBRIEF BEKOMMT, BRICHT ER SICHER MIT SCHAUM VOR DEM MUND ZUSAMMEN.
WIR SOLLTEN IHN IN FRAU KANROJIS INTERESSE BESSER NICHT ÜBERBRINGEN.
DAS HABEN NICHT WIR ZU ENTSCHEIDEN!
WÜRDEN SIE …
…
Chemielehrer Obanai Iguro

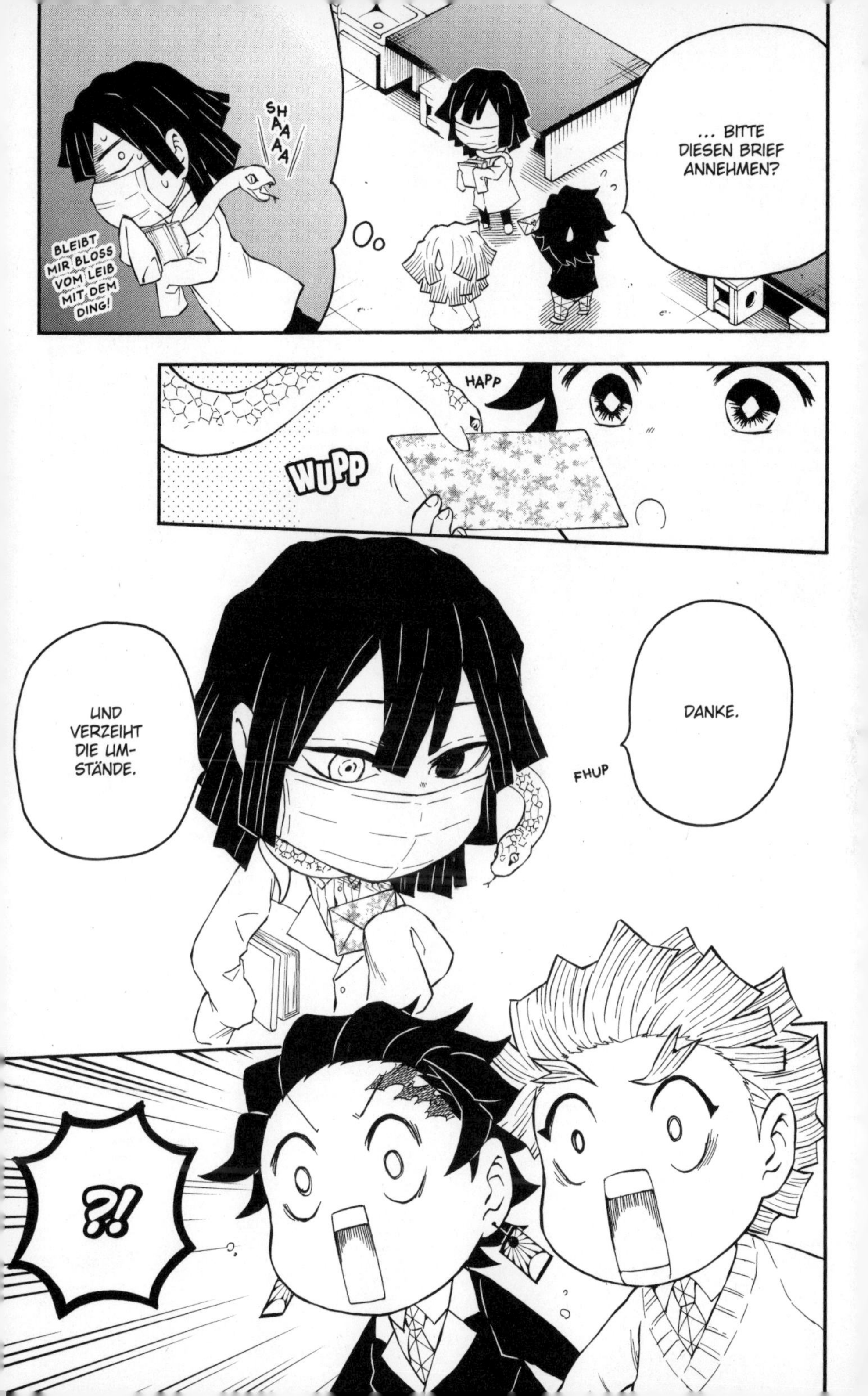
... BITTE DIESEN BRIEF ANNEHMEN?
SHAAAAA
BLEIBT MIR BLOSS VOM LEIB MIT DEM DING!
HAPP
WUPP
DANKE.
FHUP
UND VERZEIHT DIE UM-STÄNDE.
?!

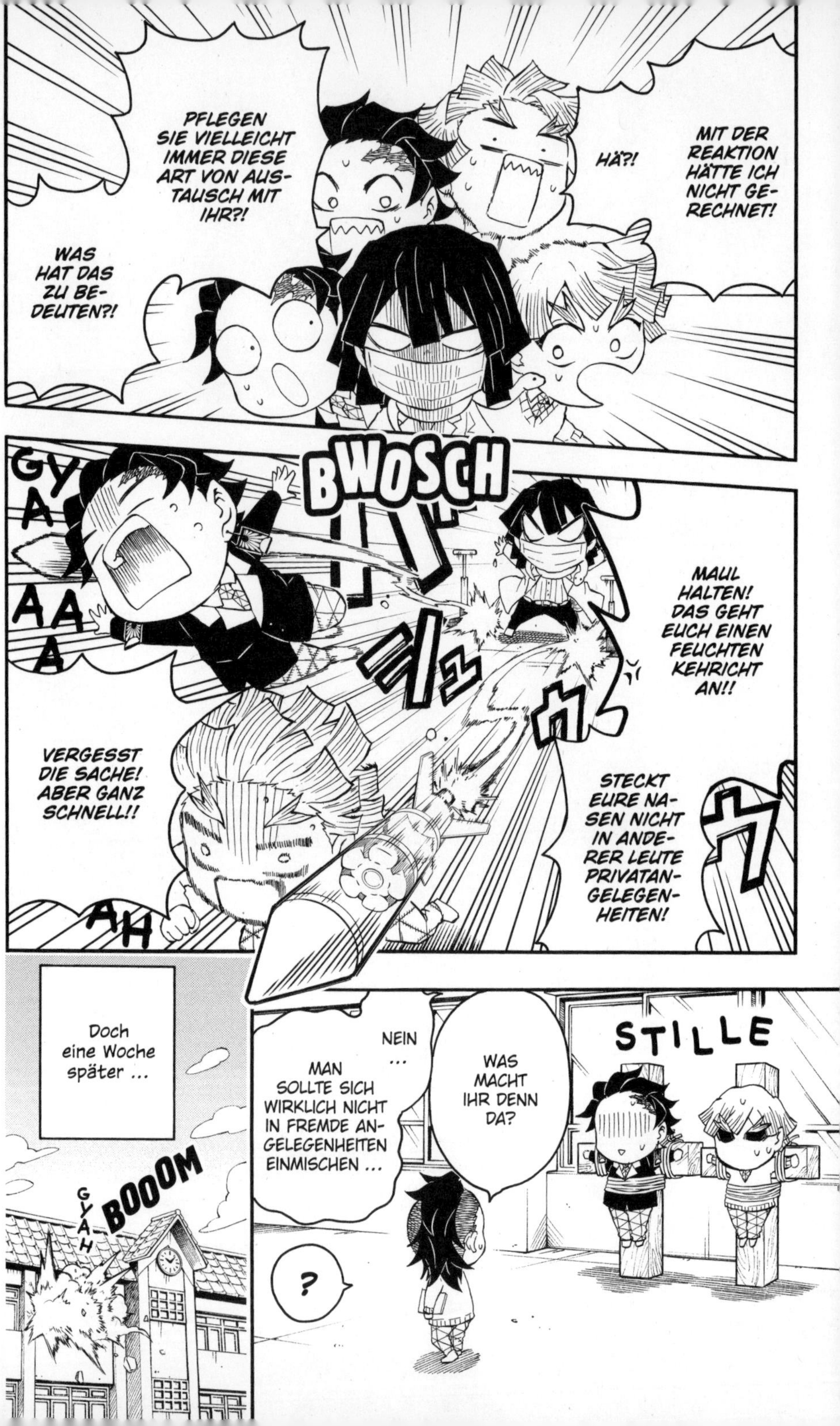
MIT DER REAKTION HÄTTE ICH NICHT GERECHNET!
HÄ?!
PFLEGEN SIE VIELLEICHT IMMER DIESE ART VON AUSTAUSCH MIT IHR?!
WAS HAT DAS ZU BEDEUTEN?!
BWOSCH
MAUL HALTEN! DAS GEHT EUCH EINEN FEUCHTEN KEHRICHT AN!!
STECKT EURE NASEN NICHT IN ANDERER LEUTE PRIVATANGELEGENHEITEN!
GYAAAAA
VERGESST DIE SACHE! ABER GANZ SCHNELL!!
AH
STILLE
WAS MACHT IHR DENN DA?
NEIN …
MAN SOLLTE SICH WIRKLICH NICHT IN FREMDE ANGELEGENHEITEN EINMISCHEN …
?
Doch eine Woche später …
BOOOM
GYAH

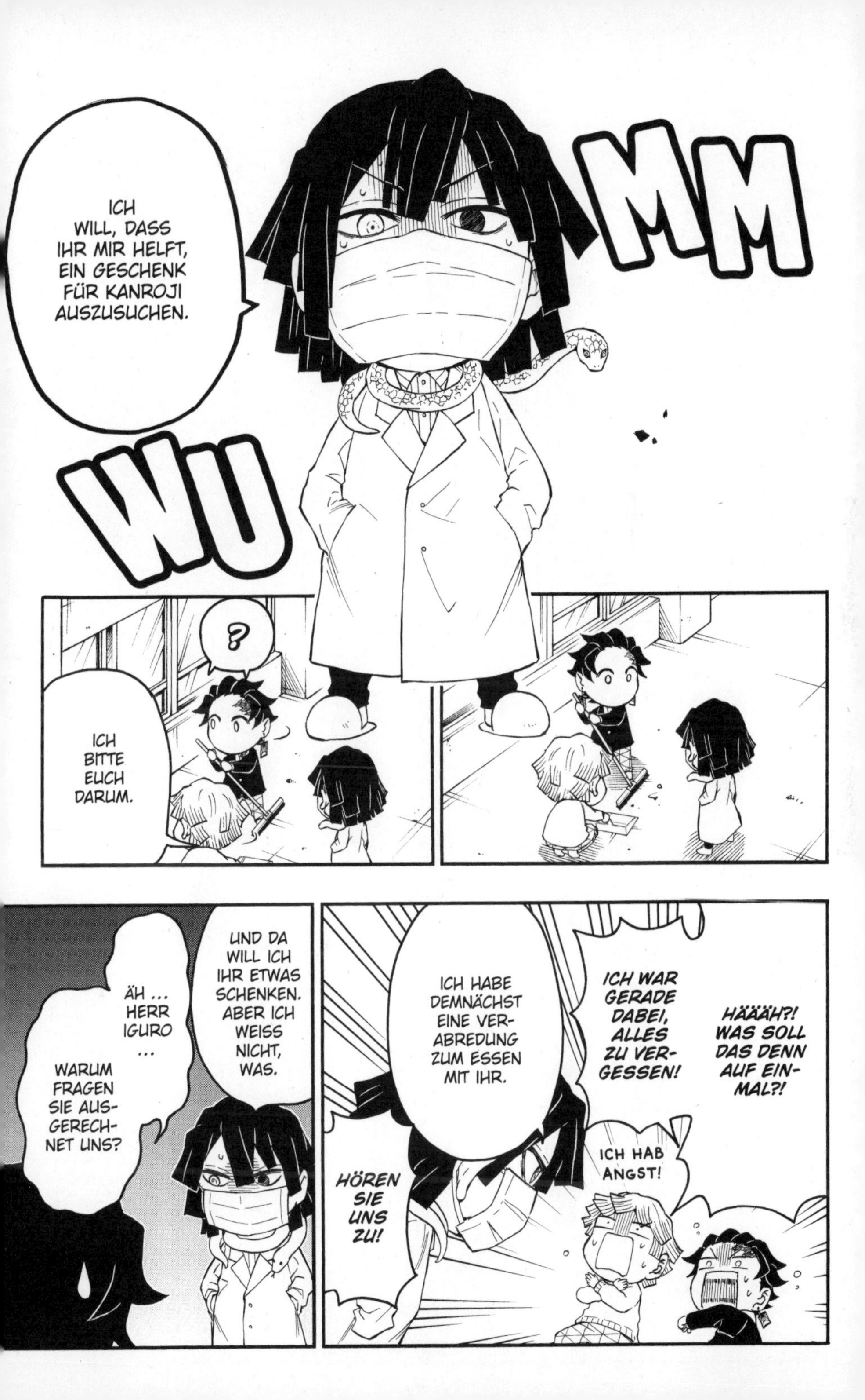
WU
MM
ICH WILL, DASS IHR MIR HELFT, EIN GESCHENK FÜR KANROJI AUSZUSUCHEN.
?
ICH BITTE EUCH DARUM.
ICH HABE DEMNÄCHST EINE VER-ABREDUNG ZUM ESSEN MIT IHR.
UND DA WILL ICH IHR ETWAS SCHENKEN. ABER ICH WEISS NICHT, WAS.
ÄH … HERR IGURO …
WARUM FRAGEN SIE AUS-GERECH-NET UNS?
HÄÄÄH?! WAS SOLL DAS DENN AUF EIN-MAL?!
ICH WAR GERADE DABEI, ALLES ZU VER-GESSEN!
ICH HAB ANGST!
HÖREN SIE UNS ZU!

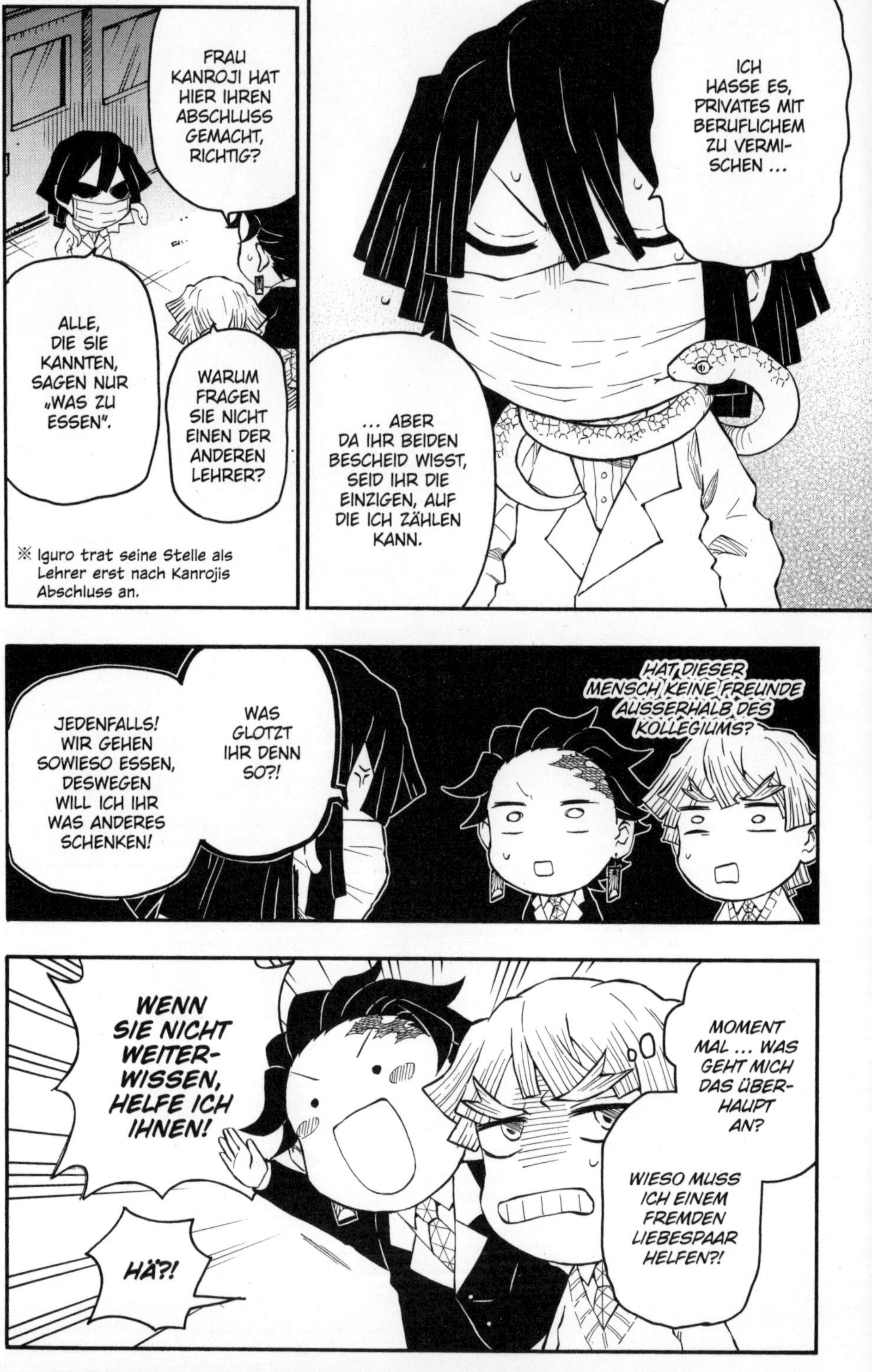
ICH HASSE ES, PRIVATES MIT BERUFLICHEM ZU VERMISCHEN …
… ABER DA IHR BEIDEN BESCHEID WISST, SEID IHR DIE EINZIGEN, AUF DIE ICH ZÄHLEN KANN.
FRAU KANROJI HAT HIER IHREN ABSCHLUSS GEMACHT, RICHTIG?
WARUM FRAGEN SIE NICHT EINEN DER ANDEREN LEHRER?
ALLE, DIE SIE KANNTEN, SAGEN NUR „WAS ZU ESSEN".
※ Iguro trat seine Stelle als Lehrer erst nach Kanrojis Abschluss an.
HAT DIESER MENSCH KEINE FREUNDE AUSSERHALB DES KOLLEGIUMS?
WAS GLOTZT IHR DENN SO?!
JEDENFALLS! WIR GEHEN SOWIESO ESSEN, DESWEGEN WILL ICH IHR WAS ANDERES SCHENKEN!
MOMENT MAL … WAS GEHT MICH DAS ÜBERHAUPT AN?
WIESO MUSS ICH EINEM FREMDEN LIEBESPAAR HELFEN?!
WENN SIE NICHT WEITERWISSEN, HELFE ICH IHNEN!
HÄ?!

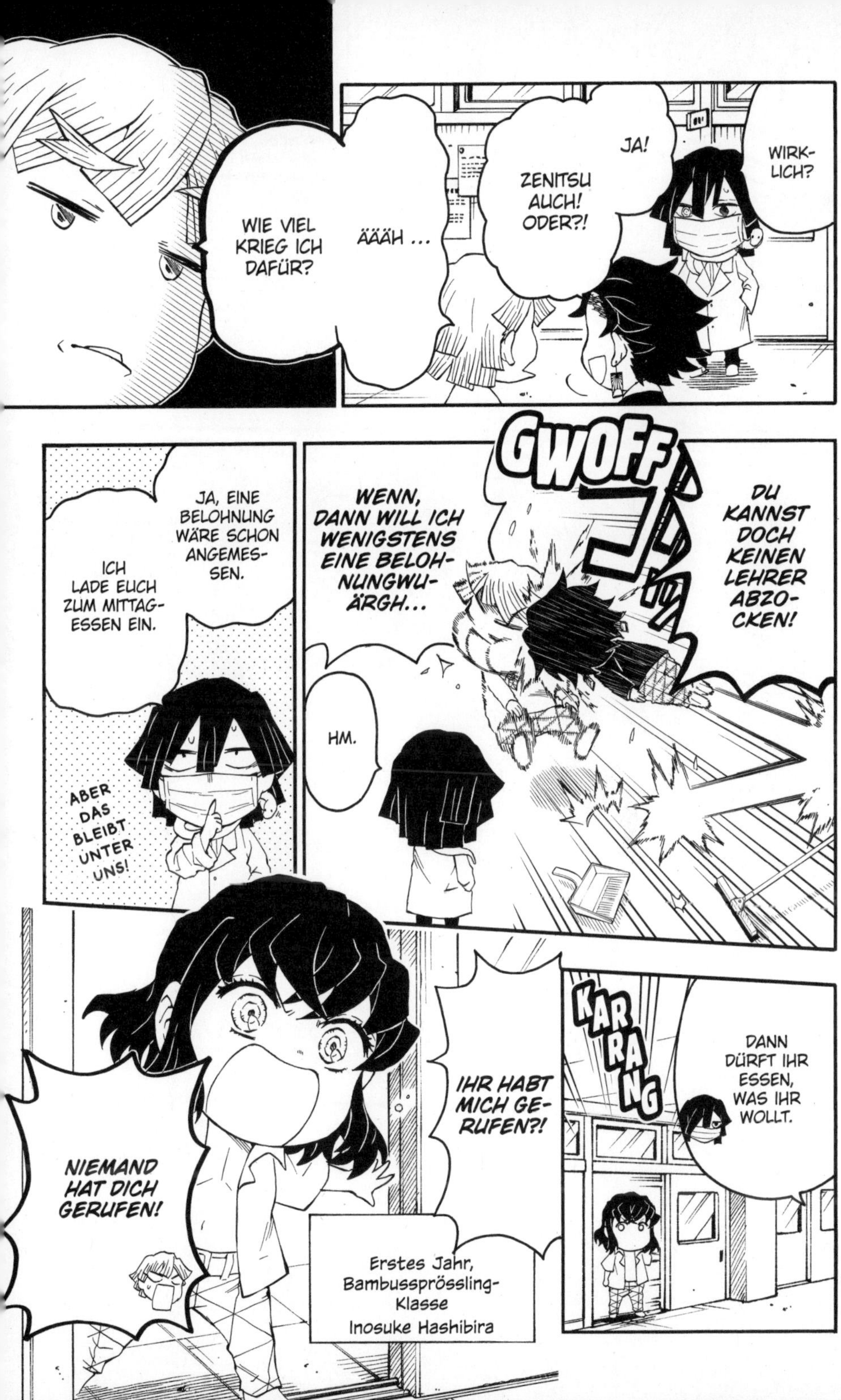
WIRK-LICH?
JA!
ZENITSU AUCH! ODER?!
ÄÄÄH …
WIE VIEL KRIEG ICH DAFÜR?
GWOFF
DU KANNST DOCH KEINEN LEHRER ABZO-CKEN!
WENN, DANN WILL ICH WENIGSTENS EINE BELOH-NUNGWU-ÄRGH…
HM.
JA, EINE BELOHNUNG WÄRE SCHON ANGEMES-SEN.
ICH LADE EUCH ZUM MITTAG-ESSEN EIN.
ABER DAS BLEIBT UNTER UNS!
KARRANG
DANN DÜRFT IHR ESSEN, WAS IHR WOLLT.
IHR HABT MICH GE-RUFEN?!
NIEMAND HAT DICH GERUFEN!
Erstes Jahr, Bambussprössling-Klasse
Inosuke Hashibira

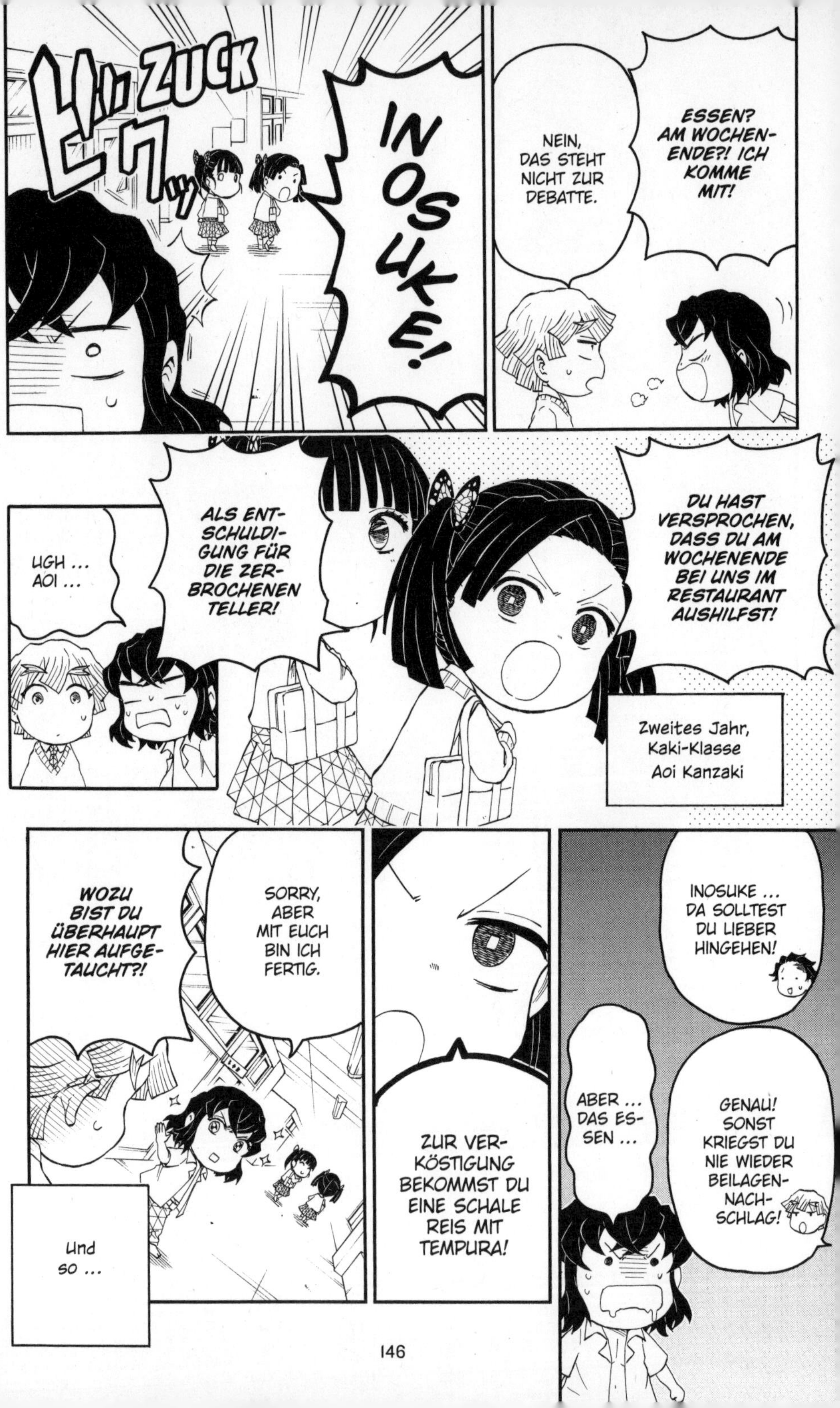
ESSEN? AM WOCHENENDE?! ICH KOMME MIT!
NEIN, DAS STEHT NICHT ZUR DEBATTE.
ZUCK
INOSUKE!
DU HAST VERSPROCHEN, DASS DU AM WOCHENENDE BEI UNS IM RESTAURANT AUSHILFST!
Zweites Jahr, Kaki-Klasse Aoi Kanzaki
ALS ENTSCHULDIGUNG FÜR DIE ZERBROCHENEN TELLER!
UGH … AOI …
INOSUKE … DA SOLLTEST DU LIEBER HINGEHEN!
GENAU! SONST KRIEGST DU NIE WIEDER BEILAGENNACHSCHLAG!
ABER … DAS ESSEN …
ZUR VERKÖSTIGUNG BEKOMMST DU EINE SCHALE REIS MIT TEMPURA!
SORRY, ABER MIT EUCH BIN ICH FERTIG.
WOZU BIST DU ÜBERHAUPT HIER AUFGETAUCHT?!
Und so …

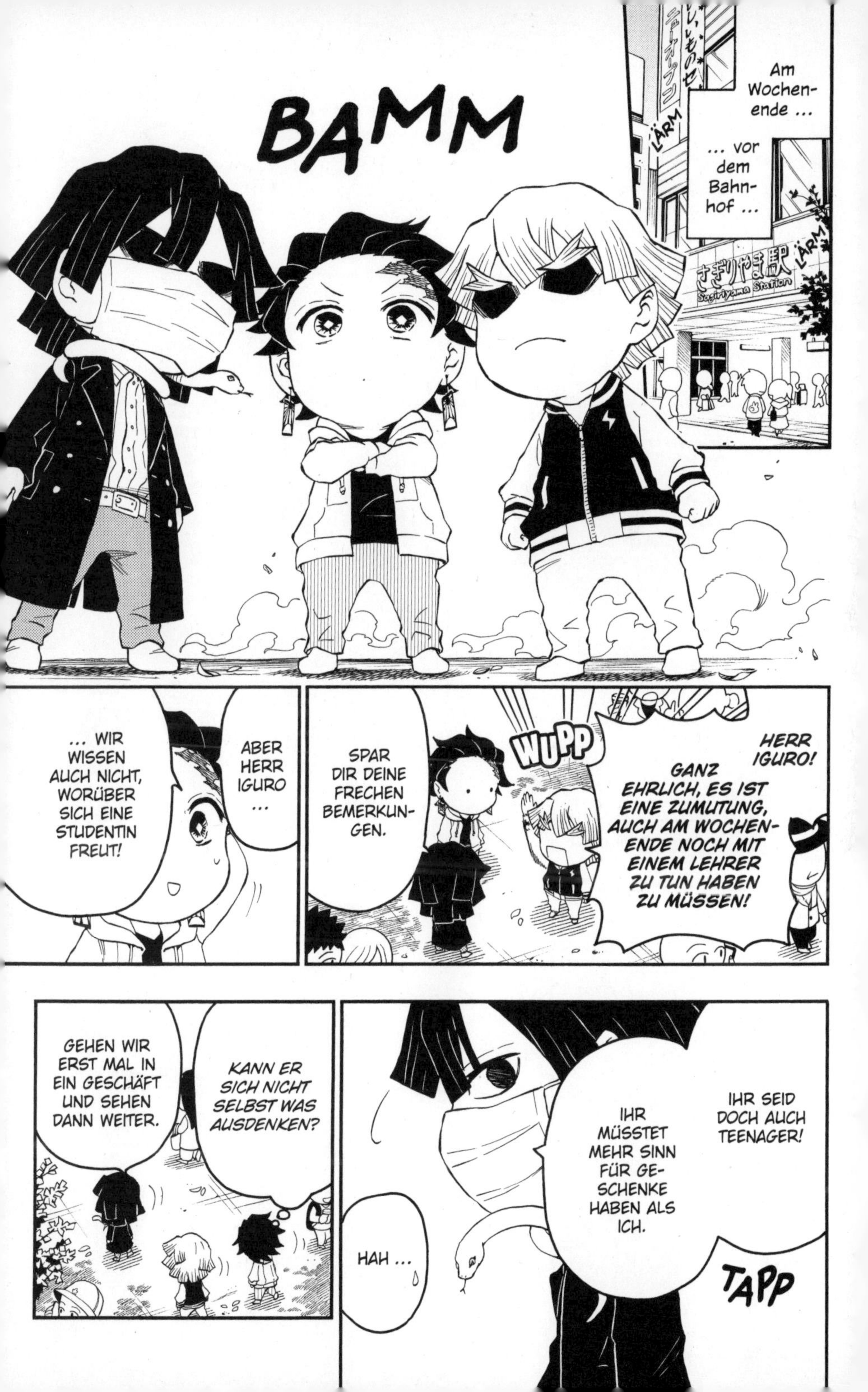

Am Wochenende ...
... vor dem Bahnhof ...
LÄRM
さぎりやま駅
Sagiriyama Station
LÄRM
BAMM
HERR IGURO!
GANZ EHRLICH, ES IST EINE ZUMUTUNG, AUCH AM WOCHENENDE NOCH MIT EINEM LEHRER ZU TUN HABEN ZU MÜSSEN!
WUPP
SPAR DIR DEINE FRECHEN BEMERKUNGEN.
ABER HERR IGURO ...
... WIR WISSEN AUCH NICHT, WORÜBER SICH EINE STUDENTIN FREUT!
IHR SEID DOCH AUCH TEENAGER!
IHR MÜSSTET MEHR SINN FÜR GESCHENKE HABEN ALS ICH.
TAPP
HAH ...
KANN ER SICH NICHT SELBST WAS AUSDENKEN?
GEHEN WIR ERST MAL IN EIN GESCHÄFT UND SEHEN DANN WEITER.

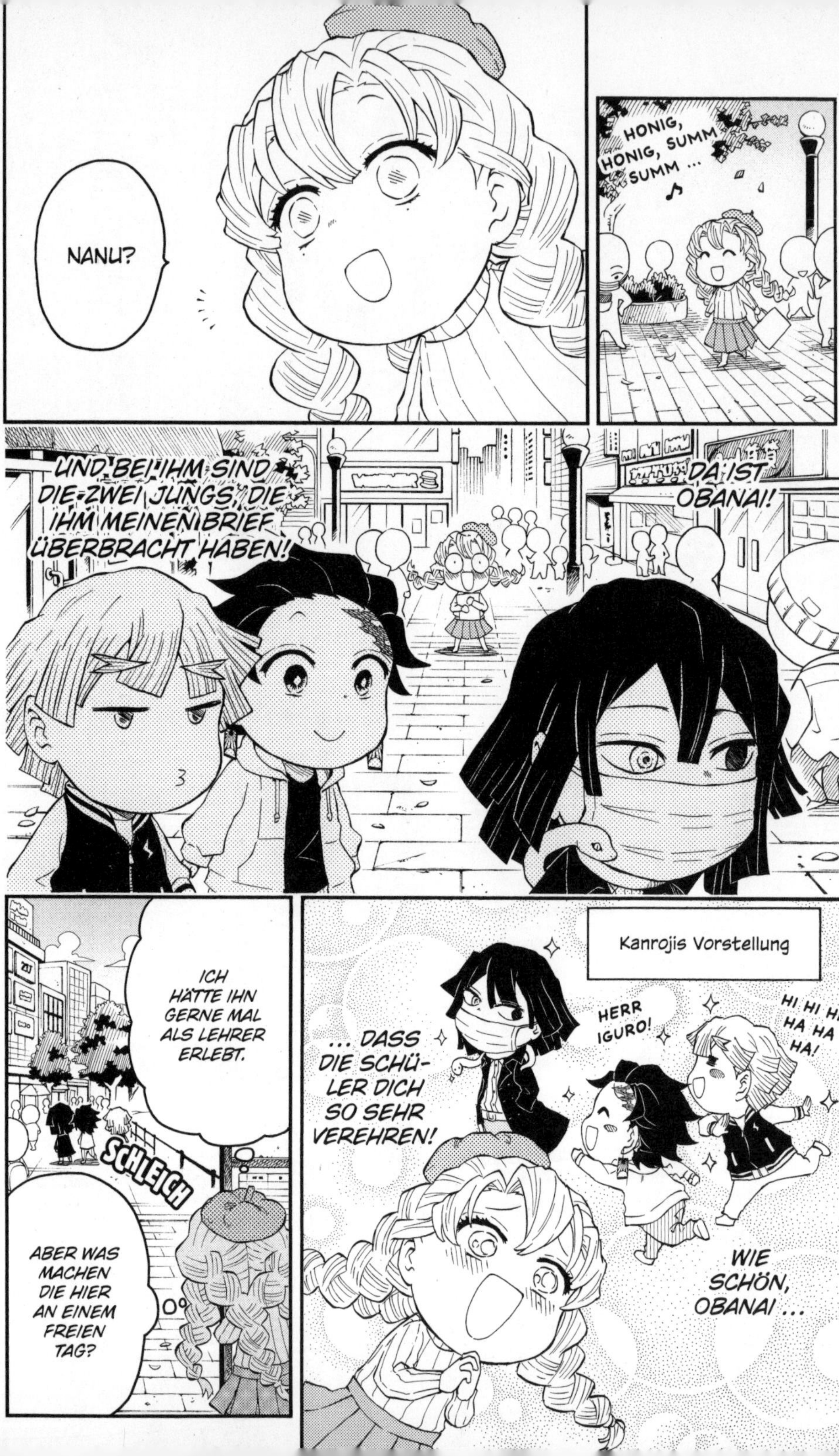
HONIG, HONIG, SUMM SUMM ...
NANU?
DA IST OBANAI!
UND BEI IHM SIND DIE ZWEI JUNGS, DIE IHM MEINEN BRIEF ÜBERBRACHT HABEN!
Kanrojis Vorstellung
HI HI HI! HA HA HA!
HERR IGURO!
WIE SCHÖN, OBANAI ...
... DASS DIE SCHÜLER DICH SO SEHR VEREHREN!
ICH HÄTTE IHN GERNE MAL ALS LEHRER ERLEBT.
SCHLEICH
ABER WAS MACHEN DIE HIER AN EINEM FREIEN TAG?

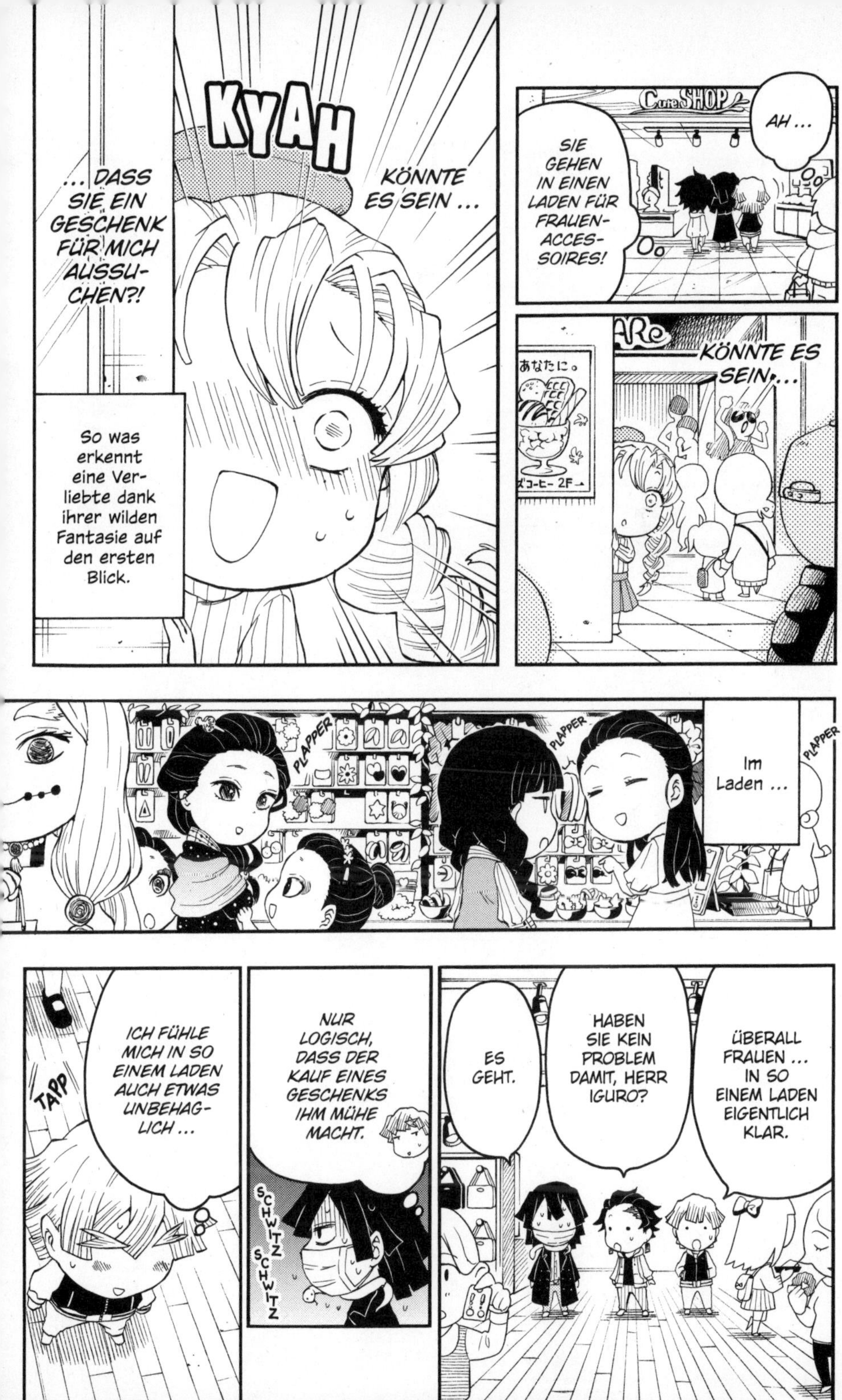
Cute SHOP
AH ...
SIE GEHEN IN EINEN LADEN FÜR FRAUEN-ACCESSOIRES!
あなたに。
KÖNNTE ES SEIN ...
KÖNNTE ES SEIN ...
KYAH
... DASS SIE EIN GESCHENK FÜR MICH AUSSUCHEN?!
So was erkennt eine Verliebte dank ihrer wilden Fantasie auf den ersten Blick.
Im Laden ...
PLAPPER
PLAPPER
PLAPPER
ÜBERALL FRAUEN ... IN SO EINEM LADEN EIGENTLICH KLAR.
HABEN SIE KEIN PROBLEM DAMIT, HERR IGURO?
ES GEHT.
NUR LOGISCH, DASS DER KAUF EINES GESCHENKS IHM MÜHE MACHT.
SCHWITZ
SCHWITZ
ICH FÜHLE MICH IN SO EINEM LADEN AUCH ETWAS UNBEHAGLICH ...
TAPP

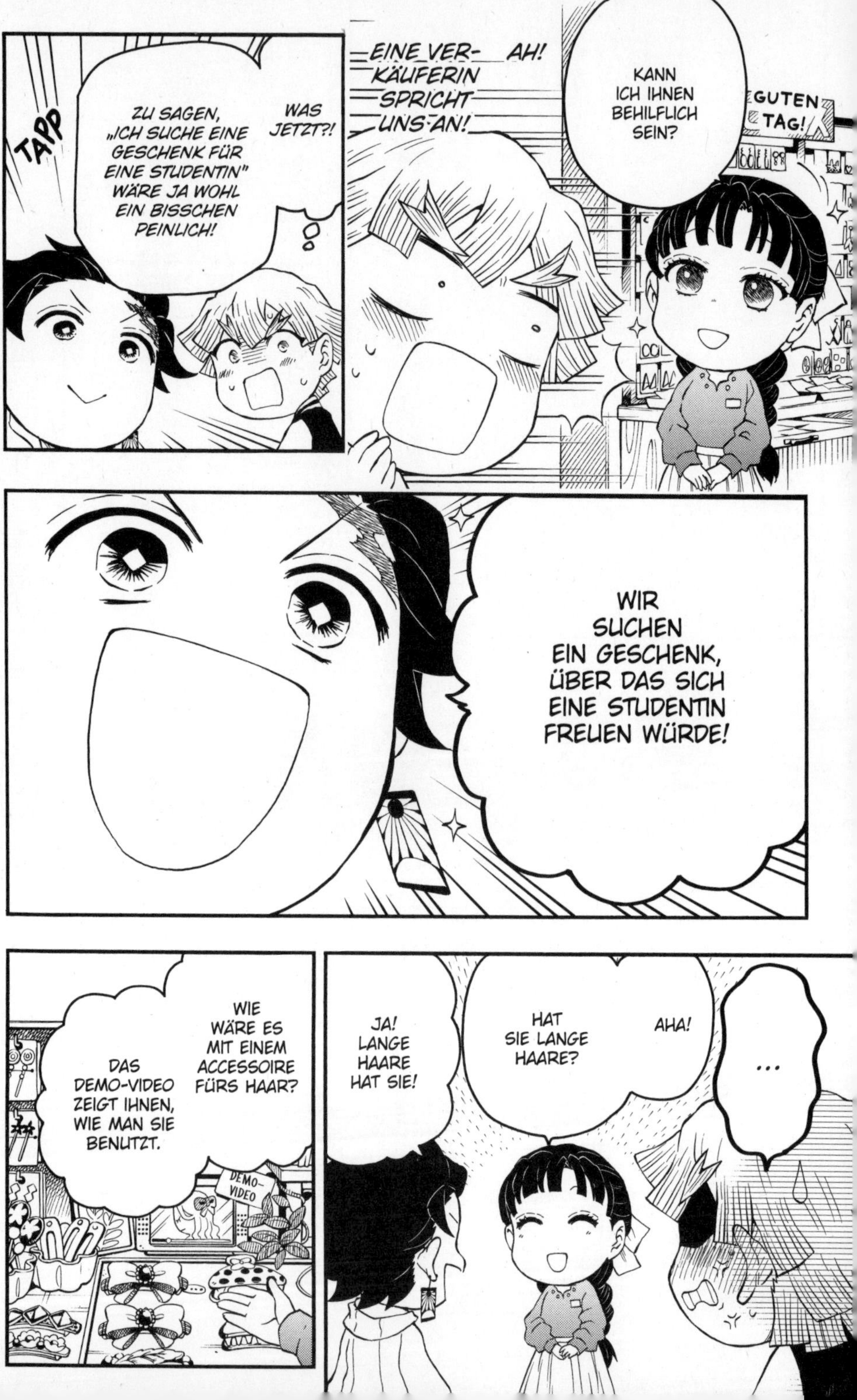
GUTEN TAG!
KANN ICH IHNEN BEHILFLICH SEIN?
AH!
EINE VERKÄUFERIN SPRICHT UNS AN!
WAS JETZT?!
ZU SAGEN, „ICH SUCHE EINE GESCHENK FÜR EINE STUDENTIN" WÄRE JA WOHL EIN BISSCHEN PEINLICH!
TAPP
WIR SUCHEN EIN GESCHENK, ÜBER DAS SICH EINE STUDENTIN FREUEN WÜRDE!
...
AHA!
HAT SIE LANGE HAARE?
JA! LANGE HAARE HAT SIE!
WIE WÄRE ES MIT EINEM ACCESSOIRE FÜRS HAAR?
DAS DEMO-VIDEO ZEIGT IHNEN, WIE MAN SIE BENUTZT.
DEMO-VIDEO

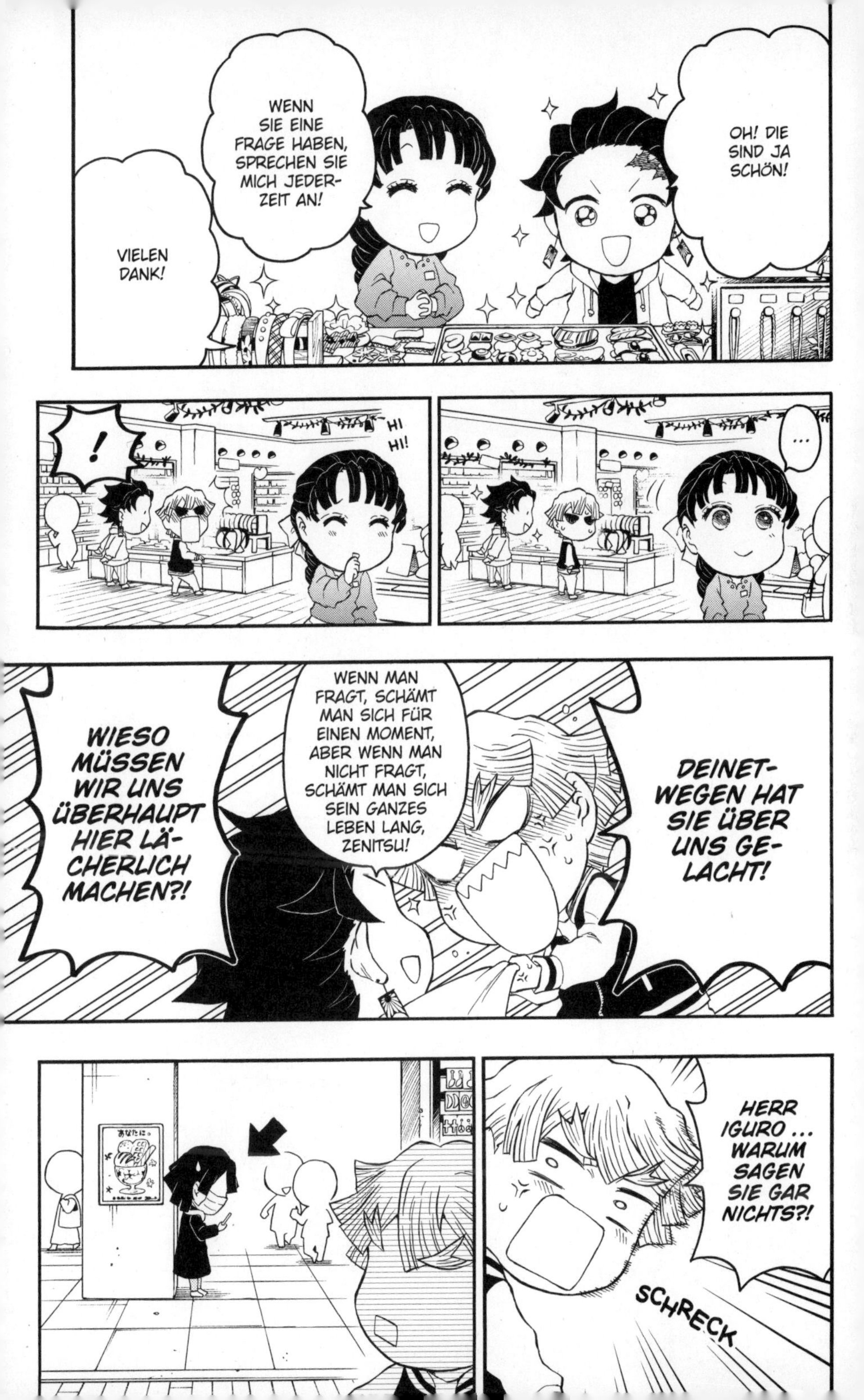
OH! DIE SIND JA SCHÖN!
WENN SIE EINE FRAGE HABEN, SPRECHEN SIE MICH JEDERZEIT AN!
VIELEN DANK!
...
HI HI!
!
DEINETWEGEN HAT SIE ÜBER UNS GELACHT!
WENN MAN FRAGT, SCHÄMT MAN SICH FÜR EINEN MOMENT, ABER WENN MAN NICHT FRAGT, SCHÄMT MAN SICH SEIN GANZES LEBEN LANG, ZENITSU!
WIESO MÜSSEN WIR UNS ÜBERHAUPT HIER LÄCHERLICH MACHEN?!
HERR IGURO ... WARUM SAGEN SIE GAR NICHTS?!
SCHRECK
あなたに。

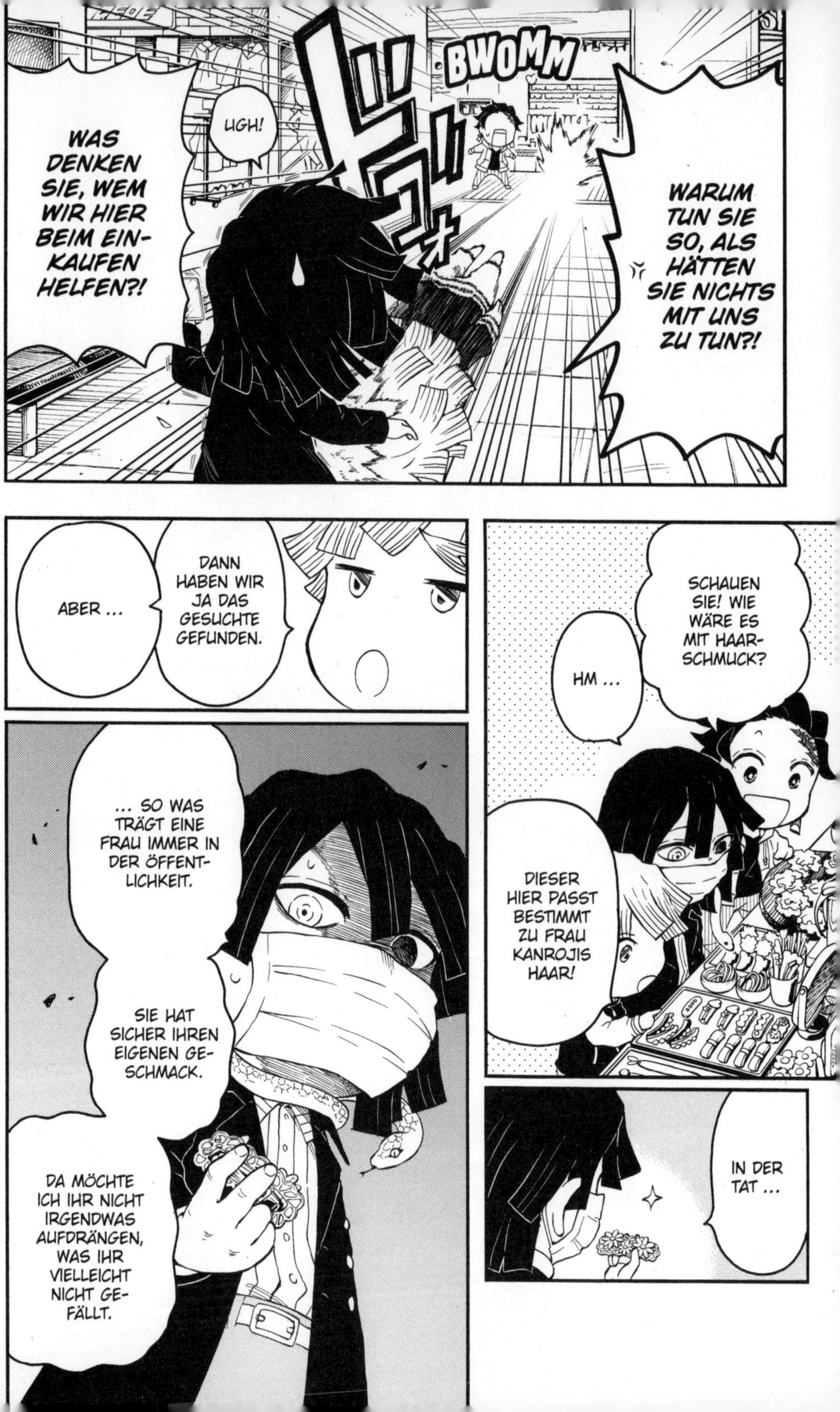
BWOMM
WARUM TUN SIE SO, ALS HÄTTEN SIE NICHTS MIT UNS ZU TUN?!
UGH!
WAS DENKEN SIE, WEM WIR HIER BEIM EIN-KAUFEN HELFEN?!
SCHAUEN SIE! WIE WÄRE ES MIT HAAR-SCHMUCK?
HM …
DIESER HIER PASST BESTIMMT ZU FRAU KANROJIS HAAR!
DANN HABEN WIR JA DAS GESUCHTE GEFUNDEN.
ABER …
… SO WAS TRÄGT EINE FRAU IMMER IN DER ÖFFENT-LICHKEIT.
SIE HAT SICHER IHREN EIGENEN GE-SCHMACK.
DA MÖCHTE ICH IHR NICHT IRGENDWAS AUFDRÄNGEN, WAS IHR VIELLEICHT NICHT GE-FÄLLT.
IN DER TAT …

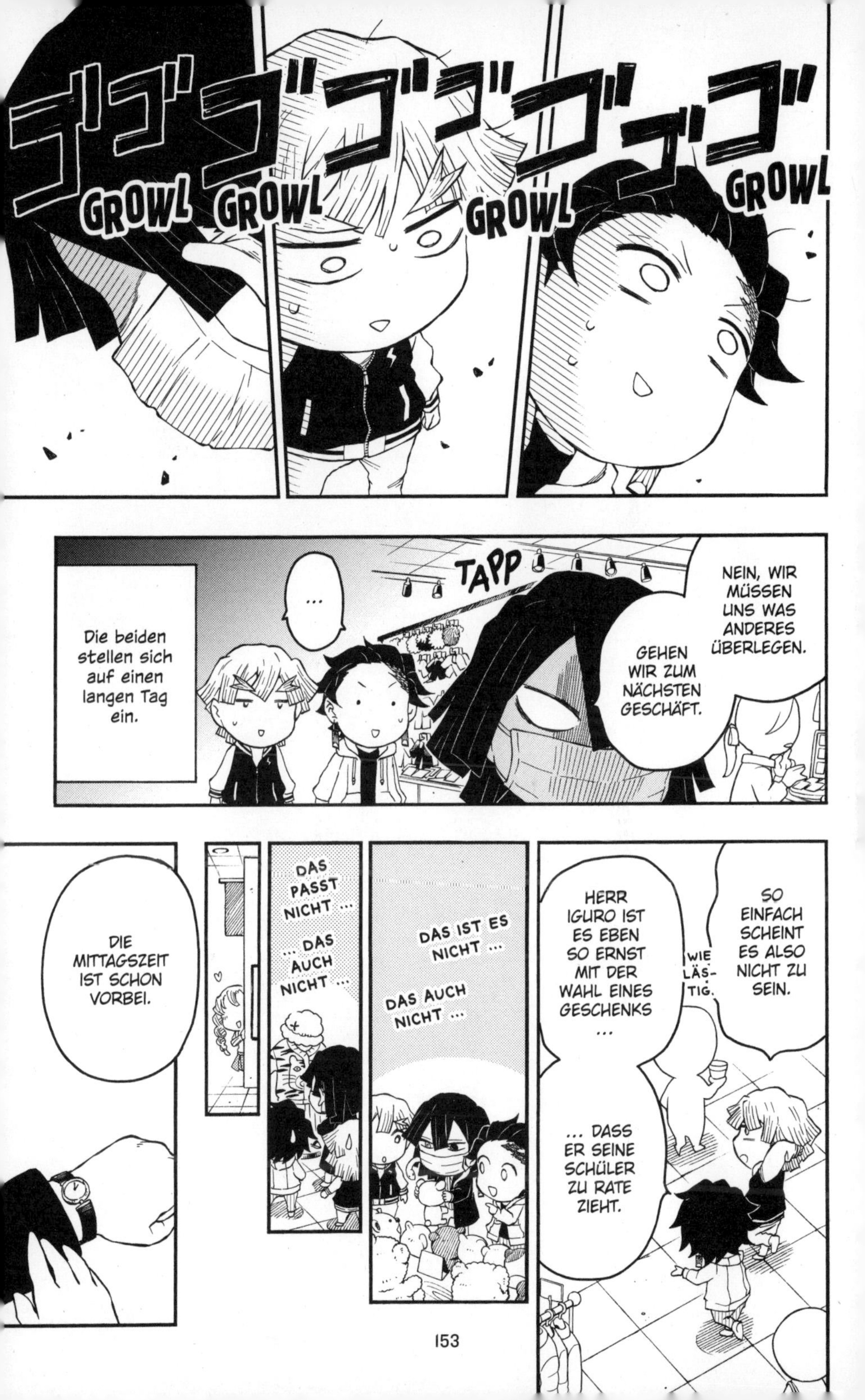
GROWL GROWL GROWL GROWL
NEIN, WIR MÜSSEN UNS WAS ANDERES ÜBERLEGEN.
GEHEN WIR ZUM NÄCHSTEN GESCHÄFT.
TAPP
...
Die beiden stellen sich auf einen langen Tag ein.
SO EINFACH SCHEINT ES ALSO NICHT ZU SEIN.
WIE LÄS-TIG.
HERR IGURO IST ES EBEN SO ERNST MIT DER WAHL EINES GESCHENKS ...
... DASS ER SEINE SCHÜLER ZU RATE ZIEHT.
DAS IST ES NICHT ...
DAS AUCH NICHT ...
DAS PASST NICHT ...
... DAS AUCH NICHT ...
DIE MITTAGSZEIT IST SCHON VORBEI.

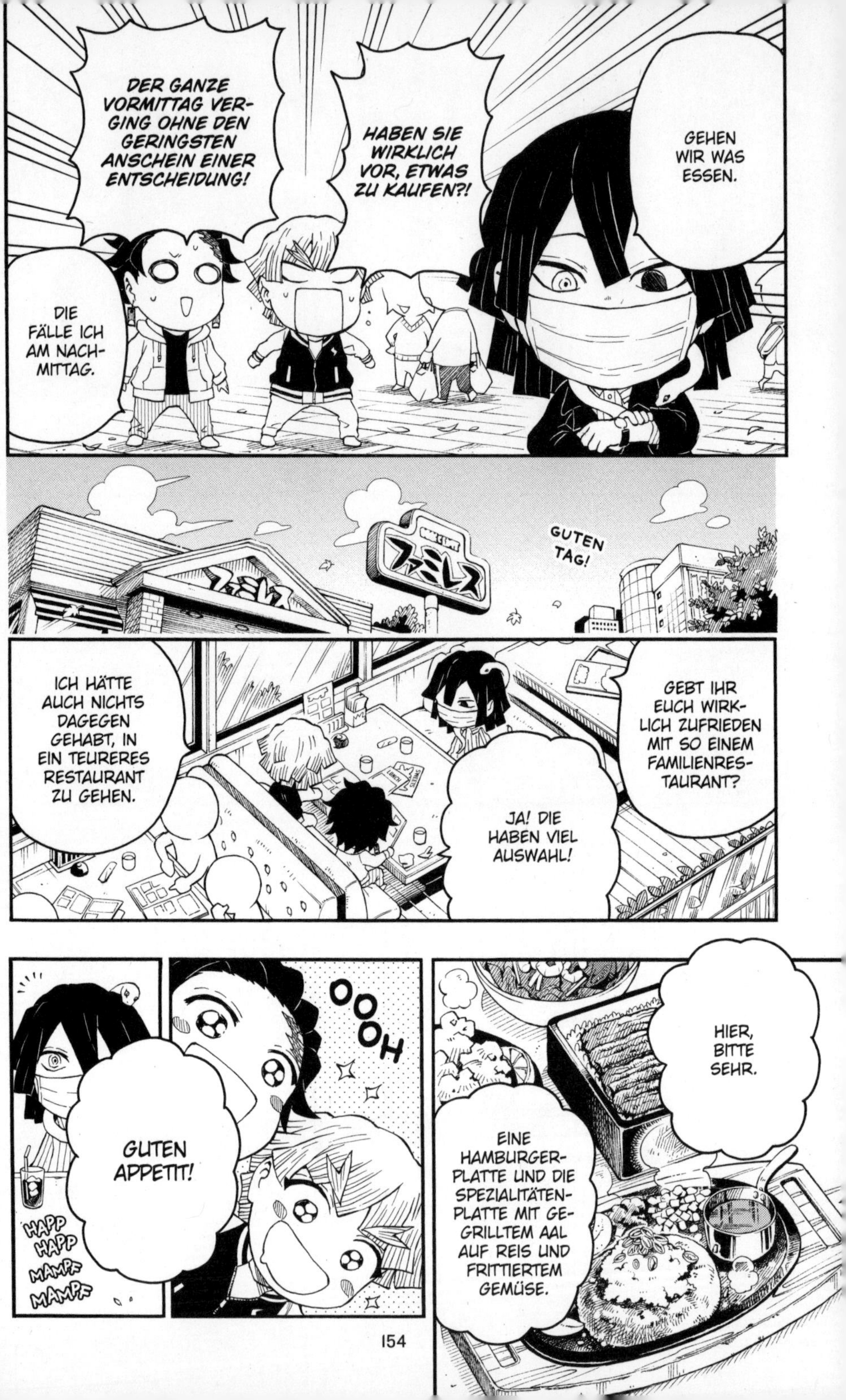
GEHEN WIR WAS ESSEN.
HABEN SIE WIRKLICH VOR, ETWAS ZU KAUFEN?!
DER GANZE VORMITTAG VER-GING OHNE DEN GERINGSTEN ANSCHEIN EINER ENTSCHEIDUNG!
DIE FÄLLE ICH AM NACH-MITTAG.
GUTEN TAG!
GEBT IHR EUCH WIRK-LICH ZUFRIEDEN MIT SO EINEM FAMILIENRES-TAURANT?
JA! DIE HABEN VIEL AUSWAHL!
ICH HÄTTE AUCH NICHTS DAGEGEN GEHABT, IN EIN TEURERES RESTAURANT ZU GEHEN.
HIER, BITTE SEHR.
EINE HAMBURGER-PLATTE UND DIE SPEZIALITÄTEN-PLATTE MIT GE-GRILLTEM AAL AUF REIS UND FRITTIERTEM GEMÜSE.
OOOH
GUTEN APPETIT!
HAPP HAPP MAMPF MAMPF

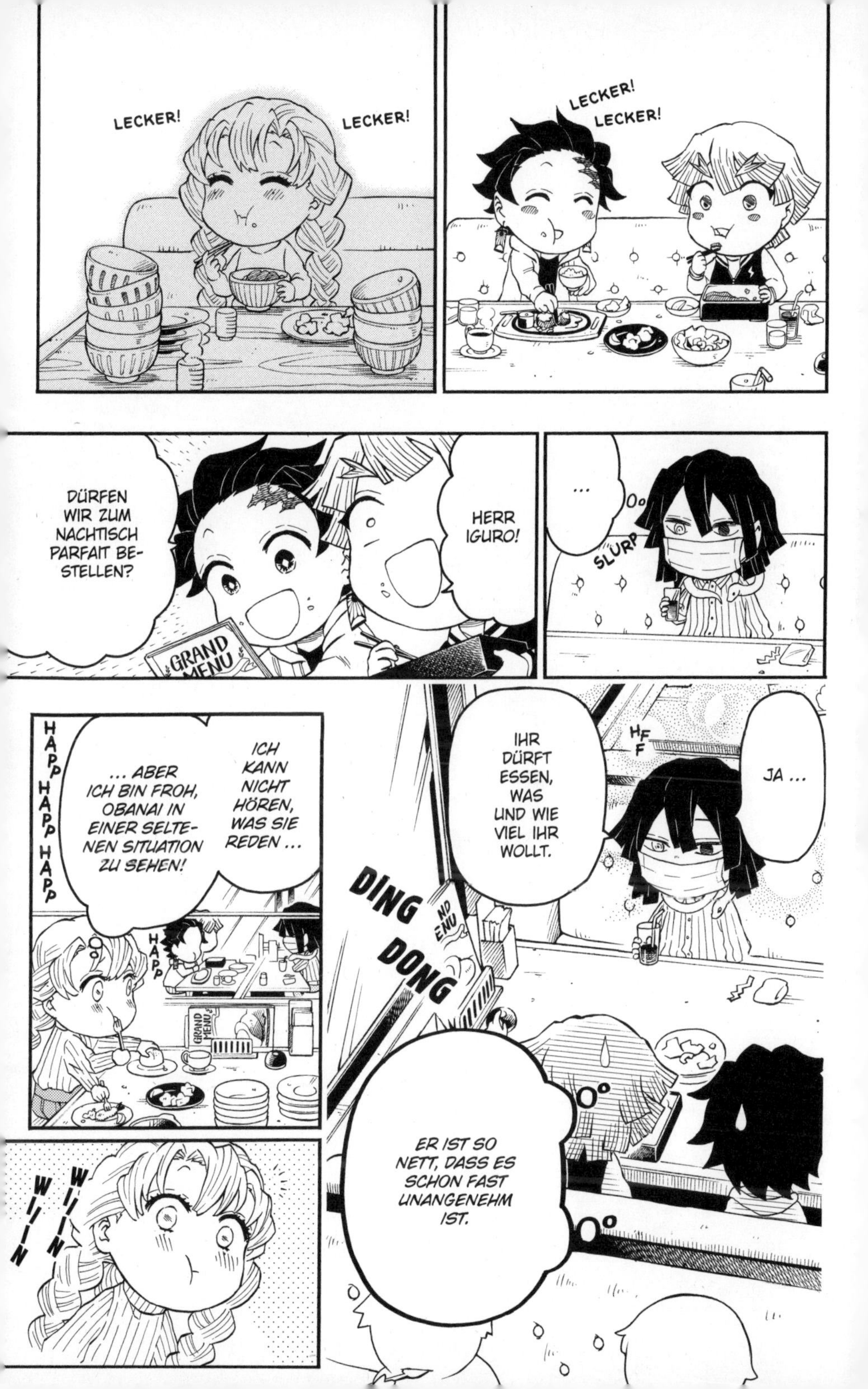
LECKER!
LECKER!
LECKER!
LECKER!
...
Oo
SLURP
HERR IGURO!
DÜRFEN WIR ZUM NACHTISCH PARFAIT BESTELLEN?
GRAND MENU
JA ...
HF F
IHR DÜRFT ESSEN, WAS UND WIE VIEL IHR WOLLT.
DING DONG
ICH KANN NICHT HÖREN, WAS SIE REDEN ...
... ABER ICH BIN FROH, OBANAI IN EINER SELTENEN SITUATION ZU SEHEN!
HAPP HAPP HAPP HAPP
HAPP
ER IST SO NETT, DASS ES SCHON FAST UNANGENEHM IST.
WIIIN WIIIN

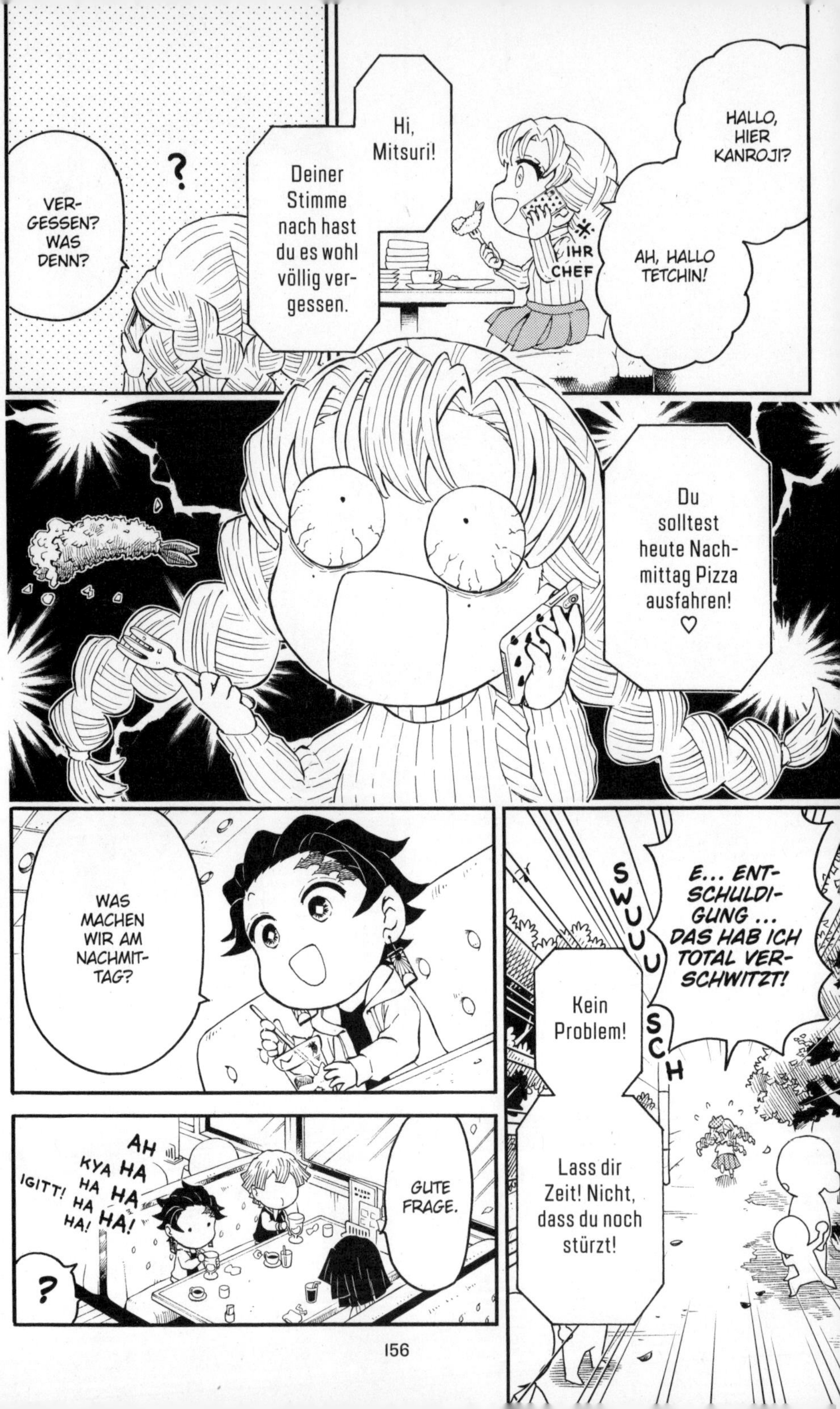
HALLO, HIER KANROJI?
AH, HALLO TETCHIN!
※IHR CHEF
Hi, Mitsuri!
Deiner Stimme nach hast du es wohl völlig vergessen.
VERGESSEN? WAS DENN?
?
Du solltest heute Nachmittag Pizza ausfahren! ♡
E... ENTSCHULDIGUNG ... DAS HAB ICH TOTAL VERSCHWITZT!
SWUUUSCH
Kein Problem!
Lass dir Zeit! Nicht, dass du noch stürzt!
WAS MACHEN WIR AM NACHMITTAG?
GUTE FRAGE.
AH HA KYA HA HA HA HA! IGITT! HA!
?

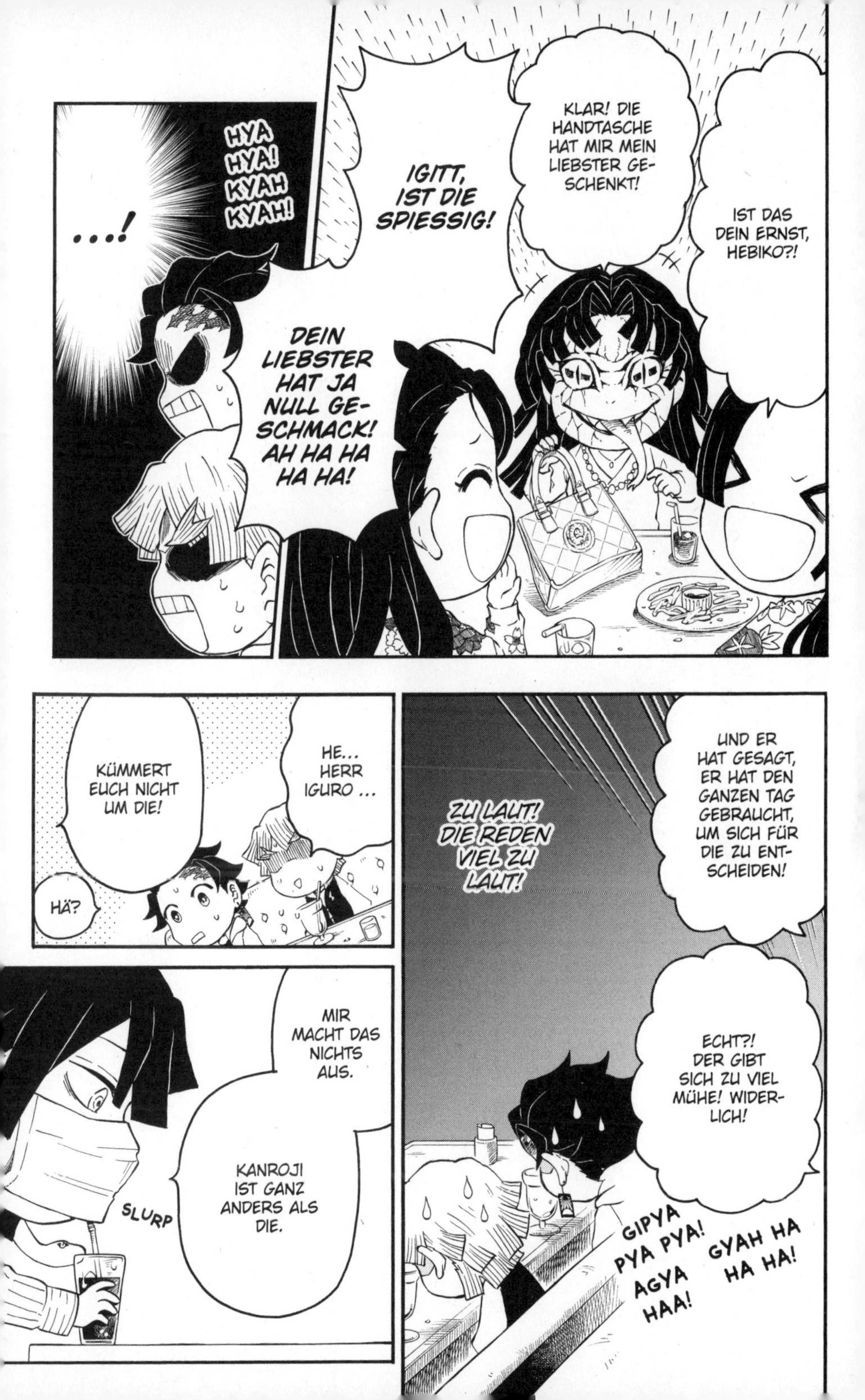

IST DAS DEIN ERNST, HEBIKO?!
KLAR! DIE HANDTASCHE HAT MIR MEIN LIEBSTER GESCHENKT!
IGITT, IST DIE SPIESSIG!
DEIN LIEBSTER HAT JA NULL GESCHMACK! AH HA HA HA HA!
HYA HYA! KYAH KYAH!
...!
UND ER HAT GESAGT, ER HAT DEN GANZEN TAG GEBRAUCHT, UM SICH FÜR DIE ZU ENTSCHEIDEN!
ZU LAUT! DIE REDEN VIEL ZU LAUT!
ECHT?! DER GIBT SICH ZU VIEL MÜHE! WIDERLICH!
GIPYA PYA PYA!
AGYA HAA!
GYAH HA HA HA!
HE... HERR IGURO ...
KÜMMERT EUCH NICHT UM DIE!
HÄ?
MIR MACHT DAS NICHTS AUS.
KANROJI IST GANZ ANDERS ALS DIE.
SLURP

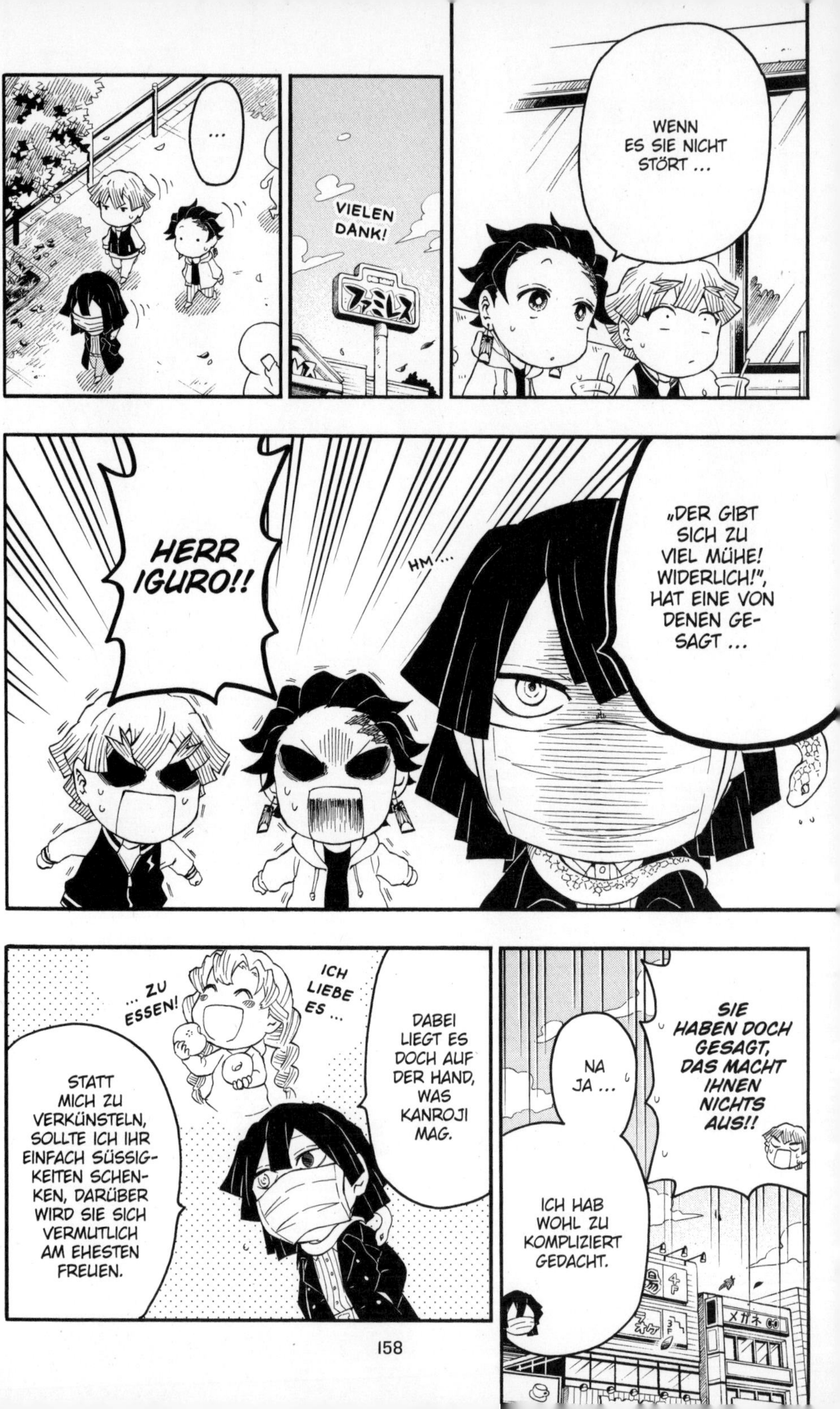
WENN ES SIE NICHT STÖRT …
VIELEN DANK!
ファミレス
…
„DER GIBT SICH ZU VIEL MÜHE! WIDERLICH!", HAT EINE VON DENEN GESAGT …
HM …
HERR IGURO!!
DABEI LIEGT ES DOCH AUF DER HAND, WAS KANROJI MAG.
ICH LIEBE ES …
… ZU ESSEN!
STATT MICH ZU VERKÜNSTELN, SOLLTE ICH IHR EINFACH SÜSSIGKEITEN SCHENKEN, DARÜBER WIRD SIE SICH VERMUTLICH AM EHESTEN FREUEN.
SIE HABEN DOCH GESAGT, DAS MACHT IHNEN NICHTS AUS!!
NA JA …
ICH HAB WOHL ZU KOMPLIZIERT GEDACHT.

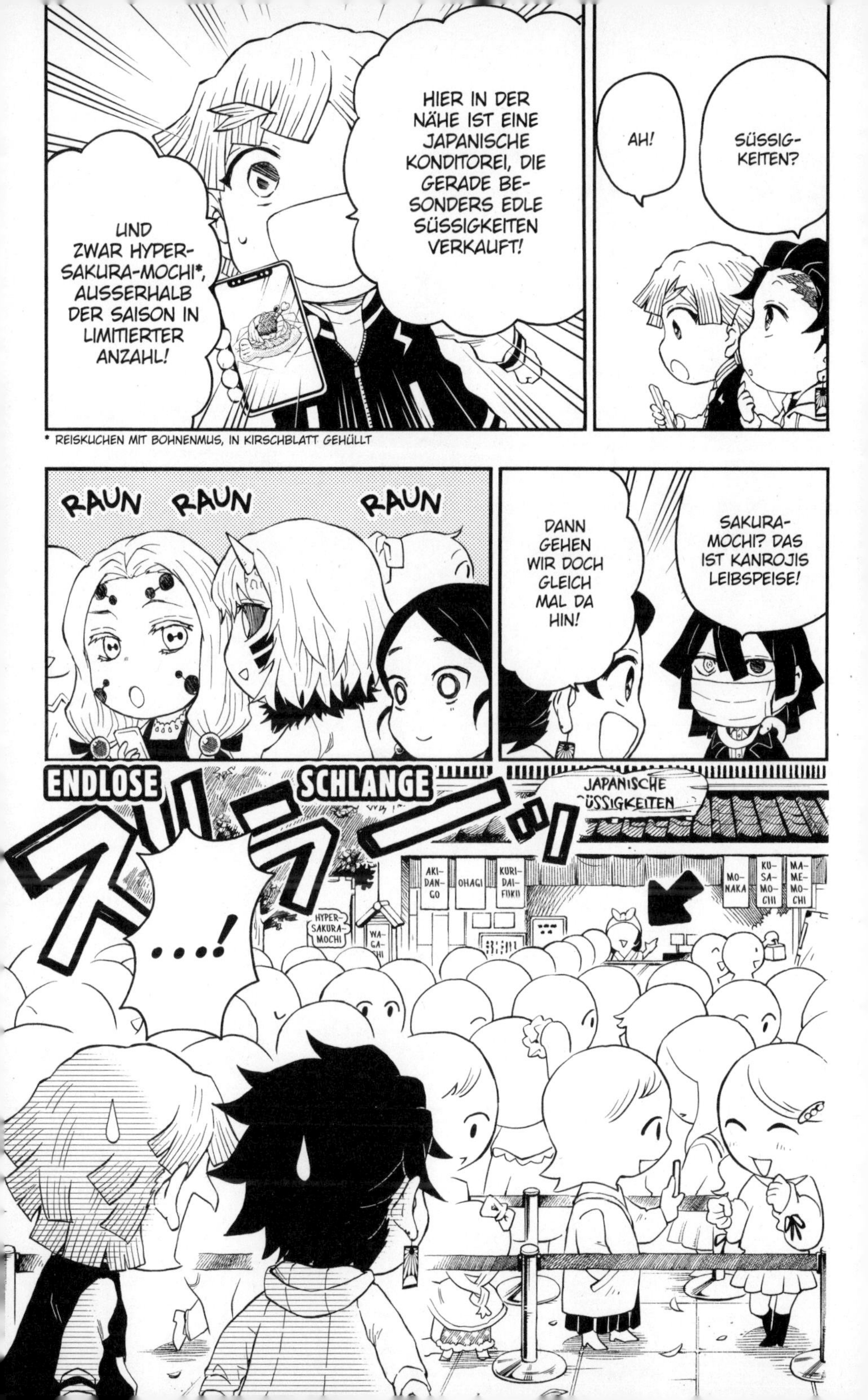

* REISKUCHEN MIT BOHNENMUS, IN KIRSCHBLATT GEHÜLLT

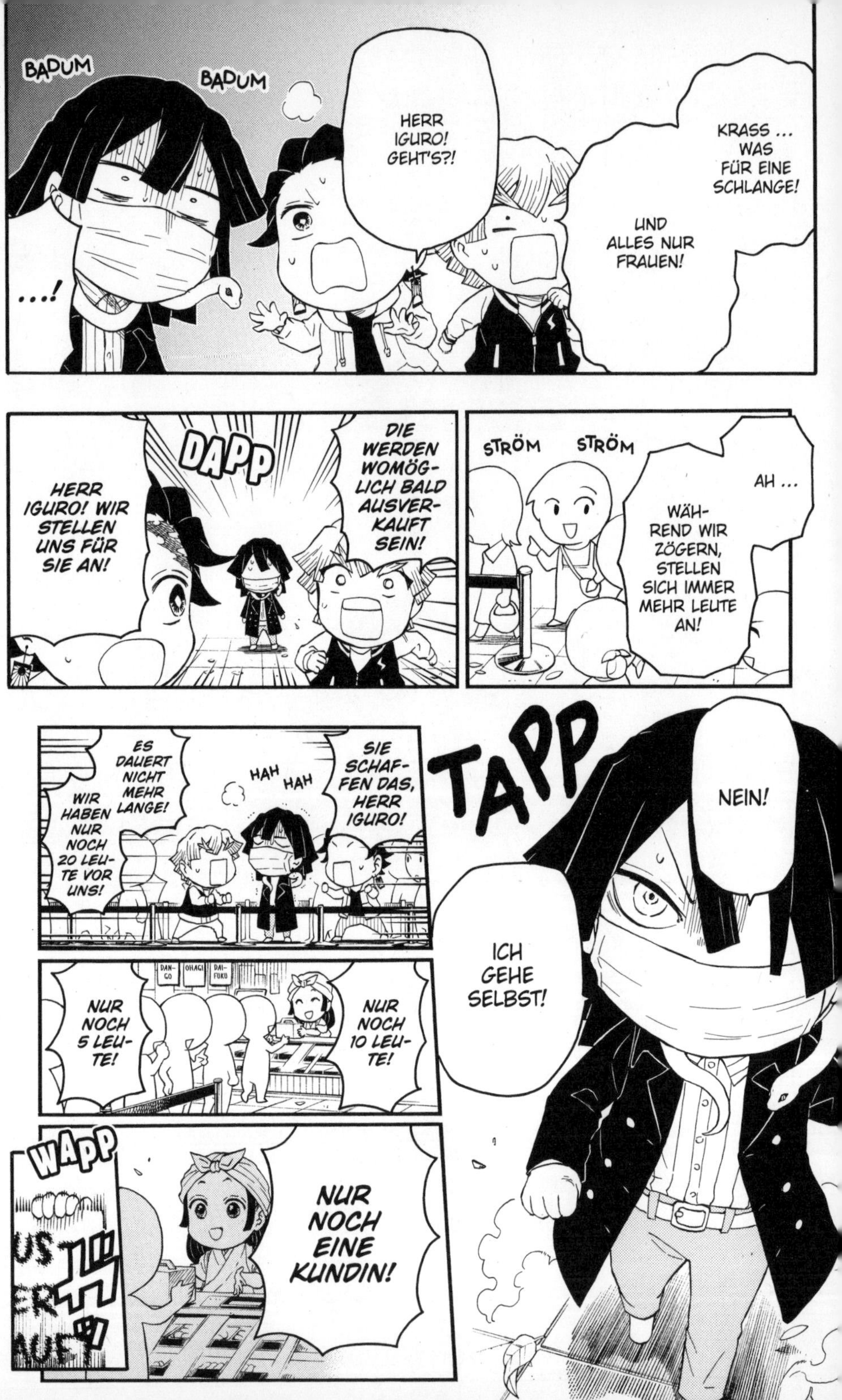
KRASS … WAS FÜR EINE SCHLANGE!
UND ALLES NUR FRAUEN!
HERR IGURO! GEHT'S?!
BADUM
BADUM
…!
STRÖM
STRÖM
AH …
WÄHREND WIR ZÖGERN, STELLEN SICH IMMER MEHR LEUTE AN!
DIE WERDEN WOMÖGLICH BALD AUSVERKAUFT SEIN!
DAPP
HERR IGURO! WIR STELLEN UNS FÜR SIE AN!
TAPP
NEIN!
ICH GEHE SELBST!
SIE SCHAFFEN DAS, HERR IGURO!
HAH
HAH
ES DAUERT NICHT MEHR LANGE!
WIR HABEN NUR NOCH 20 LEUTE VOR UNS!
DANGO
OHAGI
DAIFUKU
NUR NOCH 10 LEUTE!
NUR NOCH 5 LEUTE!
NUR NOCH EINE KUNDIN!
WAPP

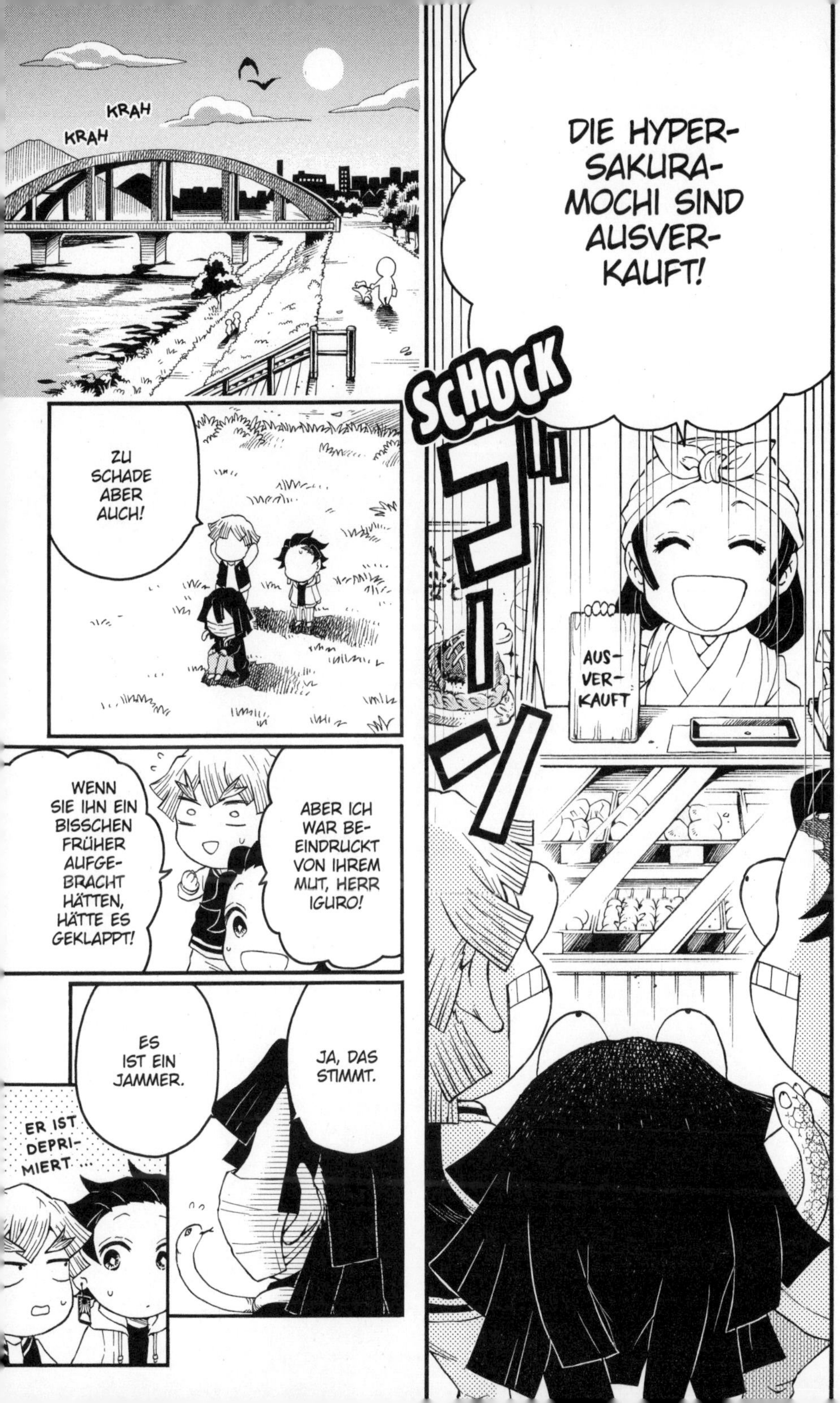

DIE HYPER-SAKURA-MOCHI SIND AUSVER-KAUFT!
SCHOCK
AUS-VER-KAUFT
KRAH
KRAH
ZU SCHADE ABER AUCH!
ABER ICH WAR BE-EINDRUCKT VON IHREM MUT, HERR IGURO!
WENN SIE IHN EIN BISSCHEN FRÜHER AUFGE-BRACHT HÄTTEN, HÄTTE ES GEKLAPPT!
JA, DAS STIMMT.
ES IST EIN JAMMER.
ER IST DEPRI-MIERT ...

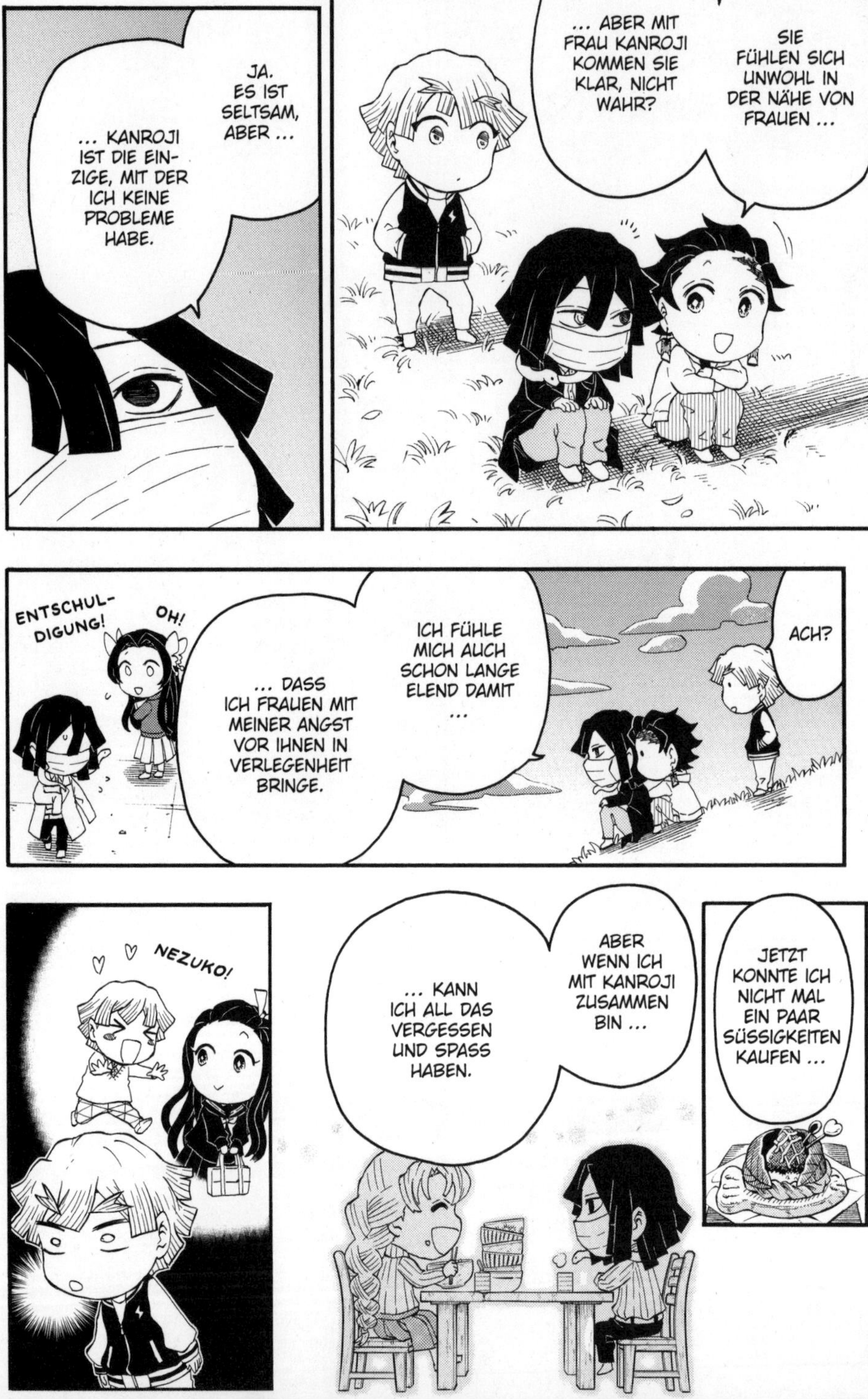
SIE FÜHLEN SICH UNWOHL IN DER NÄHE VON FRAUEN …
… ABER MIT FRAU KANROJI KOMMEN SIE KLAR, NICHT WAHR?
JA. ES IST SELTSAM, ABER …
… KANROJI IST DIE EINZIGE, MIT DER ICH KEINE PROBLEME HABE.
ACH?
ICH FÜHLE MICH AUCH SCHON LANGE ELEND DAMIT …
… DASS ICH FRAUEN MIT MEINER ANGST VOR IHNEN IN VERLEGENHEIT BRINGE.
OH!
ENTSCHULDIGUNG!
JETZT KONNTE ICH NICHT MAL EIN PAAR SÜSSIGKEITEN KAUFEN …
ABER WENN ICH MIT KANROJI ZUSAMMEN BIN …
… KANN ICH ALL DAS VERGESSEN UND SPASS HABEN.
NEZUKO!

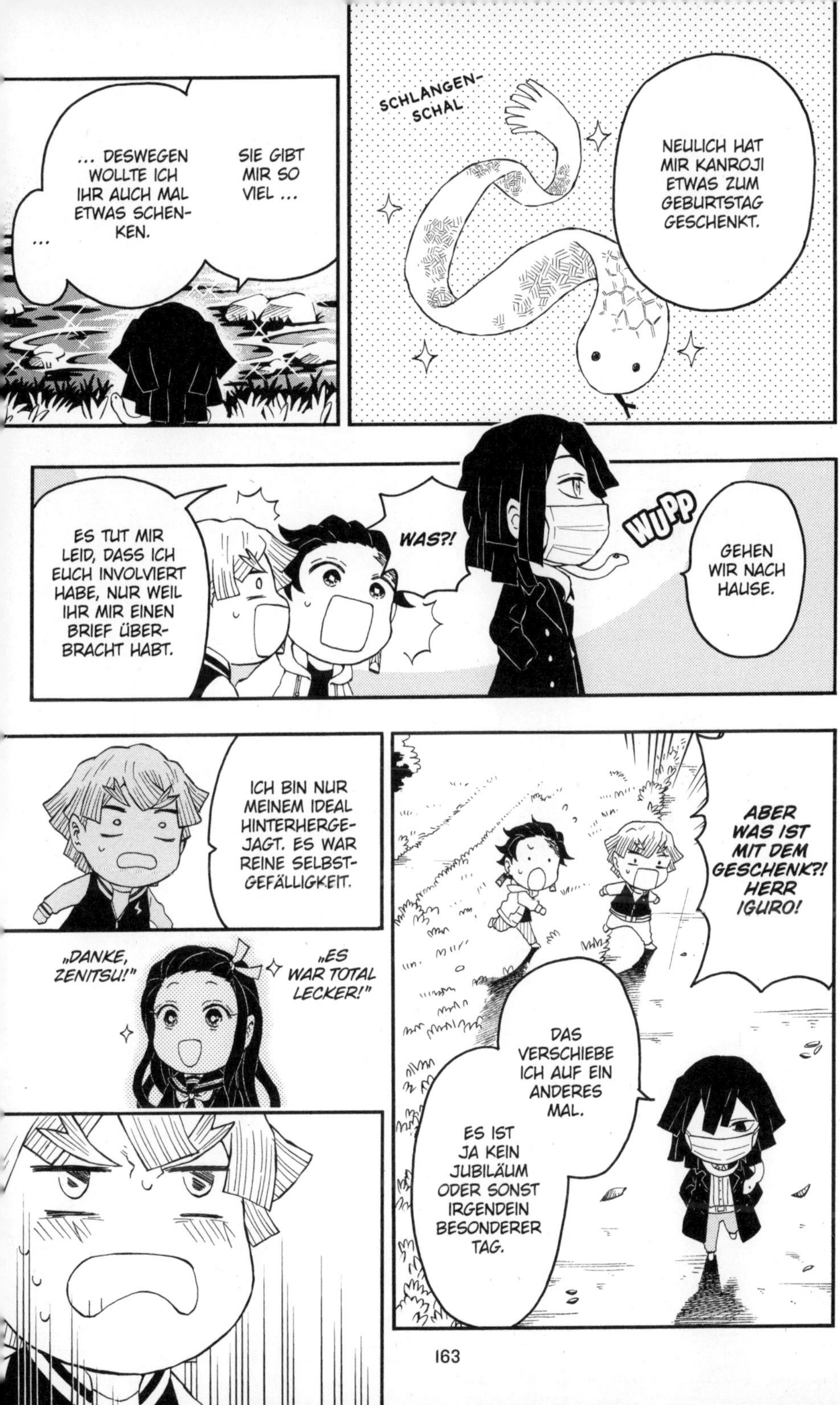
NEULICH HAT MIR KANROJI ETWAS ZUM GEBURTSTAG GESCHENKT.
SCHLANGEN-SCHAL
SIE GIBT MIR SO VIEL …
… DESWEGEN WOLLTE ICH IHR AUCH MAL ETWAS SCHEN-KEN.
…
GEHEN WIR NACH HAUSE.
WUPP
WAS?!
ES TUT MIR LEID, DASS ICH EUCH INVOLVIERT HABE, NUR WEIL IHR MIR EINEN BRIEF ÜBER-BRACHT HABT.
ABER WAS IST MIT DEM GESCHENK?! HERR IGURO!
DAS VERSCHIEBE ICH AUF EIN ANDERES MAL.
ES IST JA KEIN JUBILÄUM ODER SONST IRGENDEIN BESONDERER TAG.
ICH BIN NUR MEINEM IDEAL HINTERHERGE-JAGT. ES WAR REINE SELBST-GEFÄLLIGKEIT.
„ES WAR TOTAL LECKER!"
„DANKE, ZENITSU!"

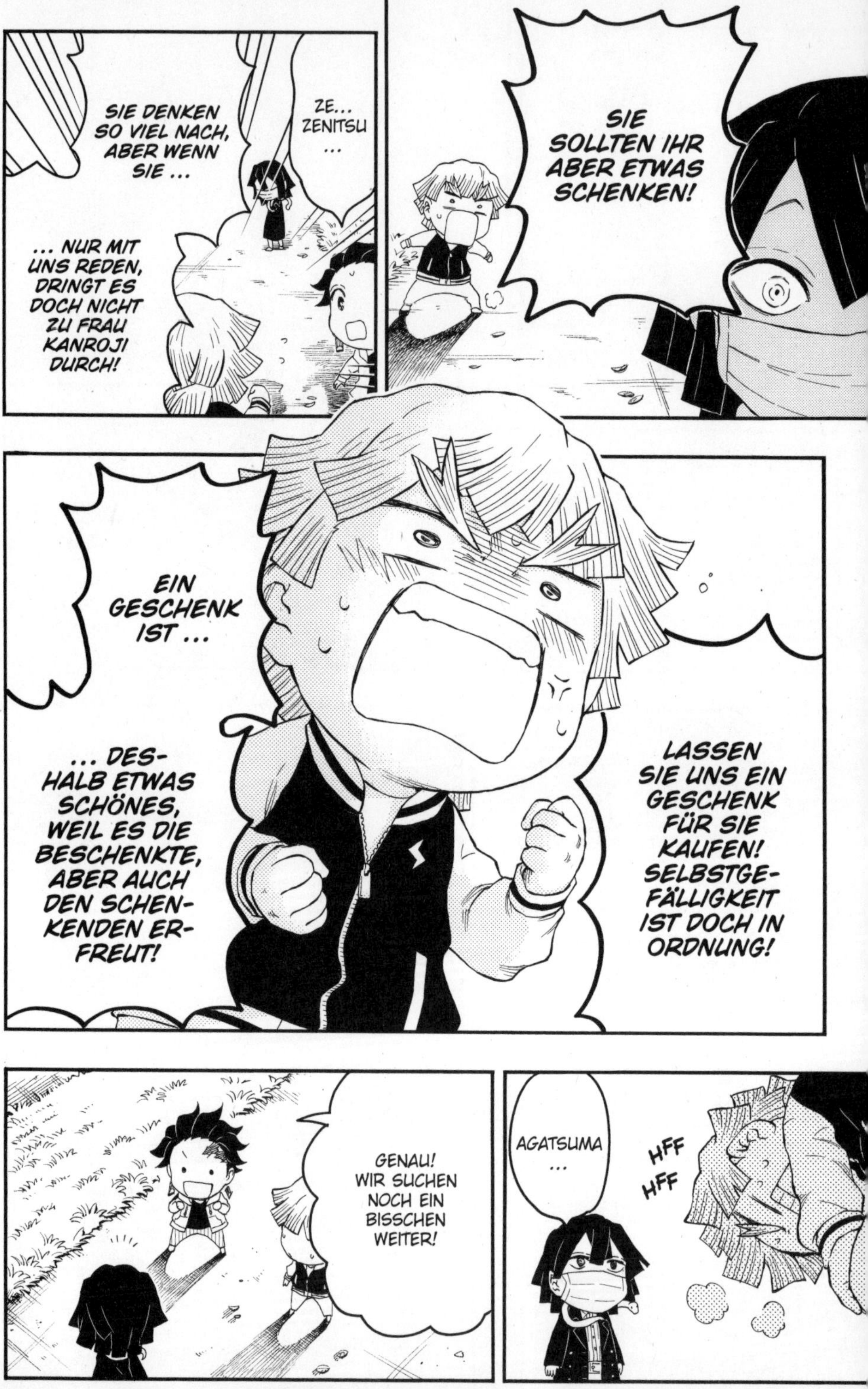
SIE SOLLTEN IHR ABER ETWAS SCHENKEN!
ZE... ZENITSU ...
SIE DENKEN SO VIEL NACH, ABER WENN SIE ...
... NUR MIT UNS REDEN, DRINGT ES DOCH NICHT ZU FRAU KANROJI DURCH!
EIN GESCHENK IST ...
... DES-HALB ETWAS SCHÖNES, WEIL ES DIE BESCHENKTE, ABER AUCH DEN SCHEN-KENDEN ER-FREUT!
LASSEN SIE UNS EIN GESCHENK FÜR SIE KAUFEN! SELBSTGE-FÄLLIGKEIT IST DOCH IN ORDNUNG!
HFF HFF
AGATSUMA ...
GENAU! WIR SUCHEN NOCH EIN BISSCHEN WEITER!

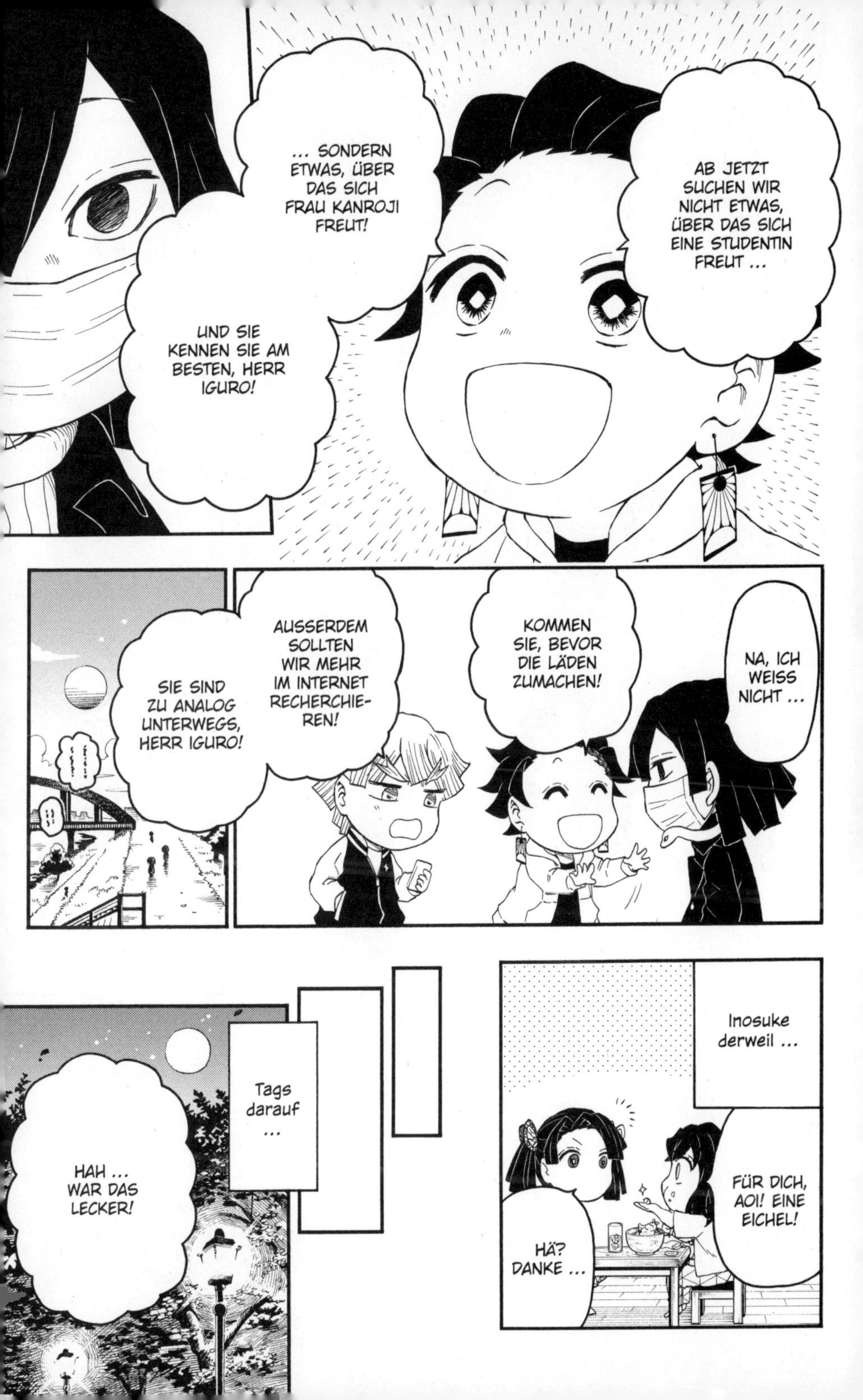
AB JETZT SUCHEN WIR NICHT ETWAS, ÜBER DAS SICH EINE STUDENTIN FREUT …
… SONDERN ETWAS, ÜBER DAS SICH FRAU KANROJI FREUT!
UND SIE KENNEN SIE AM BESTEN, HERR IGURO!
NA, ICH WEISS NICHT …
KOMMEN SIE, BEVOR DIE LÄDEN ZUMACHEN!
AUSSERDEM SOLLTEN WIR MEHR IM INTERNET RECHERCHIE-REN!
SIE SIND ZU ANALOG UNTERWEGS, HERR IGURO!
Inosuke derweil …
FÜR DICH, AOI! EINE EICHEL!
HÄ? DANKE …
Tags darauf …
HAH … WAR DAS LECKER!

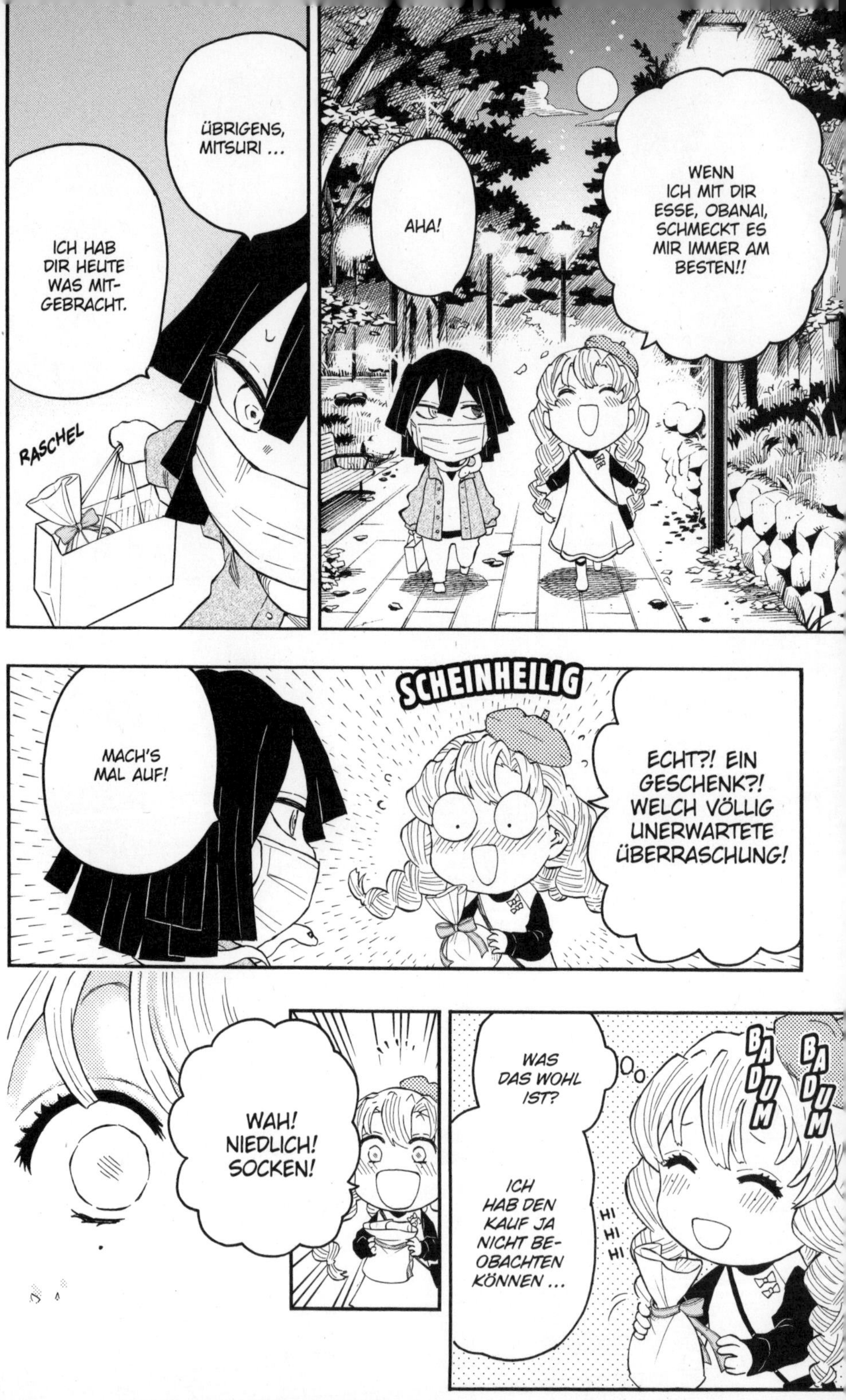
WENN ICH MIT DIR ESSE, OBANAI, SCHMECKT ES MIR IMMER AM BESTEN!!
AHA!
ÜBRIGENS, MITSURI …
ICH HAB DIR HEUTE WAS MIT-GEBRACHT.
RASCHEL
SCHEINHEILIG
ECHT?! EIN GESCHENK?! WELCH VÖLLIG UNERWARTETE ÜBERRASCHUNG!
MACH'S MAL AUF!
BADUM
BADUM
WAS DAS WOHL IST?
ICH HAB DEN KAUF JA NICHT BE-OBACHTEN KÖNNEN …
HI HI HI
WAH! NIEDLICH! SOCKEN!

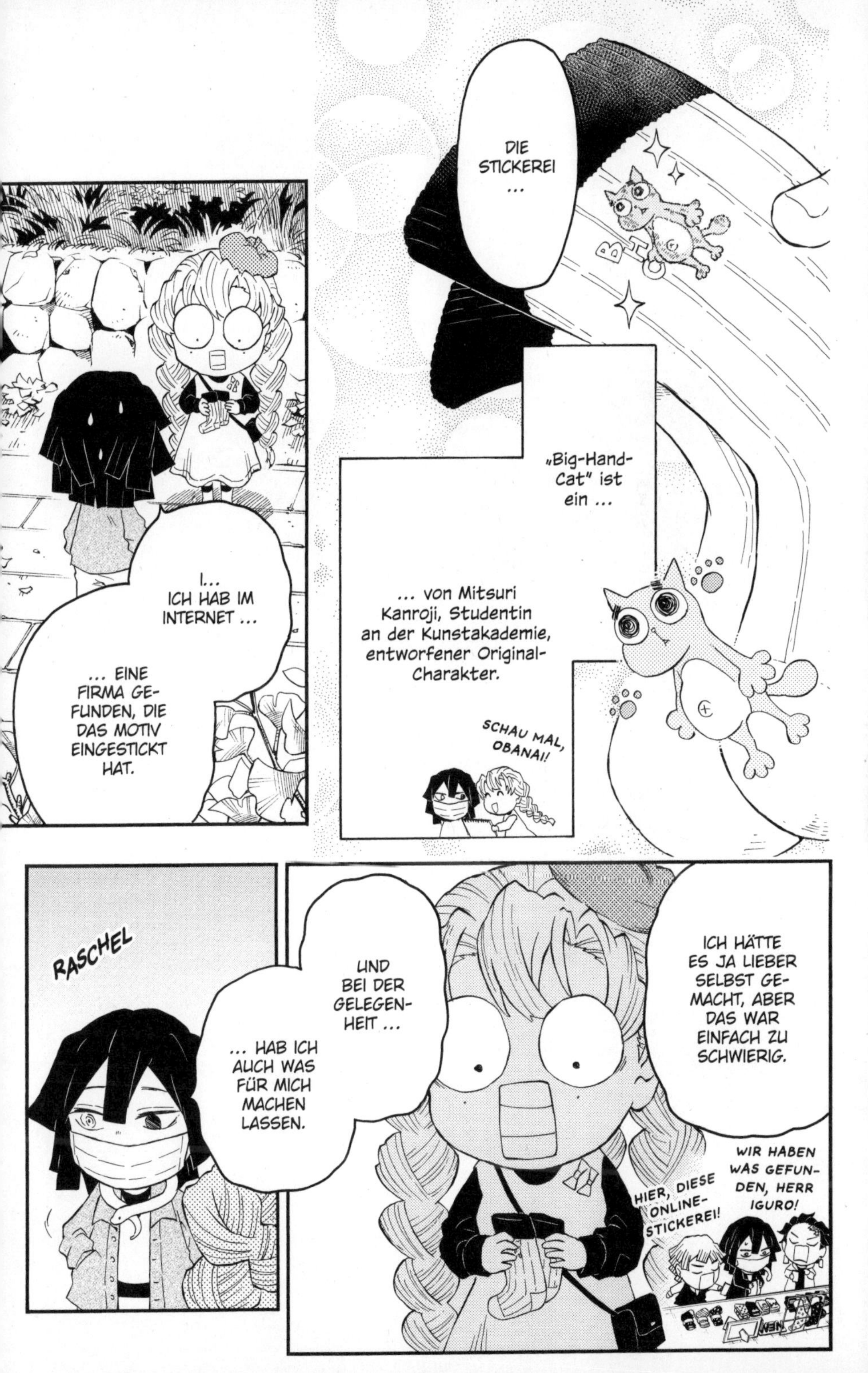
DIE STICKEREI …
„Big-Hand-Cat" ist ein …
… von Mitsuri Kanroji, Studentin an der Kunstakademie, entworfener Original-Charakter.
SCHAU MAL, OBANAI!
I… ICH HAB IM INTERNET …
… EINE FIRMA GEFUNDEN, DIE DAS MOTIV EINGESTICKT HAT.
ICH HÄTTE ES JA LIEBER SELBST GEMACHT, ABER DAS WAR EINFACH ZU SCHWIERIG.
WIR HABEN WAS GEFUNDEN, HERR IGURO!
HIER, DIESE ONLINE-STICKEREI!
UND BEI DER GELEGENHEIT …
… HAB ICH AUCH WAS FÜR MICH MACHEN LASSEN.
RASCHEL

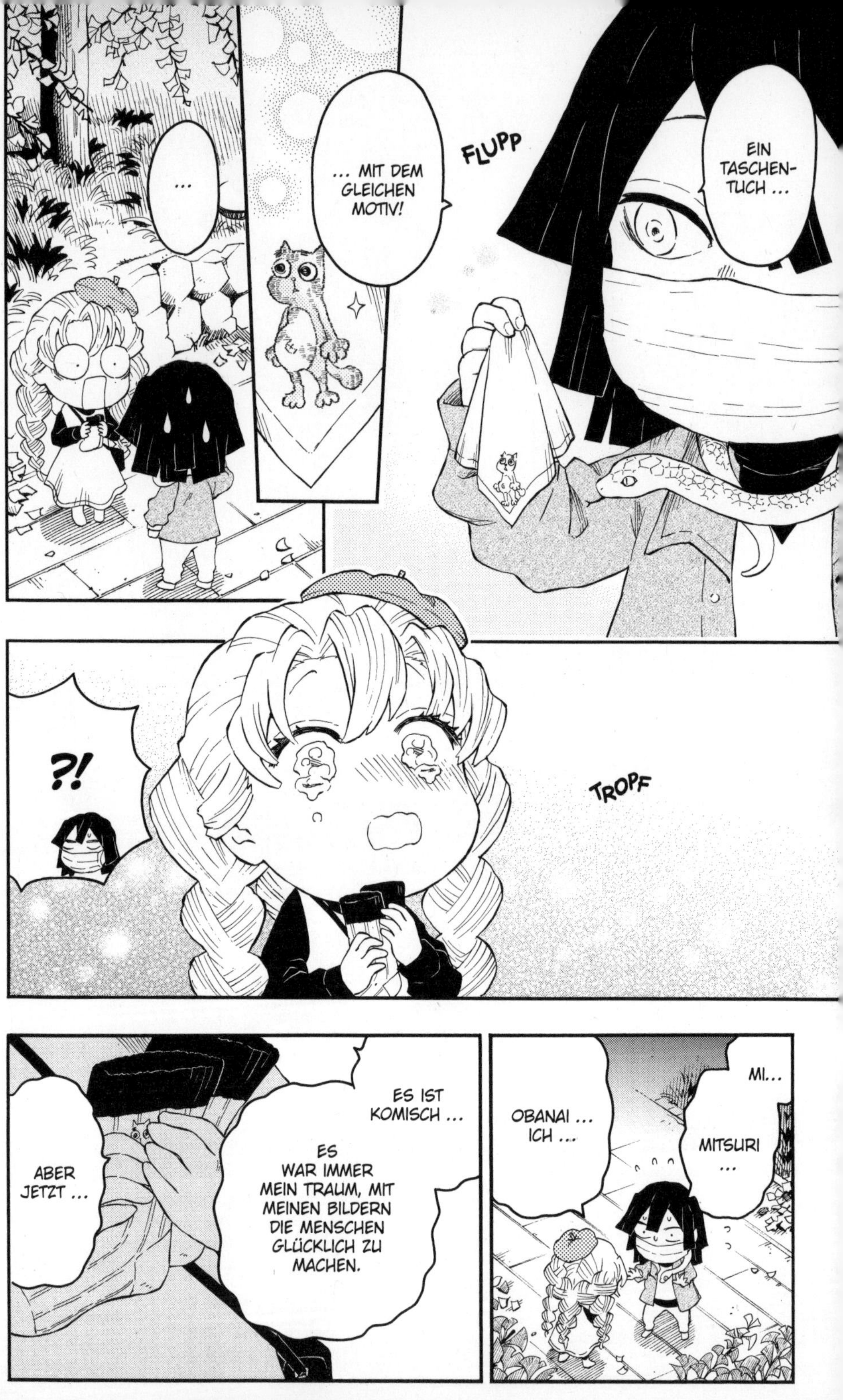
EIN TASCHEN-TUCH ...
FLUPP
... MIT DEM GLEICHEN MOTIV!
...
TROPF
?!
MI...
MITSURI ...
OBANAI ... ICH ...
ES IST KOMISCH ...
ES WAR IMMER MEIN TRAUM, MIT MEINEN BILDERN DIE MENSCHEN GLÜCKLICH ZU MACHEN.
ABER JETZT ...

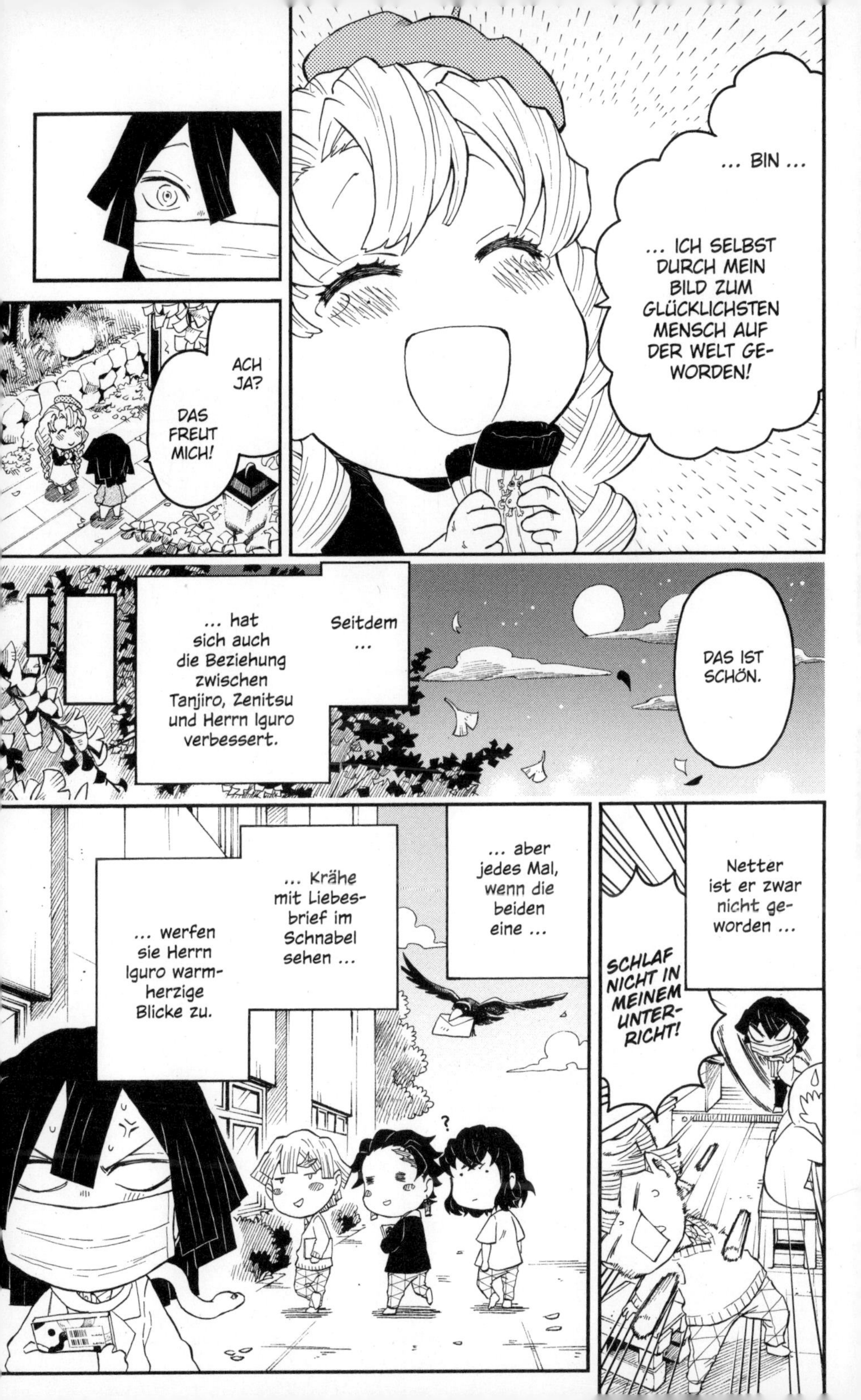
… BIN …
… ICH SELBST DURCH MEIN BILD ZUM GLÜCKLICHSTEN MENSCH AUF DER WELT GE-WORDEN!
ACH JA?
DAS FREUT MICH!
DAS IST SCHÖN.
Seitdem …
… hat sich auch die Beziehung zwischen Tanjiro, Zenitsu und Herrn Iguro verbessert.
Netter ist er zwar nicht ge-worden …
SCHLAF NICHT IN MEINEM UNTER-RICHT!
… aber jedes Mal, wenn die beiden eine …
… Krähe mit Liebes-brief im Schnabel sehen …
… werfen sie Herrn Iguro warm-herzige Blicke zu.

Szenen, die aus Kapitel 10 gestrichen wurden:

Die wenig hilfreiche Kollegenschaft

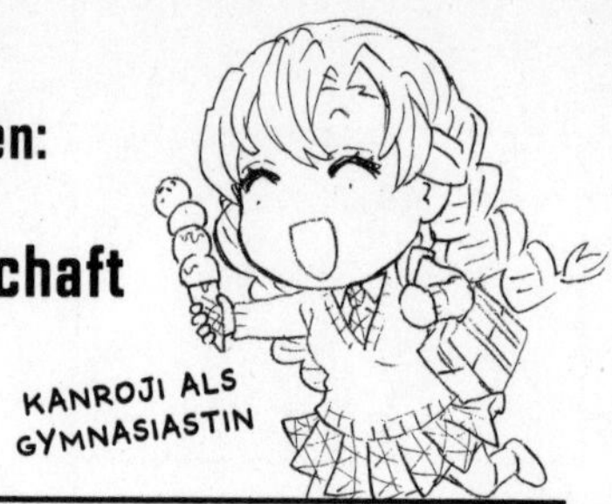

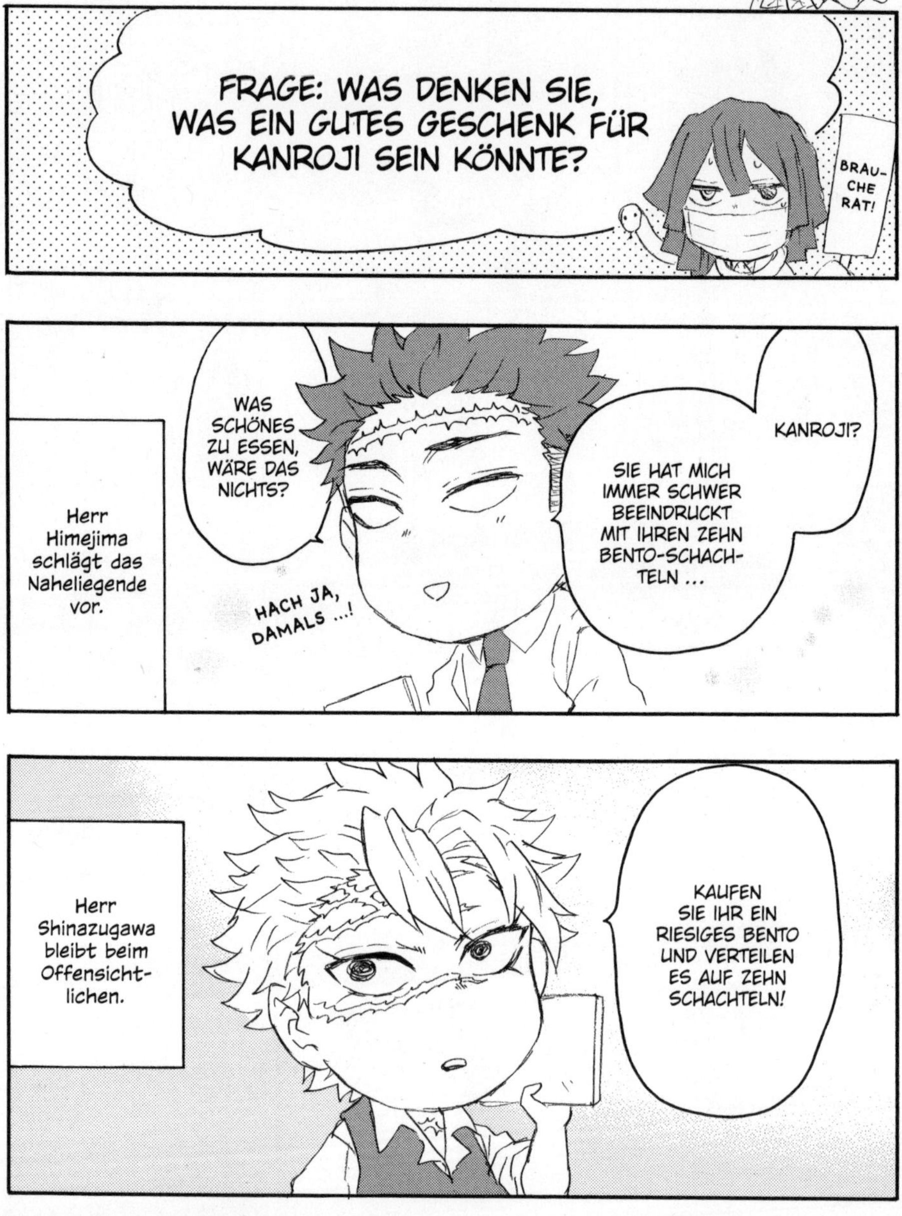

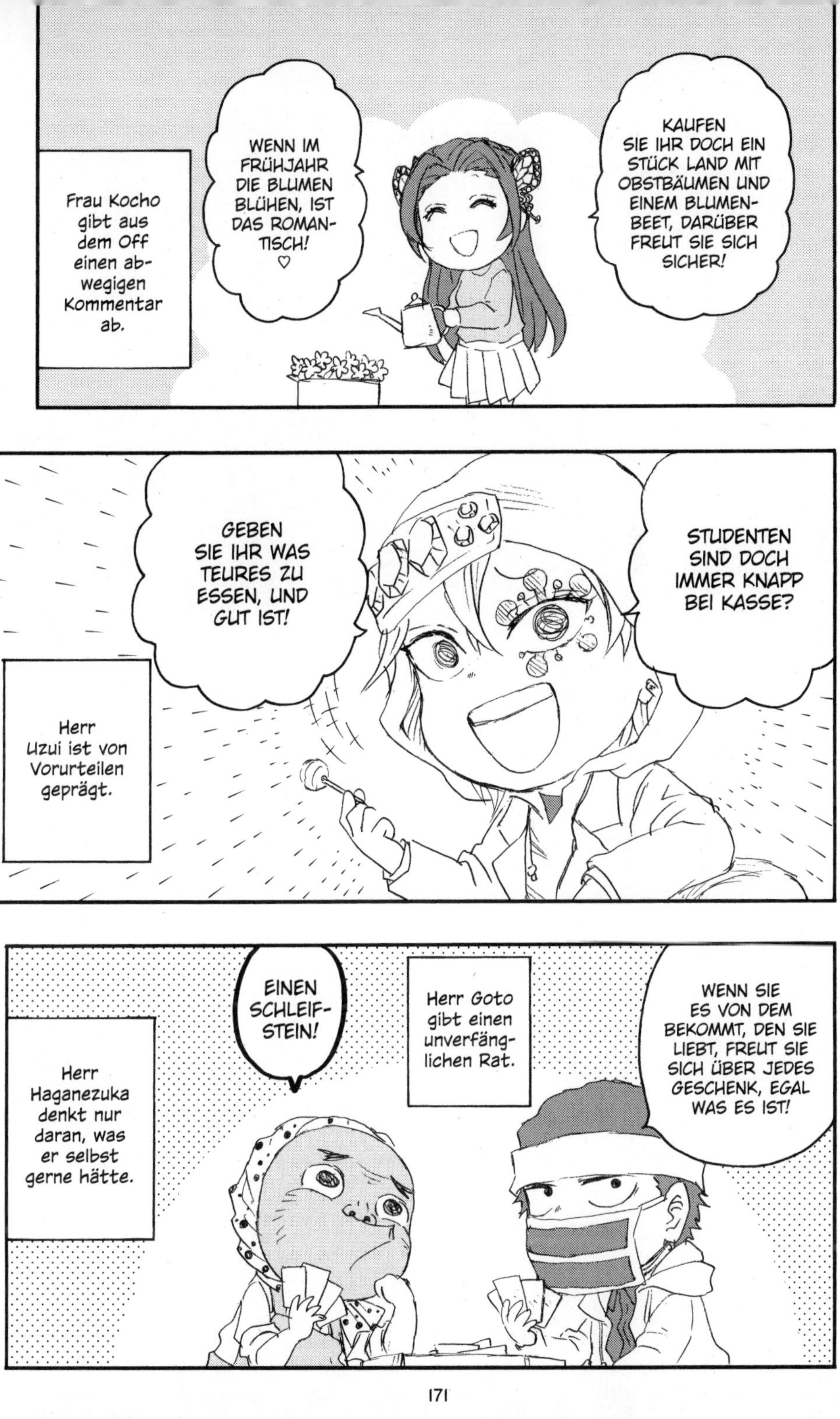

KAUFEN SIE IHR DOCH EIN STÜCK LAND MIT OBSTBÄUMEN UND EINEM BLUMENBEET, DARÜBER FREUT SIE SICH SICHER!
WENN IM FRÜHJAHR DIE BLUMEN BLÜHEN, IST DAS ROMANTISCH! ♡
Frau Kocho gibt aus dem Off einen abwegigen Kommentar ab.
STUDENTEN SIND DOCH IMMER KNAPP BEI KASSE?
GEBEN SIE IHR WAS TEURES ZU ESSEN, UND GUT IST!
Herr Uzui ist von Vorurteilen geprägt.
WENN SIE ES VON DEM BEKOMMT, DEN SIE LIEBT, FREUT SIE SICH ÜBER JEDES GESCHENK, EGAL WAS ES IST!
Herr Goto gibt einen unverfänglichen Rat.
EINEN SCHLEIFSTEIN!
Herr Haganezuka denkt nur daran, was er selbst gerne hätte.

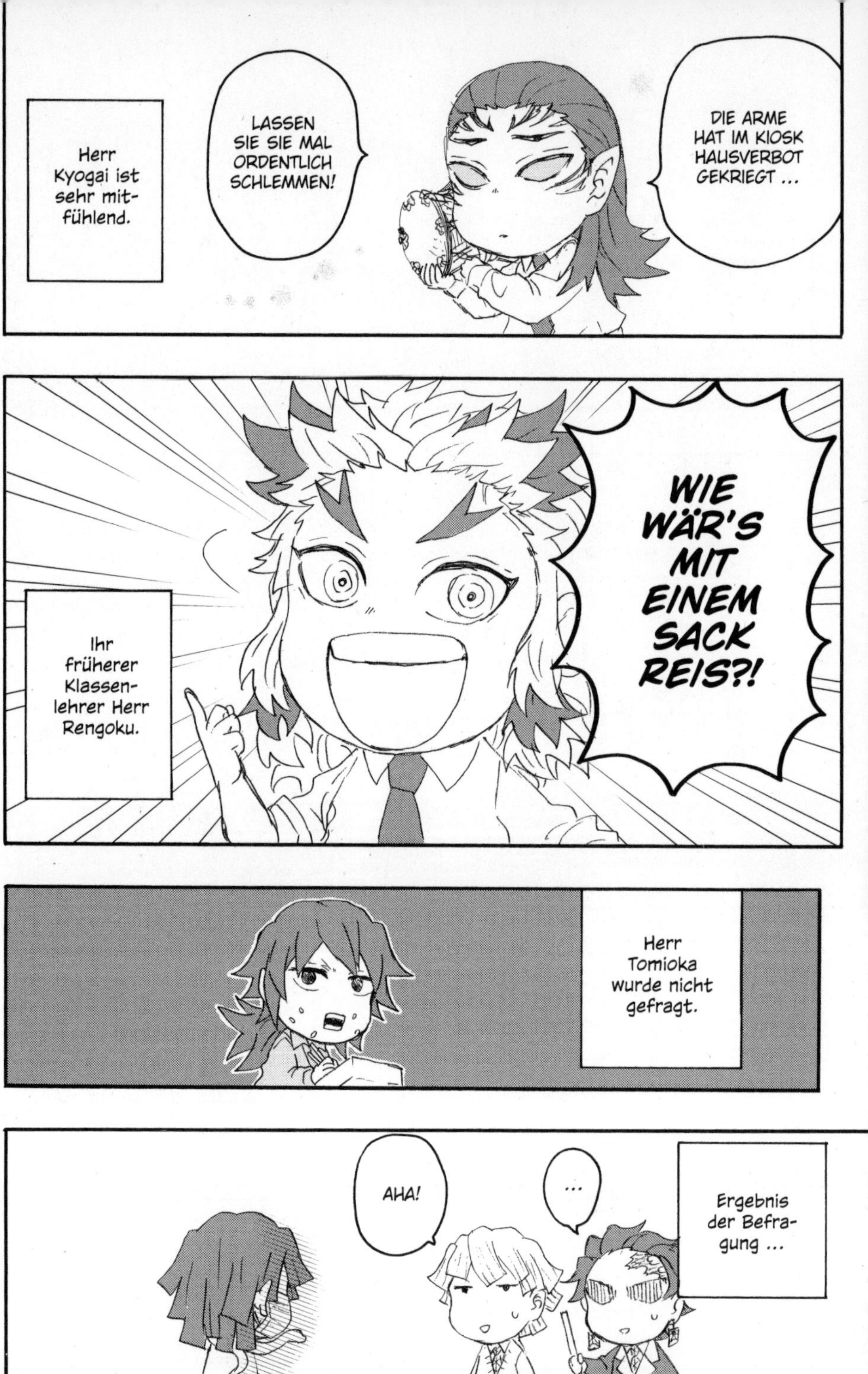
DIE ARME HAT IM KIOSK HAUSVERBOT GEKRIEGT …
LASSEN SIE SIE MAL ORDENTLICH SCHLEMMEN!
Herr Kyogai ist sehr mitfühlend.
WIE WÄR'S MIT EINEM SACK REIS?!
Ihr früherer Klassenlehrer Herr Rengoku.
Herr Tomioka wurde nicht gefragt.
Ergebnis der Befragung …
…
AHA!
Band 2 – Nächtlicher Ausflug zur Demon-Slayer-Schule – Ende

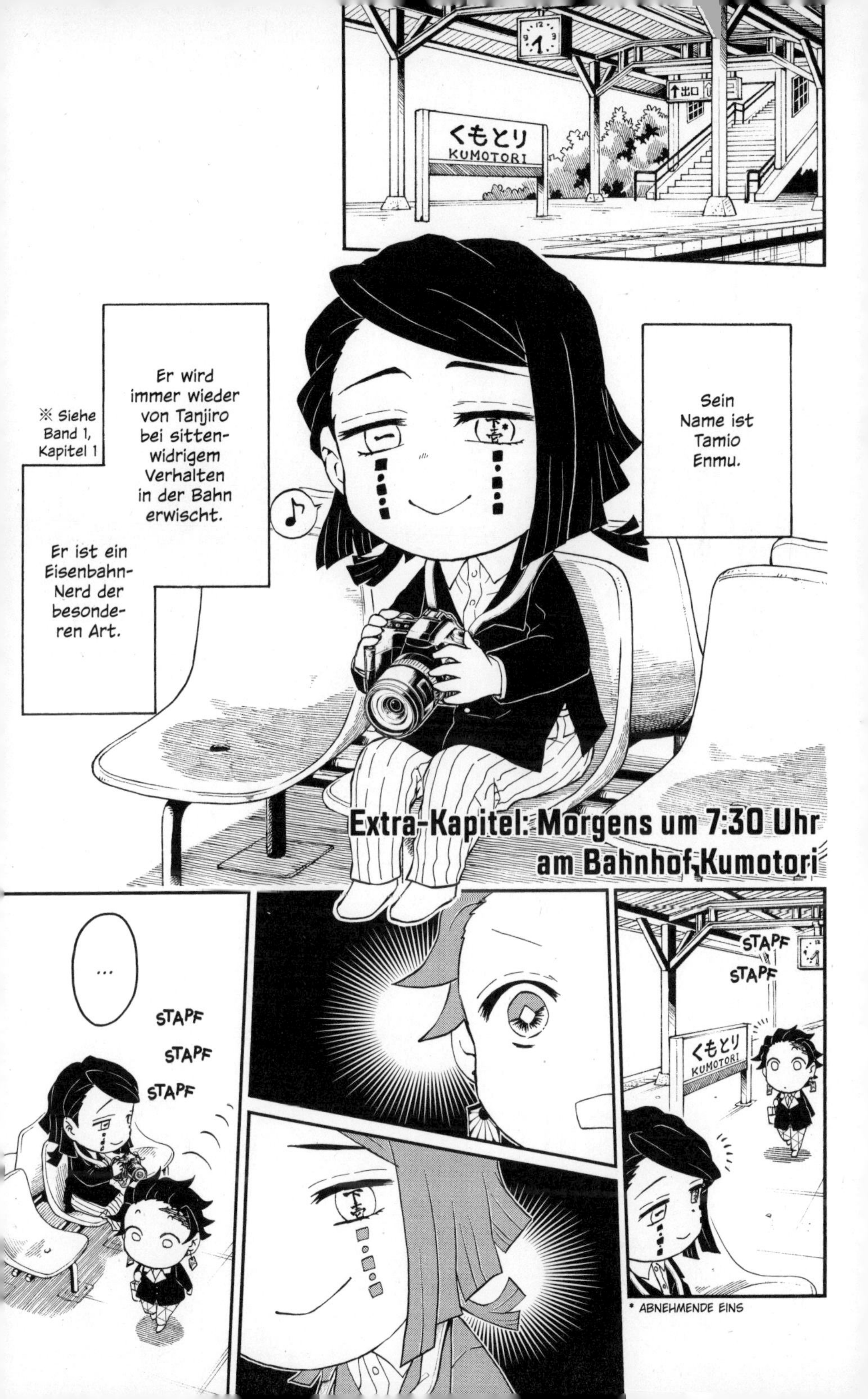

↑出口
くもとり
KUMOTORI
Sein Name ist Tamio Enmu.
Er wird immer wieder von Tanjiro bei sitten-widrigem Verhalten in der Bahn erwischt.
※ Siehe Band 1, Kapitel 1
Er ist ein Eisenbahn-Nerd der besonderen Art.
Extra-Kapitel: Morgens um 7:30 Uhr am Bahnhof Kumotori
STAPF
STAPF
くもとり
KUMOTORI
* ABNEHMENDE EINS
…
STAPF
STAPF
STAPF

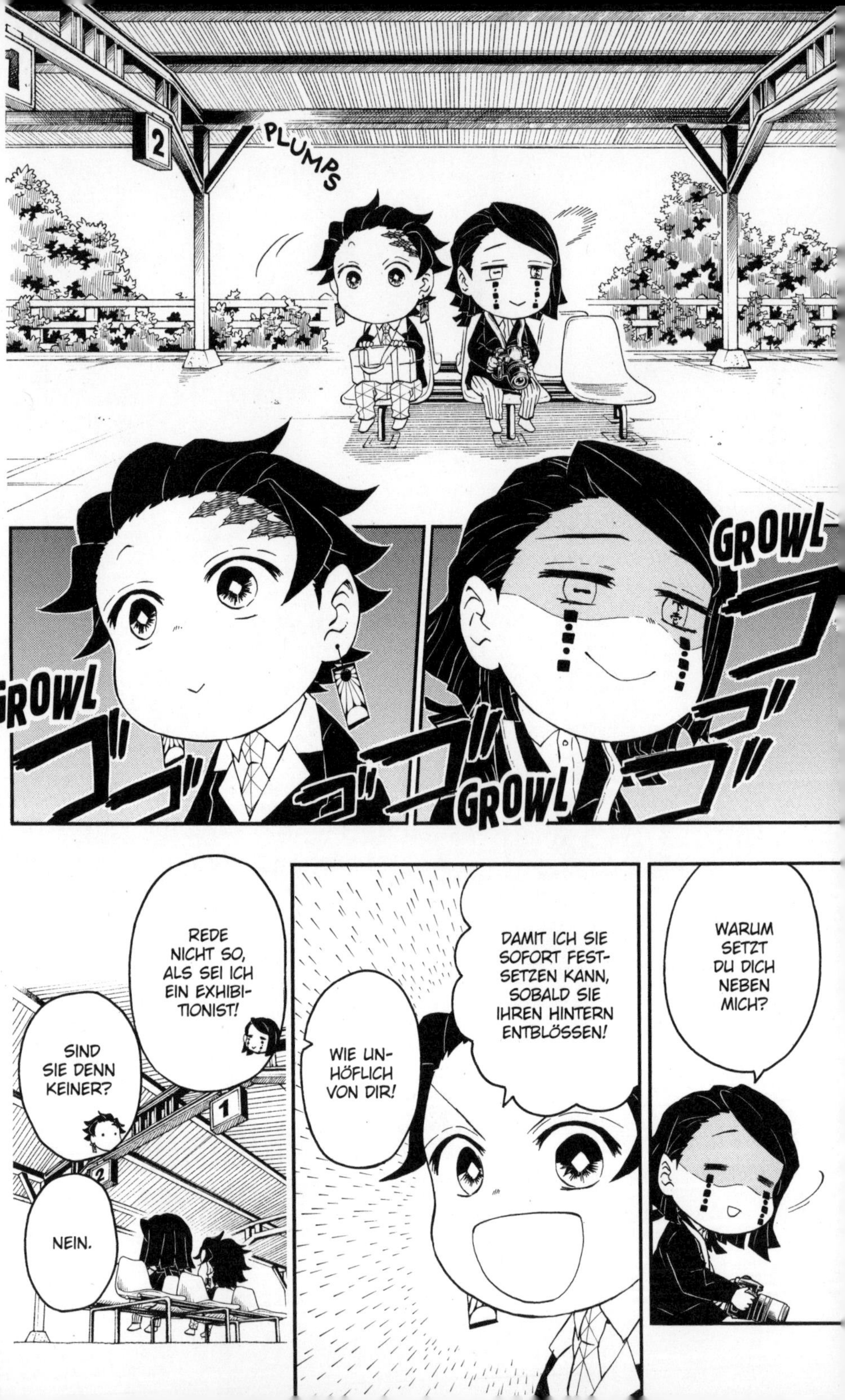
PLUMPS
GROWL
GROWL
GROWL
WARUM SETZT DU DICH NEBEN MICH?
DAMIT ICH SIE SOFORT FEST-SETZEN KANN, SOBALD SIE IHREN HINTERN ENTBLÖSSEN!
WIE UN-HÖFLICH VON DIR!
REDE NICHT SO, ALS SEI ICH EIN EXHIBI-TIONIST!
SIND SIE DENN KEINER?
NEIN.

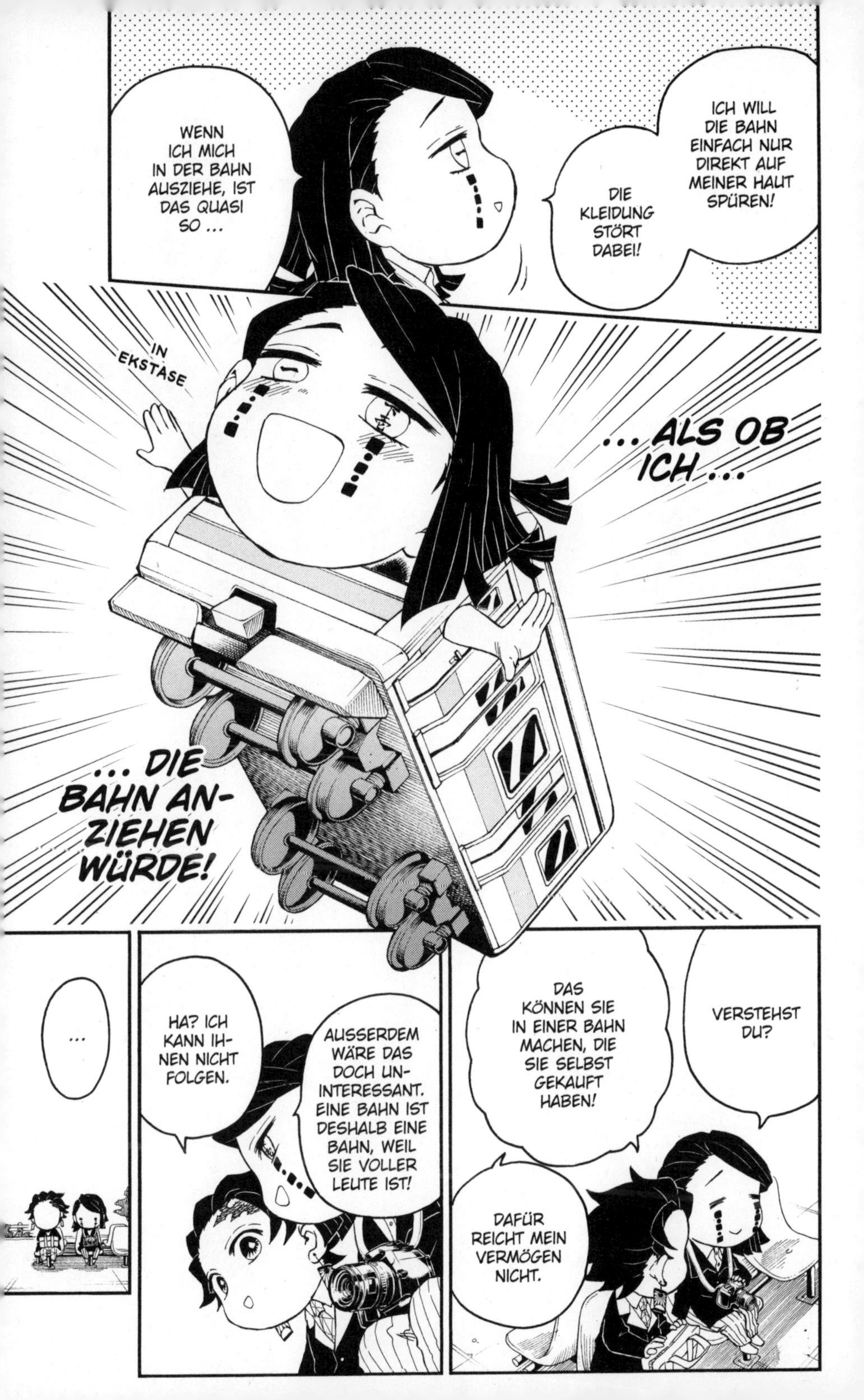
ICH WILL DIE BAHN EINFACH NUR DIREKT AUF MEINER HAUT SPÜREN!
DIE KLEIDUNG STÖRT DABEI!
WENN ICH MICH IN DER BAHN AUSZIEHE, IST DAS QUASI SO ...
IN EKSTASE
... ALS OB ICH ...
... DIE BAHN AN-ZIEHEN WÜRDE!
VERSTEHST DU?
DAS KÖNNEN SIE IN EINER BAHN MACHEN, DIE SIE SELBST GEKAUFT HABEN!
DAFÜR REICHT MEIN VERMÖGEN NICHT.
AUSSERDEM WÄRE DAS DOCH UN-INTERESSANT. EINE BAHN IST DESHALB EINE BAHN, WEIL SIE VOLLER LEUTE IST!
HA? ICH KANN IH-NEN NICHT FOLGEN.
...

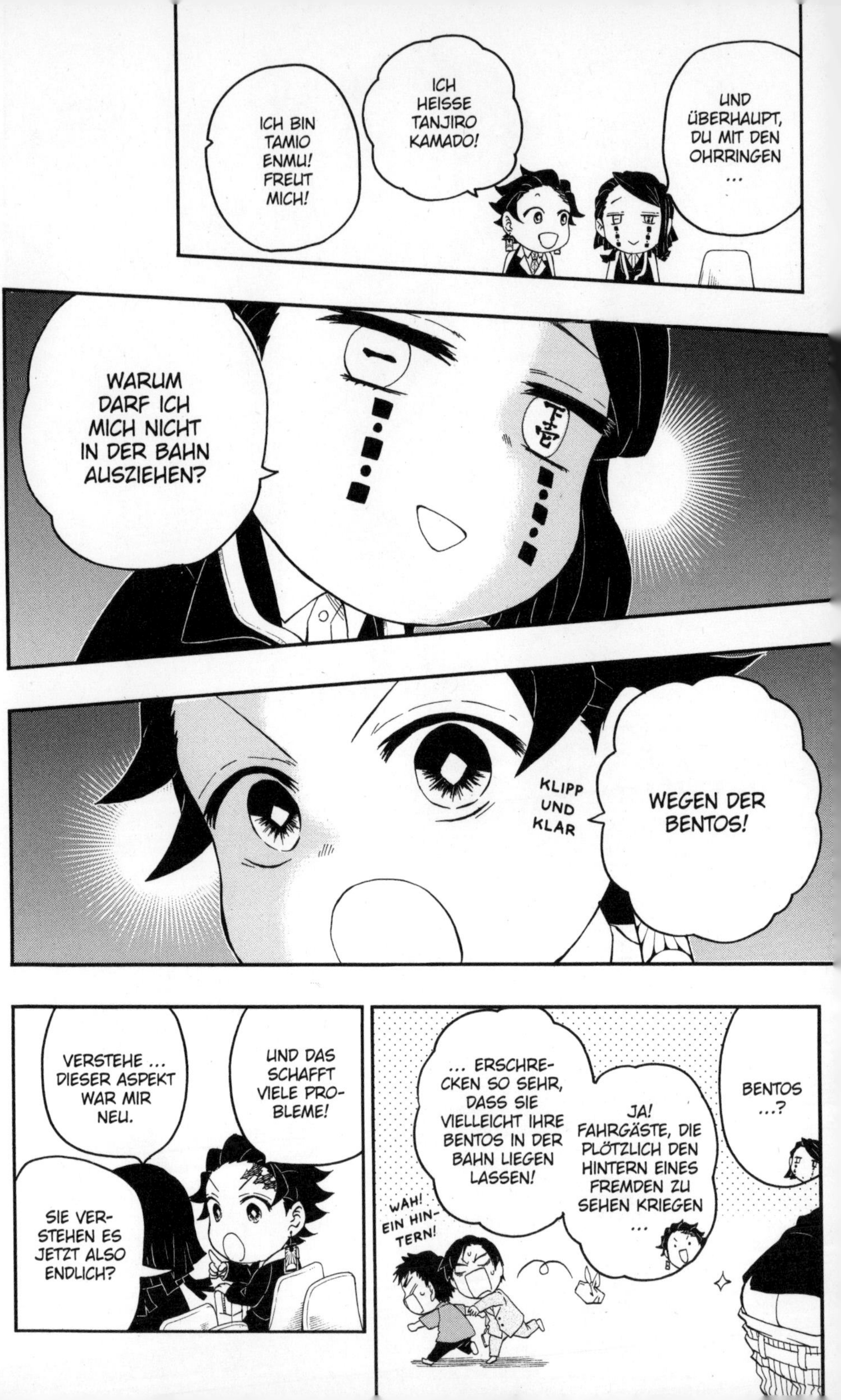
UND ÜBERHAUPT, DU MIT DEN OHRRINGEN …
ICH HEISSE TANJIRO KAMADO!
ICH BIN TAMIO ENMU! FREUT MICH!
WARUM DARF ICH MICH NICHT IN DER BAHN AUSZIEHEN?
KLIPP UND KLAR
WEGEN DER BENTOS!
BENTOS …?
JA! FAHRGÄSTE, DIE PLÖTZLICH DEN HINTERN EINES FREMDEN ZU SEHEN KRIEGEN …
… ERSCHRECKEN SO SEHR, DASS SIE VIELLEICHT IHRE BENTOS IN DER BAHN LIEGEN LASSEN!
WAH! EIN HINTERN!
UND DAS SCHAFFT VIELE PROBLEME!
VERSTEHE … DIESER ASPEKT WAR MIR NEU.
SIE VERSTEHEN ES JETZT ALSO ENDLICH?

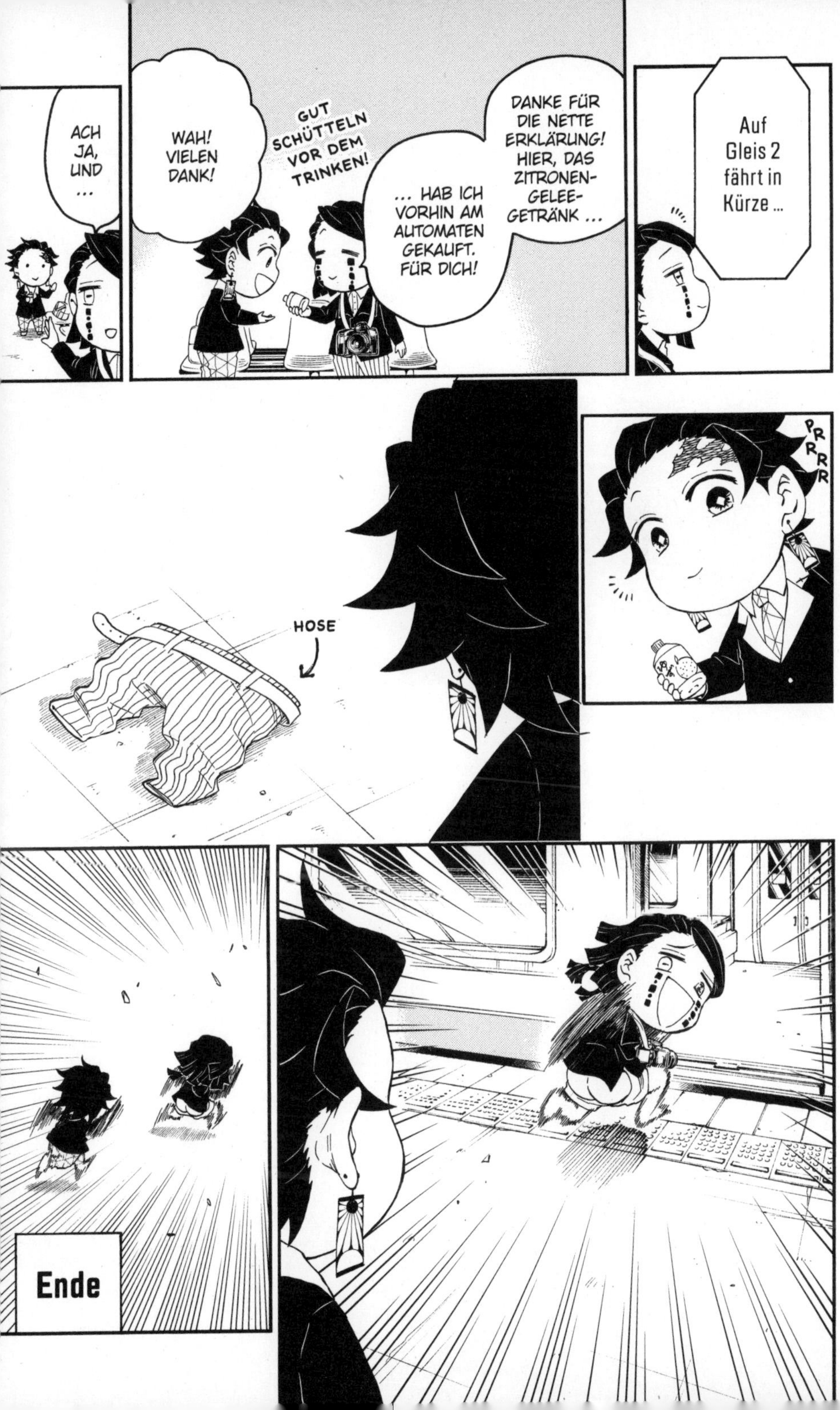
Auf Gleis 2 fährt in Kürze ...
DANKE FÜR DIE NETTE ERKLÄRUNG! HIER, DAS ZITRONEN-GELEE-GETRÄNK ...
... HAB ICH VORHIN AM AUTOMATEN GEKAUFT. FÜR DICH!
GUT SCHÜTTELN VOR DEM TRINKEN!
WAH! VIELEN DANK!
ACH JA, UND ...
PRRRR
HOSE
Ende

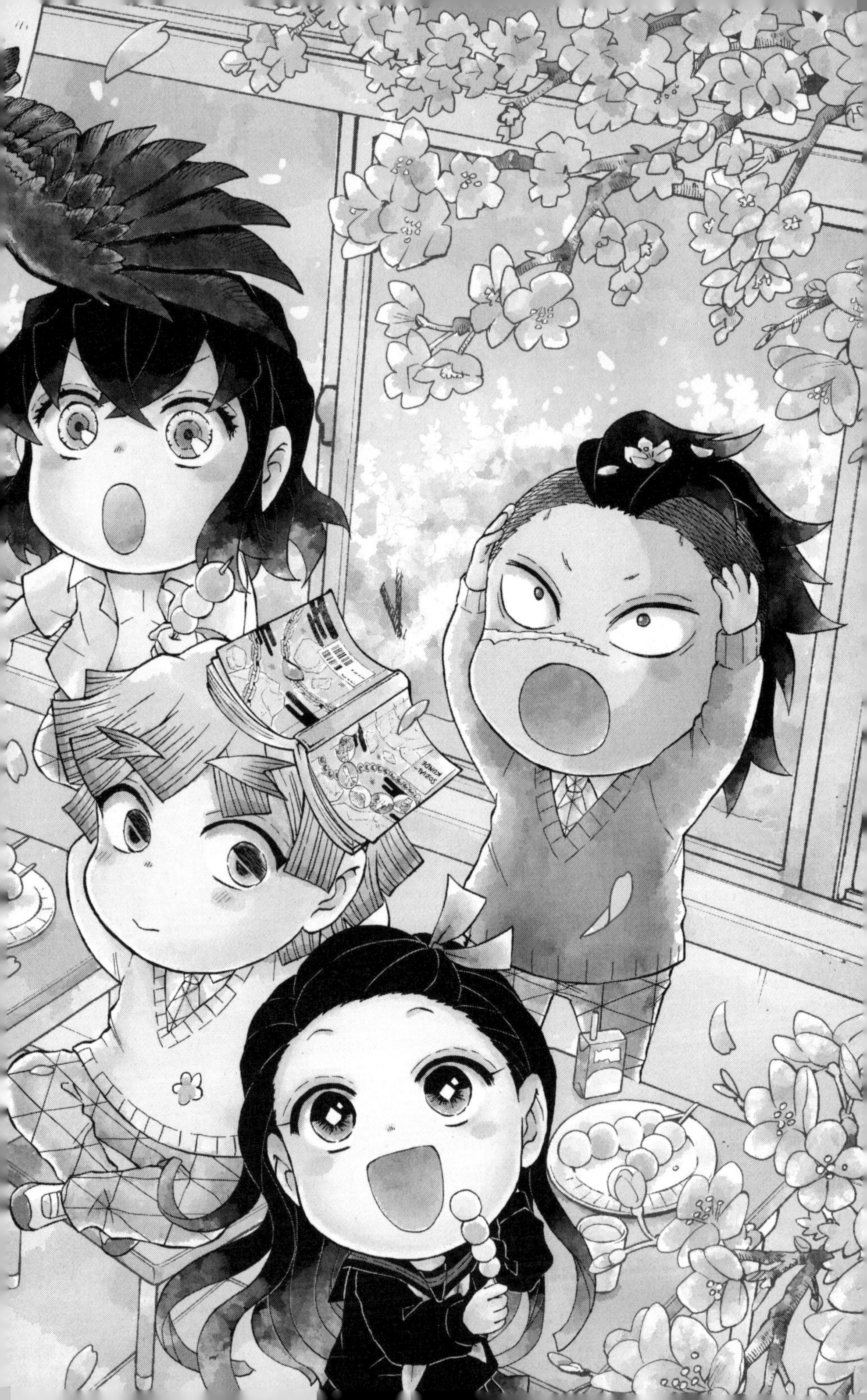

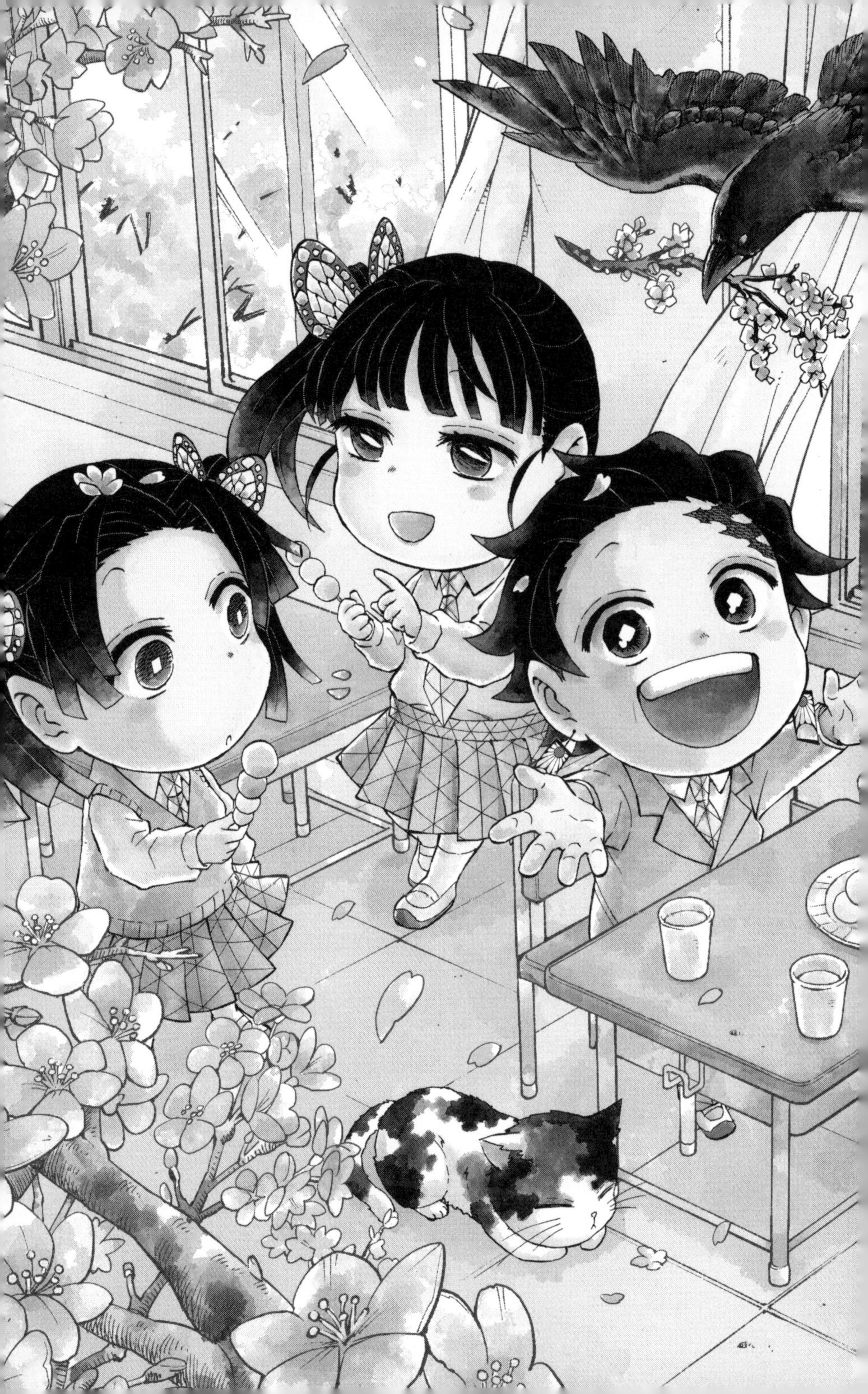

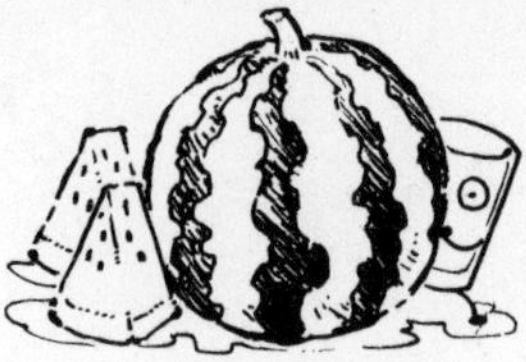

Nachwort

Hier ist der zweite Band! Vielen Dank fürs Lesen! Wie beim ersten Band haben viele Menschen ihren Beitrag dazu geleistet, dass er schließlich in den Handel kommen konnte. Meinen herzlichen Dank an Sie alle! Bitte bleiben Sie mir weiterhin gewogen.

Die Handlung dieses Bands spielt vom Sommerbeginn bis zum Herbst, daher freut es mich, dass der Verkaufsstart im August ist – dadurch stimmen die Jahreszeiten von Fiktion und Wirklichkeit überein. Das ist aber natürlich reiner Zufall.

Werden die einzelnen Kapitel in einer Zeitschrift publiziert, gehen die Jahreszeiten natürlich ziemlich auseinander. Einmal wollte ich die gleiche Jahreszeit wie in der Wirklichkeit zeichnen, und das Ergebnis seht ihr auf der vorhergehenden Doppelseite. Ohne jeden Kontext steht hier die Kirsche in voller Blüte! Als Bild gefällt mir das zwar, aber im Endeffekt habe ich dadurch verpasst, Makomo und Nezuko in Farbe zu zeichnen. Deshalb erscheinen sie nun auf der Rückseite.

Ob der dritte Band dann während der Herbst- und Winterzeit spielen wird? Das ist noch nicht entschieden, aber ich gebe mein Bestes!

Mitarbeiter

reguläre Mitarbeiter

Nagashima　Kantaro Kumano　Keisuke Futsuta

Aushilfsmitarbeiter

Kojiro　Taichi Biwa

Besonderer Dank gilt

- Toide (Saikyo-Jump-Redaktion)
- alle vom Demon-Slayer-Original-Team
- Abe (Taschenbuch-Redaktion)
- die Designer Deguchi und Abe
- Koyoharu Gotouge (Mangaka der Vorlage)
- die gesamte Leserschaft

帆上夏希.

Natsuki Hokami

Gute Arbeit! Gotouge hier!
Nun ist also auch der zweite Band von „Demon Slayer – Kimetsu no Yaiba: School Days!“ erschienen. Hokami, der verantwortlichen Redaktion, allen Assistenten und allen Lesern gilt mein aufrichtiger Dank.
Die Zahl der aktiven Charaktere steigt nun stetig, und es passiert auch immer mehr! Ich hoffe, ihr wisst den immer quirliger werdenden Spaß zu genießen!!

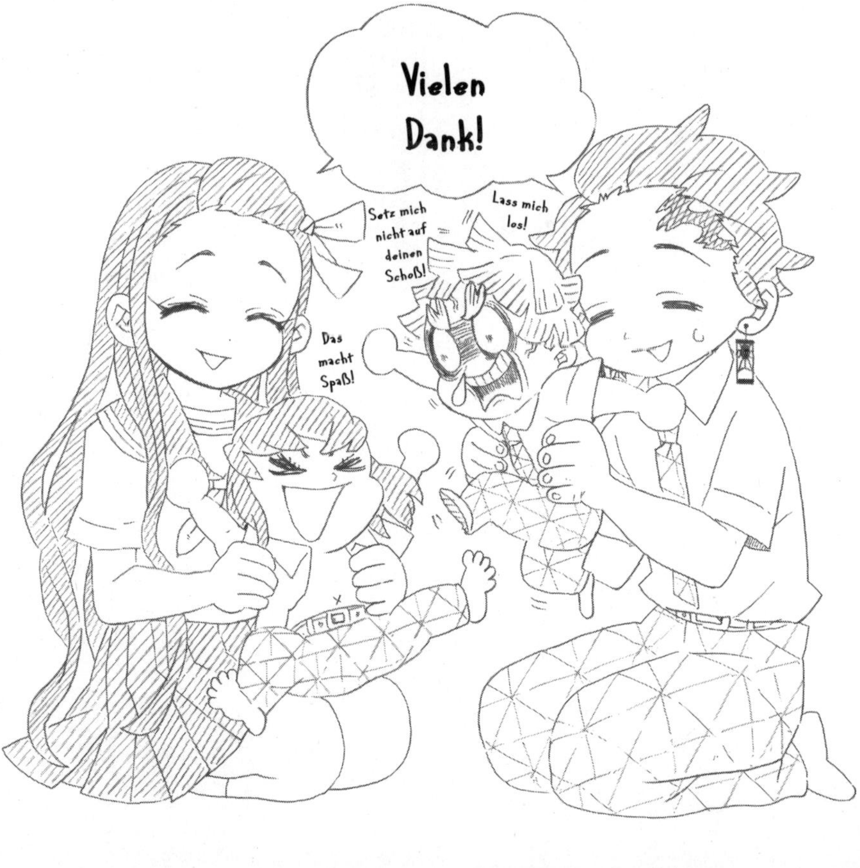

manga
漫画
Cult

STOPP!

STOPP!
DIES IST DIE LETZTE SEITE!

Dies ist ein Manga, und einen japanischen Comic liest man von hinten nach vorne. Auch die Lesereihenfolge der Bilder und Sprechblasen auf den Seiten ist anders als gewohnt: von rechts oben nach links unten.

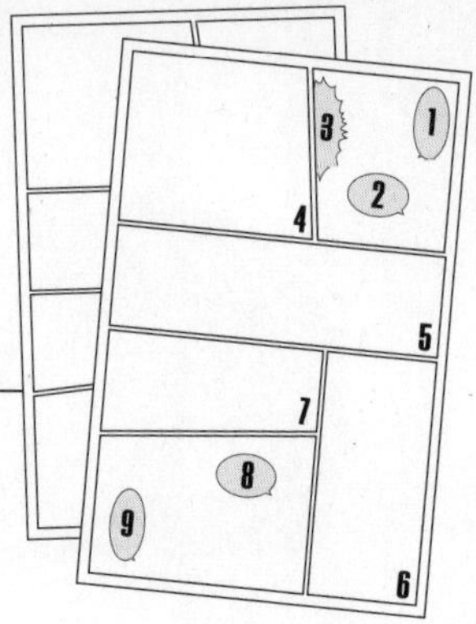

DEMON SLAYER
School Days! 2
von Koyoharu Gotouge & Natsuki Hokami

3. Auflage, März 2026
Deutsche Ausgabe/German Edition

CCE ist ein Unternehmen der Penguin Random House Verlagsgruppe
CCE-Verlagsleitung: Andreas Mergenthaler

Aus dem Japanischen von Burkhard Höfler

Redaktion & Lektorat: Natalia Pankeew
Korrektorat: Alexandra Grimsehl
Grafik/Produktionsleitung: Elke Epple
Layout und Lettering: Manga Cult
Herstellung: Gerald Schmitt
Druck: GGP Media GmbH, Pößneck, Deutschland

FSC
www.fsc.org
MIX
Papier | Fördert gute Waldnutzung
FSC® C014496

produktsicherheit@cross-cult.de
(Vorstehende Angaben sind zugleich Pflichtinformationen nach GPSR)

Print-ISBN: 978-3-7573-0370-9

www.manga-cult.de